MW01236211

MODERNE ARCHITEKTUR A-Z

MODERNE ARCHITEKTUR A-Z

Herausgegeben von
AURELIA & BALTHAZAR TASCHEN

Mit Textbeiträgen von
Katja Gazey, Peter Gössel,
Cara Mullio, Uwe Ramlow,
Graziella Roccella, Eva Schickler,
Eberhard Syring, Lisa Unger

TASCHEN
Bibliotheca Universalis

Was ist moderne Architektur?

Die Geschichte der Moderne beginnt in einer recht fahrlässigen Kurzfassung mit der Entwicklung des Selbstverständnisses eines eigenverantwortlich handelnden Individuums. Dies geschah zeitgleich zum Verlust der Deutungshoheit der Welt durch die Kirchen und wurde betrieben durch die Widersprüche einer am Profit orientierten Produktionssphäre. Diese Umwälzung, die oft mit der „Umwertung aller Werte" gleichgesetzt wird, findet ihren technischen und gesellschaftlichen Ausdruck in der Industrialisierung, die die Lebenswelt der Menschen stark veränderte und die mit der starken Verdichtung städtischer Ballungsräume ganz unmittelbare Folgen auf die Architektur hatte. Mit der Industrialisierung bekam der akademische Baumeister zudem Konkurrenz durch den Ingenieur, ein Titel, der im nachrevolutionären Frankreich für Offiziere der Befestigungs- und Belagerungstechnik üblich wurde. Die École Polytechnique trat als technische Ausbildungsstätte neben die traditionsreiche École des Beaux-Arts in Paris.

Der Ingenieur betrachtet von Berufs wegen die Materialien nur ob ihrer Zweckmäßigkeit und verbraucht sie möglichst nur in der absolut notwendigen Menge und Dimensionierung, wozu ihm vor allem standardisierte Berechnungen dienen. Dieses rationelle Prinzip galt bald für das ganze Bauwesen und wurde auch für die „Baukünstler" zur Pflicht. Umgekehrt hielten sich nicht alle Ingenieure an das rein funktional Notwendige und schufen nicht nur kühne, sondern auch ästhetisch neue Bauwerke, die das Bild des vom Menschen Machbaren stark veränderten.

Es wurden also mit der Industrialisierung die Grundlagen für eine neue Baukunst gelegt, doch war diese Umsetzung keineswegs unmittelbar und bewusst, vielmehr führten viele Umwege zu einer Moderne, von der heute noch gesagt werden kann, dass sie sich „in Arbeit" befinde. Moderne ist nämlich weder eine Epoche noch ein Zeitstrahl, der von einem historisch beliebigen Zeitpunkt eine Richtung „nach vorne" angibt, sondern wird einerseits mit technologischem Fortschritt und Rationalisierung gleichgesetzt, andererseits aber auch mit dem Verlust traditioneller Werte und Ästhetik. Moderne muss von daher als ein ständig unabgeschlossenes Projekt betrachtet werden, das sich damit beschäftigt, die Hoffnungen der Aufklärung an ein selbstbestimmtes Individuum mit den gesellschaftlichen und technologischen Änderungen in Einklang zu bringen.

Dies spiegelt sich ganz konkret in den Anforderungen an den einzelnen Entwerfer wider: Die Berufsbilder Ingenieur und Architekt stehen für Fachleute, denen nicht nur eine technische Aufgabe, sondern auch eine gesellschaftlich-soziale Verantwortung auferlegt wird.

Dies liegt an der besonderen Rolle der Architektur für unser Leben, denn sie nimmt unter allen Künsten – wenn wir bei dieser Einordnung bleiben, ohne sie vielleicht allzu ernst nehmen zu müssen – am meisten und dabei noch am undeutlichsten auf die Menschen Einfluss. Ist sie doch so sehr Teil unserer Wahrnehmung der Alltagswelt, in der wir existieren, dass unser ganzes Handeln als Handeln im wahrgenommenen Raum auch ein Handeln im gestalteten Raum ist: Jeder hat ein Zuhause, das sich architektonisch definiert, selbst bei denjenigen, die mangels einer Wohnung unter einer Brücke schlafen. Es bleibt doch jedes Bauwerk mit der Aufgabe des Schützens und Wärmens verbunden. Die Stadt als Lebensraum wird durch Architektur definiert, selbst die Landschaft wird durch die je nach Kultur typische Anordnung von Siedlungen strukturiert, erhält damit Ziel- und Wohnorte zugewiesen, nach denen sich unsere Weltsicht einrichtet.

Dass unsere Wahrnehmung der Welt mit der Strukturierung des Raumes – und der Zeit – zusammenhängt und dass sich diese Faktoren mit der Industrialisierung geändert haben, gehört spätestens seit Wolfgang Schivelbuschs „Geschichte der Eisenbahnreise" (1977) zum Allgemeingut, dass aber die Verarbeitung dieser Umstände im kulturellen Kontext Zeit kostet, erschwert die Betrachtung von Ursachen und Folgen. Von der Trägheit des Wesens Mensch selbst, das in Richard Neutras biorealistischer Theorie immer noch die Gene des Steppenlebens mit sich herumträgt, muss man da gar nicht mehr reden.

Wo sich aber der Künstler, wie etwa Fontane in seinem Gedicht von der „Brücke am Thay", noch Fehler erlauben darf, wenn hier nämlich die Eisenkonstruktion der eingestürzten Brücke zum Gebälk mutiert, da muss der Architekt unmittelbar Funktionstüchtigkeit nachweisen.

Der Architektur kommt also zweifellos eine Sonderrolle zu. Von vielen wird ihr Charakter als Kunst überhaupt infrage gestellt. Architektur wird im Moment ihrer Übergabe an die Benutzer unmittelbar und wesentlich an ihrer Brauchbarkeit gemessen. Sie hat nicht den gleichen Raum zur prozessualen Entwicklung wie andere Künste, ein Argument, dass dazu geführt hat, dass ihr der Kunstcharakter, der im Wort Baukunst noch enthalten ist, abgesprochen wird. Doch ist bei Betrachtung der Architekturgeschichte offenkundig, dass sich kein Bauwerk je aus Anwendung rein funktionaler und technischer Vorgaben heraus „automatisch" gebildet hat. Es haben sich vielmehr und gerade auch bei den sogenannten Funktionalisten immer Grundannahmen ästhetischer Art in die Formbildung eingeschlichen.

Wie bei der Kunst ist das Eigenzitat des Architekten als Schöpfer des Bauwerks nicht unbedingt unkritisch hinzunehmen, ist er doch auch ein Kreativer, durch den hindurch sich unreflektierte Annahmen ins Ergebnis übertragen. Der Architekt schafft im Unterschied zur Industrie immer Prototypen: Wo jene lange Tests bis zur Serienproduktion vornimmt, um ein Optimum zu finden, sind die meisten Bauwerke – dabei soll hier die Diskussion um die Fertighäuser ausgeblendet bleiben – einmalige Versuche, die sich aus einmaligen Situationen und Begegnungen von Bauherren und Planern ergeben. Daher ist Architektur auch immer ein sozialer Prozess, dessen Ergebnis nicht vorher zu bestimmen ist.

Er wird aber im günstigen Fall vom gemeinsamen Wunsch nach einer Veränderung getragen, einer Veränderung nicht nur des Grundstücks, sondern auch der Lebensbedingungen der Nutzer, seien es Bewohner oder Arbeiter. So sah Walter Gropius 1913 in einer modernen Fabrik ein „würdiges Gewand", das den Passanten beeindruckt und den Arbeiter leistungsfähiger macht, indem es ihm nicht nur „Licht, Luft und Reinlichkeit" gibt, sondern den Eindruck einer großen Idee, die ihm über die Stupidität der Fabrikarbeit hinweghilft: „Er wird dort freudiger am Mitschaffen großer gemeinsamer Werte arbeiten, wo seine vom Künstler durchgebildete Arbeitsstätte dem einem jeden eingeborenen Schönheitsgefühl entgegenkommt und auf die Eintönigkeit der mechanischen Arbeit belebend einwirkt."

Gropius schreibt dies mit dem Selbstbewusstsein eines Architekten, der sich auf dem richtigen Weg wähnt und der das Ende einer Zeit sieht, die wesentlich auf der Suche nach dem neuen, der industrialisierten Welt angemessenen Stil war. Diese weitgehend mit dem 19. Jahrhundert deckungsgleiche Zeit, in der mit dem als Mangel empfundenen Stilpluralismus eine Beliebigkeit eintrat, wurde schließlich abgelöst von einer Epoche, in der der Stilgedanke an sich obsolet wurde. Noch 1914 meinte Henry van de Velde: „Und seit 20 Jahren suchen einige unter uns die Formen und die Verzierungen, die restlos unserer Epoche entsprechen." Aber da war schon zu erkennen, wohin die Reise geht, zu einem später, 1932, „International Style" genannten Funktionalismus, der alle Ornamente abschaffte.

Zweckmäßige Räume und der „materialgetreue" oder „ehrliche" Einsatz der verfügbaren Baustoffe gehörten zu den Grundsätzen einer neuen Sachlichkeit. Ihre Vertreter forderten eine schlichte Gestaltung ohne historisierende Anklänge und eine auf Vorfertigung und Massenproduktion ausgerichtete Funktionalität. Weder der zeitliche noch der geografische Raum, in dem diese Strömung wirksam wurde, lassen sich eindeutig eingrenzen.

Schon 1927 hatte sich die Moderne in der internationalen Architekturszene durchgesetzt: Flachdächer, weiße Putzfassaden, geradlinige Formen, freie Grundrisse, Stahlrahmentragwerke und horizontale Fensterbänder wurden vorübergehend zum Maßstab und Muss moderner Bauten. Ihre Architekten waren sich einig in der Ablehnung der Beaux-Arts-Architektur und der herkömmlichen Architekturlehre und waren bestrebt, eigene Theorien zu bilden und neue Schulen zu schaffen wie das Bauhaus in Deutschland und die VKhUTEMAS in der Sowjetunion. Die CIAM-Konferenz von 1928 formulierte unter der Leitung von Sigfried Giedion und Le Corbusier die sogenannte Erklärung von La Sarraz, die großen Einfluss auf die idealistische Lehre der modernen Architektur ausübte.

Dass alle Pamphlete und Erklärungen gegenüber der Wirklichkeit aber unbefriedigend bleiben, hat auch Le Corbusier, der mit seinen radikalen Stadtplanungsentwürfen oft Unverständnis hervorrief, erkannt: „Für mich beinhaltet das Wort Architektur etwas Geheimnisvolleres als das Rationale oder das Funktionale, etwas, das herrscht, vorherrscht, sich aufdrängt ... Es ist zweifelsohne ein menschliches Bedürfnis, warme Füße zu haben; doch meine Sensibilität spricht eher auf ein Bedürfnis an, das auf Harmonie basiert und das mehr wert ist als ein Hummer al'américain, ein Glas Champagner oder ein frischer Salat ...".

Wenn de La Mettrie das mechanistische Weltbild von Descartes weiterführte zur überspitzten Idee des „L'homme machine", dann sind es am Ende konsequenterweise auch Maschinen, die ihn von seinen Leiden befreien und seine Krankheiten kurieren. Doch so wenig dies funktioniert und so wenig sich dieses Weltbild aufrechterhalten ließ, so wenig ist auch das funktionalistische Weltbild in der Architektur die letzte Antwort gewesen.

Raum wird sich nicht mechanistisch definieren lassen, die Versuche, ihn mit Modulen und Moduloren zu fassen, blieben Versuche. Das Scheitern der Stadtplanung Le Corbusiers in Chandigarh ist dafür ebenso Beleg wie die Sprengung der Sozialwohnungsanlage von Pruitt-Igoe und, letztendlich, das Unbehagen jedes Einzelnen mit den vereinfachten Erscheinungsformen der modernen Architektur, die ihm auf Schritt und Tritt begegnen, oft erzwungen durch rein kommerzielle Diktate und willkürliche Eingriffe in eine künstlerische Autonomie der Architekten, die über das Rationale hinaus mehr beinhaltet, als in Baukostenberechnungen zu fassen sein wird.

Julius Posener hat eindringlich auf die Gefahr und den Fehler aufmerksam gemacht, aus seiner eigenen, historisch eingeschränkten Sicht zu einer Definition der Moderne kommen zu wollen. Und weil es nicht angemessen sei, Vorformen zu suchen, wenn wir die Endform noch nicht kennen, können wir in der Tat Moderne nur als Projekt betrachten und wie die einzelnen Architekten, die im Bewusstsein dieses Problemfeldes arbeiten, damit umgehen. Dabei sind die Unterschiede oft bemerkenswerter und führen uns weiter als die Ähnlichkeiten. Die Unterschiede verweisen auf die Besonderheit des einzelnen Bauwerks in seinem Umfeld, seiner historischen Situation, auf seinen Nutzer, die Ähnlichkeiten aber nur auf Kategorien, die von Kunst- oder Architekturhistorikern geschaffen wurden, und führen in der Gesamtheit kaum weiter.

Peter Gössel

Aalto Hugo Alvar Henrik

Haus der Arbeiter,
Jyväskylä, Finnland, 1924–1925

Hugo Alvar Henrik Aalto (1898–1976) absolvierte sein Architekturstudium 1916–1921 bei Armas Lindgren an der Technischen Hochschule in Helsinki, bevor er 1923 sein eigenes Büro in Jyväskylä eröffnete, in dem ab 1923 auch seine Frau Aino mitarbeitete. Aaltos frühe Arbeiten, die dort entstanden, sind das Haus der Arbeiter (1924–1925) und das Gebäude der patriotischen Vereinigungen, das 1929 fertiggestellt wurde. 1927 verlegte er sein Büro nach Turku und verwirklichte die Stadtbibliothek in Viipuri, Finnland (heute Russland, 1927–1935), die sich über mehrere Entwurfsphasen vom neoklassizistischen Stil hin zu einer entschlossenen Moderne änderte. Die Kombination zweier versetzter Quader wird durch ein voll verglastes Treppenhaus an der Nahtstelle erschlossen. Im Auditorium sorgt eine gewellte Holzpaneeldecke für gute Akustik. Aalto entwarf auch eigene Beleuchtungskörper, Sitzmöbel und Türgriffe. Eine raffinierte Grundrissanordnung liegt dem Tuberkulosesanatorium in Paimio, Finnland (1928–1933), zugrunde: Vom Eingang aus erreicht man rechts das Bettenhaus mit einem angeschlossenen Freiluftterrassenflügel, links führt der Weg zu den Funktions- und Gemeinschaftsräumen. Wieder gestaltete Aalto alle Details und Einrichtungsgegenstände selbst. 1928 wurde Aalto Mitglied der CIAM. Das Redaktionsgebäude der Zeitung „Turun Sanomat" in Turku, Finnland (1928–1929), fand bereits 1932 Eingang in Philip Johnsons und Henry-Russell Hitchcocks Publikation zum International Style.

1933 übersiedelte Aalto mit seinem Büro nach Helsinki und gründete 1935 mit seiner Frau Aino, Nils Gustav Hahl und dem Ehepaar Maire und Harry Gullichsen die Möbelfirma Artek. Anschließend gewann er den Wettbewerb für den finnischen Pavillon zur Weltausstellung 1937 in Paris. Anlässlich einer Ausstellung seiner Arbeiten reiste er 1938 zum ersten Mal in die USA, gestaltete dann auch den finnischen Pavillon der Weltausstellung 1939 in New York mit einer raffinierten schräg gestellten Präsentationswand und beendete gleichzeitig den ersten Bauabschnitt der Zellulosefabrik Sunila in Kotka. 1940 lehrte Aalto als Architekturprofessor am Institute of Technology in Cambridge, Massachusetts. Seinen einzigen Bau für einen amerikanischen Auftraggeber realisierte er 1947–1949 mit dem Studentenwohnheim des Institute of Technology in Cambridge (Baker House). In seinem umfangreichen Werkverzeichnis sind über 200 Projekte aufgelistet, wovon etwa die Hälfte zur Ausführung kam, zum großen Teil öffentliche Bauten wie das Rathaus in Säynätsalo (1949–1952), das Haus der Kultur in Helsinki (1952–1958), die Technische Hochschule in Espoo (1949–1974) sowie das Stadtzentrum und die Kirche in Seinäjoki (1951–1987). In Deutschland baute er ein Wohnhaus für die Interbau in Berlin (1957) und den Wohnkomplex „Neue Vahr" in Bremen (1958–1962) auf einem fächerartigen Grundriss. Erst lange nach seinem Tod wurde das Opernhaus in Essen (1959, 1981–1988) fertiggestellt.

„Funktionalismus ist erst gerechtfertigt, wenn er erweitert wird und auch psychophysische Gebiete einbezieht. Dies ist der einzige Weg zur Humanisierung der Architektur."

▼ Tuberkulosesanatorium in
Paimio, Finnland, 1928–1933

▶ Villa Mairea, Noormarkku,
Finnland, 1938–1939

◄ Villa Mairea, Noormarkku, Finnland, 1938–1939

▼ Finnischer Pavillon auf der Weltausstellung in New York, 1939

► Wohnheim des Institute of Technology (Baker House), Cambridge, Massachussetts, 1947–1949

Abell Thornton

▼ Haus Lebrun in Zuma Beach, Kalifornien, 1966

► Abells Bürohaus in Los Angeles, 1954

Während seiner Studienzeit an der University of Michigan und der University of Southern California sammelte Thornton Montaigne Abell (1906–1984) bei verschiedenen Architekten, unter anderem im Büro von Joseph J. Kucera in Pasadena, Kalifornien, Erfahrung. Bevor er sich 1944 selbstständig machte, war er 1930–1942 bei Marsh, Smith and Powell in Los Angeles angestellt. Das aus Betonblöcken errichtete, einstöckige Case Study House Nr. 7 in San Gabriel, Kalifornien (1945–1948), mit seiner deckenhohen Verglasung weist als Besonderheit ein Deckenlicht über einem bepflanzten Bereich im Inneren des Hauses auf. Zu seinem Werk zählen außerdem sein eigenes Haus im Santa Monica Canyon (1937), ein Modellhaus für die Southern California Construction Industry and Home Show in Los Angeles (1952) und sein Büro in Los Angeles (1954). Bei den späteren, komfortablen Villen wie dem Haus Lebrun in Zuma Beach (1966) oder dem Haus Rich (1967) in Los Angeles erscheint das Dach nicht mehr als überstehende Platte. Die zeitlose Architektur nimmt sich völlig zurück und bietet dennoch mit ihren Holzvertäfelungen und gartenseitigen Glaswänden ein komfortables Obdach. Abell war am Chouinard Art Institute in Los Angeles in der Lehre tätig.

Adler and Sullivan

▼ Auditorium Building,
Chicago, 1886–1890

▶ Guaranty Building in Buffalo,
New York, 1894–1896

Der aus Deutschland stammende Architekt und
Ingenieur Dankmar Adler (1844–1900) lebte
ab 1854 in den USA, wo er in Detroit und Ann
Arbor, Michigan, studierte. Nach seiner Zusammenarbeit mit verschiedenen Architekten, wie
Ashley Kinney und Edward Burling, machte
er sich 1879 mit Adler & Co selbstständig und
realisierte die Central Music Hall in Chicago,
Illinois (1879). Louis Henry Sullivan (1856–1924)
war nach einjährigem Studium am Massachusetts Institute of Technology in Cambridge ab

1873 im Büro des Architekten William Le Baron
Jenney in Chicago tätig gewesen. 1874–1876
setzte er seine Ausbildung an der École des
Beaux-Arts und in Vaudremers Atelier in Paris
fort. Wieder zurück in den USA, trat er 1879 in
das Unternehmen Dankmar Adlers ein, mit dem
er das Büro 1881–1895 gemeinsam unter dem
Namen Adler and Sullivan leitete. Adler war im
gemeinsamen Büro eher für die technischen,
Sullivan für die gestalterischen Einzelheiten
verantwortlich. Zusammen bauten sie das

Auditorium Building in Chicago (1886–1890), ein Hotel- und Bürogebäude mit einem Theater für etwa 4000 Besucher. Bereits hier zeigt sich ihre Vorliebe, mehrere Geschosse durch aneinandergereihte Pilaster, die in Rundbögen enden, zusammenzufassen; so auch beim einfacher und wuchtiger ausgeführten Walker Warehouse in Chicago (1888–1889). Das Wainwright Building in St. Louis, Missouri (1890–1891), eine Konstruktion aus schmalen, hoch aufstrebenden, mit Mauerwerk verkleideten Metallstützen über dem ruhigen Sockelbereich und einem abschließenden dekorativen Ornamentfries aus üppigen Pflanzenformen, war das erste richtige Hochhaus von Adler und Sullivan. Zur entschlossenen Vertikalität bilden die zwischen den Fenstern angebrachten Ornamentplatten einen ausgleichenden Gegensatz. Beim Guaranty Building in Buffalo, New York (1894–1896), mit einer Fassade aus Stahl und erdfarbenem Terrakotta wurden ebenso wie beim Wainwright Building runde Fenster in der Gesimszone verwendet, nur hier nicht mehr versteckt im Ornament, sondern als punktförmiger Abschluss der aufstrebenden Fassadenpfeiler platziert. Adler und Sullivan entwickelten außerdem mit der Caisson-Bauweise eine

wichtige Grundlage für den Hochhausbau in Chicago und prägten mit ihrem Stil wesentlich die Bauten der sogenannten Chicago School. Sie setzten sie erstmals bei der Börse in Chicago (1893–1894) ein. Beim Gage Building in Chicago (1898–1900) entwarf Louis Henry Sullivan die Fassade zu dem Gebäude von Holabird & Roche. In seinem Artikel „Das große Bürogebäude aus künstlerischer Sicht" (1896) legte Sullivan sein Modell des funktionsgerechten Hochhauses vor. Es beruhte auf der Trennung von Sockelgeschoss, rasterförmigem Turmschaft und abschließendem Dachgesims und schuf die Grundlage für eine bewusste Abwendung von historischen Fassadengliederungen. Mit dem Schlesinger & Mayer Department Store in Chicago (1899–1904), dem späteren Carson Pirie Scott & Co. Building, einer zwölfstöckigen Skelettkonstruktion, die nur an den beiden unteren Geschossflächen ornamental dekoriert ist, leistete Sullivan seinen wohl bedeutendsten Beitrag zur Entwicklung des großen Geschäftshauses. Die wichtigsten Arbeiten seines Spätwerks sind die National Farmers Bank in Owatonna, Minnesota (1907–1908), und das Gebäude des Van Allen Store in Clinton, Iowa (1913–1915).

„Es ist das Gesetz, von dem alle organischen und unorganischen Dinge, alle menschlichen und übermenschlichen Dinge, alle wahren Manifestationen des Herzens, der Seele durchzogen sind, dass das Leben in seinem Ausdruck erkennbar ist, dass die Form immer der Funktion folgt." Louis Sullivan

◄ ► Schlesinger & Mayer
Department Store, Chicago,
1899–1904

19

Ain Gregory

Wohnanlage „Dunsmuir Flats",
Los Angeles, 1937–1939

Gregory Ain (1908–1988) schloss sein Studium der Architektur an der University of Southern California ab. 1927–1929 war er im Büro von Benjamin Marcus Priteca in Los Angeles beschäftigt, 1930–1935 arbeitete er für Richard Neutra. Ain legte bei seinen modernen Häusern mehr Wert auf Funktionalität und Lösungen für die jeweiligen schwierigen Bauaufgaben als auf architektonische Besonderheiten. Demzufolge wirken seine sorgfältig durchdachten Häuser unprätentiös und bescheiden. Er entwarf beinahe 200 Objekte, überwiegend in und um Los Angeles, von denen jedoch weniger als die Hälfte realisiert wurde. Zu seinen frühen Entwürfen gehören das Haus Edwards in Los Angeles (1936), und das Haus Ernest ebenfalls in Los Angeles (1937). Ende der dreißiger Jahre entstand die an einem Hang gelegene Anlage „Dunsmuir Flats" in Los Angeles (1937–1939). Die vier weißen, kubenförmigen Wohneinheiten mit Flachdach umfassen zwei Stockwerke und sind versetzt angeordnet. An der Eingangsseite

verlaufen schmale, hoch liegende Fensterbänder entlang der gesamten Fassade. Die Südseite öffnet sich mit Balkonen und Terrassen zu privaten Gärten. Bei seinen vielen Wohnhäusern der Vorkriegszeit bemühte sich Ain, dem Wunsch nach einem kalifornischen Traumhaus mit den Mitteln der modernen Architektur zu begegnen, wobei er dem funktionalistischen Vokabular einfallsreiche Details hinzufügte und mit unterschiedlichen Raumhöhen der entsprechenden Nutzung entsprach. In der Nachkriegszeit beschäftigte er sich viel mit Siedlungsbau, um auch für durchschnittliche Einkommen gute Häuser zu bauen. Durch Drehungen und Spiegelungen eines Grundplans bilden die 52 Häuser für die Wohnanlage „Mar Vista" (1946–1948) acht verschiedene Konfigurationen. Im Case Study House Program wurde Ain nicht berücksichtigt. Ein Ausstellungshaus, das Ain 1950 für das Museum of Modern Art in New York realisierte, blieb hinter seinen Möglichkeiten zurück.

Albini Franco

Haus auf der V. Mailänder Triennale, Italien, 1933, mit Renato Camus, Giulio Minoletti, Giuseppe Mazzoleni, Giuseppe Pagano, Giancarlo Palanti

Franco Albini (1905–1977), der sein Studium am Politecnico in Mailand 1925 abschloss, arbeitete bei Gio Ponti und unterhielt ab 1930 ein eigenes Büro. 1945–1946 war er Herausgeber der Architekturzeitschrift „Casabella". 1952 schloss er sich mit Franca Helg zusammen. Zwischen 1963 und 1977 lehrte Albini als Professor am Politecnico in Mailand. Frühe Arbeiten wie ein Haus auf der V. Mailänder Triennale von 1933 und die ebenfalls in Mailand zusammen mit Renato Camus und Giancarlo Palanti errichtete Siedlung „Fabio Filzi" (1936–1938) mit fünfstöckigen Zeilenbauten gehorchen den Prinzipien des Neuen Bauens. In der Nachkriegszeit entwickelte Albini einen stärkeren historischen Bezug, verbunden mit komplexen technischen Details, und gestaltete vor allem Inneneinrichtungen, etwa für das Museum des Palazzo Bianco in Genua (1951) und das Museo del Tesoro di San Lorenzo in Genua (1954–1956). Bei der römischen Filiale der Kaufhauskette La Rinascente (die ab 1959 auch den Designpreis „Compasso d'Oro" vergab) verlieh er dem Gebäude mit Gesimsen und Lisenen palazzoartige Elemente (1957–1961). Für Albini selbst waren diese gliedernden Elemente nur technische Details. Albini entwarf auch viele Möbel und 1938 ein Radio, dessen gläsernes Gehäuse provokativ mit den technischen Möglichkeiten spielte.

Amsterdamer Schule

Johan van der Mey, Michel de
Klerk und Pieter Lodewijk Kramer,
Scheepvaarthuis in Amsterdam,
1911–1916

Als Jan Gratama 1915 in einer Festschrift zu Ehren von Hendrik Petrus Berlage das erste Mal den Begriff Amsterdamer Schule verwendete, hatten die Architekten, die er damit meinte und die sich vom rationalistischen Entwurfsdenken Berlages entfernten, bereits einigen Erfolg. Zu jenem Zeitpunkt waren Johan van der Mey, Michel de Klerk und Pieter Lodewijk Kramer, die das Zentrum der Gruppe bildeten, kurz vor der Fertigstellung des Scheepvaarthuis in Amsterdam, Niederlande (1911–1916), ihres wichtigsten Werkes. Sprachrohr der Gruppe war die aufwendig gestaltete Zeitschrift „Wendingen", die von 1918 bis 1931 vom Verein „Architectura et Amicitia" verlegt wurde und neben Baukunst und Innenarchitektur auch noch Artikel zu Kunst, Theater und Fotografie enthielt. Gründer und bis 1925 Herausgeber und Gestalter des Magazins war der Architekt Hendricus Theodorus Wijdeveld. Weitere Vertreter der Amsterdamer Schule waren Cornelis Jonke Blaauw, Guillaume Frédéric La Croix, Joseph Crouwel, Adolf Eibink, Margaret Kropholler, Jan Antoine Snellebrand, Jan Frederic Staal, Pieter Vorkink und Jacques Ph. Wormser. Sie errichteten meistens Ziegelbauten, die bei innerstädtischen Bauvorhaben durch die Plastizität der Wandoberflächen, bei frei stehenden Gebäuden durch eine malerische Komposition verschiedener Dachflächen und -neigungen auffallen. Die meist weißen Fensterrahmen und zahlreiche, liebevoll entworfene Details schaffen nicht nur für Wohnungen, sondern auch für ganze Wohnanlagen eine behagliche Atmosphäre. Die Architektur der Amsterdamer Schule prägte die neu erschlossenen Wohnviertel Amsterdams in der Zwischenkriegszeit, da ihre Vertreter unter anderem im Bauamt tätig waren und dort eine Gestaltung der Straßenzüge nach ihren ästhetischen Grundsätzen förderten. Die Amsterdamer Schule konnte auch etliche von privaten Gesellschaften errichtete Wohnungsbauprojekte beeinflussen, allerdings wurden hier oft nur die Fassaden gestaltet und die Leistung der Architekten somit als kosmetisches Mittel missbraucht. Im Gemeindewohnungsbau konnten die Architekten ihre Ideen ganzheitlicher verwirklichen und den umliegenden öffentlichen Raum mitgestalten.

Ando Tadao

▼ 4 x 4 House, Kobe,
Hyogo, Japan, 2001–2003

► Kirche des Lichts,
Ibaraki, Japan, 1987–1989

Vor der Gründung seines Büros Tadao Ando Architect & Associates 1969 in Osaka unternahm Tadao Ando (*1941) ausgedehnte Reisen durch Nordamerika, Afrika und Europa und eignete sich seine Kenntnisse autodidaktisch an. 1987 lehrte er in Yale, 1988 an der Columbia University und 1990 in Harvard. Kennzeichen seiner Architektur sind schlichte Formen aus Sichtbeton, der außen und innen erscheint. Großzügig verglaste Innenhöfe ermöglichen die Wahrnehmung von Wind und Wetter. Beim „Row House" in Sumiyoshi, Osaka, Japan (1975–1976), bilden drei gleich große Quader Vordergebäude, Hof und Rückgebäude. Die Straßen-

fassade wird nur von einem schmalen Eingang durchschnitten. Rigiden Innenbezug seiner Häuser verwirklichte Ando auch bei dem Haus Koshino in Ashiya, Hyogo (1979–1980). Die beiden tief in die Erde gesenkten rechteckigen Hausflügel wurden später durch einen fächerförmigen Anbau ergänzt. Mit zunehmend komplexeren Bauaufgaben erweiterte sich Andos Materialpalette, zum Naturbezug setzt er oft Wasserbecken ein. In der Kapelle auf dem Wasser in Yufutsu, Hokkaido (1985–1988), steht das Kreuz im Wasser, in der Kirche des Lichts in Ibaraki, Osaka (1987–1989), wird es aus dem Licht, das durch Wandschlitze einfällt, gebildet.

◄ Holzmuseum,
Mikata, Hyogo, Japan, 1991–1994

▲ Haus Koshino,
Ashiya, Japan, 1979–1980

Im Wassertempel von Hompuku-ji in Tsuna,
Hyogo (1989–1991), steigen die Besucher auf
einer Treppe mitten im Wasserbecken hinab.
Aus den neunziger Jahren stammen der fast ausschließlich aus Holz konstruierte japanische
Pavillon für die Expo '92 in Sevilla, Spanien, und
das Holzmuseum in Mikata, Hyogo (1991–1994).
Die weit in die Landschaft ausgreifende Achse
eines Steges kreuzt den fensterlosen Gebäude-
kegel, der durch hölzerne Stützen gegliedert
wird. 1999–2000 entstand der Komyo-ji-Tempel
in Saijo, Ehime, der in seiner Holzbauweise eine

Annäherung an historische Konstruktionsprin-
zipien japanischer Holztempelbauten darstellt.
Beim Historischen Museum Chikatsu-Asuka in
Minamikawachi, Osaka (1990–1994), sind viele
Gebäude in das Gelände eingegraben, ein
Gestus, der auch bei Benettons Kreativzentrum
„Fabrica", Treviso, Italien (1992–2000), erscheint.
In jüngerer Zeit entstanden das Modern Art
Museum in Fort Worth, Texas (1997–2002), und
ein Paar sehr kleiner Wohnhäuser in Kobe,
Hyogo (2001–2003) mit vier Stockwerken auf
einer Grundfläche von je 4 x 4 m.

Art Déco

PARIS-1925

EXPOSITION
INTERNATIONALE ⁓ ARTS DÉCORATIFS
ET INDUSTRIELS
MODERNES ⁓
AVRIL- OCTOBRE

◀ Robert Bonfils, Plakat zur
großen Pariser Kunstgewerbeausstellung, Paris, 1925

▼ Piollenc und Morice mit
Maurice Picaud, Théâtre des
Folies Bergère, Paris, 1926–1927

▶ William van Alen,
Chrysler Building, New York,
1927–1930

Nach dem Ende des Jugendstils blieb ein starkes
kommerzielles Interesse an dekorativer Kunst,
die im Rahmen der kunsthandwerklichen
Produktion und der modernen Architektur
recht unterschiedlich und dennoch zeittypisch
realisiert wurde. Hier war der Weg der Wiener
Werkstätte, besonders nach dem Eintritt von
Dagobert Peche, hin zu einer Manufaktur von

Wohnausstattungsgegenständen in modischer
Eleganz wegbereitend. Zu den Merkmalen gehörten klare Linien und Formen, geometrische
oder mal exotischem, mal historischem Ursprung entlehnte Muster sowie edle Materialien. Die Abkürzung Art Déco geht auf die in Paris 1925 veranstaltete „Exposition Internationale
des Arts Décoratifs et Industriels Modernes"

zurück, die auf eine Initiative der 1901 gegründeten französischen „Société des Artistes Décorateurs" hin organisiert wurde und eigentlich schon für 1915 geplant war. Herausragende Gestalter waren unter anderen Jacques-Émile Ruhlmann, Eugène Printz, Eileen Gray und Pierre Chareau. Die als zu puristisch empfundenen klaren Linien der neuen Architektur wurden durch applizierte Dekorationselemente und frei geformte Kurven und Schwünge gemildert, die rein emotionalisierende Wirkung haben sollten. Aus der modernen Bewegung wurde somit ein modernistischer Stil, dessen Grad an bildlicher Übertreibung dem persönlichen Geschmack und der jeweiligen Bauaufgabe entsprach. Entsprechend begierig wurde er in Hollywood aufgenommen, wo zahlreiche Filmtheater im neuen Stil entstanden, gefördert durch gezielte Recherchen der Gruppe „International Kinema Research". Späte Art-Déco-Entwürfe verarbeiteten neue Erkenntnisse der Aerodynamik zu einer stromlinienförmigen Gestaltung, die unter dem Begriff „Streamline Modern" zusammengefasst wurde. Gebäude wurden mit farbigen Streifen und glänzenden Oberflächen versehen. Mit William van Alens Chrysler Building in New York (1927–1930), dem Empire State Building von Shreve, Lamb & Harmon, ebenfalls in New York (1930–1931), und der Hoover-Fabrik von Wallis Gilbert & Partners in Perivale, England (1931–1935), erlebte der Stil seine Blütezeit; in Miami Beach, Florida, prägte er eine ganze Stadt.

▼ Herberts' Drive Inn, Los Angeles, 1937

▶ Jacques-Émile Ruhlmann, Afrikanischer Salon auf der Kolonialausstellung in Paris, 1931

▶▶ Wurdeman & Becket, Pan Pacific Auditorium, Los Angeles, 1935

Art nouveau

22 RUE DE PROVENCE. PARIS

► Felix Vallotton, Plakat für die
Galerie „L'art nouveau", Paris, 1896

▼ Eugène Vallin, Speisezimmer   ◄ Antoni Gaudí, Wohnraum im
für M. Masson, Nancy, 1903–1905   Palau Güell, Barcelona, 1885–1889

Ende des 19. Jahrhunderts entwickelte sich an verschiedenen Orten Europas und Amerikas in Grafik, Kunstgewerbe und Architektur mit dem Art nouveau ein Stil, der das Bedürfnis nach einem zeitgemäßen Ausdruck erfüllen wollte. Durch international tätige Galeristen, Zeitschriften und Ausstellungen fand dabei eine rege gegenseitige Befruchtung über nationale Grenzen hinaus statt, wodurch sich wiederkehrende Stilelemente wie floral anmutende Schwünge und Kraftlinien sowie asymmetrische Kompositionen mit teils neugotischen, teils fernöstlichen Einflüssen mischten. Der Kunsthistoriker Sir Nikolaus Pevsner definierte die ersten Entwürfe folgendermaßen: „lange, empfindsame Kurven, die an einen Lilienstängel erinnern, einen Insektenfühler, einen Blütenfaden oder gelegentlich eine schlanke Flamme; die Kurve mehrfach geschwungen, fließend und mit den anderen verschlungen,

Gustave Serrurier-Bovy,
Pavillon auf der Weltausstellung
in Paris, 1900

Kurven, die aus allen Ecken sprießen und asymmetrisch alle verfügbaren Flächen bedecken". Der Stil entwickelte sich aus einem neuen industriellen Reichtum – besonders ausgeprägt in Brüssel –, der kunsthandwerklich gefertigte Interieurs und Neuerungen in der Metallkonstruktion bevorzugte. Die belgische Glasindustrie, die ab etwa 1870 Spiegel hoher Qualität vermarktete, und die Eisenindustrie, die mit industriell hergestelltem Walzeisen filigrane Konstruktionen ermöglichte, lieferten wichtige Bauteile. Die schmalen Brüsseler Grundstücke, die im Unterschied zu anderen europäischen Großstädten meist mit Einfamilienhäusern bebaut wurden, bildeten zudem eine kreative Herausforderung für imagefördernde Architekturexperimente einer neureichen Bürgerschicht, die mit raffiniert belichteten Treppenhäusern und durchgestalteten Interieurs nicht nur ein Maximum an Wohnkomfort, sondern auch Gesamtkunstwerke darstellten. Dabei waren die Außenfassaden der Gebäude von Victor Horta oder Paul Hankar oft noch relativ zurückhaltend. Henry van de Velde, der ab 1893 die Entwicklungen des englischen Kunsthandwerks aus dem Umfeld der Arts-and-Crafts-Bewegung auf dem Kontinent propagierte und 1895 für die Galerie „Art nouveau" des Japanhändlers Samuel Bing in Paris vier Ausstellungsräume entwarf, ging 1900 nach Berlin. Er war in besonderer Weise auch als Autor tätig, der eine theoretische Fundierung des neuen Stils suchte. Auf der Weltausstellung 1900 in Paris war er aber ebenso wenig wie Victor Horta vertreten, da die offizielle Kunstgewerbeförderung sich nur zögerlich dem neuen Trend öffnete, lediglich Josef Hoffmanns und Joseph Maria Olbrichs Arbeiten als Beitrag Österreichs waren von herausragender Qualität. So stellten die neuen Metrostationen von Hector Guimard außerhalb des Ausstellungsgeländes den wahren Höhepunkt dar. Die französischen Gestalter versammelten sich im

Pavillon Samuel Bings. Auch die Präsentation der Münchner „Vereinigten Werkstätten für Kunst im Handwerk" mit Arbeiten von Richard Riemerschmid, Bernhard Pankok und Hermann Obrist folgte kommerziellen Interessen. Die besondere Rolle Österreichs spiegelte sich ebenso in der Präsenz der 1897 gegründeten Wiener Sezession in ihrer Heimatstadt, wo Olbrich mit dem 1897–1898 geschaffenen Sezessionsgebäude ein bauliches Statement errichtete. Aber auch hier blickte man neugierig ins Ausland: Vor allem die Ausstellung der Arbeiten von Charles Rennie Mackintosh im Jahr 1900 hatte großen Einfluss. Mit Olbrichs Berufung 1899 an die Darmstädter Künstlerkolonie durch den Großherzog Ernst Ludwig von Hessen und den Bauten, die er und Peter Behrens auf der Mathildenhöhe schufen, wurde ein Gesamtkunstwerk über das Einzelhaus hinaus geschaffen. Dennoch blieben die Ausformungen und Bezeichnungen des neuen Stils in den betreffenden Ländern weitgehend unterschiedlich: In Deutschland nach der Zeitschrift „Jugend" „Jugendstil" genannt, wurde in Frankreich von „Art nouveau" gesprochen, in Österreich vom Sezessionsstil, in England vom „Modern Style", in Italien vom „Stile floreale", in Katalonien vom „Modernismo". Weitere wichtige Beispiele des Art nouveau sind Werke von Louis Sullivan in den Vereinigten Staaten und Antoni Gaudí in Spanien, die ebenso wie Beispiele in Budapest, Nancy und Helsinki auf regionale Inseln beschränkt blieben. Es passt ins Bild, dass sich der stark vom gestalterischen Individuum geprägte Stil bald ermüdete. Was noch eine Zeit lang blieb, waren kunstgewerbliche Massenartikel und Bauschmuck, der ansonsten eher belanglosen Gebäuden einen modischen Anflug verlieh. So stellt der oft als Beginn der Moderne gefeierte Jugendstil nach Walter Benjamin eher „den letzten Ausfallversuch der in ihrem elfenbeinernen Turm von der Technik belagerten Kunst dar".

Arts and Crafts

◄ Charles Francis Annesley Voysey,
Entwurf einer Tapete für Essex &
Company, 1897

► Charles Harrison Townsend,
Bishopsgate Institute, London,
1894

Die Arts and Crafts-Bewegung wurde in den Jahren 1834–1836 von dem englischen Künstler William Morris initiiert und erlebte zwischen 1836 und 1906 ihre Blütezeit. Sie lehnte den Einsatz industriell hergestellter Produkte ab und favorisierte die kunsthandwerkliche Fertigung von Gebrauchsgegenständen und Möbeln. Hintergrund war, dass der Markt ab Mitte des 19. Jahrhunderts mit einer Fülle von billig hergestellten kunstgewerblichen Imitaten aus minderwertigen Materialien überschwemmt wurde, deren Charakter als falsch und deren künstlerischer Wert als nichtig empfunden wurde. Morris, der Architekt Philip Webb und die Maler Ford Madox Brown und Edward Burne-Jones waren der Auffassung, dass Handwerker zur Herstellung von Produkten bewährte Standards und traditionelle Handwerksmethoden einsetzen und damit material-, konstruktions- und funktionsgetreu handeln sollten. Ein bedeutender Vertreter der Bewegung im 19. Jahrhundert war John Ruskin. Auch er lehnte maschinell gefertigte Ornamente ab und setzte auf die Qualität des Handwerks und die spirituelle Qualität der Formgestaltung. Die Bewegung beruhte auf den Ideen des Philosophen Jean-Jacques Rousseau aus dem 18. Jahrhundert, denen zufolge handwerkliche Fertigkeiten von jedermann erlernt werden und freie Künst-

ler die dafür notwendigen Entwürfe liefern sollten. Im städtischen Umfeld entstanden, kritisierte die Bewegung die Fehlentwicklungen durch Urbanisierung und Industrialisierung und hatte von daher eine große Nähe zur Form und Kultur des Landlebens. Der Name leitete sich von der Arts and Crafts Exhibition Society ab, die 1883 von mehreren Kunsthandwerkern gegründet wurde. Weitere Gruppen und Werkstätten waren die 1882 gegründete Century Guild des Architekten Arthur Heygate Mackmurdo, die seit 1884 existierende Art Workers Guild und die 1888 von Charles Robert Ashbee ins Leben gerufene School of Handicraft. Sie alle versuchten, auch kommerziell zu bestehen, wobei sie meist von einem recht kleinen Kundenkreis abhängig waren. Die Beispiele ausgeführter Architektur zeugen von Wertschätzung für landestypische Traditionen. Die für den Wohnungsbau wichtigen Entwicklungen zeigen sich in Bedford Park (ab 1870), Port Sunlight (ab 1880) und den Gartenstädten Letchworth (ab 1903) und Hampstead Garden Suburb (ab 1909), wichtige Architekten waren neben Ashbee Mackay Hugh Baillie Scott, William Lethaby und Charles Francis Annesley Voysey. Dem Beispiel von Morris in England folgend, förderten Gustav Stickley, Elbert Hubbard sowie Charles Sumner und Henry Mather

Greene mit ihrer Architektur und ihrer Möbelgestaltung die Arts and Crafts-Bewegung in den Vereinigten Staaten. Für ihre Arbeiten wird auch der Begriff Craftsman Style verwendet. Stickley hatte sich auf mehreren Reisen nach England über die dortige Entwicklung gut informiert. Er arbeitete unter anderen mit den Architekten Samuel Howe und Harvey Ellis zusammen und publizierte ab 1902 – nicht unüblich für die Vereinigten Staaten – Hauspläne zur Nachahmung seitens lokaler Bauunternehmer in der Zeitschrift „The Craftsman". In Japan bildete sich mit der Mingei-Bewegung 1926 eine Gruppe unter Führung des Philosophen Yanagi Sôetsu, die die Ideen des britischen Vorbilds rezipierte und für den eigenen Kulturraum adaptierte. Hier kam zur Kritik an der zunehmenden Urbanisierung das Unbehagen gegenüber einer Verwestlichung der eigenen Kultur und man versuchte durch Wiederbelebung von Volkskunst, Museumsgründungen und Ausstellungen mit neuen Wohnformen, die japanische und westliche Elemente kombinierten, Wege für eine verträgliche Modernisierung zu finden.

◄ Harvey Ellis, Wohnhaus in Crab Tree Farm, Lake Forest, Illinois, entworfen 1903, rekonstruiert 1999

▼ Charles Francis Annesley Voysey, Broadleys House, Lake Windermere, England, 1898

Asplund Erik Gunnar

„Die Vorstellung, nur beim visuell Geschaffenen und Wahrgenommenen bestünde eine Verbindung zur Kunst, ist zu eng gefasst. Nein, alles, was wir über unsere Sinne – über die Gesamtheit unseres Bewusstseins – wahrnehmen und was das Gefühl von Begehren, Freude oder Faszination zu übermitteln vermag, kann ebenfalls Kunst sein."

▼ Listers Härads Tingshus, Amts-gericht in Sölvesburg, Schweden, 1917–1921

▶ Internationale Ausstellung 1930 in Stockholm, 1928–1930

Erik Gunnar Asplund (1885–1940) erhielt seine Ausbildung an der Technischen Hochschule (1905–1909) und der Freien Architekturschule in Stockholm. Nach einer zweijährigen Assistenzzeit an der Technischen Hochschule von 1912–1913 bereiste er Italien und Frankreich. Mit Sigurd Lewerentz, einem der Gründungsmitglieder der Freien Architekturschule, gewann er 1915 den Wettbewerb für die Gestaltung des Stockholmer Friedhofs. Zu seinen ersten selbstständigen Arbeiten gehören die Villa Snellmann in Djursholm (1917–1918) und eine Waldkapelle in Stockholm (1918–1920). Nach dem Gerichtsgebäude in Sölvesburg (1917–1921) und der Karl-Johan-Schule in Göteborg (1915–1924) entstand die Stadtbibliothek in Stockholm (1918–1927): ein zentraler Zylinder, hufeisenförmig umschlossen von drei flacheren kubischen Flügeln. Vom fantasievoll interpretierten Neoklassizismus dieser Bauten wechselte Asplund zu einer kompromisslosen Moderne. Für die Stockholmer Internationale Ausstellung 1930 entstand unter seiner Federführung eine aufgelockerte Gesamtanlage. Die Pavillons aus viel Glas, dünnen Stahlprofilen und bunten Sonnenblenden, mit thematisch wechselnder Akzentuierung, sind Höhepunkte des „Stil 1930". 1931–1940 lehrte Asplund als Professor an der Technischen Hochschule in Stockholm. Aus dieser Zeit stammen der Erweiterungsbau des Göteborger Rathauses (1934–1937) und das Waldkrematorium auf dem Stockholmer Südfriedhof (1935–1940), eine Anlage aus Krematorium und drei Kapellen. Der Haupteingang wird durch eine große Kolonnadenhalle geprägt, Vierkantpfeiler tragen die ebene Dachplatte.

Baldessari Luciano

▼ Pavillon der Firma Breda auf
der 30. Mailänder Messe in Italien,
1952, mit Marcello Grisotti

► Pavillon der Firma Breda auf
der 29. Mailänder Messe in Italien,
1951

Der in Rovereto geborene Baldessari (1896–1982) war Schüler des Malers Fortunato Depero und erwarb 1922 am Politechnico in Mailand seinen Abschluss in Architektur. In Österreich lernte er die Architektur von Adolf Loos kennen und sammelte zwischen 1923 und 1926 Erfahrungen als Bühnenbildner für das Kino und das Theater in Berlin. In diesem avantgardistischen Umfeld lernte er Max Reinhardt, Oskar Kokoschka, Ludwig Mies van der Rohe, Walter Gropius und Hans Poelzig kennen, dem der offenkundige expressionistische Einfluss auf einige seiner Spätwerke zu verdanken ist. Bei der Rückkehr nach Italien eröffnete er 1928 ein

eigenes Büro in Mailand und wurde beauftragt, die Ausstattung für die italienische Textilschau auf der Weltausstellung von 1929 in Barcelona und den Pressepavillon auf der V. Triennale von Mailand im Jahre 1933 zu entwerfen. Gemeinsam mit Luigi Figini und Gino Pollini errichtete er den Verwaltungsbau der Druckerei De Angeli Frua in Mailand (1931–1932). Während der Jahre des faschistischen Regimes musste er seine Weigerung, der Partei beizutreten, mit dem Ausschluss von wichtigen Aufträgen bezahlen. Mit dem Ziel, seinen Ruf als Unabhängiger zu erhalten, verzichtete er sogar auf die Teilnahme an einigen nationalen Wettbewerben. Internationales Ansehen erlangte Baldessari Anfang der fünfziger Jahre mit den Entwürfen für fünf Ausstellungspavillons der Finanzgesellschaft Breda auf der Mailänder Messe, die in den wichtigsten Zeitschriften publiziert und als interessante Formexperimente geschätzt wurden. Er war als einziger italienischer Architekt mit einem 17-stöckigen, zwischen 1956 und 1957 errichteten Gebäude an der Ausstellung Interbau in Berlin beteiligt. Zu seinen reifsten Werken muss die ausdrucksstarke Kapelle Santa Lucia in Caravate (1962–1966) gezählt werden.

Baltard Victor

Victor Baltard (1805–1874) studierte ab 1823 Architektur und Malerei an der École des Beaux-Arts in Paris. Mit 28 Jahren erhielt er den Grand Prix für den Entwurf einer Militärschule und nachfolgend ein Stipendium für einen Aufenthalt in Italien (1834–1839). Dort betrieb er archäologische Studien und fertigte Rekonstruktionszeichnungen antiker Bauten wie des römischen Pantheons an. Nach seiner Rückkehr erhielt Baltard einen Lehrauftrag für Architekturtheorie an der École des Beaux-Arts, stieg 1842 zum Bauinspektor der Stadt Paris auf und gehörte bei der Umgestaltung von Paris zu den Mitarbeitern des Barons Haussmann. Sein herausragendes und berühmtestes Werk sind die Markthallen (1854–1859), die Émile Zola als „Bauch von Paris" beschrieb. Als neues Handelszentrum der Stadt war der Bau mit dem Straßensystem der Umgebung und dem Pariser Ostbahnhof verbunden. Der Entwurf zeigt eine fast schwerelos wirkende Architektur, deren stützendes Skelett aus Gusseisen und deren Dachkonstruktion aus Schmiedeeisen besteht. Das Gerüst ist mit Glas und Ziegelwänden gefüllt. Die mit Glas überdachten Pavillons sind kreuzförmig durch Verkehrswege miteinander verbunden und bestehen aus jeweils zwei Seitenschiffen und einem höheren Mittelschiff. Hierdurch und durch die Glasüberdachung kann Tageslicht einfallen. Die gesamte Anlage beruht auf einem Rastersystem, das von standardisierten Größen der Verkaufsflächen mit 2 x 2 m bestimmt wird. 1860 übernahm er den Auftrag für den Bau der Kirche St. Augustin in Paris (1860–1871), in der er Materialien aus Gusseisen und Glas verwendete und stilistische Anleihen aus der Frührenaissance und dem Barock miteinander kombinierte.

Ban Shigeru

Shigeru Ban (*1957) besuchte 1977–1980 das Southern California Institute of Architecture, 1980–1982 studierte er bei John Hejduk an der Cooper Union School of Architecture in New York. Bis zur Gründung seines eigenen Büros in Tokio 1985 arbeitete er für Arata Isozaki. Seit 1996 ist er Professor für Architektur an der Nihon University. Ban bringt häufig ungewöhnliche Materialien in seine Bauten ein. Papier dominiert bei der Odawara Festival Main Hall in Kanagawa, Japan (1990), der „Paper Gallery" in Tokio (1994) und der „Paper Church" in Kobe, Hyogo, Japan (1995), die nach zehn Jahren Standzeit abgebaut und an einen Standort in Taiwan gebracht wurde. Bei dem „Paper House" in Yamanakako, Japan (1995), trennt eine s-förmig verlaufende Wand aus Pappröhren einen offenen Wohnbereich von einem kleineren Sanitärbereich ab. Zu einer Reihe von neun sogenannten „Case Study Houses" gehört das von Ban entworfene „Wall-less House" in Karuizawa, Nagano, Japan (1997): Die Bodenplatte ist

in einen bewaldeten Hang eingebettet und wölbt sich an der Bergseite nach oben bis zur Begegnung mit dem dünnen Stahldach. Seitenwände und Vorderfront bestehen aus verschiebbaren Glasflächen. Als Case Study House Nr. 7 zählt das zweigeschossige „Curtain Wall House" in Tokio (1995). Zwei Seiten können komplett geöffnet werden und im Sommer durch weiße Vorhänge, im Winter durch Glaswände geschlossen werden. Das „Naked House", Case Study House Nr. 10 in Kawagoe, Saitama, Japan (1999–2000), hat Ähnlichkeit mit einer Lagerhalle: Die Außenhülle besteht aus weiß gespritztem Polyethylen. Neue statische Herausforderungen nahm das weit gespannte,

aus Papierröhren bestehende Dach des japanischen Pavillons an, den Ban für die Expo 2000 in Hannover entwarf. Beim GC-Bürogebäude in Osaka (2000) wurde die für den Brandschutz notwendige Verkleidung des Stahlskeletts mit Holzbauplatten vorgenommen. Das Ergebnis ist durch die Ganzglasfassade auch von außen ästhetisch erlebbar. Neben vielen weiteren Einfamilienhäusern entstanden in jüngerer Zeit Kulturbauten zur Geschichte des „Canal du Bourgogne" in Pouilly-en-Auxois, Frankreich (2005), und eine Wanderausstellung für den Fotografen Gregory Colbert, das „Nomadic Museum" (2005), das aus Pappröhren und Schiffscontainern besteht.

„Ich denke nicht, dass ich ein revolutionärer Architekt bin, ich nutze vorhandene Techniken und Materialien einfach auf andere Weise."

▼ „Paper House",
Yamanakako, Japan, 1995

▲ „Wall-less House",
Karuizawa, Japan, 1997

▼ „Picture Window House",
Shizuoka, Japan, 2001

Barclay & Crousse

▼ ► Haus Equis,
Cañete, Peru, 2003

Sandra Barclay (*1967) studierte zunächst an der Universidad Ricardo Palma in Lima, wo sie 1990 ihr Diplom machte. Anschließend setzte sie das Studium an der École Nationale Supérieure d'Architecture in Paris-Belleville bis 1993 fort. Jean Pierre Crousse (*1963) studierte ebenfalls an der Universidad Ricardo Palma in Lima (1987), danach ging er an das Polytecnico in Mailand (1989). Zusammen gründeten sie 1994 das Büro Barclay & Crousse. Das Haus M in Cañete, Peru (2001), liegt als leuchtend roter Kubus auf einem Felsen direkt über dem Meer. Eine vorgelagerte doppelstöckige Loggia schirmt die Wüstensonne ab. Dieser überdimensionierte Rahmen aus hell gestrichenem Beton setzt sich in einer das Grundstück abgrenzenden Mauer fort. Das Haus Esquis in Cañete, Peru (2003), besteht aus zwei Häusern auf einem terrassenförmig angelegten Gelände. Vor dem oberen Geschoss des zwei-geschossigen Gebäudes hängt ein Schwimm-becken, das über die gesamte Gebäudebreite reicht. Die große Terrasse geht direkt in das Esszimmer über, sodass die Grenzen zwischen Innen- und Außenraum verschwimmen. Die ockerfarbenen Fassaden stellen einen optischen Bezug des Hauses zur Wüstenlandschaft her. Das Haus H in Gers bei Toulouse (2005) ist bis auf die schwarzen Einschnitte der Fenster und stein-verkleideten grauen Fassadenlemente an der Terrasse ganz weiß. Auf der Rückseite wird durch die Einbeziehung einer alten Mauer ein weiter Innenhof gebildet. Weitere Bauten der jüngeren Zeit in Frankreich wie etwa die Wohnanlage „Victor Hugo" in Montreuil bei Paris (2005) las-sen leider das so sehr inspirierende Farb- und Formenspiel der Wohnhäuser in Peru vermissen.

Barnes Edward Larrabee

Haystack Mountain School of
Crafts, Deer Isle, Maine, 1958–1961

1942 absolvierte Edward Larrabee Barnes (1915–2004) sein Architekturstudium bei Marcel Breuer und Walter Gropius an der Harvard University, sein Büro gründete er 1949 in New York. Im Rahmen seines frühen modernen Werkes entstand das eingeschossige Haus Weiner in Fort Worth, Texas (1952), mit Flachdach und raumhoher Verglasung zum Garten. Die mit Marmorplatten gefliesste Terrasse wird von Mauern aus Naturstein begrenzt und durch ein holzverkleidetes Dach geschützt. Das großenteils auf Stützen stehende Haus Straus in Pound Ridge, New York (1956–1958), fügt sich mit seiner dunklen Fassadenverkleidung sensibel in das bewaldete, an einem See gelegene Gelände ein. Über dem Flachdach des flügelförmig in die Landschaft ausgreifenden Hauses erhebt sich der spitze Giebel des Wohnzimmers mit bunter Verglasung. Auf einer Insel im Atlantik entstand der Campus der Haystack Mountain School of Crafts in Maine (1958–1961). Verschiedene Studios, Mensa, Büros und Wohngebäude sind als schindelverkleidete Pavillons terrassenartig um eine zentrale, großzügige Treppe angelegt, die zwischen den Bäumen zum Wasser hin verläuft. Des Weiteren verwirklichte Barnes das Dallas Museum of Art in Dallas, Texas (1978–1983), das von vornherein als wachsendes Museum geplant war und Stück für Stück vergrößert wurde. Es gibt einen Zugang für Fußgänger im Süden und eine Einfahrt im Norden, dazwischen liegt der offizielle Eingangsbereich mit begrüntem Vorhof. Die einzelnen Ausstellungsbereiche gehen von einer zentralen innen gelegenen Straße ab, sie können auf diese Weise je nach Bedarf einzeln zum Ausstellungsaufbau geschlossen werden. Alle Bauten sind mit Kalksteinplatten verkleidet, die auch im Skulpturengarten einen ruhigen Hintergrund für die Kunstwerke bilden. Besonderes Merkmal des 43-geschossigen Hochhauses der Firma IBM in New York (1982–1984) mit seiner Fassade aus Glas und Granit ist der öffentliche Bereich auf Straßenniveau, der 60 Prozent des Baugeländes einnimmt: Zwischen riesigen Bambuspflanzen kann man unter einer Glasüberdachung Erfrischungen zu sich nehmen. In Zusammenarbeit mit John M.Y. Lee and Partners und Victor Gruen Associates entstand das Armand Hammer Museum of Art in Los Angeles (1989–1990) mit Fassaden aus hellem und dunklem Marmor.

Barragán Luis

„Bei den von mir entworfenen Gärten und Häusern habe ich stets nach dem inneren leisen Murmeln der Stille gestrebt, und in meinen Brunnen singt die Stille."

▶ Haus und Atelier Barragán,
Mexiko-Stadt, 1947–1948

▶▶ Stallungen, Cuadra San
Cristóbal, Mexiko, 1966–1968

Luis Barragán (1902–1988) schloss 1923 sein Studium an der Escuela Libre de Ingenieros in Guadalajara ab und begann im Anschluss eine Zusatzausbildung zum Architekten, die er jedoch nicht zu Ende führte. Nach der Rückkehr von seiner ersten Europareise im Jahr 1925 entwarf er in Guadalajara einige von der Architektur des Mittelmeerraumes geprägte Wohnhäuser, wobei er oft als Bauunternehmer, Investor und Architekt zugleich tätig war. Ab 1935 lebte er in Mexiko-Stadt, wo er zunächst eine Reihe von rationalistischen Wohnbauten wie das „Atelierhaus für vier Maler" (1939–1940, in Zusammenarbeit mit dem deutschen Emigranten Max Cetto) realisierte. Mit der Anlage eines Gartens und dem Bau des eigenen Hauses an der Calle Ramírez in Mexiko-Stadt (1947–1948) schuf sich Barragán ein Refugium, das er bis an sein Lebensende bewohnte und beständig umgestaltete. Farbige Mauern und eine schlichte Einrichtung kennzeichnen das Haus. Im Wohnzimmer bietet ein rahmenloses, deckenhohes Fenster mit kreuzförmigen Sprossen Ausblick auf den üppigen Garten. Die Entwicklung des neuen Stadtteils Jardines del Pedregal (1945–1954) in einer Lavalandschaft im Süden von Mexiko-Stadt markierte einen weiteren Höhepunkt im

Werk von Barragán, mit dem ihm beispielhaft eine großmaßstäbliche Verbindung von Natur und Architektur gelang. Zu Barragáns Meisterwerken gehören außerdem die Kapelle des Kapuzinerinnenklosters in Tlalpan/Mexiko-Stadt (1953–1960), die farbigen Satélite-Türme auf einer Schnellstraße im nordwestlichen Teil von Mexiko-Stadt (1957–1958, in Zusammenarbeit mit Mathias Goeritz), die um ein flaches Wasserbecken herum angelegten Stallungen der Cuadra San Cristóbal (1966–1968) und das Haus Egerström in einem Vorort von Mexiko-Stadt (1966–1968) sowie das Haus Gilardi in Mexiko-Stadt (1975–1977). Barragáns Themen sind Farbe, Struktur und Licht, seine Räume sind klar geschnitten und von einfacher Geometrie. Sein eigenständiger Stil ist gleichermaßen beeinflusst von der landestypischen Architektur Mexikos und den internationalen architektonischen und künstlerischen Strömungen der ersten Hälfte des 20. Jahrhunderts. Für sein Lebenswerk wurde Luis Barragán 1980 mit dem Pritzker-Preis ausgezeichnet. 2004 wurde sein Wohn- und Atelierhaus in Mexiko-Stadt in die UNESCO-Liste des Welterbes aufgenommen. Sein beruflicher Nachlass wird von der Barragan Foundation mit Sitz in Birsfelden, Schweiz, verwaltet.

Bauhaus

„Das Endziel aller bildnerischen Tätigkeit ist der Bau!"
Walter Gropius

▼ Josef Albers, Hinnerk Scheper, Georg Muche, László Moholy-Nagy, Herbert Bayer, Joost Schmidt, Walter Gropius, Marcel Breuer,

Wassily Kandinsky, Paul Klee, Lyonel Feininger, Gunta Stölzl, Oskar Schlemmer, 1926

► Walter Gropius, Adolf Meyer, Bauhausgebäude, Dessau, 1925–1926

Die Geschichte des Bauhauses ist eng mit der Person ihres ersten Leiters Walter Gropius verbunden. Er bündelte verschiedene Ideen zur Reformierung der künstlerischen Ausbildung, wobei der Architektur eine leitende Rolle zukommen sollte. Mit der Zusammenführung der Großherzoglichen Kunstschule Henry van de Veldes und der Hochschule für bildende Kunst in Weimar gelang ihm 1919 die Schaffung einer „Einheitskunstschule", für die er das Wort „Bauhaus" erfand. In der Ausbildung war die Einführung eines gemeinsamen Vorkurses für alle Teilnehmer eine der wichtigsten Neuerungen. Dieser wurde von dem Kunstpädagogen und

Maler Johannes Itten entwickelt und bis 1923 durchgeführt, danach trat Josef Albers an seine Stelle. Ein weiterer Teil des Reformkonzeptes war die Meisterlehre, wonach jeder Auszubildende einen Lehrvertrag unterzeichnete, die Ausbilder hießen dementsprechend Meister. Die Werkstätten – für Glas, Keramik, Textil, Metall, Tischlerei, Wandmalerei sowie Bildhauerei – bildeten das Zentrum der Ausbildung und sollten auch durch Verkauf von Produkten oder Lizenzen Einnahmen erzielen. Eine Architekturabteilung gab es allerdings unter Gropius nur von 1927 bis 1928, das einzige reale Bauhausgebäude ist daher das für die Bauausstellung

1923 errichtete „Haus am Horn", bei dem neben Adolf Meyer der Maler Georg Muche federführend beteiligt war. Prägende Lehrer und Entwerfer waren unter anderen Herbert Bayer, Marianne Brandt, Marcel Breuer, Lyonel Feininger, Paul Klee, Wassily Kandinsky, László Moholy-Nagy, Oskar Schlemmer und Gunta Stölzl. Das Bauhaus durchlebte zahlreiche Unterrichtsreformen, Gropius selbst veränderte bereits 1923 die Ausrichtung auf einen neuen Schwerpunkt unter dem Stichwort „Kunst und Technik – eine neue Einheit". 1925 zog das Bauhaus in den von Gropius und seinem Partner Adolf Meyer entworfenen, imageprägenden Neubau in Dessau um. 1928 wurde Hannes Meyer nach politischer Kritik an Gropius dessen Nachfolger. Er brachte mit der Ablehnung der formalistischen Entwurfslehre neue, am „Volksbedarf" orientierte Maximen ein, die letztendlich zu seiner Diskreditierung als Marxist und zu seinem Sturz führten. Letzter Leiter war ab 1930 Ludwig Mies van der Rohe, der nach der Schließung durch die Nationalsozialisten 1932 das Bauhaus noch ein Jahr als Privatinstitut in Berlin weiterführte.

◄ Walter Gropius, Adolf Meyer, Bauhausgebäude, Dessau, 1925–1926

▼ Walter Gropius, Herbert Bayer, Direktorenbüro am Bauhaus, Weimar, 1923

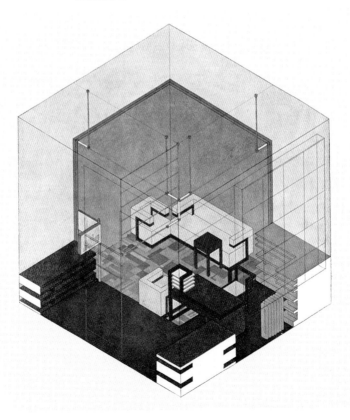

Bawa Geoffrey

Jayewardene House,
Mirissa, Sri Lanka, 1997–1998

Geoffrey Bawa (1919–2003) begann erst mit 38 Jahren als Architekt tätig zu werden. Ursprünglich als Jurist ausgebildet, ging er zum Studium an die Architectural Association nach London, wo er 1956 sein Diplom erhielt. Anschließend arbeitete er für Edwards, Reid und Begg in Colombo, Sri Lanka. 1960 eröffnete er dort ein Büro mit Ulrik Plesner, mit dem er verschiedene Projekte ausführte, zum Beispiel den Bungalow De Silva (1962) in Sri Lanka. Seine Architektur, die in seiner Heimat großen Beifall findet, zeichnet sich durch eine sorgsame Beachtung von Landschaft und Vegetation aus. Die drei buddhistischen Tempel-Pavillons auf einer kleinen Insel im Beira Lake, Colombo (1977), enthalten mit ihrer aufwendigen Holzkonstruktion und dem überhängenden Ziegeldach für das Werk typische, der Tradition des Landes entsprechende Merkmale und Materialien. Sowohl lokale Bauweisen als auch der Kolonialstil fließen in die zeitgenössischen Entwürfe ein. Dabei spielen die Gebäude der University of Ruhunu in Matara, Sri Lanka (1980–1986), die sich in eine Hügelkette eingliedern und das Thema der Landschaft in den vielfältigen Innenhöfen aufnehmen, ebenso wie die Hotelanlage des Triton Hotels in Ahungalla, Sri Lanka (1979–1982), mit der unmittelbaren Umgebung. So wird die Eingangssituation durch einen eigens angelegten großzügigen Teich mit Palmen bestimmt. Das Eingangstor gibt den Blick durch das Foyer frei auf einen hinter dem Hotel gelegenen Pool und das Meer.

Behnisch Günter

Günter Behnisch (1922–2010) besuchte die Technische Hochschule in Stuttgart, wo er 1951 sein Diplom erwarb. Gemeinsam mit Bruno Lambart gründete er dort 1952 ein Büro. In der Folgezeit gewann er Fritz Auer, Winfried Büxel, Manfred Sabatke, Erhard Tränkner und Karlheinz Weber als Partner und im Jahr 1979 entstand das Büro Behnisch & Partner. Zwischen 1967 und 1987 hatte Behnisch eine Professur an der Technischen Hochschule in Darmstadt. Zu Beginn seiner Tätigkeit widmete er sich vor allem dem Bau von Schulen, wobei strengere Formen dominierten, mit der Zeit wurde seine Bauweise lockerer, offener und spielerischer. Ein Hauptwerk, in Zusammenarbeit mit Frei Otto, Leonhardt und Andrä, sind die sich über Stadion, Schwimmbad und Sporthalle erstreckenden Zeltdachkonstruktionen für die Olympiade in München (1968–1972). Das Dach besteht aus transparenten Plexiglasscheiben, um optimalen Lichteinfall zu gewährleisten und wird von abgespannten Masten getragen. 1987 entwarf das Büro Behnisch & Partner das dekonstruktivistische Hysolar-Institutsgebäude der Stuttgarter Universität (1987). Der Charakter des teilweise improvisierten Gebäudes entspricht den dort angewandten innovativen Technologien zur Nutzung von Sonnenenergie. Zwischen den Laborcontainern aus Stahl befindet sich eine spitzwinklig zulaufende verglaste Halle. Weitere wichtige Projekte sind das Museum für Kommunikation in Frankfurt/Main (1984–1990) und die Gebäude des Deutschen Bundestags in Bonn (1992). Die Verwendung leichter Materialien in Kombination mit viel Glas – so wird der runde Plenarsaal von einem Glasquader umgeben – verleiht dem Bundestag Transparenz und symbolisiert Demokratie. Für die Akademie der Künste in Berlin errichtete Behnisch 1999–2005 am Pariser Platz einen Neubau, der sich deutlich vom betulichen Hotelbau auf dem Nachbargrundstück absetzt und mit seiner an diesem Ort ungewöhnlichen Glasfassade Offenheit demonstriert.

„Mit Farben kann ich meine Welt verändern. Sicher, ich kann es auch anders tun. Mit Farben jedoch geht das leichter."

Behrens Peter

▼ Hochspannungsfabrik der
AEG, Berlin, 1909–1910

▶ Haus Behrens,
Darmstadt, 1899–1901

Peter Behrens (1868–1940) studierte Malerei in Karlsruhe und Düsseldorf, bevor er 1890 nach München ging. Als Maler, Grafiker und Designer wurde er 1892 Gründungsmitglied der Münchner Sezession sowie 1897 Mitglied der Vereinigten Werkstätten für Kunst im Handwerk. 1899 wurde er durch den Großherzog Ernst Ludwig von Hessen an die neu gegründete Künstlerkolonie in Darmstadt berufen, wo er bis 1903 unterrichtete. Für die Ausstellung „Ein Dokument deutscher Kunst" (1901), eine Leistungsschau der Kolonie und des Jugendstils schlechthin, baute er auf der Mathildenhöhe sein erstes Haus. Danach leitete er 1903–1907 die Kunst-

gewerbeschule in Düsseldorf. Interessiert verfolgte Behrens die „Nieuwe Kunst" der Holländer und holte auch Jan Lauweriks für die Architekturlehre nach Düsseldorf. Die gemeinsame Diskussion um die Rolle der Geometrie im „proportionsgemäßen" Entwerfen bestärkte Behrens in der Ablösung vom Jugendstil und der Suche nach den substanziellen Grundlagen einer „monumentalen Kunst". Zu dieser Zeit realisierte er auch das Haus Obenauer in Saarbrücken (1905–1906), dessen Grundriss aus zwei einander durchdringenden Quadraten entwickelt ist. 1907 wurde er von Emil Rathenau als „künstlerischer Beirat" für die AEG in Berlin

mit Entwurfsaufgaben vom Briefpapier über Industrieprodukte bis hin zur Architektur beauftragt. So entstanden neben Festschrift, Bogenlampe und Wasserkessel bedeutende Bauwerke wie die Turbinenfabrik in Berlin (1908–1909), deren ästhetisches Programm treffend als „Nobilitierung" beschrieben werden kann: Die in ihren technischen Strukturen bereits festgelegte Industrieanlage wird zu einem monumentalen Bauwerk umgeformt. Weitere AEG-Fabrikbauten folgten. Zu dieser Zeit waren auch Le Corbusier, Walter Gropius und Mies van der Rohe im Atelier von Behrens beschäftigt. 1911–1912 führte er die monumenta-len Repräsentationsbauten für die Verwaltung der Mannesmann-Röhrenwerke in Düsseldorf und die deutsche Botschaft in St. Petersburg aus. In den Nachkriegsjahren errichtete er 1920–1924 das Verwaltungsgebäude der Hoechst AG in Frankfurt/Main: einen Komplex von 150 m Länge mit einer hohen, kathedralartigen Eingangshalle. Unter Beibehaltung seines Berliner Architekturbüros war er 1922–1927 als Nachfolger Otto Wagners Direktor der Architekturabteilung an der Wiener Kunstakademie. 1936 übernahm Behrens die Leitung der Meisterschule für Architektur an der Preußischen Akademie der Künste in Berlin.

„Die Architektur ist immer noch nicht eine Angelegenheit der Allgemeinheit ... Dem Volke ist das Bauwerk noch nicht wieder der Inbegriff des Künstlerischen geworden, obgleich die Baukunst die Kunst ist, die der Wirklichkeit am nächsten steht."

◄ Wasserturm und Teerhochbehälter der Frankfurter Gasgesellschaft, Frankfurt/Main, 1911–1912

▼ Hamburger Vorhalle auf der Ersten Internationalen Ausstellung für moderne dekorative Kunst, Turin, 1902

Belluschi Pietro

▼ First Presbytarian Church,
Cottage Grove, Oregon, 1948–1951

► St. Mary's Catholic Cathedral,
San Francisco, 1971

Im Anschluss an sein Studium an der Universität in Rom (1919–1922) ging Pietro Belluschi (1899–1994) 1923 nach Amerika, wo er für ein Jahr die Cornell University in Ithaca, New York, besuchte. Nach einer Zeit als Elektriker in einem Bergbauunternehmen trat er in das Büro von A.E. Doyle and Associates in Portland, Oregon, ein, in dem er 1933 Partner wurde. 1943 übernahm er die Firma unter seinem eigenen Namen. Sein Gebäude für die Equitable Savings and Loan Association in Portland, Oregon (1945–1948), mit Vorhangfassaden aus grünem Glas, Aluminium und Marmor, ist eines der markanten Werke der Nachkriegszeit im International Style. Von 1951 bis 1965 widmete sich Belluschi der Lehre als Dekan der School of Architecture am Massachusetts Institute of Technology in Cambridge. Anschließend eröffnete er ein neues Büro in Portland. Belluschi entwarf mehrere Wohnhäuser, die sich durch eine Verbindung regionaler Materialien mit modernen Formen auszeichnen. Besondere Bedeutung erlangte Belluschi durch kirchliche Bauten wie etwa die Kirche des Portsmouth Priory in Rhode Island (1957–1960) und die St. Mary's Catholic Cathedral in San Francisco (1971), in denen er ein der Spiritualität angemessenes Vokabular der modernen Architektur suchte. 1968–1970 entstand die Juilliard School of Music im Lincoln Center in New York City mit Eduardo Catalano und Helge Westermann.

Berlage Hendrik Petrus

„Indes Architektur ist die Kunst der Raumumschließung, so ist daher auf den Raum, in architektonischer Beziehung, konstruktiv sowie dekorativ der Hauptwert zu legen, und ein Gebäude soll daher nicht in erster Linie Manifestation nach außen sein."

Börse in Amsterdam,
1896–1903

Hendrik Petrus Berlage (1856–1934) studierte 1875–1878 am Polytechnikum in Zürich, reiste dann nach Italien, Deutschland und Österreich und kehrte 1882 in seine Heimatstadt Amsterdam zurück. Als Partner von Theodorus Sanders arbeitete Berlage an Projekten wie dem Geschäftshaus für Focke & Melzer in Amsterdam (1885) im Stil der Neorenaissance. 1889 eröffnete er ein eigenes Büro. Mit dem Gebäude für die Versicherungsgesellschaft „De Algemeene" in Amsterdam (1893) löste er sich von Stilreminiszenzen. Durch Carel Henny, den Direktor der Versicherung „De Nederlanden van 1845", erhielt Berlage die Möglichkeit, seine Architekturvorstellungen weiter zu verwirklichen; zwei Bürogebäude, beides unverputzte Backsteinbauten, entstanden 1893–1895 in Amsterdam und 1895 in Den Haag. Diese Verbindung brachte ihm im Laufe seines künstlerischen Schaffens noch weitere Aufträge ein, einschließlich eines Hauses für Henny selbst in Den Haag (1898). Nach 1896 setzte er sich mit dem ursprünglich als Wettbewerb ausgeschriebenen Entwurf für die Amsterdamer Börse auseinander. Der Bau wurde 1903 fertiggestellt. Er gilt als Höhepunkt

in Berlages Entwicklung und hat aufgrund seiner schlichten Fassadengestaltung unter den Zeitgenossen starke Proteste hervorgerufen. Wichtige Werke sind ferner das Verbandsgebäude des Allgemeinen Niederländischen Diamantenarbeiterbundes in Amsterdam (1899–1900). Außerdem befasste sich Berlage mit Stadterweiterungsplänen für Amsterdam (1902, 1925), Den Haag (1908, 1924), Rotterdam (1922), Utrecht (1924) und Groningen (1927–1928), die teilweise ausgeführt wurden. Auf einer Amerikareise 1911 beeindruckten ihn vor allem die Bauten von Louis Sullivan und Frank Lloyd Wright. Seit 1913 war er für das Ehepaar Kröller-Müller tätig und zog deshalb nach Den Haag. Dort entwarf er für das Ehepaar unter anderem eine nicht ausgeführte Villa, ein Bürogebäude in London (1914–1916) sowie das Jagdschloss Sankt Hubertus in Otterlo, Niederlande (1915). Berlage war außerdem als Architekturschriftsteller tätig. Zu seinen wichtigsten Veröffentlichungen gehören „Gedanken über den Stil in der Baukunst" (1905) und „Grundlagen und Entwicklung der Architektur" (1908). Seit 1924 unterrichtete Berlage an der Technischen Hochschule in Delft.

Bill Max

Radio Zürich, 1964–1974

Nach seiner Lehre als Silberschmied (1924–1927) schloss Max Bill (1908–1994) eine Architekturausbildung bei Walter Gropius und Hannes Meyer am Bauhaus in Dessau ab. László Moholy-Nagy, Paul Klee und Wassily Kandinsky prägten seine künstlerische Entwicklung. 1929 bekam er erste Aufträge für grafische Fassadengestaltungen in Zürich. Das Bauen begann für Bill mit dem eigenen Wohn- und Atelierhaus (1932–1933) in Zürich-Höngg. In den Jahren 1932–1936 war er Mitglied der Künstlergruppe „Abstraction-Création" und beteiligte sich an deren Ausstellungen in Paris. Dort traf er mit Piet Mondrian, Antoine Pevsner und Marcel Duchamp zusammen. Den ersten öffentlichen Auftrag erhielt er mit dem Bau des Schweizer Pavillon der VI. Triennale in Mailand (1936). 1938 wurde er in die Züricher CIAM- Gruppe aufgenommen und gab den dritten Band des „Œuvre Complète" von Le Corbusier heraus. Eine Zeit lang war er als Mitarbeiter von Hans Schmidt an der grafischen Gestaltung der Abteilung „Städtebau und Landesplanung" für die Schweizerische Landesausstellung (1939) in Zürich beteiligt. In seiner Schrift „Form" legte Bill seine theoretischen Überlegungen dar. Sein Konzept der „Guten Form" fand Anklang beim Deutschen Werkbund und 1949 holten ihn Otl Aicher und Inge Scholl als Berater für verschiedene Wiederaufbau-Projekte nach Ulm. Der Plan, in Ulm ein neues Bauhaus zu eröffnen, entwickelte sich unter seiner Leitung. Ab 1950 war Bill designierter Rektor der künftigen Hochschule für Gestaltung. Er erarbeitete ein pädagogisches Programm und plante gleichzeitig die Anlage, die 1953–1955 errichtet wurde und als sein bedeutendstes Werk gilt. Die flachen, auf hügeligem Gelände gruppierten Baukörper sind funktional gehalten. Sichtbetonrahmen umfassen die großen Fenster, durch die die Lehrräume mit Licht durchflutet werden. 1964 baute Bill die Hallen für den Sektor „Bilden und Gestalten" auf der Schweizerischen Landesausstellung in Lausanne. Hier verwandte er modulare Systeme, mit denen er seit Beginn der sechziger Jahre experimentiert hatte. In den achtziger Jahren wendete sich Bill vor allem der Umsetzung plastischer Themen zu: Realisieren konnte er zum Beispiel die Pavillonskulptur in Zürich (1979–1983) und die Skulptur „Kontinuität" (1979–1983), die vor der Deutschen Bank in Frankfurt am Main steht.

„... dort also, wo sich der mensch auf seine existenz als mensch
besinnt, ist er fähig, seine umwelt nicht nur zu technisieren, das heißt
nach seinen allernötigsten materiellen bedürfnissen einzurichten,
sondern er ist in der lage, seine umwelt wirklich zu gestalten."

Bo Jørgen

▼ ► Louisiana Museum of Modern
Art in Humlebæk, Dänemark,
1958, mit Vilhelm Wohlert

Jørgen Bo (1919–1999) studierte 1936–1941
Architektur an der Königlichen Dänischen Akademie der Bildenden Künste in Kopenhagen.
Zwei Jahre nach seinem Diplom eröffnete er
sein Büro in Kopenhagen. 1960–1989 lehrte Bo
an der Architekturschule der Königlichen Dänischen Akademie. Das gemeinsam mit Vilhelm
Wohlert erbaute Louisiana Museum of Modern Art in Humlebæk, Dänemark (1958), zur
Ausstellung moderner Gemälde und Skulpturen fügt sich sensibel in die Umgebung ein.
Eine Folge von frei stehenden, verglasten Korri-
doren verbindet Ausstellungsräume und windet

sich über wechselnde Niveaus durch den
Museumspark. Schlichte, weiße Ziegelwände
und raumhohe Verglasung umschließen die
Pavillons; Flachdächer mit freiliegenden Holz-
balken unterstützen den zurückgenommenen
Eindruck. Ebenfalls in Zusammenarbeit mit
Wohlert realisierte er die dänische Botschaft in
Brasília (1968–1973), das Städtische Museum
in Bochum (1978–1983) sowie das Gustav-
Lübcke-Museum in Hamm (1989–1993). Letzte-
res hat eine geschwungene, aufgeständerte
Fassade, die den Besucher in die hellen Räume
des Museums lockt.

Bo Bardi Lina

„.... Architektur impliziert nahezu alles, was Struktur und Darstellung ist, vom Gestein, vom Skelett, von der Atomstruktur bis hin zum Erscheinungsbild der Sphären, die zum Planetensystem gehören."

▶ Fabrik SESC Pompéia,
São Paulo, 1977–1986

▶▶ Haus aus Glas, São Paulo,
1950–1951

Lina Bo Bardi (1914–1992) studierte in Rom, wo sie 1940 ihr Diplom erwarb. Schon während des Studiums zeichnete sie im Architekturbüro ihres Professors Marcello Piacentini. Anschließend arbeitete sie für Gio Ponti in Mailand, in der Redaktion der Zeitschrift „Domus", sowie für die Organisation der Triennale. 1940 eröffnete sie mit Carlo Pagani ein Architekturbüro in Mailand. 1946 wanderte Bo Bardi nach Südamerika aus und traf dort auf Oscar Niemeyer, Lúcio Costa und andere Vertreter der modernen Architektur. Bei ihrem eigenen Wohnhaus aus Glas im Morumbi-Viertel von São Paulo (1950–1951) handelt es sich um ihr erstes realisiertes Bauwerk. Am Hang gelegen und auf schlanken Säulen ruhend, schwebt das Wohnzimmer exponiert hinter einer Glasfassade über der Gartenanlage. Das Haus bietet aber auch einen privaten Bereich, der hinter einem Patio liegt und nicht einsehbar ist. Das Museo de Arte in São Paulo (1957–1968) folgt einer zweiteiligen Konzeption. Ein Gebäudekörper mit zwei Geschossen liegt flach eingebettet in dem umliegenden Park, darüber halten zwei rote gewaltige Betonbügel einen weiteren, daran aufgehängten Bauteil.

Auf Straßenniveau bleibt so ein Freiraum, der einen öffentlichen Platz bildet. Diese radikale Lösung entspricht der Idee, die Sichtachse entlang des Parks zumindest formal zu erhalten. Bei dem Auftrag, auf dem Gelände der Fabrik SESC Pompéia in São Paulo (1977–1986) ein Freizeit- und Sportzentrum zu planen, entschied sich Bo Bardi gegen einen Abriss. Die Fabrikhallen wurden umgenutzt und Neubauten hinzugefügt. Auf dem verbliebenen Baugrund ging sie in die Höhe. Es entstanden zwei Gebäude aus Sichtbeton, die über mehrere Brücken miteinander verbunden sind. Im größeren Gebäude sind ein Schwimmbad und vier Sporthallen in übereinanderliegenden Geschossen zusammengefasst. Die roten Gitterverkleidungen hinter den frei geformten Fenstern zeigen, dass hier keine Fabrikarbeit mehr geleistet wird. Die gleichen Fensteröffnungen tauchen auch im Gebäude des Restaurants Coatí in Ladeira da Misericórdia in Salvador (1987–1990) auf. Das Restaurant war Teil eines Sanierungskonzepts für die historische Altstadt. Der Bau aus gewellten Fertigbetonteilen wurde auf eine kleine Freifläche neben die bestehenden Gebäude gesetzt.

Bofill Ricardo

▼ Wohnanlage „La Manzanera",
Calpe, Spanien, 1969

► Wohnanlage „Walden 7"
bei Barcelona, 1972–1975

Ricardo Bofill (*1939) besuchte die Escuela Técnica Superior de Arquitectura in Barcelona und die Universität Genf. 1960 gründete er sein Büro, die Taller de Arquitectura, in dem Architekten, Ingenieure, Literaten und bildende Künstler zusammenarbeiten. Bofill entwickelte und verwendete besonders präzise und detailreiche Bauweisen aus Fertigbetonteilen, die dem üblichen Bild von Plattenbauten widersprechen. Aus seiner Anfangszeit stammen der Wohnblock „Barrio Gaudí" in Reus, Spanien (1964–1968), das Apartmenthaus „Xanadú" in Calpe, Spanien (1969), und, ebenfalls in Calpe, die Ferienanlage „La Muralla Roja" (1968–1973). Die Wohnanlage „Walden 7" auf dem Gelände einer leer stehenden Zementfabrik bei Barcelona (1972–1975), wo sich auch das Büro der Taller de Arquitectura befindet, hat eine verschachtelte Fassade aus rotem Sichtbeton. Mit dem Ziel,

klassizistische Formen wieder aufleben zu lassen, verwirklichte Bofill in Frankreich mehrere monumentale Wohnanlagen: Die symmetrisch um einen runden Platz angelegte Anlage „Les Arcades du Lac" in Saint-Quentin-en-Yvelines (1972–1982) ähnelt einem Schloss. Daran schließen sich linear angeordnete, von einem künstlichen See umgebene Hochhäuser, genannt „Le Viaduc" an. 1978–1983 entstand der Komplex „Abraxas" in Marne-la-Vallée mit einem halbrunden „Theater" mit gewaltigen Säulen und Portalen, Triumphbogen und dem „Palast", ein eher zweifelhaftes Beispiel für die Postmoderne, bei dem die Wohnsituation der Bewohner offenkundig eine untergeordnete Rolle spielt. Mit dem Teatre Nacional de Catalunya (1989–1992) und dem Flughafen von Barcelona (1988–1992) wurden Bofills Entwürfe wieder funktionaler.

Böhm Dominikus

„Ich baue, was ich glaube."

▼ Kirche St. Engelbert, Köln,
1930–1932

► Christkönigskirche, Mainz-
Bischofsheim, 1926

Nach seiner Ausbildung an der Baufachschule in Augsburg absolvierte Dominikus Böhm (1880–1955) sein Studium bei Theodor Fischer an der Technischen Hochschule in Stuttgart. 1902 eröffnete er sein Kölner Büro. 1907 unterrichtete er an der Baugewerbeschule in Bingen,

zwischen 1908 und 1926 lehrte er als Professor an der Bau- und Kunstgewerbeschule in Offenbach, 1926–1934 war er an der Kölner Werkschule tätig. Böhm wurde durch den Bau seiner zahlreichen Kirchen bekannt und leistete durch die Loslösung vom Historismus und die Verwendung neuer Materialien einen großen Beitrag zur Reformierung des deutschen Kirchenbaus. Neu war auch eine stärkere Einbindung der Gemeinde durch eine räumliche Annäherung von Altar und Gemeinde, eine der Forderungen aus der katholischen Liturgie-Reform. Aus den zwanziger Jahren stammt sein unausgeführtes Projekt der Messopferkirche Circumstantes (1923) auf einem ellipsenförmigen Grundriss. Gebaut wurden die Christkönigskirche in Mainz-Bischofsheim (1926), St. Johann Baptist in Neu-Ulm (1926–1927) und die Dorfkirche in Frielingsdorf bei Köln (1926–1927) mit tief herabreichendem Dach und massivem Turm. Die Katholische Kirche auf Norderney (1930–1931) wirkt wie ein Ausflug in den International Style, ist jedoch in ihrem Wesen der Bewegung eher fremd. Zu seinen Meisterwerken gehört die Kirche St. Engelbert in Köln (1930–1932). Ein Oktogon aus Eisenbeton ist durch einen Kapellengang mit dem frei stehenden, rechteckigen Glockenturm verbunden. Gewölbe und Wände sind innen mit Weißkalkmörtel verputzt, Rundfenster an den oberen Rändern der Gewölbe und ein hohes Fenster hinter dem Altar lassen Tageslicht herein.

Bonatz Paul

▼ Hauptbahnhof Stuttgart,
1911–1928

► Autobahn-Hängebrücke über
den Rhein bei Köln, 1939–1941,
mit Karl Wilhelm Schächterle und
Fritz Leonhardt

Nach seinem Studium an der Technischen Hochschule in München 1896–1900 arbeitete Paul Bonatz (1877–1956) bis 1902 im Stadtbauamt München. 1902–1906 war Bonatz Assistent von Theodor Fischer an der Technischen Hochschule Stuttgart und übernahm 1908 Fischers dortige Professur. 1909–1943 unterhielt Bonatz mit Friedrich Eugen Scholer ein gemeinsames Büro. Nach seinem Umzug in die Türkei 1943 lehrte Bonatz 1946–1953 als Professor an der Technischen Universität Istanbul. Er pflegte eine traditionsgebundene Architektur, als Kritiker der Moderne errichtete er seine Bauten vor allem unter Verwendung expressionistischer Formen. An die auf rundem Grundriss erbaute Stadthalle Hannover (1910–1914) mit einer mächtigen Stahlbetonkuppel mit Oberlicht schließen sich ein zweigeschossiger Vorbau mit spitzem Dach und an der Rückseite ein quadratischer Anbau an. Der Hauptbahnhof Stuttgart (1911–1928) ist ein monumentaler Bau aus verschieden hohen, versetzt angeordneten Baukörpern, überragt von dem rechteckigen Bahnhofsturm. Ein beinahe dachhoher, verglaster Rundbogen ist oberhalb des Haupteingangs in die Fassade aus Kalksteinbossen eingelassen; große Teile des Gebäudes werden durch Risalite gegliedert. Außerdem entwarf Bonatz die Villa Roser in Stuttgart (1921), sein eigenes Wohnhaus in Stuttgart (1922) und das mit einer Ziegelfassade verkleidete, aus Stahl errichtete Hochhaus für den Stumm-Konzern in Düsseldorf (1922–1924), dessen Pfeiler über das Dach hinausragen. Im Rahmen der Flussregulierung des Neckars gestaltete Bonatz mehrere Staustufen. In den dreißiger Jahren war er als Berater beim Reichsautobahnbau tätig (1935–1941).

Bonet Castellana Antoni

Antoni Bonet Castellana (1913–1989) begann 1929 sein Studium an der Architekturfakultät in Barcelona. Noch während des Studiums fing er im Büro von Josep Lluís Sert und José Torres Clavé an. 1933 besuchte er den vierten CIAM-Kongress und lernte hier führende Vertreter der Moderne kennen. Um sich für eine Förderung der zeitgenössischen Architektur einzusetzen, trat er 1934 in die GATEPAC ein. Dort konnte er an dem Entwurf einer Arbeiterferiensiedlung und an dem Plan Macià für Barcelona mitwirken. 1935, ein Jahr vor Abschluss seines Studiums, gründete er mit Josep Lluís Sert und Josep Torres Clavé die Firma MUDVA – Muebles y decoración para la vivienda actual (Möbel und Ausstattung für das Leben von heute). Erste Erfolge feierte er mit dem spanischen Pavillon der Pariser Weltausstellung von 1937, den er mit Sert und Luis Lacasa baute. Anschließend arbeitete er im Büro Le Corbusiers, wo er wichtige Verbindungen knüpfen konnte. Der Spanische Bürgerkrieg veranlasste ihn, nach Argentinien auszuwandern. Zusammen mit anderen jungen Architekten gründete Bonet die Grupo Austral, die sich den zeitgenössischen stadtplanerischen Diskussionen widmete. 1939 konnte er ein Wohnhaus mit Künstlerateliers in Buenos Aires, Argentinien, realisieren. Neben den unterschiedlich großen, teilweise doppelgeschossigen Ateliers und Werkstätten bot der Bau Ausstellungsmöglichkeiten in kleinen Schaufenstern. Fassadenelemente aus Glas und Glasbausteinen sorgten für eine gute Belichtung. Aus dem Büro in Buenos Aires heraus entstanden auch Projekte in Uruguay, wie das Haus für Gabriel Berlingieri in Punta Ballena (1946–1947). Der am Strand gelegene Bau ist durch den Gebrauch von vorgefertigten Tonnengewölben gekennzeichnet. 1958 eröffnete er mit Josep Puig Torné ein Büro in Barcelona. Neben der Architektur beschäftigte sich Bonet auch mit Möbelentwürfen und der Entwicklung von Fertigbauelementen.

◄ Haus „La Ricarda", Barcelona, 1953–1963

► Wohnhaus mit Künstlerateliers, Buenos Aires, 1939, mit Vera Barros und Abel López Chas

Botta Mario

▼ Synagoge in Tel Aviv,
1996–1998

► Museum Leeum,
Seoul, 1995–2004

Der Schweizer Mario Botta (*1943) begann seine Ausbildung 1958 mit einer Lehre als Bauzeichner bei den Architekten Luigi Camenisch und Tita Carloni in Lugano. 1961–1964 besuchte er das Kunstlyceum in Mailand. Als sein erstes von ihm entworfene Haus entstand, das Pfarrhaus in Genestrerio, Schweiz (1961–1963), war Botta erst 18 Jahre alt. Ab 1964 studierte er bei Carlo Scarpa und dem Kunsthistoriker Giuseppe Mazzariol in Venedig. 1965 arbeitete er neben Julian de le Fuente und José Oubrerie im Atelier von Le Corbusier an dessen letztem Projekt, dem neuen Krankenhaus in Venedig. Gegen Ende des Studiums lernte er Louis Kahn kennen. Dadurch ergab sich die Mitarbeit an einer Ausstellung im Palazzo Ducale im Zusammenhang mit einem Projekt für das neue Kongressgebäude in Venedig. 1970 eröffnete Botta in Lugano sein eigenes Architekturbüro. Zwei Jahre später plante er sein bis dahin umfangreichstes Objekt, die Mittelschule in Morbio Inferiore, Schweiz (1972–1977). Immer wieder entwarf er auch Einfamilienhäuser, deren Gestaltung auf geometrischen Grundformen beruht, wie das quaderförmige Haus in Cadenazzo (1970–1971), der rechteckige Wohnturm mit Zugangsbrücke in Riva San Vitale

(1971–1973) und der Zylinderbau des Hauses in Stabio (1980–1982), alle in der Schweiz. Zu nennen ist außerdem die Bibliothek des Kapuzinerklosters in Lugano, Schweiz (1976–1979). Obwohl unterirdisch angeordnet, fällt durch das gewächshausartige Glasdach großzügig Licht in die Räume. Mit späteren Großprojekten wie dem Anbau der Staatsbank von Fribourg (1977–1982) versuchte Botta, seine klare Geometrie in den städtischen Kontext zu übertragen. 1983 wurde er zum Titularprofessor der Eidgenössischen Hochschule in Lausanne und zum Ehrenmitglied des Bundes Deutscher Architekten ernannt. Des Weiteren realisierte Botta das Maison du Livre de l'Image et du Son in Villeurbanne, Frankreich (1984–1988), das Museum of Modern Art in San Francisco, Kalifornien (1989–1995), und die Kathedrale in Évry, Frankreich (1988–1995). Der auf rundem Grundriss errichtete Ziegelbau hat ein stark geneigtes, mit Bäumen bepflanztes Dach und einen filigranen Glockenturm, der aus einer kreisförmigen Fassadenöffnung hinausragt. Im Tessin entstanden die in 2000 m Höhe gelegene Kapelle Santa Maria degli Angeli auf dem Monte Tamaro, Schweiz (1990–1996), deren Verkleidung aus Porphyr mit der Umgebung harmoniert, und die Kirche Johannes der Täufer in Mogno, Schweiz (1992–1998). Die in abwechselnden Marmorund Granitstreifen weiß und grau gebänderte Kirche erhält durch ein kreisrundes, verglastes Dach natürliches Licht. 2004 realisierte er den Umbau der Mailänder Scala und ein Museumsprojekt in Seoul, Südkorea (1995–2004). Für das Tschuggen Grand Hotel in Arosa, Schweiz, entstand 2003–2006 ein angegliederter Wellness-Bereich, dessen weitgehend unterirdische Badeanlage nur an sakral wirkenden Oberlichtaufsätzen sichtbar wird.

Breuer Marcel

▼ Haus Harnischmacher
in Wiesbaden, 1932

► Haus Breuer II, New Canaan,
Connecticut, 1947–1948

Nach dem Abbruch seines Studiums an der Akademie der Bildenden Künste in Wien wurde Marcel Breuer (1902–1981) 1920 Bauhausschüler und absolvierte eine Lehre in der dortigen Tischlerei. Schnell stieg er 1925 zum Leiter der Möbelwerkstatt auf. Er entwarf Stahlrohrmöbel, unter anderem den ersten Stahlrohrstuhl, den Sessel B3, genannt „Wassily", gleichzeitig entstanden seine ersten Architekturentwürfe. 1928 gründete Breuer ein Büro in Berlin, arbeitete als Innenarchitekt und Möbelentwerfer. 1932 baute er sein erstes Haus, das Haus Harnischmacher in Wiesbaden. Ein Teil des weißen, zweistöckigen Flachdachhauses und die Terrassen stehen frei auf Stützen. Anschließend konzipierte er gemeinsam mit Alfred und Emil Roth die Doldertal-Apartments bei Zürich (1933–1936). 1935 ging Breuer ins Exil nach England, wo er wegen der restriktiven Arbeitsbedingungen

eine Bürogemeinschaft mit F.R.S. Yorke betrieb. 1937 siedelte er in die USA über, nachdem ihm Walter Gropius eine Professur an der Harvard University vermittelt hatte. Gemeinsam unterhielten sie ein Büro und entwarfen unter anderem das Haus Hagerty in Cohasset, Massachusetts (1937), mit der für Breuer typischen Zusammenstellung von modernen Elementen und traditionellen Materialien. Größere Projekte verwirklichte Breuer ab 1946 von seinem neu gegründeten New Yorker Büro aus, unter anderem das UNESCO-Gebäude in Paris (1952–1958) mit Pier Luigi Nervi und Bernard Zehrfuss. Weiter entstanden die St. John's University in Collegeville, Minnesota (1953–1961), das IBM-Forschungszentrum in La Gaude, Frankreich (1960–1962), und das Whitney Museum of American Art in New York (1963–1966), ein monumentaler, plastisch geformter Betonbau.

*„Es gibt das Grobkonzept und es gibt das Detailkonzept: Zwischen diesen
beiden erwächst ganz einfach der Bauentwurf. Gesunder Menschenverstand,
Erfahrung, Geschmack oder Arbeit bringen ihn zur Vollendung, aber nie
genügen gesunder Menschenverstand, Erfahrung, Geschmack oder Arbeit
allein ohne grundlegende Konzepte."*

◄ UNESCO-Gebäude in Paris,
1952–1958, mit Pier Luigi Nervi
und Bernhard Zehrfuss

► Whitney Museum of American
Art, New York, 1963–1966, mit
Hamilton P. Smith

Brinkman Johannes Andreas und van der Vlugt Leendert Cornelis

▾ Johannes Andreas Brinkman   ▾ Tabakwarenfabrik Van Nelle in Rotterdam, 1926–1930, mit Mart Stam   ▸ Haus Sonneveld, Rotterdam, 1929–1933

Leendert Cornelis van der Vlugt (1894–1936) absolvierte sein Studium 1910–1915 an der Akademie der Bildenden Künste und Technischen Wissenschaften in Rotterdam. Nach mehrjähriger Mitarbeit in unterschiedlichen Architekturbüros machte sich van der Vlugt 1919 selbstständig. Er entwarf Häuser am Beukelsdijk in Rotterdam (1921), sowie die Höhere Technische Schule und die Industrieschule in Groningen, Niederlande (1922). Ab 1925 arbeitete er mit Johannes Andreas Brinkman (1902–1949), dem Sohn des Architekten Michiel Brinkman, zusammen, der an der Technischen Hochschule Delft studiert hatte. Im gemeinsamen Büro war Brinkman mehr für die organisatorischen und technischen Aufgaben, van der Vlugt für die architektonischen verantwortlich. Aus der Anfangszeit Brinkmans und van der Vlugts

stammten der Tempel der Theosophen in Amsterdam (1927) und das Haus van der Leeuw in Rotterdam (1928–1929). Ein breites Fensterband durchzieht die glatte Vorderfront des Hauses, die Gartenfassade mit einem zweistöckigen Wintergarten ist ganz verglast. In der Folgezeit entstanden weitere Wohnhäuser, unter anderem das Haus De Bruyn in Schiedam (1930–1931) und das Haus Sonneveld in Rotterdam (1929–1933). Die ebenfalls im Zeichen des International Style errichtete Tabakfabrik Van Nelle in Rotterdam (1926–1930) wirkt trotz ihrer Größe leicht statt wuchtig, da vor die Eisenkonstruktion eine transparente Vorhangfassade aus Spiegelglas gehängt ist. Ein gläserner runder Dachaufbau beherbergt eine Cafeteria. Die Fassade des über einen Glasdurchgang zu erreichenden Bürogebäudes ist geschwungen. Die Wohnungen des scheibenförmigen Arbeiterhochhauses „Bergpolder" in Rotterdam (1933–1934, mit Willem van Tijen) werden über Laubengänge erschlossen. Treppenhaus und Lift befinden sich hinter der vollkommen verglasten Seitenfassade an der Eingangsseite des Hauses. Nach dem Tod von van der Vlugt arbeitete Brinkman mit Johannes Hendrik van den Broek zusammen.

Broek Johannes
Hendrik van den

▶ Kirche in Nagele,
Niederlande, 1962

◀ Auditorium der Technischen
Universität Delft, Niederlande,
1959–1966, mit Jacob Berend
Bakema

Johannes Hendrik van den Broek (1898–1978) begann 1919 nach einer Ausbildung zum Lehrer mit einem Architekturstudium an der Technischen Universität Delft. 1924 legte er sein Abschlussexamen ab. Für drei Jahre arbeitete er zunächst im Büro von B.J. Ouendag, dann eröffnete er sein eigenes Büro in Rotterdam. Van den Broek besuchte zusammen mit Willem van Tijen im Jahr 1928 die Wohnbausiedlungen von Ernst May in Frankfurt am Main. Den Einfluss dieser Studienreise kann man an dem 1933 entstandenen Wohnbauprojekt Eendracht in Rotterdam deutlich ablesen. Während des Zweiten Weltkrieges entwickelte er neue Bautechniken und Typologien für Wohnbauten. 1937 bot Johannes Andreas Brinkman ihm eine Partnerschaft an, die bis zu Brinkmans Tod anhalten sollte. Seit 1947 lehrte er an der Technischen Universität Delft. 1948 startete van den Broek eine Partnerschaft mit dem wesentlich jüngeren Jacob Berend Bakema. Eine zweite Studienreise führte ihn 1948 in die USA. Die Eindrücke der besichtigten Hochhäuser in Chicago und Detroit flossen in den Entwurf des Gesamtplans für das Einkaufszentrum De Lijnbaan (1949–1953) in Rotterdam ein. Sein eigenes Haus in Rotterdam (1948–1952) kann als Ergebnis langjähriger Forschung verstanden werden und stellt ein entschiedenes Statement der Moderne dar, wozu Merkmale wie Flachdach, freier Grundriss, frei stehende Stützen, Fensterbänder und offene Darstellung von Beton beitragen. Van den Broek entwarf für sein Haus auch das gesamte Mobiliar. Trotz effizienter Nutzung durch eine funktionale Organisation des offenen Raumes schuf er sich hier eine behagliche Atmosphäre. 1957 baute er im Rahmen der Interbau ein Wohnhaus mit 73 Wohneinheiten im Hansaviertel in Berlin. Später entstanden das Rathaus von Terneuzen (1963–1972) und das Kernwandgebäude in Tilburg (1964–1975), beide in den Niederlanden.

„Wer als Baumeister oder als Bauherr in sich nicht die Möglichkeit verspürt, moderne Auffassungen in äußerster Hingabe zu läutern, der baut nicht losgelöst von der Tradition."

Buff, Straub & Hensman

*„Natürliches Licht gibt der Architektur Gestalt.
Es ist nicht nur da, um den Raum aufzuhellen;
es verstärkt auch die Wirkung der konstruktiven
Elemente des Gebäudes."* Donald Charles Hensman

▼ Lawry Foods, Los Angeles,
1961

► Case Study House Nr. 20 (Haus
Bass), Altadena, Kalifornien, 1958

►► Gartenpavillon, Haus Mirman,
Arcadia, Kalifornien, 1956

Conrad Buff III (1926–1988) und Donald Charles
Hensman (1924–2002) studierten an der School
of Architecture der University of Southern California. Schon während des Studiums arbeiteten
beide nebenbei für den Investor Harry Brittain
an Plänen für große Erschließungsprogramme
und zeichneten wohl Hunderte von Einfamilienhäusern. In den Jahren 1956–1961 ergänzte zudem Calvin Straub (1920–1998) die Bürogemeinschaft. Alle drei Architekten lehrten an der

University of Southern Califonia. Von 1952 an
gelang es Buff und Hensman, sich mit zahlreichen Einfamilienhäusern erfolgreich zu profilie-
ren. Am Anfang herrschten Pfosten- und Riegelkonstruktionen vor, doch Experimente führten
sie zu immer neuen Variationen. So weichen
auch die beiden Case Study Houses, die in
ihrem Büro entstanden, von der bis dahin im
Case Study House Program gepflegten Flach-
dachkultur und dem Verzicht auf Ziegelbauweise ab. Case Study House Nr. 20, das Haus Bass
in Altadena (1958), hat einen runden Kamin,
einen ovalen Pool und eine Decke aus gewölbten Elementen. Nach dem Ausscheiden von
Straub entstand das Case Study House Nr. 28 in
Thousand Oaks, Kalifornien (1965–1966). Hier
gruppieren sich fünf Schlafzimmer um einen
quadratischen Innenhof mit Pool. Vorherr-
schendes Baumaterial für die tragenden Wände und Säulen ist Ziegelstein. Des Weiteren
entstanden unter vielen anderen Aufträgen das
Lawry Foods Building in Los Angeles (1961),
das Haus Andrews in Pasadena (1964) und eine
Skihütte am Lake Donner, Kalifornien (1973).
In den letzten Jahren wurden die Wohnhäuser
oft größer, die Bauherren mitunter auch schwie-
riger: Der Auftrag für eine neue kalifornische
Gouverneursvilla in Sacramento (1974–1981)
wurde durch paranoide Sicherheitsspezialisten
und ästhetisch unsichere Bauherren trotz
erfolgreicher Fertigstellung eine unschöne
Erfahrung.

Bunshaft Gordon

▼ Hirshhorn Museum,
Washington D.C., 1969–1974

► National Commercial Bank
in Dschidda, Saudi-Arabien,
1981–1983

Während seiner Studienzeit am Massachusetts Institute of Technology machte Gordon Bunshaft (1909–1990) ausgedehnte Reisen durch Europa und Nordafrika. Nach zwölfjähriger Tätigkeit als Chefdesigner für das New Yorker Architekturbüro Skidmore, Owings & Merrill wurde er 1949 Partner des Büros. Viele der von Skidmore, Owings & Merrill errichteten Bauten gehen auf seine Entwürfe zurück, wie der Venezuela-Pavillon für die New Yorker Weltausstellung 1939 mit verglaster Stahlskelettkonstruktion und überkragendem Betondach sowie das Verwaltungsgebäude der Lever Brothers in New York (1951–1952). Die schlanke Hochhausscheibe hat Vorhangfassaden aus grünem Wärmeschutzglas und dünne Stahlprofile. Bunshaft war ebenfalls gemeinsam mit Sedad Hakkı Eldem am Bau des Hilton Hotel in Istanbul, Türkei (1952–1955), und der Beinecke Rare Book and Manuscript Library an der Yale University (1960–1963) beteiligt. Bunshafts eigenes Haus in East Hampton, New York (1963), genannt „Travertine House" wegen des durchgehenden Bodenbelags, besaß eine radikale Grundrissvereinfachung mit einem Wohnraum in der Mitte. Das Hirshhorn Museum in Washington D.C. (1969–1974) ist als dreistöckiger Ring um einen zentralen Hof mit Brunnen gelegt und auf vier massive Stützen mit den Zugängen gesetzt. Ausstellungsgalerien befinden sich sowohl in dem nach außen völlig verschlossenen Ring als auch im durchgehenden Untergeschoss. Bunshaft konzipierte ebenso die auf dreieckigem Grundriss errichtete National Commercial Bank in Dschidda, Saudi-Arabien (1981–1983). In die Fassaden sind riesige rechteckige Öffnungen eingeschnitten, um die zurückgesetzten Büros mit Tageslicht zu versorgen, ohne sie direkter Sonneneinstrahlung und Sandstürmen auszusetzen.

Burnham & Root

▼ Union Station,
Washington D.C., 1901–1908

► Fuller Building, „Flatiron",
New York, 1901–1903

Nach seiner Ausbildung im Büro des Ingenieurs William Le Baron Jenney in Chicago unterhielt Daniel Hudson Burnham (1846–1912) ab 1873 eine Partnerschaft mit John Wellborn Root (1850–1891). Root hatte zuvor nach einem Studium an der New York University bei James Renwick und John Butler Snook in New York gearbeitet, bei Letzterem war er Bauleiter bei der Grand Central Station in New York City. Die Arbeiten der beiden Architekten werden der Chicago School zugerechnet. Aus ihrer Anfangszeit stammt das Monadnock Building in Chicago, Illinois (1889–1891), mit einem Gusseisengerüst im Inneren und Fassaden aus Backstein. Bei dem 16-stöckigen Gebäude verzichteten sie auf jegliche Verzierung. Rundungen im Fenster- und Eingangsbereich, massive Granitsäulen im Erdgeschoss und Türmchen

prägen das auf quadratischem Grundriss errichtete Rookery Building in Chicago (1885–1888) mit einem Stahlskelett. Zu ihrem Werk zählen weiterhin das gemeinsam mit Charles B. Atwood realisierte Reliance Building in Chicago (1894–1895), ein mit Glas aufgefülltes Stahlgerüst mit scharfkantigem Flachdach und das auf dreieckigem Grundriss errichtete, „Flatiron" genannte Fuller Building in New York (1901–1903). Letzteres unterscheidet sich von den zuvor errichteten Hochhäusern durch eine üppigere Ornamentik. Außerdem errichtete Burnham die Union Station in Washington D.C. (1901–1908) und entwarf Stadtpläne für Washington (1902) und San Francisco (1904) sowie einen Erweiterungsplan für Chicago (1909) mit strahlenförmig angelegten breiten Boulevards in Zusammenarbeit mit Edward H. Bennett.

Calatrava Santiago

Fernmeldeturm, Barcelona,
1989-1992

Santiago Calatrava (*1951) besuchte 1968-1969 die Kunstschule in Valencia, bis 1973 studierte er an der dortigen Escuela Técnica Superior de Arquitectura, und zwischen 1975 und 1979 absolvierte er an der Eidgenössischen Technischen Hochschule Zürich ein Bauingenieurstudium. Zeitgleich mit seiner Promotion 1981 gründete er in Zürich ein Büro. Calatravas Projekte besitzen eine skulpturale Qualität von großer Dynamik, die Gestalt der technischen Konstruktionen erinnert oft an Lebewesen. Seine parallelen, künstlerischen Arbeiten, Skulpturen und Zeichnungen, häufig Bewegungsstudien des menschlichen Körpers, beeinflussen die Architektur stark. Einer seiner frühen Entwürfe ist der Bahnhof Stadelhofen in Zürich (1983-1990), eine Kombination aus massiven Betonfertigteilen im unterirdischen Bereich und einem leichten Stahlgerippe über der Erde. Weitere bedeutende Projekte Calatravas sind die Brücke Bach de Roda – Felipe II in Barcelona (1984-1987), der Bahnhof in Luzern (1989), der Fernmeldeturm auf dem Montjuïc in Barcelona (1989-1992) und der Bahnhof Lyon-Saint Exupéry in Satolas (1989-1994), dessen Hallendach an einen fliegenden Vogel erinnert. Zwei Betonbögen tragen das 1300 t schwere, mit Aluminium bedeckte Stahl-

gerüst und treffen sich an der Vorderseite in einem v-förmigen Winkel. Für die Expo '92 in Sevilla entwarf Calatrava den Pavillon des Staates Kuwait und die Alamillo-Brücke, deren Schrägseile zwischen der Fahrbahn und dem geneigten Brückenpfeiler an eine Harfe erinnern. Die Erweiterung des Milwaukee Art Museum in Wisconsin (1994-2001) besitzt ein Dach, das sich flügelgleich heben und senken lässt. Im Zusammenhang mit der Expo '98 entstand der Bahnhof Oriente in Lissabon (1993-1998), bei dem die Bahnanlagen mit filigran verzweigten Baumstrukturen überwölbt sind. Das Konzerthaus in Santa Cruz auf Teneriffa (1991-2003) wurde mit zwei Veranstaltungssälen bewusst als neues Wahrzeichen der Insel geplant, wozu sich das Betonschalendach 60 m hoch über die das Gebäude umgebende Plaza aufschwingt. Das IMAX-Kino in der von Calatrava entworfenen Stadt der Künste und Wissenschaften in Valencia (1991-2004) erinnert mit seiner beweglichen, gläsernen halbkugelförmigen Hülle auf dem elliptischem Grundriss an ein Auge. Die Anlage wurde bis 2006 noch um ein Opernhaus ergänzt. Für die Olympischen Spiele 2004 in Athen schuf Calatrava neue Überdachungen der vorhandenen Stadien sowie zahlreiche neue Infrastrukturanlagen.

„Ich bin sicher, dass Beton, zusammen mit Stahl, das Material des
21. Jahrhunderts sein wird. Mein Interesse konzentriert sich darauf,
ein neues Vokabular von Formen einzuführen, surrealistische
Formen, die irgendwie im Einklang mit unserer Zeit stehen."

◄ Milwaukee Art Museum,
Milwaukee, 1994–2001

▲ Pfalzkeller Emergency Service
Centre, St. Gallen, 1988–1998

Candela Félix

▼ Laborkomplex für Ciba,
Mexiko-Stadt, 1953–1954,
mit Alejandro Prieto

► Kirche der Wundertätigen
Jungfrau, Mexiko-Stadt, 1953

Félix Candela (1910–1997) absolvierte 1935 sein Diplom an der Escuela Superior de Arquitectura in Madrid. 1939 siedelte er nach Mexiko über, wo sein umfangreiches Werk entstand, das nicht nur ingenieurtechnisch, sondern auch architektonisch bedeutend ist. Er beschäftigte sich mit der Konstruktion unterschiedlich geformter, dünner Stahlbetonschalen und gründete 1950 mit Fernando Fernadez die Baufirma Cubiertas Ala S. A. zum Bau von Betonschalenkonstruktionen. Ein früher Bau war dann das Laboratorium für kosmische Strahlenforschung an der Universität Mexiko in Mexiko-Stadt (1951), das Candela mit dem Architekten Jorge Gonzales Reyna baute. Da das Dach wegen notwendiger Durchlässigkeit für die Strahlung nicht dicker als 1,5 cm sein durfte, wählte Candela eine doppelte Krümmung, um Stabilität zu gewinnen. In der Folgezeit experimentierte Candela mit allen denkbaren Formen von Betonschalen und baute 1951–1952 fünf Wohnhäuser mit verschiedenen Schalendächern in den Gärten von Pedregal für die Zeitung „Novedades". In den beiden letzten dieser Häuser verwendete Candela Schirmkonstruktionen, die er ebenso wie die früheren Typen zuvor in einem Testaufbau untersucht hatte. Mit dem Lagerhaus Las Aduanas in Vallejo (1953–1954), das vom Finanzministerium in Auftrag gegeben worden war, entstand schließlich ein größerer Bau. Anschließend realisierte er einen Laborkomplex für Ciba in Mexiko-Stadt (1953–1954) mit dem Architekten Alejandro Prieto. Da Candela meist nur Interesse an der Ausführung seiner Dachkonstruktionen hatte und weitere Arbeiten wie die Wandfüllungen mitarbeitenden Architekten überließ, sind die Gebäude besonders kennzeichend für ihn, bei denen die Schale tatsächlich vollständig das Gebäude bildet, wie etwa bei der Kirche de la Virgen Milagrosa in Navarte (1954–1955) und dem Restaurant Los Manantiales in Xochimilco (1957–1958). 1968 entstand mit den Architekten Enrique Castañeda und Antonio Peyri das Sportzentrum für die Olympischen Spiele in Mexiko-Stadt. 1953–1970 lehrte Candela an der Nationaluniversität von Mexiko in Mexiko-Stadt, nach seiner Auswanderung in die USA 1971–1978 an der University of Illinois in Chicago.

Case Study House Program

Das Musterhaus-Programm mit dem Titel „Case Study House Program" wurde 1945 in Kalifornien von John Entenza, dem Herausgeber der Zeitschrift „Arts & Architecture", initiiert. Entenza lud ortsansässige Architekten ein, kostengünstige Wohnhäuser als Prototypen zu entwerfen. Das ambitionierte Programm war auf den gesellschaftlichen Wandel der Nachkriegszeit ausgerichtet und wollte das Verständnis für die moderne Wohnhausarchitektur fördern und individuelle Häuser mit schlichten Grundrissen unter Einsatz neuer Bautechniken mit industriell vorgefertigten Elementen realisieren. Mangels eigener Mittel sollten für Entwürfe Bauherren gefunden werden, die die Finanzierung übernahmen, Anreiz sollten die durch die Publizität eingeworbenen Spenden von Zuliefererfirmen sein. Da dies jedoch nicht im erwartetem Maß glückte, wurden bald auch außerhalb des Programms entstandene Bauten nachträglich als Beiträge aufgenommen. Im Januar 1945 wurden die Namen von neun ausgewählten Architekten veröffentlicht, am Ende nahmen 21 Architekturbüros 1945–1966 am Programm teil, darunter waren Thornton Abell, Buff, Straub & Hensman, Julius Ralph Davidson, Charles und Ray Eames, Craig Ellwood, Quincy Jones, Killingsworth, Brady & Smith, Pierre Koenig, Richard Neutra, Eero Saarinen, Raphael Soriano, Beverly Thorne, Rodney Walker und William Wurster. Von den 35 veröffentlichten Planungen – darunter auch zwei später in das Programm genommene Apartmentgebäude – wurden lediglich 25 realisiert, zudem ging aus nicht mehr nachvollziehbaren Gründen die Zählung durcheinander, sodass einige Nummern des Programms mehrfach vergeben wurden.

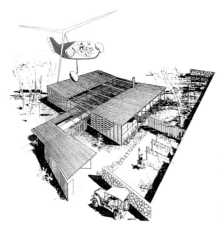

Castiglioni Enrico

*„Die poetische Essenz von Architektur ist Raum –
ein Raum ohne Bewegung, der den Menschen
und seine Zeit umgibt und birgt."*

Grundschule Sempione in
Busto Arsizio, Italien, 1958,
mit Dante Brigatti

Enrico Castiglioni (1914–2000) absolvierte bis
1937 zunächst ein Ingenieurstudium am Politecnico in Mailand und wechselte zur Habilitation
1939 an die Universität in Rom. Dort hielt er
Vorlesungen zu Kompositionslehre und Städtebau. Kommunale Aufträge in Italien erhielt er
nach dem Zweiten Weltkrieg für Schulbauten in

Busto Arsizio (1957–1958) sowie in Gorla Minore
(1962–1963). Mit der Verwendung von großzügigen Glasflächen und sichtbaren Stahlbeton-
trägern setzte der Architekt hier die Tradition
der klassischen Moderne fort. 1961 entwarf
Castiglioni in Lisanza am Lago Maggiore, Italien,
ein Restaurant. Die Berufsschule in Busto Arsizio
(1963–1964) ist ein Gemeinschaftswerk von
Enrico Castiglioni und Carlo Fontana. Das Bauwerk besteht aus zwei symmetrisch angeordneten, im stumpfen Winkel zueinander gesetzten
Gebäudeflügeln, die zu den Stirnseiten nach
außen parabelförmig gestaltet sind. Die beiden
Flügel sind durch den niedrigeren Baukörper
der Eingangshalle miteinander verbunden.
Während im Erdgeschoss die Lehrwerkstätten
untergebracht sind, befinden sich die Unter-
richtsräume in den oberen Stockwerken. Das
schräg gesetzte Dach bildet mit den nach oben
führenden Stützelementen und eingeschobe-
nen, horizontalen Flächen eine gemeinsame
Sonnenblende. Zahlreiche Entwürfe des Architekten blieben in ihrem utopischen Charakter
unrealisiert und nahmen, wie die Wallfahrtskirche „Madonna delle Lacrime" in Syrakus
(1957) expressionistische Vorbilder auf. Die Idee
für eine Kirche in Montecatini (1955) bediente
sich ähnlichen Motive. Die besondere Gestal-
tungskraft von Castiglionis Architektur liegt in
der expressiv-plastisch gestalteten Kombination
von Stahlbeton und Glas.

Cetto Max

*„Architektur ist ... ein Gebilde unter anderen auf der Erde,
so wie Wasser, Bäume und Wolken auch."*

Haus des Architekten,
El Pedregal, Mexiko-Stadt,
1948–1949

Max Cetto (1903–1980) studierte an den Technischen Universitäten in Darmstadt und München (1921–1923) sowie in Berlin, wo er bei Hans Poelzig sein Diplom erwarb (1926). Im selben Jahr arbeitete er für Ernst May im Siedlungsamt in Frankfurt am Main. 1928 war er Gründungsmitglied der CIAM. Drei Jahre später machte er sich in Frankfurt selbstständig, konnte aber nur wenige Aufträge akquirieren. 1936–1938 übernam er für das Büro Herbert Rimpl die Bauleitung bei den Heinkel Flugzeugwerken in Oranienburg. 1938 emigrierte Cetto in die Vereinigten Staaten von Amerika. Nach einer kurzen Phase der Zusammenarbeit mit Richard Neutra in San Francisco siedelte er 1939 nach Mexiko über. Hier fand er eine Anstellung bei Luis Barragán, mit dem er 1945–1965 den Ausbau der Siedlung El Pedregal de San Angel in Mexiko betrieb, bei der Wohnhäuser in Respekt vor der Natur zwischen die Lavablöcke und bestehende Pflanzen integriert wurden. Nachdem er 1947 die mexikanische Staatsbürgerschaft erhielt, baute er auch sein eigenes Haus in der Siedlung El Pedregal (1948–1949), danach dann ebendort ein Wohnhaus für den Maler Roberto Berdecio (1951). 1971–1978 entstand der Club Alemán de México in Tepepan, Mexiko. Bis 1980 arbeitete er als selbstständiger Architekt und unterrichtete 1965–1979 an der Universidad Nacional Autónoma de México (UNAM), in der gleichen Zeit lehrte er auch in Auburn, Alabama.

Chareau Pierre

▼ Grand Hotel in Tours,
Frankreich, 1928

▶ Wochenendhaus und Studio
Motherwell, East Hampton,
New York, 1945-1946

▶▶ Maison de Verre,
Paris, 1928–1931, mit Bernard
Bijvoet und Louis Dalbet

Nach langjähriger Anstellung als technischer Zeichner bei der Möbel- und Einrichtungsfirma Waring & Gillow in Paris (1899–1914) war Pierre Chareau (1883–1950) ab 1919 als selbstständiger Möbeldesigner und Architekt in Paris tätig. Er gehörte zu den Gründungsmitgliedern der CIAM und der Union des Artistes Modernes (UAM). Zunächst war er ausschließlich mit dem Entwurf von Möbeln – überwiegend massive Holzmöbel von schlichter, klassischer Form – beschäftigt, unter anderem für das Ehepaar

Dalsace. 1924 entstand sein eigenes Geschäft „La Boutique" in Paris unter Mitwirkung des Kunstschmieds Louis Dalbet. Bereits bei den aus der Frühzeit stammenden Möbeln spielte Transparenz durch Verwendung von Alabaster, Glas und Lochblech eine große Rolle. Sein erstes Bauprojekt stammt aus dem Jahr 1926, ein gemeinsam mit Bernard Bijvoet errichtetes Klubhaus in Beauvallon, Frankreich. Ebenfalls mit Bijvoet und Louis Dalbet realisierte er zwischen 1928–1931 das Maison de Verre für das Ehepaar Dalsace in Paris, das einen radikalen Umbau eines bestehenden Hauses darstellt: Die Frontfassade besteht aus von schwarzen Stahlprofilen eingerahmten Glasbausteinen, zum Garten hin wechseln sich Glasscheiben, Glasbausteine und dunkle Metallplatten ab. Auch die Inneneinrichtung mit vielen beweglichen Elementen ist bemerkenswert: Speisen können an einer Deckenschiene entlang ins Esszimmer gefahren werden, durch Trennwände vollständig verschließbare Badezimmer sind in die Zimmer integriert. Dunkle Fliesen und Gummi dienen als Bodenbelag, warme Möbel aus Holz und Stoff im klassischen Stil werden mit raffinierten modernen Möbeln aus Metall, Glas und Lochblech kombiniert. 1940 wanderte Chareau nach New York aus. 1945–1946 entstand ein Wochenendhaus und Atelier für den Maler Robert Motherwell aus einer umgebauten Militärbaracke auf Long Island, New York, mit einer Fassade aus weißen Backsteinen, großzügiger Verglasung und einem abgerundeten Dach aus Wellblech.

Chermayeff Serge Ivan

> *„Allgemein ausgedrückt, rühren die Funktionen eines jeden*
> *Baus oder der Einzelteile dieses Baus von den Ansprüchen der*
> *Zeit und nicht von den zur Verfügung stehenden Materialien."*

◄ Wohnhaus in London,
1935–1936, mit Erich Mendelsohn

◄ „Bentley Wood",
Halland, England, 1938

Nach seiner Ausbildung in Harrow, England, war Serge Ivan Chermayeff (1900–1996) 1918–1922 als Journalist tätig. Ab 1924 arbeitete er als Möbelentwerfer, zunächst bis 1927 bei der Firma E. Williams Ltd., ab 1928 für den Möbelhersteller Waring & Gillow. Sein Londoner Architekturbüro bestand seit 1930 und 1933–1936 unterhielt er eine Partnerschaft mit Erich Mendelsohn. 1940 ging Chermayeff nach Amerika, wo er 1947 in New York ein gemeinsames Büro mit Konrad Wachsmann gründete. 1953–1962 unterrichtete er am Massachusetts Institute of Technology und an der Harvard University; es folgte eine Professur an der Yale University bis 1971. Aus der Zeit der Zusammenarbeit mit Mendelsohn stammen das zweigeschossige, geradlinige Haus Nimmo in Buckinghamshire, England (1934), mit Flachdach und weißen Fassaden, die sich über großzügige Verglasung zum Garten hin öffnen, und der De La Warr Seaside Pavilion in Bexhillon-Sea, England (1933–1935). Während das Theater und Kino hinter weißen, geschlossenen Betonfassaden liegen, ist der Restaurantbereich offen. An eine Seite fügt sich ein Treppenhaus in einem halbrunden Glasanbau an. Sein mit Ziegel, Holz und Glas errichtetes eigenes Haus in Halland, England (1936–1938), ist klar strukturiert. Über Steintreppen gelangt man aus dem leicht erhöht liegenden Erdgeschoss in den geschützten Garten. Es zeugt von seiner Hinwendung zu leichteren Konstruktionen, vor allem in Amerika experimentierte Chermayeff häufiger mit Holzrahmenbauten. 1952 realisierte er etwa das Haus Payson in Portland, Maine.

Chicago School

◄ William Le Baron Jenney,
Home Insurance Building,
Chicago, 1885

▼ Holabird & Roche, Louis Sullivan
(Fassade), Gage Building,
Chicago, 1898–1900, oberste
vier Stockwerke 1902 ergänzt

► William Le Baron Jenney,
erstes Leiter Building, Chicago,
1879

Die Stadt Chicago in Illinois erlebte durch ihre
Lage am 1848 fertiggestellten „Illinois & Michigan Canal" und ihre zunehmende Bedeutung
als Eisenbahnknotenpunkt im 19. Jahrhundert
ein rasantes Wachstum, das die Grundstücks-
preise enorm in die Höhe trieb. Nach dem
Großen Brand von 1871 wurde die Stadt zu
einem Experimentierfeld für Architektur.

Mit dem Montauk Block von Burnham & Root
entstand 1880–1882 ein zehnstöckiges Gebäude in konventioneller Ziegelbauweise, das neue
Maßstäbe in der Höhe setzte; kurz zuvor war
William Le Baron Jenneys erstes Leiter Building
(1879) zwar mit nur sieben Geschossen, aber
einer bis auf die minimal notwendige Anzahl an
Stützen geöffneten Fassade neue Wege in der
Gestaltung gegangen, die nur durch die Eisen-
skelettbauweise möglich war. Mit dem Home
Insurance Building (1885) von Le Baron Jenney
entstand schließlich ein zehnstöckiges Hochhaus der neuen Generation in reiner Eisenske-
lettbauweise. Möglich und wirtschaftlich wurden diese Gebäude nur durch den Einsatz des
elektrischen Fahrstuhls. Eine weitere wichtige
technische Neuerung wurde von Adler and
Sullivan entwickelt: Die Caisson-Bauweise der
Fundamente – erstmals eingesetzt bei der Börse
von Chicago (1893–1894) – erlaubte eine Vertei-
lung der Lasten auf den geringen Grundflächen.
Die „Wolkenkratzer" fanden mit der Zeit zu
einer ausgefeilteren Gestaltung mit deutlich abgesetzten Sockel- und Dachzonen, dazwischen
eine rasterförmige Reihung von Geschossen,
bei denen die Fenster oft als „bay windows"
hervortreten. Zur Chicago School können
neben Daniel Burnham, John Root und Le Baron
Jenney noch William Holabird, Martin Roche
sowie Dankmar Adler und Louis Sullivan ge-
rechnet werden.

Chipperfield David

„Man beginnt mit bestimmten Ideen und diese Ideen überarbeitet man wieder und wieder, komme was wolle, ungeachtet der Tatsache, dass es dumm wäre zu leugnen, dass der Architekt oder Designer durch Erfahrung gestaltet."

Wohnhaus in Berlin, 1994–1996

David Chipperfield (*1953) studierte an der Architectural Association in London, wo er 1977 sein Diplom erhielt. Nachdem er einige Jahre in den Büros von Norman Foster und Richard Rogers gearbeitet hatte, gründete er 1984 das Büro David Chipperfield Architects in London. Seine ersten Aufträge galten dem Entwurf von Boutiquen in London, Paris, Tokio und New York. Aufgrund zahlreicher Projekte in Japan, unter anderem ein Privatmuseum in der Präfektur Chiba (1987), der Design Store der Automobilfirma Toyota in Kyoto (1989) und die Hauptzentrale der Firma Matsumoto in Okayama (1990), gründete er 1987 ein Büro in Tokio. In England errichtete er die Pflanzengalerie und die zentrale Haupthalle des Natural History Museum in London (1993), das Restaurant Wagamama in London (1995) und das River & Rowing Museum in Henley-on-Thames, Oxfordshire (1989–1998), sein erstes größeres Projekt. Das Museum erinnert aufgrund von Form und Abfolge der Materialien an ein auf den Kopf gestelltes Ruderboot: Der untere Teil besteht aus einer transparenten Glashaut,

gefolgt von einer Verkleidung aus englischer Eiche und überdacht mit Edelstahl. Ende der neunziger Jahre entwarf er ein Bürogebäude in Düsseldorf (1994–1997), das Circus Restaurant (1997) und den Joseph Menswear Shop (1997), beide in London. Die elegante, moderne Boutique wird in den zwei unteren Geschossen von einer 6 m hohen Glaswand, im oberen Stock von einem Edelstahlgewebe umschlossen. Dunkelgraue Sandsteinböden und weiße Wände vermitteln eine zur angebotenen Herrenkleidung passende Strenge. Zu seinen jüngsten Projekten zählen die Landeszentralbank in Gera, Deutschland, drei Hotels in den USA und ein Privathaus in Spanien. 2003 bis 2009 baute Chipperfield das Neue Museum in Berlin um, in dem Teile der Ägyptischen Sammlung der Berliner Museen präsentiert werden. Ihm ging es hier vor allem um eine Konservierung des Baus von Friedrich August Stüler. 2006 konnte das Literaturmuseum der Moderne in Marbach eröffnet werden. Umlaufende Reihen schmaler Betonpfeiler erinnern an einen Tempelbau.

Chochol Josef

Haus Kovarovic in Prag, 1912–1913

Josef Chochol (1880–1956) studierte 1898–1904 Architektur an der Technischen Universität in Prag und nachfolgend drei Jahre bei Otto Wagner an der Akademie der Bildenden Künste in Wien. 1911 wurde er Mitglied der Künstlergruppe SVU Mánes, zu der auch die erste Generation des tschechischen Kubismus gehörte. 1912 trat er den Prager Kunstwerkstätten bei, die sich auf kubistische Inneneinrichtungen spezialisierten. Nach dem Ersten Weltkrieg nahm Chochol 1920 an der Ausstellung der Gruppe „Die Hartnäckigen" teil. Der tschechische Architekt war Gründungsmitglied der „Linken Front" (1929) und des „Bundes sozialistischer Architekten" (1933). Mit seinem ersten Neubau, einem Dreifamilienhaus in Prag (1912–1913), setzte Chochol ein markantes Zeichen der zeitgenössischen Bewegung des Kubismus. An dem dreigeschossigen Haus Kovarovic in Prag (1912–1913) verwendete er ähnliche polygonale Muster zur Fassadengestaltung. Beim Mehrfamilienhaus in der Neklanova-Straße (1913–1914) gestaltete Chochol die Fassade mit kristallinen Formen und bewirkte durch deren plastische Wirkung ein komplexes Spiel von Licht und Schatten. In den zwanziger Jahren wurde Chochol besonders von den russischen Konstruktivisten beeinflusst und schuf 1927 das avantgardistische Theater „Osvobozené Divadlo" in Prag.

> *„Die Form soll ein wirklich lebendiges Wesen und eine präzis ausgeprägte Individualität sein."*

Coates Wells

Wells Wintemute Coates (1895–1958), der in Japan geborene Sohn kanadischer Missionare, studierte in Vancouver und London Ingenieurwesen und war anschließend vorübergehend als Journalist beim „Daily Express" tätig sowie 1924 Mitarbeiter im Büro von Adams and Thompson in London, wo er Maxwell Fry kennenlernte. In seiner Funktion als Journalist besuchte er die Pariser Kunstgewerbeausstellung von 1925 und wurde dort auf die Arbeit von Le Corbusier durch dessen Pavillon de l'Esprit Nouveau aufmerksam. Ein Auftrag für Ladengestaltungen von der Firma Cresta Silks gab ihm 1928 die Möglichkeit, selbstständig zu arbeiten. Zahlreiche Detaillösungen der Einrichtung, aber auch für den Einsatz von Typografie in der Außenwirkung machten die ausgeführten Läden erfolgreich. Coates war Mitglied der CIAM und Mitbegründer der 1933 entstandenen Gruppe MARS, die dem Rationalismus in Großbritannien zum Durchbruch verhelfen wollte. Eine Zusammenarbeit mit Denys Lasdun bestand zwischen 1935 und 1937. Bei den vierstöckigen Lawn Road Flats in Hampstead, London (1932–1934), die auch Isokon Flats genannt wurden, setzte er Laubengänge zur Erschließung und zur kraftvollen Wirkung des Gebäudes ein. Gemeinsam mit Patrick Gwynne arbeitete er an der Villa „The Homewood" in Esher, England (1933). Das Apartmenthaus Embassy Court in Brighton,

England (1934–1936), erhält durch die umlaufenden Brüstungen zwischen den bewegten, zurückspringenden Fensterbändern eine betonte Horizontalität. Alle Wohn- und Hauptschlafzimmer des Gebäudes haben Seeblick, die Wohnungen waren mit Einbauküchen und neu entworfenen Stahlrohrmöbeln ausgestattet. Bei seinem Apartmenthaus in der Palace Gate, London (1939), setzte er versetzte Ebenen so ein, dass zwei Stockwerke auf einer Gebäudeseite drei Etagen auf der anderen gegenüberlagen, sodass in den Wohnungen die Innenhöhe der Raumnutzung angepasst war. Neben der Architektur beschäftigte sich Coates unter anderem mit dem Entwurf neuartiger Segelboote mit Doppelrumpf und aerodynamisch weiterentwickelten Segeln.

Coderch i de Sentmenat
Josep Antoni

▼ Torres Trade Building,
Barcelona, 1965–1969

► Wohnkomplex Banco Urquijo,
Barcelona, 1967

Josep Antoni Coderch i de Sentmenat (1913–1984) beendete sein Studium 1940 und war nach einigen Aufträgen in Madrid 1942–1945 zunächst als Stadtarchitekt in Sitges, Spanien, tätig. Seine bekannteren Gebäude, großenteils in Zusammenarbeit mit Manuel Valls, entstanden ab den fünfziger Jahren. 1959 wurde er Mitglied der CIAM und 1960 von Team X, ab 1965 unterrichtete er Design an der Architekturschule in Barcelona. Sein Gespür für

regionale Gegebenheiten und die Beachtung des Klimas führten bei seiner Bauweise zu einer Synthese aus Moderne und örtlicher Tradition. So weist auch das auf einer Klippe über dem Meer im mediterranen Stil errichtete Haus Ugalde in Caldes d'Estrac, Spanien (1951), unverkennbare moderne Formen auf. Das flache Haus mit weißen, teils gemauerten, teils glatten Fassaden passt sich mit seinem unregelmäßigen Grundriss an das unebene Gelände an, kantige und runde Formen werden harmonisch miteinander kombiniert. Gleichzeitig entstand das Apartmentgebäude in La Barceloneta, Barcelona (1951–1955), ein mehrstöckiges Eckhaus mit winkligen Seitenwänden und dünnem überkragendem Dach. Große Glasflächen mit Sonnenschutzlamellen ermöglichen den Blick auf den Hafen und wechseln sich mit Keramikflächen ab. Zu seinem Werk zählen auch das Apartmenthaus in der Carrer Compositor Bach (1957–1961), der Apartmentkomplex Banco Urquijo (1967) und die Apartments Les Cotxeres (1968), alle in Barcelona. 1965–1969 entstanden die vier Türme des Torres Trade Building in Barcelona. Gläserne Vorhangfassaden umkleiden die versetzt angeordneten, eckenlosen Bauten. Abgerundete Formen sind auch beim Erweiterungsbau der Escola Tècnica Superior d'Arquitectura in Barcelona (1978) ein Hauptmerkmal. Die Wellenbewegung der Wände findet sich sowohl außen als auch in den Erschließungsfluren im Inneren des Gebäudes.

Connell, Ward & Lucas

„Ein Streit über Ästhetik ist ebenso sinnlos
wie er endlos ist …" Colin Anderson Lucas

▼ Wohnhaus in 66 Frognal,
London, 1937–1938

► „High and Over", Haus Ashmole,
Amersham, England, 1929–1930

Amyas Douglas Connell (1901–1980) setzte sein
in Neuseeland begonnenes Studium in England
fort und machte sich dort selbstständig. 1930
wurde Basil Robert Ward (1902–1976) sein Partner, 1933 Colin Anderson Lucas (1906–1984).
Connells moderne, funktionale Architektur
führte 1932 zu einer Debatte mit dem einflussreichen Architekten Reginald Blomfield, der
traditionelle Werte vertrat und insbesondere
gegen den internationalen Charakter des neuen
Bauens antrat. Nach den Prinzipien des International Style errichtete Connell gemeinsam
mit Ward und Lucas das geradlinige Haus Ashmole („High and Over") in Amersham, England
(1929–1930), aus weißem Beton auf Y-förmigem
Grundriss. Ein verglaster, zentraler Innenhof
und überdachte Dachterrassen schützen vor
dem rauem englischen Klima, durch zahlreiche
Fenster blickt man in die umliegende Landschaft. Ebenfalls in Zusammenarbeit mit Ward
entstand 1932 das Haus Lowes-Dickinson in
Grayswood, England. Auffallendes Element des
aus mehreren kantigen Baukörpern bestehenden Hauses ist das Treppenhaus mit zweiseiti-
ger Verglasung, die durch schmale schwarze
Stahlrahmen feingliedrig unterteilt ist. Auch die
schwarzen Fensterrahmen und Brüstungen
setzen Akzente auf den weißen Fassaden. Die
Ende der dreißiger Jahre errichteten Häuser der
Partner Connell, Ward und Lucas weisen einige
neue Merkmale auf. So wird beim Wohnhaus
in Wentworth, England (1936), Beton mit Ziegelstein kombiniert und das Wohnhaus in Moor
Park, England, zeichnet sich durch einen runden
Erker und einen geschwungenen Dachaufsatz
aus. 1939 wurde das Büro aufgelöst, 1947 siedelte Connell nach Ostafrika über und arbeitete
zuerst in Tanga, Tansania, später in Nairobi,
Kenia. Er versuchte dort, mit einfachen Mitteln
Bauten zu errichten, die auf die klimatischen
Gegebenheiten Rücksicht nehmen. 1977 kehrte
er nach England zurück.

Konstruktivismus (Constructivism)

▼ Ilia Alexandrovic Golosov,
Zuyev-Arbeiterklub in Moskau,
1927–1929

► Vladimir Tatlin, Denkmal der
Dritten Internationale, Moskau,
1919–1920, Modell

Der Konstruktivismus in der sowjetischen Architektur entstand aus den Nachwirkungen der Oktoberrevolution von 1917 in der Sowjetunion. Die Architekten und Künstler dieser Richtung befassten sich mit der Entwicklung einer neuen Architektur im Dienste der aufkommenden proletarischen Kultur. Starke gesellschaftlich-soziale Ideale wurden auf der Basis der revolutionären Ideologie und in Abkehr von nationalen Traditionen in eine neue Architektur- und Designtheorie übersetzt. Die für staatliche Bauprojekte ausgeführten experimentellen Entwürfe und Ideen existieren fast ausschließlich auf dem Papier. Zu den vielen Arbeiten, die nie realisiert wurden, zählen das Denkmal der Dritten Internationale (1919–1920) von Vladimir Tatlin, der Straßenkiosk (1919) von Alexander Rodchenko, die Lenin-Tribüne (1924) und das „Wolkenbügel-Projekt" (1924–1925) von El Lissitzky, das Verlagsgebäude der „Leningradskaja Prawda" (1924) der Brüder Leonid, Viktor und Aleksandr Vesnin, das Lenin-Institut (1927) und der Kulturpalast des Arbeiterbezirks Moskau (1930) von Ivan Leonidov und die Elektrobank Moskau (1926) von Ilia Golosov. Viele dieser architektonischen Arbeiten wurden in dynamisch wirkenden Zeichnungen dargestellt: maschinenästhetische Metaphern, Fabrik- und Industriefassaden, schwebende Strukturen, abgeleitet von der abstrakten Kunst. Demonstrative Zurschaustellung der konstruktiven Elemente, konsequente horizontale und vertikale Linienführung und plakativer Einsatz von Typografie gehören zu typischen Elementen. Dabei folgten die Entwerfer zwei Maximen, einerseits der möglichst rationalen Unterbringung des Raumprogramms, andererseits einer „Lösung für das Problem der künstlerischen und ideologischen Funktion", dem sogenannten Agitationsmoment. Letzterem diente auch die Präsentation von großen Architekturmodellen, wie zum Beispiel Tatlins Denkmal der Dritten Internationale, in Demonstrationszügen. Mit dem sowjetischen Pavillon von Konstantin Melnikov auf der Kunstgewerbeausstellung in Paris (1925), wurde der Konstruktivismus auf internationaler Bühne präsent. Im Rahmen der Ausbildung am VKhUTEMAS verstand sich der Konstruktivismus als eine wissenschaftliche Entwurfsmethode, deren Inhalt 1927 von Moisei Ginzburg in der Zeitschrift „Zeitgenössische Architektur" publiziert wurde. Zu den realisierten Projekten gehören mehrere Arbeiterklubs, die als Ort der Propaganda für revolutionäre Freiheitsideale dienten, wie etwa der Zuyev-Arbeiterklub von Ilia Golosov in Moskau (1927–1929).

Coop Himmelb(l)au

▼ Wolf D. Prix

▼ Wohn- und Bürohaus Schlacht-
hausgasse, Wien, 2001–2005

► BMW Welt, München,
2001–2007

Die Architektengemeinschaft Coop Himmel-
b(l)au wurde 1968 in Wien von Wolf D. Prix
(*1942), Helmut Swiczinsky (*1944) und Rainer
Michael Holzer, der die Gruppe 1971 wieder
verließ, gegründet. Die drei arbeiteten zunächst an Ideen und Projekten im Bereich der
experimentellen Architektur, oft auf der Grundlage von pneumatischen Raumkonstruktionen,
beispielsweise am Projekt einer beweglichen,
aufblasbaren und bewohnbaren Wolke (1968–
1972) und der Wolkenkulisse für den „Wiener
Supersommer" (1976). Der Wechsel zu einer
aggressiven Sprache erfolgte mit der „Reiss Bar"
in Wien (1977). Ein zwischen den Wänden
eingespanntes teleskopartiges Edelstahlrohr

vermittelt dem Besucher die optische Illusion,
dass der Raum auseinandergedehnt worden
und so ein Riss entstanden sei, der durch den
gesamten Raum vom Boden über die Wand
bis zur Decke geht. Für das Projekt eines Stadt-
wohnhauses unter dem Titel „Hot Flat" entwarfen sie ein Glasdach in Form einer auflodernden
Flamme, das als Fragment an der Technischen
Universität in Wien installiert wurde (1978–
1979). „Architektur muß brennen" ist auch der
Titel einer 1980 veröffentlichten Publikation.
Als weiterer Schritt in einem von Verletzung
und Deformierung bestimmten Architektur-
konzept sind die HUMANIC-Filialen in Mistel-
bach (1979) und in Wien (1980–1981) zu sehen.
Neben zahlreichen unrealisierten Entwürfen,
wie dem „Ersten Medienturm" für Hamburg,
entstand 1983–1988 eine Anwaltskanzlei in
Wien, ein Dachausbau, dessen Elemente über
die bürgerliche Fassade ausgreifen und den Akt
des Umbaus deutlich sichtbar machen. 1988
war Coop Himmelb(l)au auch auf der Ausstellung über Dekonstruktivismus im Museum
of Modern Art in New York vertreten. Mit der
Gestaltung der Spanplattenfabrik Funder in
Kärnten (1988–1989) gelang der Sprung zu
einem großen Industrieauftrag. Bei dem Projekt
des Stadtmuseums in Groningen, Niederlande
(1990–1995), erarbeitete Coop Himmelb(l)au
einen Bauteil, dessen Bodenflächen aus Glas
mit Blick auf das darunter liegende Wasser des
Stadtkanals die Besucher überraschen. Der
für Dresden entworfene Ufa-Palast (1993–1998)
steht mit seinen abgewinkelten, schrägen
Fassaden, die zu kippen scheinen, wie eine
riesige Skulptur neben den benachbarten
Bauwerken.

Correa Charles Mark

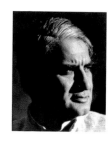

▼ Zentrum für Astronomie
und Astrophysik, Pune, Indien,
1988–1992

► ◄ Kanchanjunga Apartments
in Mumbai, Indien, 1970–1983

Charles Mark Correa (1930–2015) studierte
1949–1955 an der University of Michigan in
Ann Arbor und am Massachusetts Institute of
Technology in Cambridge, Massachusetts.
1958 gründete er sein Büro in Mumbai. Die
indische Kultur und Architektur, klimatische
Bedingungen und lokale Materialien prägten
seine Architektur mit ihrer modernen Formensprache. Neben seiner Tätigkeit als Architekt
und Planer von Siedlungen gab Correa mehrere Veröffentlichungen, unter anderem das
Buch „The New Landscape" (1985), heraus.
Zu seinem Werk zählen das Gandhi Ashram
Memorial Museum in Ahmadabad, Indien
(1958–1963), das Kunst- und Museumszentrum
Bharat Bhavan in Bhopal, Indien (1975–1981),
und die Kanchanjunga Apartments in Mumbai
(1970–1983). Jede der 32 teilweise doppelstöckigen Wohnungen im 85 m hohen Kanchan-
junga-Turm hat eine großzügig angelegte
Terrasse, auf die vier Zimmer hinausgehen.
Correa realisierte bei den in die Fassaden
eingeschnittenen Terrassenbereichen ein
expressives Farbkonzept mit gelben Fassaden-
kacheln sowie weiß und rot abgesetzten
geometrischen Flächen. 1992 wurde das
kubische Gebäude des British Council in Neu-
Delhi fertiggestellt, dessen Hauptfassade von
einem Wandgemälde des britischen Malers
Howard Hodgkin beherrscht wird. Große Vor-
und Innenhöfe bestimmen den offenen Charakter des Hauses. Im selben Jahr entstand das
interuniversitäre Zentrum für Astronomie und
Astrophysik in Pune, Indien. Ein mit Stufen
versehener Innenhof fungiert als Treffpunkt für
die Studenten und Forscher. Bei dem Salt Lake
City Centre, einem Stadtentwicklungsprojekt
im indischen Kolkata (2000–2004) entstanden
neben Wohn- und Bürogebäuden und einem
klimatisierten Einkaufszentrum nach westli-
chem Vorbild auch traditionelle enge Einkaufs-
straßen mit Basarcharakter. Fußgängerzonen
und öffentliche Plätze verbinden die einzelnen
Elemente des neuen Stadtteils.

Costa Lúcio

„Jeder Bestandteil wurde im Hinblick auf die Natur der jeweiligen Funktion konzipiert und auf diese Weise entstand eine Harmonie zwischen scheinbar widersprüchlichen Anforderungen. Daher ist die Stadt trotz ihrer Monumentalität auch gemütlich, effizient, einladend und intim. Sie ist zugleich weiträumig und übersichtlich, ländlich und urban, lyrisch und funktional. Der Autoverkehr verzichtet auf Straßenkreuzungen und der Bodenbereich wurde so weit wie möglich dem Fußgänger zurückgegeben."

Ministerium für Erziehung und
Gesundheit in Rio de Janeiro,
1936–1943, mit Oscar Niemeyer

Nach Abschluss seines Studiums an der Escola Nacional de Belas Artes in Rio de Janeiro 1924 unterhielt Lúcio Costa (1902–1998) dort eine Partnerschaft mit Gregori Warchavchik. Anschließend gründete er in Rio de Janeiro ein eigenes Büro. 1930 wurde er Manager der Escola Nacional de Belas Artes. Als Vertreter der brasilianischen Moderne leitete Costa den Bau des Ministeriums für Erziehung und Gesundheit in Rio de Janeiro (1936–1943) unter Mitarbeit von Affonso Reidy, Oscar Niemeyer und Le Corbusier. Horizontale, schwenkbare Sonnenblenden verlaufen über die gesamte Nordfassade des aus Beton errichteten und auf weißen, runden Säulen ruhenden Hochhauses. Ebenfalls in Zusammenarbeit mit Oscar Niemeyer entwarf Costa den brasilianischen Pavillon für die Weltausstellung in New York 1939, der der Welt die moderne brasilianische Architektur vor Augen führte. Der obere, teilweise von Stützen getragene Teil des kubischen Gebäudes ist über eine geschwungene Rampe zu erreichen. Weiter realisierte Costa das Park Hotel São Clemente in Nova Friburgo, Brasilien (1944–1945), und einige Wohnhäuser in Rio de Janeiro (1943–1954). Die glatte Außenfassade der mehrstöckigen Anlage ist in Quadrate unterteilt, die Balkone sind so in die Außenfläche eingelassen, dass sie mit der Fassade abschließen. Außerdem unterlag ihm die Planung der neuen Hauptstadt Brasília. Sein an einen fliegenden Vogel erinnernder Plan von 1957, den er Plano Piloto taufte, orientiert sich an zwei rechtwinklig kreuzenden Hauptachsen: eine leicht geschwungene zur Erschließung der Wohnviertel und eine gerade, 6 km lange, die vom „Platz der drei Gewalten", dem politischen Zentrum, bis zum Bahnhof geht mit einem Unterhaltungs- und Dienstleistungszentrum an der Schnittstelle der Achsen. Bereits 1960 wurde die neue Stadt übergeben, wenn auch bis heute noch nicht alle geplanten Gebäudeblocks ausgefüllt sind.

Crites & McConnell

> *„Der Wohnungsbau war immer meine Leidenschaft,*
> *denn er ist die Basis aller Architektur."*
> Raymond David Crites

◀ Raymond David Crites

▼ Zweites Haus Crites,   ▶ Haus Shive, Solon, Iowa, 1961   ▶▶ Haus Tucker, Cedar Rapids,
Cedar Rapids, Iowa, 1963   Iowa, 1961

Raymond David Crites (1925–2008) studierte bei Richard Duncan McConnell (1922–2013) an der Ingenieurbaufakultät der Iowa State University. Crites & McConnell begannen ihre gemeinsame Arbeit 1958 in Cedar Rapids in Iowa. Das Haus Seiberling in North Liberty, Iowa (1961),

wurde auf kreuzförmigem Grundriss erbaut. Sieben Betonschirme bilden das Dach. Das Zentrum des Hauses mit doppelter Deckenhöhe und einem holzgerahmten Oberlicht diente als offener Wohnbereich. Die erste Haus Crites in Cedar Rapids, Iowa (1959), ist ebenfalls auf kreuzförmigem Grundriss und mit quadratischem Raster gebaut. Das Haus entstand im Pfosten-Riegel-System. Horizontale und vertikale Boden- und Wandplatten aus Holz ragen teilweise aus der Fassade heraus und integrieren das Gebäude optisch in den umliegenden Wald. Ein Schwerpunkt wurde auf die Wahrung der Privatsphäre der einzelnen Bewohner gelegt. So hat fast jedes Zimmer einen eigenen Balkon oder eine Terrasse. Der Bau der United Covenant Presbytarian Church in Danville, Illinois (1965), wird durch die ungewöhnliche Grundrissform aus zwei Dreiecken und die hölzerne Außen- und Innenverkleidung bestimmt. Das C.Y. Stephens Auditorium der Iowa State University in Ames, Iowa (1966–1969), entstand in Zusammenarbeit mit Brooks, Borg & Skiles als Theater- und Konzerthalle. Eine gekrümmte Holzdecke und die Betonwände sorgen für eine gute Akustik im Inneren. Der Dachüberstand ist mit Zedernholz verkleidet, das farblich dem Beton angeglichen wurde.

Dekonstruktivismus

▼ Team Disneyland Administration
Building, Anaheim, 1987–1989

► Zaha Hadid, Die Welt – unter
dem 89°-Winkel betrachtet, 1983,
Vogelperspektive

Die in den achtziger Jahren entstandene Architekturströmung weist Analogien zum russischen Konstruktivismus der zwanziger Jahre auf. Der Dekonstruktivismus will den Eindruck einer Fragmentierung der Baugestalt erwecken und zeichnet sich durch fehlende Harmonie, Kontinuität und Symmetrie aus. Der als Vater des Dekonstruktivismus geltende französische Philosoph Jacques Derrida hat wesentlich zur Definition dieses Stils beigetragen. Zu den Architekten, die – teilweise gegen ihre eigene Überzeugung – als Dekonstruktivisten bezeichnet wurden, zählten Coop Himmelb(l)au, Peter Eisenman, Frank O. Gehry, Zaha Hadid, Rem Koolhaas, Daniel Libeskind sowie Bernard Tschumi. Sie alle waren in der von Philip Johnson und Peter Eisenman zusammengestellten Ausstellung des Museum of Modern Art 1988 mit dem Titel „Deconstructivist Architecture" vertreten. Im Katalog stellte Mark Wigley fest: „Ein dekonstruktiver Architekt ist … nicht jemand, der Gebäude demontiert, sondern jemand, der den Gebäuden inhärente Probleme lokalisiert. Der dekonstruktive Architekt behandelt die reinen Formen der architektonischen Tradition wie ein Psychiater seine Patienten – er stellt die Symptome einer verdrängten Unreinheit fest. Diese Unreinheit wird durch eine Kombination von sanfter Schmeichelei und gewalttätiger Folter an die Oberfläche geholt: Die Form wird verhört." Die einander widerstrebenden Wahrnehmungen und Zusammenhänge der modernen Alltagswelt werden von den Architekten nicht mehr durch eine einheitlich wirkende und als endgültig geltende „Lösung" einer Bauaufgabe verschleiert. Vielmehr sollen Widersprüche deutlich gezeigt werden, wodurch sich die klassischen Gesetze von Stütze und Last, von Wand und Raumabschluss, von Proportion und Regelmäßigkeit auflösen. In der Ausstellung wurden allerdings formalistische und ästhetische Aspekte überbewertet. Eine im Sinne Derridas erfolgende Zerlegung von Erzähltexten – wobei auch Architektur als Text zu verstehen wäre – auf dem Wege zu einem neuen Verständnis findet sich eher in Arbeiten wie denen des Künstlers Gordon Matta-Clark, der mit bewusst gesetzten Schnitten in vorhandener Bausubstanz neue Sichtweisen eröffnet hat.

De Stijl

Die niederländische Künstlergruppe De Stijl formierte sich 1917 in Leiden um den Maler Theo van Doesburg. Gründungsmitglieder waren neben van Doesburg die Maler Vilmos Huszár, Piet Mondrian, Bart van der Leck und Georges Vantongerloo, die Architekten Robert

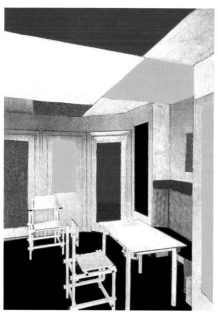

van't Hoff, Jacobus Johannes Pieter Oud und Jan Wils sowie der Dichter Antony Kok. Gerrit Thomas Rietveld und Cornelis van Eesteren stießen später dazu. Gemeinsam deckten sie viele künstlerische Gebiete ab und teilten die gleiche stilistische Auffassung. Die von Mondrian aufgestellten Grundsätze zur Flächenverteilung bildeten eine theoretische Grundlage. Die Verwendung von abstrakten geometrischen Formen und Primärfarben zeichnet ihre Arbeiten aus. Objektivität und Klarheit waren zwei wichtige Grundprinzipien in der Formgestaltung von De Stijl. Damit trug die Gruppe wesentlich zur Abkehr von Historismus und Tradition bei. Die Gruppenmitglieder brachten bis 1928 auch eine gleichnamige Zeitschrift heraus, die als ihre Propaganda-Plattform diente. Ein wichtiges Ereignis für die Gruppe war 1923 die Ausstellung „Les architectes du groupe De Stijl" in der Galerie „L'Effort Moderne" in Paris. Eines der bedeutendsten architektonischen Werke von De Stijl ist Rietvelds Haus Schröder-Schräder in Utrecht, Niederlande (1924), es stellt die dreidimensionale Umsetzung geometrischer Abstraktion und starker Farbkontraste dar. Die Gruppe hatte Einfluss auf andere avantgardistische Architekten, wie zum Beispiel Frank Lloyd Wright und Mies van der Rohe, sowie auf das Bauhaus. Mit van Doesburgs Tod 1931 löste sich die Gruppe auf.

Diller + Scofidio

▼ Bar „The Brasserie",
New York, 1998–2000

▶ Blur Building, International
Expo 2002, Yverdon, Schweiz,
1998–2002

◀ Institute of Contemporary Art,
Boston, 2003–2006

Elizabeth Diller (*1954) und Ricardo Scofidio (*1935) studierten an der Cooper Union School in New York und unterhalten seit 1979 in New York ein gemeinsames Büro. Diller lehrt in Princeton, Scofidio ist Professor an der Cooper Union School. Sie entwarfen die Bar „The Brasserie" im Seagram Building in New York (1998–2000). Glatte Böden, Tische aus Kunst-harz und eine Deckenverkleidung aus Birnbaum prägen das Interieur, Monitore über der Bar zeigen neu eintreffende Besucher. Für die International Expo 2002 in Yverdon, Schweiz, konzipierten sie das Blur Building (1998–2002), das in 25 m Höhe über dem Neuburger See zu schweben scheint. Rund um die Struktur wird Nebel erzeugt, sodass die Konturen verwischt werden. Installationen von Diller + Scofidio wurden in der Fondation Cartier in Paris und im Museum of Modern Art in New York präsentiert. 2000 wurde das „Slither" Wohnhaus in Gifu, Japan, fertiggestellt, 100 Sozialwohnungen hinter einer Fassade aus Lochblechplatten. Mit dem Institute of Contemporary Art in Boston, Massachusetts (2003–2006), konnten Diller + Scofidio erstmals ein dauerhaftes Gebäude errichten, das ihren Intentionen entspricht. Als architektonisches Ereignis an dem geplanten, 69 km langen HarborWalk in Boston, Massachusetts, läuft der Holzbelag der Promenade von unten in das öffentliche Gebäude hinein. Gleichzeitig entwickelt sich in einem entgegengesetzten Entwurfsprinzip von oben der „private" Aspekt mit ruhigen Galeriesälen. Einen räumlichen Höhepunkt stellt der Medienraum dar, der aus dem auskragenden Hauptkörper nach unten ausklappt und durch ein Panoramafenster den Blick auf die Wasserfläche – und eben nur auf diese – zulässt.

Domènech i Montaner
Lluís

▼ Café-Restaurant, Barcelona,
1887–1888

▶ Palau de la Música Catalana
in Barcelona, 1905–1908

1870–1873 studierte Lluís Domènech i Montaner (1849–1923) an der Escuela Especial de Arquitectura in Madrid. Er veröffentlichte mehrere Artikel in der Zeitschrift „La Renaixensa", unter anderem im Jahr 1878 „Auf der Suche nach einer nationalen Architektur", und war einer der wesentlichen Mitstreiter des katalanischen Modernisme, der nicht nur die Architektur, sondern vor allem die katalanische Eigenständigkeit erneuern wollte. Insgesamt 45 Jahre lehrte er an der Escola d'Arquitectura in

Barcelona. Domènech i Montaner versuchte, unter Hinwendung zu mittelalterlichen Formen bereits vernachlässigte Handwerkstechniken wiederzubeleben. Das Verlagsgebäude Montaner y Simón in Barcelona, Spanien (1879–1885), stellt im Wesentlichen noch einen rationalen Gewerbebau dar. Für die Weltausstellung in Barcelona 1888 erbaute Domènech i Montaner das danach wieder abgerissene gewaltige Gran Hotel Internacional und ein Café-Restaurant (1887–1888), dessen burgähnliches Äußeres einen Bezug zu regionalen, mittelalterlichen Gebäudestrukturen herstellte. Zu seinem Werk zählen außerdem die Casa Thomas in Barcelona (1895–1898) und die von einem orientalisch anmutenden Gebilde gekrönte Casa Lleó Morera, ebenfalls in Barcelona (1903–1905). Sowohl die Fassaden als auch die Innenräume sind üppig verziert, alle fünf Stockwerke des sandsteinfarbenen Baus unterscheiden sich durch gänzlich unterschiedliche Fenster und Balkone. Der Palau de la Música Catalana in Barcelona (1905–1908) mit seinen Türmchen, Bögen und Säulen fasziniert durch sein bis ins Detail ausgearbeitetes, farbenfrohes Inneres mit bemalten Glasfenstern, Mosaikgebilden, Deckenverzierungen, aus den Wänden hervorspringenden Pferden und kunstvollen Kronleuchtern. Für das Hospital de la Santa Creu i de Sant Pau in Barcelona (1901–1912) ordnete Domènech i Montaner die Gebäude im 45°-Winkel zum umgebenden Straßenraster an und hob Eckgebäude und Eingangsfassade durch turmartige Bauteile hervor.

Doshi Balkrishna

▼ Husain-Doshi Gufa in
Ahmedabad, Indien, 1992–1995

► Haus Doshi in Ahmedabad, Indien, 1959–1961, Erweiterung 1987

◄ Wohnanlage Aranya,
Indore, Indien, 1983–1986

Der in Indien geborene Balkrishna Doshi (*1927) kam nach seinem Studium 1947–1951 am J.J. College of Architecture in Mumbai durch Europaaufenthalte schon früh mit der europäischen Architektur in Berührung. Zunächst besuchte er Kurse am North London Polytechnic, anschließend arbeitete er für Le Corbusier in Paris (1951–1954). Dessen Wallfahrtskirche in Ronchamps und vor allem die spätere Zusammenarbeit mit Louis Kahn (1962–1974) prägten sein Architekturverständnis, das durch eine intuitive, weniger rationale Suche nach purer Kreativität gekennzeichnet ist. Gestaltung sollte zeitlos sein, da Gebäude jahrzehntelang erhalten bleiben; statt konstruktiver Überlegungen sollten die Ansprüche der Nutzer im Vordergrund stehen. Nach seiner Rückkehr aus Paris und der Gründung seines Büros in Ahmedabad 1956 entstand sein Wohnhaus in Ahmedabad (1959–1961, Erweiterung 1987), eine einfache Betonkonstruktion auf quadratischem Grundriss. Oberlichter und Wandschlitze gewährleisten den Lichteinfall. In den siebziger Jahren verwirklichte er das Indian Institute of Management in Bangalore, Indien (1977–1985), dessen Plan auf dem Grundriss der Stadt Fatepuhr Sikri aus dem 16. Jahrhundert basiert. Die langen, hohen Korridore sind teilweise zum Himmel geöffnet und teilweise mit Oberlichtern verglast. Weiter baute er die Madhya Pradesh Electricity Board Administration Buildings in Jabalpur, Indien (1979–1989), und die Wohnlage Aranya in Indore (1983–1986) für Menschen mit niedrigem Einkommen. Jedes Haus sollte durch unterschiedliche Eingänge, Balkone, Treppen und Fenster eine eigene Identität erhalten. Außerdem realisierte Doshi das National Institute of Fashion Technology in Neu-Delhi (1994–1997) und die als Kunstgalerie und Wohnhaus für den Künstler Maqbool Fida Husain geplante Husain-Doshi Gufa in Ahmedabad (1992–1995). Mit weißem Mosaik überzogene Kuppeln überdecken die unterirdische Raumflucht, die durch schräg stehende Säulen geprägt ist. Mit dieser expressionistischen und organischen Gestaltung verließ Doshi den Weg klar geordneter Strukturen und ging spirituell auf ältere regionale Vorbilder zurück. Stahlmatten und Beton ersetzten dabei die traditionelle Lehmverarbeitung.

Dudok Willem Marinus

„Ich habe mich niemals einer bestimmten Form verbunden gefühlt, und das ist alles andere als die Folge eines Mangels an Überzeugung. Ich weiß, dass darin die Ursache liegt, dass mein Werk nicht solche Überzeugungskraft besitzt wie der architektonische Ausdruck einer einzigen eingeengten Konzeption."

▼ Kaufhaus „De Bijenkorf" in Rotterdam, 1928–1930

▶ Rathaus in Hilversum, Niederlande, 1923–1931

Ausgebildet zum Ingenieur an der Königlichen Militärakademie in Breda, nahm Willem Marinus Dudok (1884–1974) 1913 eine Stelle als stellvertretender Direktor des Stadtbauamtes in Leiden

an. In dieser Zeit arbeitete er auch mit Jacobus Johannes Pieter Oud an diversen Projekten. 1915 wechselte er als Leiter zu den Stadtwerken nach Hilversum, wo er 1927 zum offiziellen Stadtarchitekten ernannt wurde und auch an Stadtentwicklungsplänen arbeitete. Zu Dudoks frühen Arbeiten in Hilversum, Niederlande, gehört die Geraniumschule (1916–1918), ein Ziegelsteinbau mit hoch aufragendem Turm in der Mitte und weißen Fensterrahmen. In den zwanziger Jahren entstanden das Stadtbad (1920–1921), die Dr.-Bavinck-Schule (1921–1922), die Fabritius-Schule (1925–1926), die Minckeler-Schule (1927), die Vondel-Schule (1928–1929) und die Valerius-Schule (1929–1930). Das in gestufte Baukörper gegliederte Rathaus (1923–1931), überragt von einem hohen, im Wasser reflektierten Turm, schließt Dudoks eigenen Weg von einem an der Amsterdamer Schule orientierten Stil zu einer ausdrucksvollen Moderne ab. Bemerkenswerte Arbeiten, die nicht in Hilversum gebaut wurden, sind das Niederländische Studentenhaus in der Cité Universitaire in Paris, Frankreich (1927–1939), das Kaufhaus „De Bijenkorf" in Rotterdam, Niederlande (1928–1930), sowie das Stadttheater in Utrecht, Niederlande (1937–1941). Ab 1934 war Dudok als Stadtplaner für Den Haag tätig.

Eames Charles und Ray

▼ Case Study House Nr. 9, Pacific Palisades, Kalifornien, 1945–1949, mit Eero Saarinen

► ►► Case Study House Nr. 8, Pacific Palisades, Kalifornien, 1945–1949

Nach dem Besuch der School of Architecture der Washington University in St. Louis 1924–1926 eröffnete Charles Eames (1907–1978) 1930 sein erstes Büro. Ab 1937 studierte und unterrichtete er an der Cranbrook Academy of Art in Michigan, wo er Eero und Eliel Saarinen und seine Frau Ray (1912–1988) kennenlernte. Mit Eero Saarinen entwarf er 1940 einen preisgekrönten schalenförmigen Sperrholzsessel. Auch zukünftig experimentierten Charles und Ray Eames, die 1941 heirateten und nach Südkalifornien gingen, viel mit Sperrholz. Zu ihren bekannten Möbelentwürfen gehören der 1956 geschaffene „Lounge Chair" mit einem Gestell aus gebogenem Schichtholz und ein Armlehnstuhl und Liegesessel mit verchromtem Alumi-niumgestell (1958). Auch im Bereich der Architektur waren sie innovativ: Die erste Stahl-skelettkonstruktion im Rahmen des Case Study House Program entwarfen sie für ihr eigenes Haus, das Case Study House Nr. 8 in Pacific Palisades, Kalifornien (1945–1949). Die Fassaden sind mit farbigen Platten und Glasflächen von unterschiedlicher Größe aufgefüllt. Im Gegensatz dazu war bei dem von Charles Eames und Eero Saarinen konstruierten Case Study House Nr. 9 in Pacific Palisades, Kalifornien (1945–1949), die Struktur nicht offen gelegt, sondern durch eine Holzvertäfelung verdeckt. Das vielleicht berühmteste Werk ist aber der Film „Powers of Ten" (1977), der sich mit der relativen Größe von Dingen im Universum beschäftigt.

Eiermann Egon

▼ ►► Pavillon der Bundesrepublik
Deutschland für die Brüsseler
Weltausstellung 1958, 1956–1958,
mit Sep Ruf

► Kaiser-Wilhelm-Gedächtniskirche, Berlin, 1957–1963

Nach dem Architekturstudium an der Technischen Hochschule in Berlin unter Hans Poelzig
1923–1927 arbeitete Egon Eiermann (1904–1970)
in dem Bauatelier des Warenhausunterneh-
mens Karstadt in Hamburg und anschließend
bei den Berliner Elektrizitätswerken. Zwar
konnte er schon während der dreißiger Jahre
zahlreiche Bauten in einem 1931 zusammen
mit Fritz Jaenecke gegründeten eigenen Büro
entwickeln, doch die einflussreichste Phase
seines Schaffens liegt in der Nachkriegszeit.
1947 folgte er einem Ruf auf den Lehrstuhl für
Architektur an der Technischen Hochschule
in Karlsruhe. Seine in Stahlskelettbauweise ausgeführten Industriebauten erlangten in den
Jahren des Wiederaufbaus Vorbildcharakter.
1949–1951 entstand die Taschentuchweberei in
Blumberg, eine klar gefügte Fabrikanlage, für
die er den Hugo-Häring-Preis erhielt. Auf
Studienreisen in die USA lernte er 1950 Walter
Gropius, Marcel Breuer und Konrad Wachsmann kennen, 1956 auch Ludwig Mies van der
Rohe. Anlässlich der Brüsseler Weltausstellung
1958 realisierte er mit Sep Ruf eine Pavillon-
gruppe aus acht eleganten, transparenten Glaskuben. Für die Firma Neckermann in Frankfurt
entwarf er ein 300 m langes, sechsstöckiges
Versandhaus (1958–1961) und gewann den für
die Kaiser-Wilhelm-Gedächtniskirche in Berlin
ausgeschriebenen Wettbewerb (1957–1963).
Auf einer durch Stufen abgehobenen Plattform
nehmen ein achteckiger Hauptbau und ein
achteckiger, schlanker Turm die historische
Turmruine in die Mitte. Durch die mit farbigen
Glasbausteinen gefüllte doppelschalige Hülle
entsteht mitten im belebten Zentrum Westber-
lins ein stiller und in seiner sinnlichen Ausstrah-
lung vom kommerziellen Umfeld entrückter
Raum. Die deutsche Botschaft in Washington
(1959–1964) konzipierte er als terrassenförmige
Anlage, die der Geländeform Rechnung trägt.
Wie das Abgeordneten-Hochhaus des Bundestags in Bonn (1965–1969) besitzt sie eine filigrane zweite Hülle aus horizontalen Blenden
und vertikalen Tragstangen. Markante Verwal-
tungsbauten der letzten Schaffensperiode sind
die Büropavillons für IBM in Stuttgart (1967–
1972) sowie die auf trichterartigen Betonpfeilern
erhobenen Hochhaustürme der Deutschen
Olivetti in Frankfurt (1968–1972), die erst zwei
Jahre nach seinem Tod fertiggestellt wurden.
Seinen ursprünglichen Plan, die Geschosse von
dem frei stehenden zentralen Erschließungs-
kern abzuhängen, konnte er nicht verwirklichen.
Dennoch bleibt die Idee flexibler Geschoss-
addition dadurch sichtbar, dass in einem der
Gebäude das oberste Geschoss nicht ausge-
baut wurde.

Eiffel Gustave

Alexandre Gustave Eiffel (1832–1923) war Nachkomme eines Rheinländers, der in Erinnerung an seine Heimat seinem Namen Boenickhausen den Zusatz Eiffel angehängt hatte. Da er die Aufnahmeprüfung für die École Polytechnique nicht bestand, besuchte er 1852–1855 die École Centrale des Arts et Manufactures. Ab 1856 arbeitete er für die Eisenbahngesellschaft Compagnie de l'Ouest unter dem Ingenieur Eugène Flachat, der in Frankreich die für Eisenbahnbrücken geeignete Bauweise aus genietetem Walzeisen einführte. Eiffels erstes großes Projekt war die Gitterbrücke über die Garonne in Bordeaux, Frankreich (1857–1860, Ingenieure Stanislas de la Roche Tolay und Paul Regnauld), bei der er die Baustelle im Auftrag der „Compagnie de matériels de Chemin de fer" leitete. 1864 machte er sich in Paris als beratender Ingenieur selbstständig. Nach kleineren Aufträgen,

darunter auch für die Hallen der Weltausstellung 1867 in Paris, übernahm er ein bestehendes Metallbauunternehmen in La Villette und wurde Unternehmer, 1868–1879 mit dem Ingenieur und Partner Théophile Seyrig unter dem Namen Eiffel & Cie. Durch Innovationsfreude und Geschick bei der Einstellung von Ingenieuren konnte er sich gegen eine breite Konkurrenz behaupten, die Projekte wurden größer und wagemutiger, so die Brücke von Rouzat über die Sioule (1867–1869, Ingenieur Wilhelm Nordling), und internationaler, so der Westbahnhof von Pest, Ungarn (1875–1877, Architekt G. Salard, Ingenieur Théophile Seyrig), mit einer prominenten, verglasten Giebelfront, die Brücke über den Douro in Portugal (1875–1877, Ingenieur Théophile Seyrig) und der Viadukt von Garabit, Frankreich (1879–1884, Ingenieur Léon Boyer). Bei beiden Letzteren überspannt eine bogenförmige Konstruktion den Fluss. Ihr Querschnitt verändert sich zur Mitte hin in Analogie zum Kräfteverlauf von quer- auf hochrechteckig. Für den Bau der New Yorker Freiheitsstatue (1881–1886) baute Eiffel das tragende innere Gerüst. Bekannt wurde er vor allem durch den nach ihm benannten 305 m hohen Eiffelturm, den er nach dem Entwurf seiner Mitarbeiter Émile Nouguier und Maurice Koechlin 1887–1889 für die Weltausstellung in Paris errichtete, damals das höchste Bauwerk der Welt. Der Architekt Stephen Sauvestre führte die große Plattform ein, fügte einen statisch nicht notwendigen, aber für das Auge gefälligen Bogen ein und ergänzte ausschmückende Details.

Ellwood Craig

*„Mies hat mir beigebracht,
wie man einen Innenraum füllt."*

▼ Case Study House Nr. 17, Haus   ▶ Haus Rosen, Kalifornien,
Hoffman, Beverly Hills, 1954–1955,   1961–1963, mit Philo John Jacobson
Perspektive

Craig Ellwood (1922–1992), geboren als Jon Nelson Burke, erlernte das Architekturhandwerk bei einem Bauunternehmer, der für Architekten wie Richard Neutra und Raphael Soriano arbeitete. 1947 eröffnete er mit seinem Bruder und zwei Freunden eine Baufirma unter dem Namen Craig Ellwood Incorporated in Los Angeles. Die Theorie eignete er sich erst nachträglich während seines Bauingenieurstudiums an, das er 1949–1954 in Abendkursen an der University of California in Los Angeles absolvierte. Großen Einfluss übte Mies van der Rohe auf ihn aus. Geschickt kombinierte Ellwood moderne Baumaterialien wie Plastik und Stahl, Letzteres verwendete er für seine unverhüllten Rahmenkonstruktionen. 1949 lernte Craig Ellwood John Entenza, den Ausrichter des Case Study House Program kennen, als er für das Haus Eames in Pacific Palisades die Kostenberechnung durchführte, danach entwarf Ellwood die drei Case Study Häuser Nr. 16, 17 und 18 in Beverly Hills und Los Angeles (1952–1958). Variierende Lichtdurchlässigkeit der Wände, ein typisches Merkmal seiner Architektur, kommt bei Haus Nr. 16 in Form von Fensterwänden aus Milchglas und Klarglas zum Tragen. Bei Haus Nr. 18 verwendete er blaues Drahtglas, um das Sonnenlicht zu filtern. Das Haus Rosen in Los Angeles (1961–1963) ist ein quadratischer, flacher Bau, der von niedrigen Stahlstützen getragen wird und einen quadratischen Innenhof umgibt.

Große Transparenz wird durch die Verwendung von Glaswänden im Inneren erreicht. Ein außergewöhnlicher, nicht realisierter Entwurf Ellwoods war das über einen Fluss gebaute Bridge House (1968). Er nahm die Idee aber wieder auf für das Art Centre College of Design in Pasadena, Kalifornien (1970–1976). Ellwoods Mitarbeiter hatten sehr starken Einfluss auf die Entwürfe, entsprechend ist ihr jeweiliger eigener Stil gut ablesbar. 1977 gab Ellwood sein Büro auf und widmete sich fortan weitgehend der Malerei.

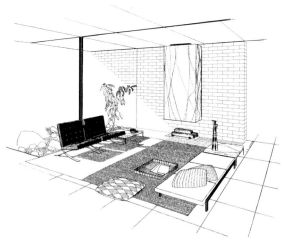

Elsaesser Martin

▼ Villa Reemtsma,
Hamburg, 1930–1932

► Großmarkthalle in
Frankfurt/Main, 1927–1928

Martin Elsaesser (1884–1957) studierte Architektur an der Technischen Hochschule in Stuttgart bei Theodor Fischer und an der Technischen Universität in München bei Friedrich von Thiersch. 1912–1920 lehrte er an der Technischen Hochschule in Stuttgart, 1920–1925 war er Direktor der Kunstgewerbeschule in Köln. Zwischen 1925 und 1932 war Elsaesser Stadtbaurat in Frankfurt am Main, anschließend war er in Berlin tätig und nach dem Zweiten Weltkrieg am Wiederaufbau Frankfurts und Stuttgarts beteiligt. In Frankfurt errichtete er die 250 m lange, von zwei mit Ziegeln verkleideten Kopfbauten begrenzte Großmarkthalle (1927–1928), die von 15 Schalengewölben bedeckt wird, die Schule in der Siedlung Römerstadt (1928–1929) und die Ludwig-Richter-Schule (1928–1929) mit ihren klar strukturierten Fassaden. Bei der eleganten Villa Reemtsma in Hamburg (1930–1932) konnte Elsaesser mit großem Etat seine Ideen einer undogmatischen Moderne verwirklichen. Der breit gelagerte, umfangreiche Bau war außen mit hellen grau-grünen Keramikplatten verkleidet und innen mit Stahlrohrmöbeln, viel Holz und Naturstein ausgestattet.

Emberton Joseph

Joseph Emberton (1889–1956) begann sein Studium 1911 am Kensington College of Art in London. Anschließend sammelte er praktische Erfahrung im Londoner Architekturbüro von Sir John Burnet, Tait and Lorne, bevor er sich selbstständig machte. Emberton gehörte zu den Architekten, die der Moderne in England zum Durchbruch verhalfen. Sein Royal Corinthian Yacht Club in Burnham-on-Crouch, England (1930–1931), wurde von Hitchcock und Johnson in ihrer Publikation „The International Style" erwähnt. Das dreistöckige, kantige Gebäude ragt auf Stützen ins Meer hinein. Zur Meerseite hin ist es verglast und hat lang gestreckte, vorgelagerte Balkone. Außerdem realisierte Emberton das Modekaufhaus Simpson's in London (1936) mit einem verschweißten Stahlskelett und einer neonbunten Fassadenbeleuchtung. In den späten dreißiger Jahren hatte Emberton mehrere Aufträge für Freizeitarchitektur in Blackpool, Southport und Morecambe, bei denen er sich runder Grundrisse, großzügiger Verglasung und dramatisch aufragender Türme bediente. In der Nachkriegszeit beschäftigte er sich vorwiegend mit Wohnungsbau.

Erickson Arthur

▼ Napp Laboratories,
Cambridge, England,
1979–1987

► Haus Catton, West Vancouver,
Kanada, 1967–1969,
mit Geoffrey Massey

Zwischen 1942 und 1950 besuchte Arthur Erickson (1924–2009) die University of British Columbia in Vancouver, wo er Japanisch lernte, und die Architekturfakultät der McGill University in Montreal. Die folgenden Jahre reiste er um die Welt, in den Fernen Osten, nach Nordafrika und Europa. Ab 1953 arbeitete Erickson mit unterschiedlichen Partnern zusammen, die Gemeinschaft Arthur Erickson Architects Inc. existiert seit 1977 mit Büros in Vancouver, Toronto, Kuwait und Dschidda. Sein umfangreiches Werk umfasst sehr unterschiedliche Gebäude und Projekte. Bei ihm verschmelzen regionale mit internationalen Tendenzen und mit seiner Harmonie zwischen Gebäude und Natur folgt er der japanischen Bautradition. Erickson realisierte das eine Felsklippe hinabsteigende, großzügig verglaste Haus Graham in West Vancouver (1962–1965) und das Haus Catton (1967–1969) aus Holz und mit tief herabreichendem Dach in West Vancouver. Zusammen mit Geoffrey Massey entstand 1963 der Masterplan für die Simon Fraser University in Burnaby, Kanada. Der erste Bauabschnitt wurde 1965 fertiggestellt und eröffnet. Bis in die Gegenwart wird der Campus kontinuierlich erweitert. Zu seinem Werk zählen weiterhin der kanadische Pavillon auf der Expo '70 in Osaka, das Museum der Anthropologie der Universität von Vancouver (1971–1976, Erweiterung 1981) und die Lethbridge University in Alberta (1968–1972), deren lang gestrecktes, horizontal gegliedertes Gebäude aus hellem Beton sich in sandige Hügel eingräbt. Es umfasst sämtliche Universitätseinrichtungen und Studentenwohnungen und schottet sich nach außen hin ab. Eine Hinwendung zum Hightech erfolgte in den siebziger Jahren und zeigt sich unter anderem bei den zwei Glastürmen der Bank of Canada in Ottawa (1969–1979), bei der dynamischen Yorkdale Subway Station in Toronto (1977) und beim Robson Square in Vancouver (1973–1979), der aus Gerichtsgebäude, Büros und Restaurants gebildet wird. Der avantgardistische Gerichtsneubau besteht aus Beton und wird von einer verglasten Stahlkonstruktion überdacht. Einen Kontrast dazu bildet das mit einbezogene alte Gerichtsgebäude. Treppen, Wasserflächen und Grünanlagen durchziehen die Anlage. In Zusammenarbeit mit Nick Milkovich Architects entstand das Glasmuseum in Tacoma, Washington (1996–2002).

Erskine Ralph

▾ Ski Hotel in Borgafjall,
Schweden, 1950, mit Aage
Rosenvold, Lennart Bergström
und John Staalehoe

▸ Wohnsiedlung in Svappavaara,
Kiruna, Schweden, 1963–1964, mit
Aage Rosenvold, Bengt Ahlqvist,
Peer-Ove Skånes

Der gebürtige Londoner Ralph Erskine (1914–2005) studierte am dortigen Regent Street Polytechnic. 1938 ging er nach Schweden, wo er bei Weijke & Odeen arbeitete und 1939 ein eigenes Büro eröffnete. Im Winter 1941–1942 baute er eigenhändig – mithilfe seiner Frau und seines späteren dänischen Büropartners Aage Rosenvold – das erste Privathaus, genannt „The Box", auf einem Hanggrundstück in Lissma bei Djupdalen außerhalb von Stockholm. 1944–1946 besuchte er die Königliche Akademie der Künste in Stockholm. Schwerpunkt seiner Architektur ist eine sehr genaue Berücksichtigung des Klimas und – als Mitglied des Team X – der Bedürfnisse der Bewohner. Ihre Vorstellungen wurden beim Entwurf und der Ausführung seiner Projekte mit einbezogen, wie beim Wohnviertel Byker in Newcastle-upon-Tyne, England (1969–1981). Die 1 km lange Häuserzeile ist aufgrund einer verkehrsreichen Straße einseitig bis auf einige kleine Fensteröffnungen geschlossen und schützt die rückseitig gelegenen niedrigeren Häuser. Bei seinen skandinavischen Siedlungen wie Svappavaara in Lappland (1963–1964) achtete er auf den Schutz vor kalten Winden und Schnee. Sein Büro erhielt immer mehr Aufträge, sodass Erskine 1982 das Hauptbüro in die Aktiengesellschaft Arken-Erskine Arkitekterna A.B. umwandelte, während er selbst ein kleineres Büro für kreativere Aufgaben im Atelierhaus neben seinem Wohnhaus weiterführte.

Expressionismus

Der Expressionismus entstand ab circa 1910 als neuer Stil in Kunst, Architektur, Literatur, Musik, Theater und Film und war bis in die zwanziger Jahre verbreitet. Die Architekten unter den Expressionisten strebten die Umsetzung gefühlsbetonter Aspekte in den Entwurf an. Als Reaktion auf negative Entwicklungen in der deutschen Gesellschaft diskutierten sie visionäre Lösungen für das Leben in den Städten. Die Ideen wurden in fantastischen Architekturzeichnungen dargestellt und in Manifesten, Briefen, Artikeln und Büchern formuliert und in Foren wie der Gläsernen Kette diskutiert. Der Dichter Paul Scheerbart untersuchte die Symbolik von Farbe und Transparenz des Materials Glas in seiner Schrift „Glasarchitektur" (1914), die er Taut widmete. Hermann Finsterlins Zeichnungen erschienen in der „Ausstellung für unbekannte Architekten" (1919), Bruno Taut zeigte fantastische Bauten mit Buntglasfenstern, die die natürlichen Lichtstrahlen brachen, in seiner Lithografieserie „Alpine Architektur" (1919). Bei den meisten Arbeiten aus dieser Zeit handelt es sich um philosophische und ästhetische Experimente. Die wenigen ausgeführten Entwürfe vereinigen Licht, Glas und Formen zu expressiven Baugestalten: etwa Hans Poelzigs Großes Schauspielhaus in Berlin (1919), Erich Mendelsohns Einsteinturm in Potsdam (1917–1921) und Bruno Tauts Glashaus auf der Kölner Werkbundausstellung von 1914.

◄ Hans Poelzig, Entwurf für
ein Festspielhaus in Salzburg,
1920

▲ Peter Behrens, Farbstudie für
die Kuppelhalle des Verwaltungs-
gebäudes der Hoechst AG,
Frankfurt/Main, 1920–1924

Fahrenkamp Emil

Emil Fahrenkamp (1885–1966) besuchte die
Technische Hochschule in Aachen und die
Kunstgewerbeschule in Düsseldorf. Ab 1909
arbeitete er für zwei Jahre im Büro von Wilhelm
Kreis, der ihn auch später förderte und unterstützte. 1919 erhielt Fahrenkamp einen Ruf an
die Kunstakademie in Düsseldorf, der er ab
1939 als Direktor vorstand. Sein Anfangswerk
ist dem Expressionismus zuzurechnen. Gegen
Ende der zwanziger Jahre wurden seine Formen
immer eleganter und moderner. Fahrenkamp
errichtete das Lagerhaus der Rheinstahl-Han-
delsgesellschaft in Nürnberg (1924) mit vertikal
unterteilter, schlichter Ziegelfassade, die We-
berei Neumann in Zittau (1925) mit kontrastierenden horizontalen und vertikalen Fenster-
schlitzen sowie unterschiedlich strukturierten
geschlossenen Fassadenabschnitten und das
Hotel Breidenbacher Hof in Düsseldorf (1927).
Die Hinwendung zu modernen Formen und
Materialien zeigt sich bei dem großzügig verglasten Hotel Monte Verità in Ascona, Italien
(1927–1928). Das Shell-Haus in Berlin (1930–
1932) errichtete er als Stahlskelettbau, der
sowohl im Grundriss als auch in der Höhe
geschickt gestaffelt und abgetreppt ist. Die
abgerundeten Ecken des Grundrisses und die
horizontale Gliederung mit ihrer Naturstein-

verkleidung tragen zu einem beschwingten
Erscheinungsbild des Baukörpers bei. Weniger
bekannt sind seine eleganten Wohnhäuser, wie
das Haus Wenhold in Bremen (1927), die aber
bei der Innengestaltung oft eine gewisse
Biederkeit zeigen.

▾ Dachcafé des Kaufhauses
Michel, Wuppertal, 1929–1930,
mit Georg Schäfer, Perspektive

◂ Lagerhaus der Rheinstahl-
Handelsgesellschaft in Nürnberg,
1924

▴ Shell-Haus in Berlin,
1930–1932

183

Fathy Hassan

▼ Siedlung Neu-Gourna bei Luxor,   ► Haus Sami, Dashur,
Ägypten, 1946–1953   Ägypten, 1978

Hassan Fathy (1900–1989) studierte an der Technischen Hochschule in Kairo und gründete dort 1930 sein Büro. Zwischen 1930 und 1946 und von 1953 bis 1957 lehrte er an der Hochschule der Künste in Kairo. Den International Style betrachtete Fathy als Gleichmacherei kulturell und klimatisch unterschiedlicher Länder. Seine Architekturauffassung basierte auf der ägyptischen Tradition. Architektur müsse dem Schutz vor der Sonne dienen, haltbar und auch vom einfachen Volk mit regionalen Materialien und Bautechniken einfach und preiswert zu errichten sein, wie er in seinem Buch „Architecture for the Poor, an Experiment in Rural Egypt" (1973) darlegte. Gebäude sollten landestypisch sein und eine eigene Identität haben. Seine Häuser sind großenteils aus Lehmziegeln und Stein errichtet. Klare Formen, schlichte Fassaden, Kuppeln, Wölbungen und nubische Bogenkonstruktionen kennzeichnen seine Bauten. Fathy baute sowohl Siedlungen für Arme als auch Villen für Reiche, die ebenfalls traditionelle Formen und Materialien aufweisen, mit zunehmender Größe jedoch auch reicher dekoriert sind. Zu seinem frühen Werk zählen das stattliche und doch schlichte Haus Nasr in Fayum, Ägypten (1945), und das hoch auf einem Hügel gelegene Haus Stopplaere in Luxor, Ägypten (1950–1952). Fathys bekanntestes Siedlungsprojekt ist Neu-Gourna bei Luxor (1946–1953): Die streng kubischen Formen der teilweise naturbelassenen, teilweise farbig gestrichenen Häuser aus Lehmziegeln mit zahlreichen Kuppeln passen sich in die Landschaft ein. Bei dem in einer windigen Wüstengegend gelegenen Projekt Neu-Bariz in Al-Kharga, Ägypten (1967), das nie ganz fertiggestellt wurde, verwendete Fathy Lehm und Palmenholz. Vorkragende Dächer, überdachte Passagen und raffinierter Schutz vor Sonne und Wind zeichnen das Projekt aus. Seine späteren Häuser wie das Haus Sami in Dashur, Ägypten (1978), haben komplexere Grundrisse und sind reicher dekoriert.

Figini Luigi &
Pollini Gino

▼ Haus Figini, Mailand, 1934–1935

▶ Atelierhaus für einen Künstler,   ◀ Verwaltungsgebäude für Olivetti,
V. Triennale in Mailand, 1933   Ivrea, Italien, 1934–1935

Nach anfänglichem Studium des Ingenieur-wesens (1922–1923) besuchte Gino Pollini (1903–1991) zwischen 1923 und 1927 die Architekturfakultät des Politecnico in Mailand, wo auch Luigi Figini (1903–1984) studierte (1921–1926). Zusammen mit fünf anderen Mailänder Architekten gründeten sie 1926 die Gruppo 7, die dem Rationalismus in Italien zum Durchbruch verhalf und ihre Projekte auch 1927 auf der Werkbundausstellung in Stuttgart präsentierte. Sowohl Figini als auch Pollini waren Mitglieder des M.I.A.R. (Movimento Italiano per l'Architettura Razionale) und der CIAM. Das gemeinsame Mailänder Büro von Figini und Pollini existierte zwischen 1929 und 1984. Sie entwarfen die elegante Casa Elettrica für die Ausstellung in Monza, Italien (1930), und das schlichte, einstöckige Atelierhaus für einen Künstler, ausgestellt auf der V. Triennale in Mailand (1933), bei dem weißer Beton sowie Ziegel und kantige Formen mit geschwungenen Wänden kontrastieren, wie beispielsweise dem hinter einer Mauer verborgenen Hof. Das lang gezogene, rechteckige Haus Figini in Mailand (1934–1935) mit weißer Fassade und schwarz umrahmten Fensterbändern schwebt hoch oben auf Stützen. Eine längere Arbeit für Adriano Olivetti folgte einem Verwaltungsgebäude für die Firma Olivetti in Ivrea, Italien (1934–1935). Die Fassaden des Bürogebäudes bestehen zum großen Teil aus Glas und sind feingliedrig in Rechtecke unterteilt. Es entstanden bis 1958 noch Erweiterungen der Büros, Wohnungen für Arbeiter, ein Kindergarten und weitere Gemeinschaftseinrichtungen. Überdies errichteten sie die Kirche Madonna dei Poveri in Mailand (1952–1954), der noch weitere sakrale Bauten folgen sollten.

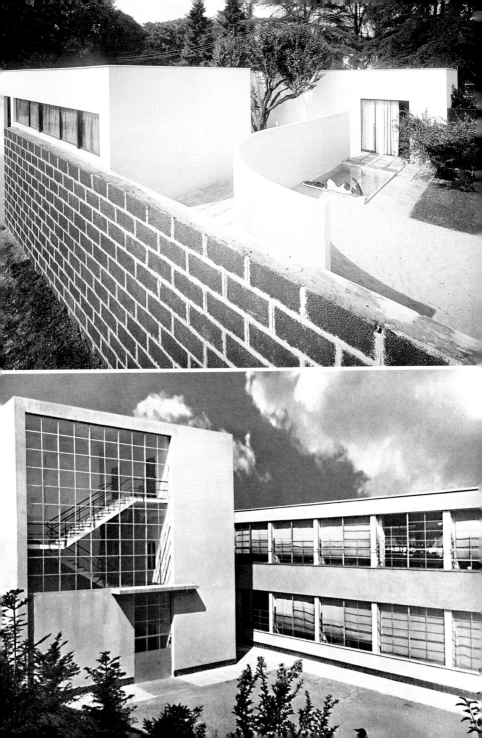

Foster Lord Norman

▼ Chesa Futura, St. Moritz,
2000–2004

► Swiss Re Tower, London,
1997–2004

Lord Norman Foster (*1935) studierte an der Universität in Manchester Städtebau und Architektur. Nach dem Examen 1961 erhielt er ein Stipendium an der renommierten Yale University in New Haven, Connecticut, und erwarb dort den Master's Degree. Zurück in England, gründete er mit seiner Frau Wendy, dem Ehepaar Su und Richard Rogers ein Architekturbüro, das Team 4. Es entstanden einige Hausprojekte, zum Beispiel die Mews-Häuser in London (1965) und das Elektronikwerk Reliance in Wiltshire, England (1964–1966). Bereits hier versuchte Foster, durch den Einsatz von modularen Bauteilen und beweglichen Stellwänden künftige Nutzungsänderungen in der Planung zu berücksichtigen. 1967 vergrößerte er das Büro mit weiteren Partnern. Foster Associates baute den Seebahnhof für die Schifffahrtslinie Fred Olsen an den Docks von London (1970–1971) und die Hauptverwaltung der Firma Willis Faber &

Dumas in Ipswich, England (1971–1975), deren geschwungene Fassade aus rahmenlos befestigten Glasteilen besteht. Beim Hallenbau des Sainsbury Centre for Visual Arts in Norwich, England (1974–1978), wurde die Tragwerkkonstruktion zusammen mit dem Versorgungssystem in der doppelschaligen Außenhülle untergebracht. Für die englische Vertriebszentrale der Autofirma Renault in Swindon, England (1980–1982), wurde eine Konstruktion aus Hohlmasten mit verspannten, abgeknickten Metallträgern entwickelt, die durch einen leuchtend gelben Anstrich betont sind. Zu einem Meisterwerk an Präzision und Technik wurde das Hochhaus der Hongkong-und-Shanghai-Bank in Hongkong (1979–1986), das in einer Bauzeit von nur fünf Jahren realisiert wurde. Foster Associates zählte im Jahr der Fertigstellung etwa 160 Mitarbeiter. Seitdem wurden zahlreiche weitere Projekte realisiert wie der

Flughafen Stansted bei London (1981–1991) mit einer baumartig verzweigten Tragstruktur und der durch Stahlseile gehaltene Fernsehturm in Barcelona (1988–1992). Bei der Umgestaltung des Reichstages in Berlin (1992–1999), der den neuen Einbau und eine Dachkonstruktion enthielt, legten Foster Associates Wert auf Licht und Leichtigkeit. Eine gläserne Kuppel krönt den Parlamentssaal: Zwar hat der Bürger hier keinen Blick auf das politische Geschehen, doch er steigt seinen Volksvertretern buchstäblich auf das Dach. Die Überdachung des großen Innenhofs des British Museum in London (1994–2000) schuf nicht nur einen grandiosen öffentlichen Raum, der Teil eines frei zugänglichen Fußweges in die Londoner City darstellt, sondern band auch den zentralen Zylinder mit dem Lesesaal organisch in das Gesamtkonzept des Museums ein. Bei der neuen Hauptverwaltung der Swiss Re in London (1997–2004) ist eine gewisse Nähe zu einem nicht realisierten

Entwurf eines phallischen Hochhauses von Future Systems für London nicht zu übersehen, doch Fosters Entwurf ging formal mit dem zur Schaftmitte anwachsenden Durchmesser eigene Wege. Konstruktiv wurden durch ein tragendes und geometrisch gegliedertes Fassadenskelett die Nutzflächen von Stützen befreit. Für den Neubau der Philologischen Bibliothek der Freien Universität Berlin (1997–2005) schuf Foster einen tropfenförmigen Baukörper, dabei wurden Geschossflächen aus Stahlbeton mit einer freitragenden Gebäudehülle umspannt, die aus Aluminiumsegmenten, Belüftungselementen und Glasscheiben besteht. Für eine wohlhabende Bewohnerschaft entstand das Ferienhaus Chesa Futura in St. Moritz, Schweiz (2000–2004). Der aufgeständerte Rundbau auf nierenförmigem Grundriss entstand in Mischbauweise aus Beton, Stahl und Holz mit einer Außenhülle aus einheimischen Lärchenschindeln.

◄ Hongkong-und-Shanghai-Bank, Hongkong, 1979–1986, mit Ove Arup and Partners

▼ Vertriebszentrale von Renault, Swindon, England, 1980–1982

Frank Josef

„Es kann nicht oft genug betont werden, dass das Einfamilienhaus die Grundlage unserer gesamten modernen Baukunst und unserer Stadtanlagen ist."

◄ Haus für Trude Waehner, Provence, Frankreich, späte fünfziger Jahre, Aquarell

► Villa Claesson, Falsterbo, Schweden, 1924–1927

Nach seinem Studium an der Technischen Hochschule in Wien unterhielt Josef Frank (1885–1967) dort ein Büro, das er von 1910–1934 mit Oskar Wlach betrieb, und war 1914 Gründungsmitglied des Österreichischen Werkbunds. Früh befasste er sich mit den Belangen der Arbeitersiedlungen, in der Folge verwarf er die großen Wohnblocks der Wiener Zwischenkriegszeit als untauglich. 1919–1925 lehrte er an der Wiener Kunstgewerbeschule und war dort ab 1921 als Architekt des Österreichischen Verbandes für Siedlungs- und Kleingartenwesen tätig. Gemeinsam mit Oskar Wlach eröffnete er 1925 das Einrichtungshaus „Haus und Garten". 1928 war er Gründungsmitglied der CIAM. Als Mitglied des Deutschen und Österreichischen Werkbundes war er am Bau der Weißenhofsiedlung in Stuttgart (1925–1927)

und federführend an der Wiener Werkbundsiedlung (1932) beteiligt. Mit dem Haus Beer in Wien (1929–1931), das er mit Oskar Wlach baute, zeigte Frank seine Interpretation des Raumplans von Adolf Loos. Josef Frank sprach vom „Haus als Weg und Platz", die Funktionsbereiche darin sollten nicht nur ihren eigentlichen Zweck erfüllen, sondern auch eine entsprechende Stimmung evozieren. Zum Garten, der Teil dieses Konzeptes war, öffnete sich das Haus Beer mit großen Fenstern. Ab 1934 lebte Frank in Schweden, dort entwarf er für die Firma Svenskt Tenn Möbel, Stoffe und Haushaltsgegenstände. Mit seinen stark gemusterten und farbigen Stoffen wirkte er in Schweden stilbildend für die Einrichtungskultur der Nachkriegszeit. 1942–1947 unterrichtete er an der New School of Social Research in New York.

Franzen Ulrich

*„Ich habe mich für die Möglichkeiten begeistert,
unterschiedliche Formensysteme in einem einzigen
Kompositionsgebilde zu vereinigen."*

Alley Theatre, Houston, 1968

Der aus Deutschland stammende Ulrich
Franzen (1921–2012) studierte bei Walter
Gropius und Marcel Breuer an der Graduate
School of Design der Harvard University in
Cambridge, Massachusetts. Anschließend
arbeitete er bei Ieoh Ming Pei in New York,
bevor er sich 1955 selbstständig machte. Sein
umfangreiches Werk variiert in Hinblick auf Ma-
terialwahl und Gestalt erheblich: Er verwendet
Beton, Glas, Holz und Naturstein, am häufigs-
ten bestehen seine Fassaden jedoch aus Ziegel.
Franzen realisierte mehrere Einzelhäuser wie
das rundum verglaste Haus Franzen in Rye, New
York (1956), und das Haus Towers in Essex, Connecticut (1963), die beide eine außergewöhnliche Dachkonstruktion haben. Das Haus Butten-
weiser in Mamaroneck, New York (1965), liegt
auf einer felsigen Landzunge, die regelmäßig
von Hochwasser betroffen ist. Aus diesem
Grund wurde das Haus auf breiten Betonpfeilern aufgeständert. Das große Volumen wurde
auf vier Gebäude verteilt: ein zentraler Bau und
drei turmartige Flügel, die verschiedene Funktionen aufnehmen. Während die drei kleineren

Anbauten Fassaden aus Ziegel haben, bleibt
der zentrale Bau mit seinen breiten Balkonen
und Terrassen unverkleidet. Weitere wichtige
Projekte Franzens sind das Institutsgebäude
der Agrarwissenschaften der Cornell University
in Ithaca, New York (1968), ein Komplex aus
zwei flachen Gebäuden und einem 13-stöcki-
gen Turm mit einer expressiven Ziegelfassade,
und das aus Betonplatten konstruierte Alley
Theatre in Houston, Texas (1968), mit halb-
kreisförmig auskragenden Außenflächen. Der
multifunktionale Gebäudeturm der Cornell
University in Ithaca, New York (1974–1975),
zeigt sich von der einen Seite als geschlossene
Ziegelfassade, von der anderen als transparente
Glasfassade. Die unterschiedliche Gestaltung
entspricht den Anforderungen der speziell
gesicherten Forschungslabore für die Veteri-
närmedizin und der Büros für die Mitarbeiter.
Auf Long Island, New York, wurde 1978–1979
ein weiteres Haus Franzen realisiert, ein aufge-
ständerter Kasten aus weiß gestrichenem Holz,
dessen Fassade an einer Seite abgerundet ist
und an einen Schiffskörper erinnert.

Frey Albert

▼ Haus aus Aluminium, Syosset, New York, 1930–1931　　▶ Haus Frey I, Palm Springs, 1953

Der gebürtige Schweizer Albert Frey (1903–1998) absolvierte 1924 sein Baustudium am Technikum Winterthur. 1930 emigrierte er nach Amerika, nachdem er Erfahrung in Belgien und bei Le Corbusier in Paris gesammelt hatte. Im Büro Le Corbusier war er einer von nur zwei fest angestellten Architekten, er arbeitet in dieser Zeit unter anderem an der Villa Savoye. In New York arbeitete Frey bis 1935 mit Lawrence Kocher zusammen, der auch Herausgeber des „Architectural Record" war. Seine Vorstellungen waren von einer Architektur geprägt, die sich von der Landschaft abhebt und in Funktion sowie Gestalt einer Maschine glich. Dazu gehören einige mehrstöckige Häuser in Form von Kuben, unter anderem ein aus Aluminiumplatten bestehendes Haus von klarer Geometrie in Syosset, New York (1930–1931), und das auf Stützen schwebende Wochenendhaus Kocher in Northport, New York (1934). Nur vier Häuser entstanden mit Kocher, das letzte für dessen Bruder in Palm Springs (1934–1935). Frey wechselte seinen Wohnort endgültig in die Wüstenstadt Palm Springs, die damals schon ein Rückzugsort für Hollywood-Prominenz war. Mangels Lizenz arbeitete er dort 1935–1937 mit John Porter Clark unter dem Firmennamen Van Pelt and Lind Architects. Seine Erfahrungen hinsichtlich kostensparender Vorfabrikation von Gebäudeteilen legte er in seinem 1938 erschienenen Buch „In Search of a Living Architecture" dar. Die nach seinem Umzug an die Westküste entworfenen Häuser unterscheiden sich aufgrund des trockenen, windigen Klimas stark von den zuvor entstandenen Bauten. Das Haus Frey I in Palm Springs, Kalifornien (1940, Erweiterungen 1947 und 1953), ist ein eingeschossiger Flachdachbau mit weit überkragenden Dachflächen zum Schutz vor der Sonne. Umfangreiche Erweiterungen in den Jahren 1947 und 1953 veränderten die Gesamtwirkung stark. Das Haus Loewy in Palm Springs (1946–1947) öffnet sich durch großzügige Verglasung zum Pool, der in das Wohnzimmer hineinreicht. Freys Arbeit blieb weitgehend auf Palm Springs beschränkt, seine unprätentiösen Arbeiten zeigen ihre Reize oft erst auf den zweiten Blick. Eine Tankstelle (1965, mit Robson Chambers) wird mit einem Dach in Form eines Hyperboloids ausgezeichnet. Die Besonderheit des Hauses Frey II in Palm Springs (1963–1964) ist die Einbeziehung eines gewaltigen, in das Haus hineinragenden Felsblocks.

◄ Haus Frey II, Palm Springs, 1963–1964

▼ Haus Loewy, Palm Springs, 1946–1947

▼▼ Haus Hatton, Rancho Mirage, Kalifornien, 1945

Freyssinet Eugène

Luftschiffhallen in Orly, Frankreich,
1921–1923

Eugène Freyssinet (1879–1962) besuchte die École Polytechnique und die École des Ponts et Chaussées in Paris. 1904–1907 und 1914–1918 war er für die französische Armee tätig. Beobachtungen an seinen Betonbrücken (Allier-Brücken in Le Veurdre, 1910, und bei Vichy, 1912) brachten ihn zu dem Schluss, dass die damals bekannten Formeln zum Verhalten des Betons ungenau waren und die Verformung des Materials unter Belastung nicht richtig beschrieben. Seine Forschungen führten ihn zu entscheidenden Lösungen im Spannbetonbau, für die er 1928 ein Patent erhielt. Durch weitere von ihm entwickelte Neuerungen ließen sich Gewölbe mit darüberliegenden Rippen und gleitende Schalungen realisieren. Vor der Gründung seines eigenen Ingenieurbüros 1928 in Paris war er 1918–1928 bei der Pariser Baufirma Limousin & Cie als technischer Leiter angestellt. Die Luftschiffhallen in Orly, Frankreich (1921–1923), bestehen aus einer durchgehenden, parabolisch gebogenen und gefalteten Stahlbetonschale, die mithilfe eines verschiebbaren Schalungsgerüsts aus 7,5 m breiten Einzelteilen erstellt wurde. Die Rippen werden zur Stützung des Eigengewichts nach unten hin kräftiger. Im Anschluss an eine erfolgreiche Sanierung der Hafenanlagen von Le Havre (1933–1935) wurde er Partner der Firma Campenon-Bernard, aus der die STUP (Société Technique pour l'Utilisation de la Précontrainte) entstand. Unter anderem entwarf er die Staumauer von Beni-Bahdel in Algerien (1935–1940) und die Brücke zwischen Caracas und La Guaira in Venezuela aus den Jahren 1952–1953.

Fry Edwin Maxwell

„So wenig trennte uns damals; die Architekten, Künstler, Philosophen, Ingenieure, selbst die Industriellen, die Mitglieder dieser Gesellschaft waren, rückten an schwierigen Tagen zusammen, als die walisischen Bergarbeiter an der Gosse der Victoria Street ihre Klagelieder um Brot sangen und Ramsay MacDonald [erster Labour-Premierminister Großbritanniens] schließlich seinen Zauber verlor."

Villa Miramonte, Kingston,
England, 1937

Edwin Maxwell Fry (1899–1987) besuchte die Schule für Architektur in Liverpool. 1934–1936 unterhielt er eine Partnerschaft mit Walter Gropius; gemeinsam realisierten sie das Haus Levy in London (1935–1936) und das Impington Village College in Cambridgeshire, England (1936–1939), das mit seiner axialen, asymmetrischen Grundrissorganisation um einen zentralen Hauptbereich zum Vorbild für zahlreiche weitere Anlagen wurde. Das Sun House in London (1935) verdankt seinen Namen der optimalen Ausrichtung von Wohn- und Schlafräumen zur Südseite, was Fry durch eine Stahlbetonkonstruktion und geschickte innere Erschließung erreichte. Zu seinem eigenständigen Werk zählen weiter die Villa Miramonte in Kingston, Enagland (1937), mit horizontalen Fensterbändern auf der Südseite und einer weitgehend geschlossenen Fassade

auf der Nordseite und die Wohnanlage „Kensal House" in London (1936–1937), ebenfalls nach den Prinzipien des International Style und mit mehreren Gemeinschaftsräumen errichtet. Nach dem Zweiten Weltkrieg führte er mit seiner Frau Jane Beverley Drew zahlreiche Projekte in Afrika und Indien aus. Sie arbeiteten mit Le Corbusier am Aufbau der neuen Regierungsstadt Chandigarh in Indien und engagierten sich vor allem beim Entwurf der Wohnsiedlungen (1952–1954). Die vom westlichen Lebensstil bestimmten Lösungen, die sie für das schwierige Monsunklima der Region fanden, litten unter den Einschränkungen, die Le Corbusiers Gesamtplan der Stadtentwicklung auferlegte. Seine Erfahrungen mit Architektur in tropischen Gebieten beschrieb Fry in dem Buch „Tropical Architecture in the Dry and Humid Zones" (1966).

Fuchs Bohuslav

„Ein Einfamilienhaus zu projektieren, bedeutet, nachzuweisen, dass eine Küche zum Kochen da ist, ein Wohnzimmer zum Wohnen, ein Schlafzimmer zum Schlafen und ein Bad zum Baden."

▼ Mädchenwohnheim Vesna, Brünn, Tschechoslowakei (heute Brno, Tschechien), 1929–1931, mit Josef Polášek

► Thermalbad „Grüner Frosch" in Trenčianské Teplice, Tschechoslowakei (heute Slowakei), 1935–1936

Während seines Studiums an der Akademie der bildenden Künste in Prag (1916–1919) arbeitete Bohuslav Fuchs (1895–1972) im Büro von Jan Kotěra. Gemeinsam mit Josef Štěpánek unterhielt er zwischen 1921 und 1923 ein Büro in Prag, bis 1929 war er in Brünn (Brno) als Stadtarchitekt tätig. Fuchs lehrte an der Technischen Universität in Brünn als Professor für Städtebau, als Vertreter der tschechischen Moderne war er nebenher an der Herausgabe der Zeitschriften „Architektura", „Blok" und „Stavitel" beteiligt. Fuchs entwarf zahlreiche Bauten für die Stadt Brünn: das Hotel Avion (1927–1928), das Studentenheim Masaryk (1928–1929) und den Pavillon der Stadt Brünn (1928) für die Ausstellung zeitgenössischer Kultur. Horizontale und vertikale, vom Boden bis unter das Flachdach reichende Fensterbänder sind in die glatte, orange-rote Ziegelfassade eingelassen. Im Stil der weißen Moderne errichtete Fuchs ein Studentenwohnheim in Brünn (1929–1931). Die weißen Fassaden des aus Beton gefertigten Baus sind großzügig verglast. Weiter zählen zu seinem Werk das Thermalbad „Grüner Frosch" in Trenčianské Teplice, (1935–1936), und das auf T-förmigem Grundriss erbaute fünfstöckige Erholungsheim „Morava" in Tatranská Lomnica (1930–1931), beide in der Tschechoslowakei, heute Slowakei.

Fuksas Massimiliano

▼ Eingang zur Grotte in Niaux,
Frankreich, 1988–1993

▶ Grappa Nardini, Forschungs-
und Multimediacenter, Bassano
del Grappa, Italien, 2002–2004

Massimiliano Fuksas (*1944) gründete im Anschluss an sein Studium an der Fakultät für Architektur der Universität in Rom, Büros in Rom (1967), Paris (1989), Wien (1993) und Frankfurt am Main (2002). Sein Werk befindet sich vor allem in Italien und Frankreich. Dazu gehören unter anderem der Friedhof von Orvieto (1984–1991), das Rathaus und die Stadtbücherei von Cassino (1990) und die École Nationale d'Ingénieurs de Brest (1992). An der Felswand des Berges, in dem sich die Grotte in Niaux befindet, schuf Fuksas einen Eingangsbereich (1988–1993). Das skulpturale Gebilde aus gestaffelten, scharfkantigen Flächen mit voroxidiertem Corten-Stahl ist auf Stützen auf-

geständert und zieht sich in den Berg hinein. Beim Zentrum für Kunst der Université Michel de Montaigne in Bordeaux (1992–1994) wird der rechteckige Gebäudekörper mit grüner Kupferverkleidung durch ein umlaufendes Fensterband in zwei Hälften geteilt. Das Rundfunkstudio in Form eines kantigen, holzverkleideten Dachaufsatzes kragt über die Seitenfassade vor. 1999–2001 entstand der Twin Tower in Wien, ein Doppelhochhaus mit gläsernen Fassaden, die über geschlossene Brücken verbunden sind. Des Weiteren konnte ein Einkaufszentrum in Eindhoven, Niederlande (1999–2005), realisiert werden. Der Neubau steht neben einem Kaufhausbau von Gio Ponti, an dessen Farbe und Größe er sich orientiert. Verbunden werden die Bauten durch eine überdachte Glaspassage, die von hohen, biomorphen Säulen getragen wird. Für den Ferrari-Konzern konnte Fuksas in Maranello, Italien, ein Bürogebäude (2001–2004) bauen, in dem das Element Wasser eine wichtige gestalterische Funktion übernimmt. Das Forschungs- und Multimediacenter Grappa Nardini in Bassano del Grappa in Italien (2002–2004) wurde als Erweiterungsbau der bestehenden Destillerie geplant und gebaut. Fuksas nahm bei den auf ellipsenförmigem Grundriss errichteten, transparenten Gebäudeformen Bezug auf die darin untergebrachten Labore und das zugehörige gläserne Arbeitsmaterial. Die über einer Wasserfläche aufgeständerten Bauten sind durch Gänge und Brücken verbunden und muten in ihrer Gesamtwirkung futuristisch an. Die Inneneinrichtung stammt von Doriana O. Mandrelli, die seit 1985 mit Fuksas zusammenarbeitet.

Fuller Richard Buckminster

▼ Musterhaus der Beech-Flugzeug-
werke, Wichita, Kansas, 1946

▶ Dymaxion-Wohncontainer,
Wichita, Kansas, 1940

Richard Buckminster Fuller (1895–1983) war
1913–1915 Student an der Harvard University in
Cambridge, Massachusetts. Als Navy-Soldat
wurde er 1917 von der US-Marine für die Entwicklung eines Mastes mit Ausleger für die
Bergung von Wasserflugzeugen ausgezeichnet.
Mit seinem Schwiegervater J.M. Hewlett gründete er 1922 die Baufirma Stockade Building
System, die jedoch nur wenige Jahre bestand.
Ein Einfamilienhaus, entworfen 1927, sah auf
sechseckigem Grundriss sechs dreieckige Zimmer vor; dieser Wohncontainer war von einem
zentralen Mast mit integrierten Versorgungsleitungen abgehängt. Das gesamte Gewicht des
Hauses einschließlich Mobiliar betrug nur 2227
kg bei einem Durchmesser von 15 m und einer
Höhe von 12 m. Der Bau war transportabel und
in kurzer Zeit auf- und abbaubar. Dieses Haus
wurde später als 4-D-House bekannt und stand

für Fullers technisches Grundprinzip, den größten Nutzen durch geringste Energie- und Mate-
rialaufwendung mithilfe aller wissenschaftlichen
und technischen Möglichkeiten zu erreichen.
1932–1935 war Fuller Gründer, Direktor und
Chefingenieur der Dymaxion Corporation in
Bridgeport, Connecticut. In dieser Zeit meldete
er sein „Dymaxion Car", ein leider verkehrsun-
sicheres, stromlinienförmiges Auto auf drei
Rädern, zum Patent an. Während der Kriegs-
jahre entwickelte er den Prototyp seines Dymaxion-
Wohncontainers von 1929 weiter. Runde Grundrisse, Bullaugen und flache Kuppeldächer ergaben die äußere Gestalt. Später befasste sich
Fuller zunehmend mit systematischen Untersuchungen räumlicher Tragwerkkonstruktionen,
mit denen sich schnell, kostengünstig und mit
möglichst geringer Oberfläche ein größtmögli-
cher Raum überspannen ließ. So entwickelte er

die auf regelmäßigen Vielflächen basierenden geodätischen Kuppeln. In Zusammenarbeit mit Studenten entstanden zahlreiche Versuchskuppeln. Für die Autofirma Ford baute Fuller 1953 einen Rundbau aus Glasfiber-Polyesterkunststoff. Ein Jahr später entwarf er für ein Restaurant in Woods Hole einen Kuppelbau aus Holzteilen, der mit einer transparenten Kunststofffolie ummantelt wurde. Für die Union Tank Car Company in Baton Rouge, Louisiana, überspannte er 117 m mit einer 36,5 m hohen Kuppel, die aus 321 sechseckigen Stahlplatten bestand (1958). Auch auf der amerikanischen Ausstellung 1959 in Moskau war ein geodätischer Kuppelbau von Fuller zu sehen. Sein bekanntestes Gebäude wurde die Kugel des US-Pavillons auf der Weltausstellung 1967 in Montreal, deren Plastikhülle bei Reparaturarbeiten 1976 Feuer fing und verbrannte. Damit hatten seine Pläne, ganze Stadtteile mit solchen Kuppeln zu überspannen, kaum noch Chancen auf Verwirklichung. Die Tensile-Integrity Structures, für die Fuller 1962 ein Patent erhielt, wurden 1973 durch den Entwurf einer asymmetrischen Tragwerkstruktur ergänzt, die bis heute allerdings nur als Modell existiert.

◄ Kuppelbau aus Pappkarton
auf der X. Triennale in Mailand,
1954

▼ Pavillon der Vereinigten
Staaten auf der Weltausstellung
in Montreal, 1967

Future Systems

► Jan Kaplicky

▼ Landhaus „Peanut",   ◄ Kaufhaus Selfridges,
Fotomontage, 1984   Birmingham, England, 2003

1962 absolvierte Jan Kaplicky (1937–2009) sein Studium an der Kunstgewerbeschule in Prag. Nach mehrjähriger selbstständiger Tätigkeit ging er 1969 nach England. Er arbeitete dort nacheinander bei Denys Lasdun und Partners, Piano & Rogers und Foster Associates, gründete 1979 Future Systems zunächst mit David Nixon, seit 1989 führte er das Büro gemeinsam mit Amanda Levete (*1955). Levete studierte an der Architectural Association in London und sammelte ebenfalls Erfahrung im Büro von Rogers. Das Erlebnis eines neuen Raumgefühls, oft mithilfe organischer Formen, stellt einen wichtigen Aspekt ihrer Architektur dar, die sie als Bio-Modernismus bezeichnen. In frühen Arbeiten wie dem hydraulisch bewegten Landhaus-Entwurf „Peanut" (1984) spielen Mobilität und Variabilität eine große Rolle. Daneben arbeiten viele unrealisierte Entwürfe mit blasen- und kissenförmigen Raumstrukturen, deren Realisierung um 1990 noch utopisch schien. Bei der

Errichtung der Gebäude stehen auch die Verwendung vorfabrizierter Elemente und ein umweltbewusstes Vorgehen im Vordergrund. Zu ihrem experimentierfreudigen Werk zählen ein in die Erde eingegrabenes, mit Gras bedecktes Ferienhaus in Wales (1994–1998), in dessen linsenförmiger Glasfassade Bullaugen eingesetzt sind, und das Pressezentrum auf dem Lord's Cricket Ground in London (1994–1999). Der glatte, maßstabslose Baukörper erhebt sich auf zwei massiven Stützen und durch die komplett verglaste Vorderfront haben die Journalisten einen guten Blick auf das Geschehen im Stadion. Viele Arbeiten sind von eher kleinem Umfang, wie etwa eine Ladeneinrichtung für Comme des Garçons in New York (1998) mit einem organisch geformten Eingangstunnel aus Aluminium. 2003 wurde das Kaufhaus Selfridges im Zentrum Birminghams, England, mit mehrfach gewölbten Fassaden aus blau schimmernden Keramikplatten fertiggestellt.

Futurismus

*„Das Haus aus Beton, Glas und Eisen, ohne Malereien oder
Skulpturen, reich allein in der immanenten Schönheit von Linien und
Relief, außerordentlich hässlich in seiner mechanischen Einfachheit,
wird höher und breiter, wie es notwendig ist und nicht wie die
kommunale Gesetzgebung es vorgibt ..."* Antonio Sant'Elia

◄ Katalog der ersten Ausstellung
für futuristische Architektur, 1928

▼ Mario Chiattone, „Brücke und
Studie der Volumen", 1914

► Enrico Prampolini, Halle eines
Flughafengebäudes auf der
V. Triennale in Mailand, 1933

Unter der Führung des radikalen italienischen
Dichters Filippo Tommaso Marinetti entstand
1909 der Futurismus als eine Bewegung der
Avantgarde, die eine dem technisierten Leben
der Neuzeit entsprechende Kunst schaffen
wollte. Marinetti schrieb der Technik absolute
Macht zu und sang auf aggressiv nationalis-
tische Weise das Lob der Maschine und der
Geschwindigkeit. Sein Manifest „Le Futurisme"
wurde zuerst in der französischen Tageszeitung
„Le Figaro" veröffentlicht. Es propagierte die
Vernichtung von Museen und Akademien und
forderte die moderne Metropole. Zur Verbreitung seiner Ideen veranstaltete Marinetti sogenannte Futuristische Abende, deren wesentli-
cher Bestandteil gezielte Provokationen waren.
In der an Pamphleten reichen Geschichte des
Futurismus schrieb Enrico Prampolini 1914
das erste Manifest zur Architektur. Der Architekt und Dichter Antonio Sant'Elia schrieb im
gleichen Jahr sein eigenes Manifest namens
„L'Architettura futurista". Sant'Elia war der
Meinung, die Architektur müsse eine rationale
Entwurfsmethode finden und sich von Traditionen lösen. Er schlug vor, die städtischen
Elendsquartiere mit großen Hotels, Bahnhöfen
und Boulevards sowie gigantischen Häfen neu
zu bebauen. Er sah dabei den Einsatz neuer
Baumethoden und die Verwendung industrieller Materialien wie Stahl und Beton zur Errichtung von Leichtbauten vor, aber keiner seiner
visionären Entwürfe wurde ausgeführt. Mario
Chiattone, der ab 1912 mit Sant'Elia an den
Entwürfen für eine „citta nuova" gearbeitet hatte, wendete sich nach dem Tod Sant'Elias von
der Bewegung ab. Unter der faschistischen Dik-
tatur Mussolinis bemühten sich die Futuristen
in Italien um eine stärkere Einflussnahme im
öffentlichen Kulturbetrieb, wozu auch Ausstellungen ausgerichtet wurden, doch eine breitere
Beteiligung am Baubetrieb gelang ihnen nicht.

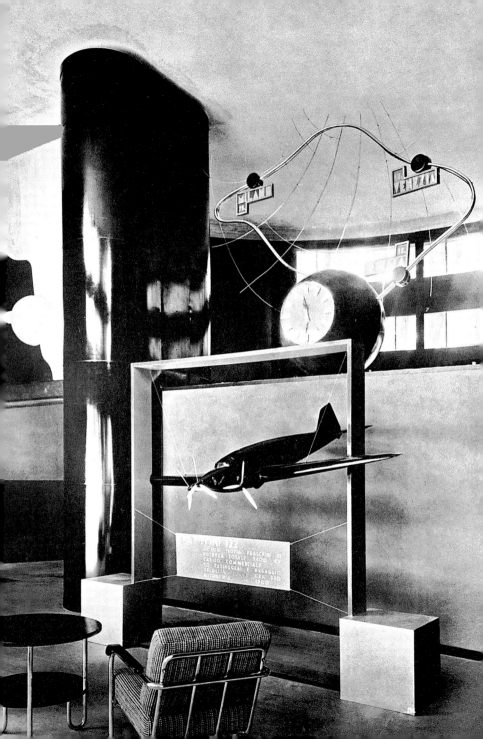

Gardella Ignazio

Tuberkulosesanatorium,
Alessandria, Italien, 1934–1938,
mit Luigi Martini

Nach dem Studium des Bauingenieurwesens am Politecnico in Mailand gründete Ignazio Gardella (1905–1999) sein Büro in Mailand (1930). Gardella gehörte zu den Anhängern des italienischen Neorealismus, die bei ihren rationalistischen Bauten lokale Traditionen berücksichtigten. Gemeinsam mit Luigi Martini errichtete er das kastenförmige Tuberkulosesanatorium in Alessandria, Italien (1934–1938), mit kontrastierenden Fassaden: Die glatte Rückfassade aus hellem Beton wird durch unterschiedliche Fenster waagerecht gegliedert. Die Vorderseite mit langen, schmalen Fensterbändern und einer eleganten Treppe ohne Geländer ist feingliedrig gerastert. Das mit Ziegel verkleidete, mehrstöckige Wohnhaus für die Angestellten der Firma Borsalino in Alessandria (1950–1952) hat winklige Fassaden, als Fensterläden dienen Holzgitter. Die weißen Balkone liegen

auf der Rückseite, die dünnen, scharfkantigen Dächer kragen weit über die Gebäudehülle vor. Weiter verwirklichte Gardella die Therme auf der Insel Ischia (1950–1954) und zeitgleich die Galerie für Moderne Kunst in Mailand (1947–1954) aus Stahl und Glas. Mit der Casa delle Zattere in Venedig (1953–1962) schuf Gardella eine Neuinterpretation des venezianischen Palazzos als Mehrfamilienhaus, das sich in Fassadenrhythmus und Farbigkeit nahtlos in die Umgebung einfügt. Im Rahmen der Revitalisierung eines kriegszerstörten Stadtgebietes wurde die neue Fakultät für Architektur in Genua (1975–1989) zu einem baukünstlerischen Höhepunkt, indem sich der orangerote Komplex mit seiner stark die Vertikale betonenden Pfeilergliederung sowohl eigenständig und kraftvoll wie auch harmonisch aus der Altstadt herauswachsend präsentiert.

Garnier Tony

Viehmarkt in Lyon, 1906–1928

Im Anschluss an sein Studium an der École des Beaux-Arts in Lyon (1886–1890) und in Paris (1890–1899) hielt sich Tony Garnier (1869–1948) 1899–1904 als Prix-de-Rome-Stipendiat in Rom auf. Hier begann er die Arbeit an seinem Zukunftsprojekt einer idealen Industriestadt, das erst 1917 in Form eines Buchs erschien: „Une cité industrielle". Diese utopische Stadt mit linearem Straßennetz trennt Wohnen von Arbeiten, Industrie und Verkehr. Das Projekt basierte auf sozialistischen Vorstellungen und verzichtete auf Gefängnisse, Kasernen und Kirchen. Die ausnahmslos modernen, einheitlich gestalteten Wohn- und Gemeinschaftsgebäude und Fabriken waren aus Stahl und Stahlbeton konzipiert, um die architektonischen Formen zu straffen und die Kosten zu senken. Typische Merkmale waren kantige, großenteils kubische Formen, Terrassen-

dächer, quadratische Wandöffnungen und Fensterbänder. Die nur zu Fuß zu erschließenden Wohngebiete waren von großzügigen Grünanlagen umgeben. Trotzdem war sein Bezug zur Beaux-Art-Tradition durch klassizistische Formen ersichtlich. 1905 gründete er in Lyon ein eigenes Büro und unterrichtete 1907–1939 als Professor an der dortigen École Régionale d'Architecture. Zu den von ihm realisierten Bauten zählen der Viehmarkt und Schlachthof in Lyon (1906–1928) mit einer Reihe linear angeordneter, quadratischer Flachdachbauten und einer lang gestreckten Halle mit stufenförmig angelegtem Glasdach und das Quartier des États-Unis in Lyon (1920–1935).

Gaudí i Cornet Antoni

▼ Park Güell, Barcelona,
1900–1914

► Casa Batlló, Barcelona,
1904–1906

Antoni Gaudí i Cornet (1852–1926) studierte 1874–1879 in Barcelona. Daneben arbeitete er bereits in verschiedenen Architekturbüros, unter anderem bei Francisco de Paula de Villar, dessen Nachfolge er 1883 beim Bau der Kathedrale Sagrada Família antrat. 1879 eröffnete er ein eigenes Büro in Barcelona, wo er auch den größten Teil seines Lebenswerkes realisierte. Gaudís Vorliebe für Bruchsteine und bunte Keramikfliesen wurde bereits bei seinem ersten Bau, dem Haus Vicens in Barcelona (1883–1888), deutlich. In dem Textilfabrikanten Eusebi Güell

fand er einen treuen Freund und Mäzen, für den er unter anderem einen Stadtpalast, den Palau Güell (1886–1890), entwarf. 1889–1890 übernahm Gaudí den Weiterbau des Col·legi de les Teresianes. Bei beiden Objekten wandte er erstmals Bögen in Form von Parabeln an. Seinen Überlegungen zufolge ließ sich der Gewölbedruck direkt von einer entsprechend schräg gestellten Stütze abfangen. Um die Kräfteverteilung für die Kirche Colonia Güell, 1898 bei Barcelona begonnen, anschaulich zu machen, entwickelte er eigens ein Modell aus Bindfäden

mit Sandsäcken, die die entsprechenden Lasten „umgekehrt" simulierten. Diese Entwurfshilfe setzte er dann auch bei der Sagrada Família ein. 1900–1914 entstanden Teile eines für Güell entworfenen Wohnparks, den Park Güell. Ausgeführt wurden zwei Wohnhäuser, der Eingangsbereich, die Terrasse sowie ein Netz von Wegen. Eine Vielfalt naturnaher, weicher Formen, unregelmäßiger Grundrisse und schräger, gemauerter Stützen war auch hier typisches Merkmal seiner Formensprache, die zum großen Teil von seinem Mitarbeiter Josep Maria Jujol mitgeprägt wurde. Zu Gaudís bedeutendsten Wohnhausprojekten gehören das Haus Batlló (1904–1906) und das Haus Milá (1906–1910), beide in Barcelona, mit ihren plastischen Fassaden. Die Familie Milá bezog in dem Bau mit Luxuswohnungen selbst den ersten Stock, der über private Treppen erschlossen wird. Nur über Fahrstühle werden die anderen Wohnungen erreicht, die sich, zwei je Etage, um zwei Innenhöfe anordnen und bei denen alle Zwischenwände nichttragend ausgeführt wurden, um so Flexibilität in der Grundrissgestaltung zu ermöglichen. Neu war auch der Einbau einer Tiefgarage für Kraftfahrzeuge. Eine wellenförmige Dach- und Wandkonstruktion entwickelte Gaudí für ein der Kirche Sagrada Família angegliedertes, kleines Schulgebäude (1909). Ab 1914 konzentrierte sich Gaudí ganz auf die Sagrada Família in Barcelona, ein Projekt, das ihn bis an sein Lebensende beschäftigte und das bis heute unvollendet blieb.

„Wollen Sie wissen, wo ich mein Vorbild gefunden habe?
Ein aufrechter Baum; er trägt seine Äste und diese die Zweige und
diese die Blätter. Und jeder einzelne Teil wächst harmonisch,
großartig, seit der Künstler Gott ihn geschaffen hat."

◄ Sagrada Família,
Barcelona, 1883–1926

▼ Kirche Colonia Güell,
Barcelona, 1898 1915

Gehry Frank Owen

▼ Haus Schnabel, Los Angeles,
1986–1989

► Disney Music Concert Hall,
Los Angeles, 1987–2003

Frank Owen Gehry (*1929) besuchte bis 1954 die University of Southern California in Los Angeles und studierte dann Stadtplanung an der Harvard Graduate School of Design. Anschließend war er unter anderem in den Büros Pereira and Luckman Associates (1957–1958) und Victor Gruen (1958–1961) in Los Angeles sowie bei André Remondet in Paris (1961) beschäftigt. 1962 eröffnete er ein eigenes Büro in Santa Monica, Kalifornien, das er heute als Firmeninhaber der Frank O. Gehry Associates leitet. Ende der siebziger Jahre baute er eine Reihe von Wohnhäusern mit aufgebrochenen Volumen und Industriefertigteilen, wie das Haus Spiller in Venice, Kalifornien (1979–1980), und sein eigenes Haus in Santa Monica, Kalifornien (1978), bei dem er das vorhandene Gebäude mit einer Hülle aus rosa Asbestplatten, Wellblechtafeln und Drahtgittern umgab, die den Eindruck des Unfertigen, Instabilen und Selbstgemachten vermitteln. Die meisten bemerkenswerten frühen Arbeiten größeren Umfangs befinden sich in Los Angeles, so die Loyola Law School (1978–1984), das California Aerospace Museum (1982–1984) und die Francis Howard Goldwyn Regional Branch Library (1983–1986). Das Fishdance Restaurant in Kobe, Japan (1986–1987), sowie das 1989 fertiggestellte Museum für die Einrichtungsfirma Vitra in Weil am Rhein stehen für Gehrys zunehmende internationale Tätigkeit, während in Kalifornien Einfamilienhäuser wie das Haus Schnabel in Los Angeles (1986–1989) entstanden, bei denen die einzelnen Räume als eigene Gebäudekörper auftreten. Weitere durchgeführte Projekte Gehrys sind das Bürogebäude Chiat/Day in der Main Street

in Venice, Kalifornien (1985–1991), bei dem als Eingang zum Parkhaus ein riesiges Fernglas von Claes Oldenburg eingesetzt wurde, und das Nationale-Nederlanden Building in der Altstadt Prags, Tschechische Republik (1992–1996). Die Fenster ragen aus der wellenförmig strukturierten Fassade aus Betonfertigplatten, die tragenden Stützen werden an einer Seite durch eine Glashaut sichtbar. Mit diesem Gebäude kündigt sich ein Wandel in der Entwurfsphilosophie an. Waren in den früheren Arbeiten Gebäude als Kompositionen einzelner Baukörper in unterschiedlichen Materialien und Farben angelegt, so wurde nun die Konstruktion selbst von Gehry zerlegt, Gebäudeoberflächen beginnen sich abzulösen und frei in den Raum zu schwingen. Das Guggenheim Museum in Bilbao, Spanien (1991–1997), das sich als eigenständiges Kunstwerk von allem Vorgefundenen abhebt, beeindruckt durch seine plastischen Formen, die durch die Verkleidung mit Titanplatten bei unterschiedlichem Licht lebendige, zoomorphe Assoziationen wecken. Beim Experience Music Project in Seattle, Washington (1995–2000), einem Erlebnismuseum der Popmusik, setzt Gehry eine größere Vielfalt von Formen und Farben ein, die die Wahrnehmung als einheitliches Gebäude

fast völlig aufheben. Bei der Deutschen Genossenschaftsbank in Berlin, Deutschland (1995–2001), zwangen Bauvorgaben zu einer überraschenden Umkehrung der Prinzipien: Während die Platzfassade zum Brandenburger Tor hin mit ihren glattflächigen Sandsteinpfeilern und scheinbar rahmenlosen Verglasungen streng und doch subtil aufgebaut ist, wird im Inneren eine komplexe Abfolge von glasüberdachten Räumen inszeniert, in deren Zentrum ein stilisierter Pferdekopf, der einen Konferenzraum enthält, steht. Nach 16 Jahren Planungs- und Vorbereitungszeit bekam auch Los Angeles mit der Disney Music Concert Hall (1987–2003) ein metallisch glänzendes Wahrzeichen. Die öffentliche Aufmerksamkeit auf solch große Prestigebauten verstellt etwas den Blick auf kleinere, oft reizvollere Bauten in Gehrys umfangreichem Werk, wie etwa auf das Maggie's Centre, in Dundee, Schottland (1999–2003), das Heim einer Selbsthilfegruppe für krebskranke Patienten, das mit nur dezenten Zitaten einer ländlichen Architektur und ohne übertriebenen technischen Aufwand eine große Ruhe ausstrahlt. Gehry hat zudem eine Professur für Architektur an der Columbia University in New York City und unterrichtet auch an der Yale University.

◄ Experience Music Project, Seattle, 1995–2000

▼ Guggenheim Museum, Bilbao, 1991–1997

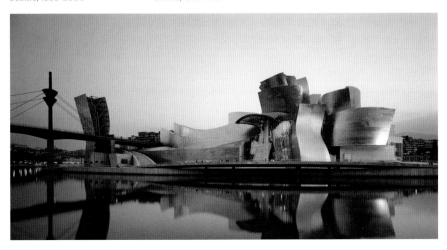

Geller Andrew

▼ Haus Irwin und Joyce Hunt,
Fire Island, New York, 1958

▶ Haus Frank, Fire Island,
New York, 1958

Andrew Geller (1924–2011) besuchte zunächst die High School for Music and Art in New York (1939). Anschließend arbeitete er für die Marine, wo er Schiffe und Schiffseinrichtungen entwarf (1939–1942). Sein Architekturstudium an der Cooper Union for the Advancement of the Sciences and Art in New York (1942–1947) wurde in den Kriegsjahren durch den Dienst beim U.S. Corps of Engineers unterbrochen. 35 Jahre arbeitete er danach für Raymond Loewy in New York, sowohl in den Bereichen Produkt- und Industriedesign als auch in der Architekturabteilung. Er gestaltete einen Teil des Interieurs im Lever House in New York (1951) und entwarf mit Isamu Noguchi die Skulpturen-Gärten. Weiterhin entstanden unter seiner Führung verschiedene Kaufhäuser für Macy & Company, der Lord & Taylor Department Store in Garden City, Long Island, New York (1956) und viele andere Projekte. Schon in den vierziger Jahren begann Geller, Strandhäuser zu zeichnen. Von 1955 an baute er diese unter eigenem Namen in den Küstenregionen der Hamptons und auf Fire Island.

Diese kleinen Wochenendhäuser sind einzigartig in ihrem visionären Design. Haus Reese I in Sagaponack, New York (1955), war die erste Realisation, die durch ihre ungewöhnliche Form auffiel. Es handelt sich um eine Holzkonstruktion in Zeltform, bei der das A-Dach bis zum Boden reicht und mit Zedernschindeln gedeckt ist. Folgeaufträge ergaben sich unmittelbar anschließend: In den Jahren 1958–1961 baut er 15 Häuser parallel zu seiner Arbeit bei Loewy. Auf Fire Island entstand das Haus Irwin und Joyce Hunt, New York (1958). Es besteht aus einem Holzquader, der auf einer Kante zu balancieren scheint. Anfang der sechziger Jahre entwickelt Geller aus den einfachen geometrischen Formen komplexere Grundrisse und Fassaden. Aus dieser Phase stammt das Haus Elkin in Amagansett, New York (1966). Die Hauswände scheinen aufgefaltet, angeschnitten oder abgeknickt, sodass ein starker skulpturaler Effekt entsteht. Die in ihre Umgebung integrierten Häuser verkörpern auch die Träume ihrer Besitzer, die dort ihre gestalterische Freiheit mit ausleben konnten.

„Eine der ersten Lektionen, die ich überhaupt erhielt, war: Das, was du herstellst, muss kompatibel sein zu dem, was schon da ist. Es sollte im Maßstab und in menschlicher Hinsicht passen. Der Maßstab ist etwas, das den Menschen betrifft."

von Gerkan, Marg & Partner

▼ Neue Messe Leipzig,
1991–1996

▶ Hauptbahnhof in Berlin,
1993–2006

Meinhard von Gerkan (*1935) und Volkwin Marg (*1936) begannen ihre Zusammenarbeit, nachdem sie ihr Architekturstudium in Berlin und Braunschweig abgeschlossen hatten. Das erste Büro wurde 1965 in Hamburg eröffnet. Inzwischen ist die Firma auf acht Standorte verteilt und beschäftigt zurzeit circa 300 Mitarbeiter. Gemeinsam wurden in den vergangenen Jahren zahlreiche Aufträge in Deutschland und international ausgeführt. Unter anderem entstand der Terminal 4 am Hamburger Flughafen (1986–1993), ein transparenter Komplex mit einer eleganten, klaren Innengestaltung aus Terrazzo, Lochblech, Glas und Birnenholz. Das dynamisch gewölbte Dach besteht aus einer Schale, die von Lichtbändern durchzogen wird. Mit der Flughafenarchitektur machte sich das junge Büro einen Namen, inzwischen werden alle Bereiche bedient. Darüber hinaus entwarfen sie die Überdachung des Innenhofs im Museum für Hamburgische Geschichte (1989) in Form einer verglasten, über Eck laufenden Gitterschale, die Musik- und Kon-

gresshalle in Lübeck (1990) und die Neue Messe Leipzig (1991–1996). Mittelpunkt des riesigen Messegeländes ist eine 243 m lange Halle aus Glas, die von einer eleganten Stahlkonstruktion gehalten wird. Im Inneren wird die Kühle der Materialien durch Farben und raffinierte Details gemildert; an der Gestaltung waren mehrere zeitgenössische Künstler beteiligt. 2002 wurde die Therme im Tempodrom, Berlin, fertiggestellt. Eine Reihe von Projekten konnte in China in Angriff genommen werden, dazu gehört das Messe- und Kongresszentrum in Nanning, China (2003). Eine der Anlage vorgelagerte Halle auf rundem Grundriss hat ein 70 m hohes gefaltetes Kuppeltragwerk, dessen Dach aus einer transluzenten Membran besteht und nachts wie eine Krone weithin leuchtet. Der 2006 fertiggestellte Berliner Hauptbahnhof konnte nicht in der von Gerkan, Marg und Partner geplanten Form realisiert werden und ist nach einer veränderten Umsetzung durch den Bauherrn und aufgrund von Fehlern in der Ausführung in die Kritik geraten.

Gilbert Cass

▼ Broadway Chambers Building,
New York, 1897, Perspektive

▶ F.W. Woolworth Company
Building, New York, 1910–1913

Der amerikanische Architekt Cass Gilbert (1859–1934) beschäftigte sich nach seinem Studium in Massachusetts mit der westeuropäischen Architektur und war für Daniel Burnham und McKim, Mead & White tätig. 1885–1891 arbeitete Gilbert in Partnerschaft mit James Knox Taylor mit einem Büro in St. Paul, Minnesota. Frühe Wohnhäuser folgen oft McKim, Mead & Whites Lösungen mit ihrer typischen Schindelverkleidung. In einigen Kirchen seines Frühwerks pflegte er eine pittoreske Anordnung der Haupt-

elemente, so bei der Deutschen Presbyterianischen Bethlehem-Kirche in St. Paul, Minnesota (1890). Öffentliche Anerkennung erhielt er mit dem Bau des Minnesota State Capitol in St. Paul (1895–1905). Mit öffentlichen Gebäuden im Beaux-Arts-Stil war er bald sehr erfolgreich und entwickelte sich zu einem frühen Stararchitekten. Für seine Hochhausentwürfe griff Gilbert vielfach auf neugotische Gestaltungsmotive zurück, um „das größte Ausmaß von Streben in die Höhe auszudrücken". 1905 wandte er dieses Konzept beim West Street Building in New York an, das er mit neugotischen Zierelementen an den Fassaden der oberen Geschosse ausstattete. 1909 kaufte Frank W. Woolworth am Broadway ein Grundstück und beauftragte Gilbert mit dem Bau des seinerzeit höchsten Gebäudes der Welt (knapp über 240 m), das 1913 fertiggestellt wurde. Die Gestaltungs- und Gliederungselemente der Fassade sind historisierend: Strebepfeiler mit Fialen fassen zur Schauseite Turm und Basisblock zu einem einheitlichen Bauwerk zusammen. Der untere Block entspricht im Grundriss einer U-Form. Auch die Innenausstattung ist nach neugotischen Motiven gestaltet: Die Foyerräume sind mit Kreuzrippen, die Aufzugseingänge mit gotischem Maßwerk verziert. Gilbert baute weiterhin das Union Central Life Building in Cincinnati, Ohio (1911–1913), und das New York Life Insurance Building (1925–1928). In kürzester Bauzeit entstand für die amerikanische Armee am Ende des Ersten Weltkriegs ein Umschlagterminal in Brooklyn, New York (1918–1919), bei dem Gilbert die Schuppen am Pier sowie die Lagerhäuser untereinander und mit den Anlieferungsdocks für Schiffe, Bahn und Lastwagen vernetzte. Trotz streng funktionaler Ausrichtung verzichtete er auch hier nicht auf eine monumentale Gliederung der Fassaden.

Gill Irving

▼ Haus Barker, San Diego, 1911–1912   ▶ Haus Dodge, West Hollywood, 1914–1916

Irving John Gill (1870–1936), Sohn eines Baukonstrukteurs, trat 1890 in das Büro von Dankmar Adler und Louis Sullivan in Chicago ein, wo er als Zeichner unter anderem am Transportation Building für die Columbian Exposition 1893 arbeitete und den ebenfalls dort beschäftigten Frank Lloyd Wright kennenlernte. 1896 eröffnete er in San Diego ein eigenes Büro mit William S. Hebbard, der Erfahrungen bei Burnham & Root gesammelt hatte. Ihre gemeinsamen Arbeiten orientierten sich stark am Stil des englischen Landhauses. Bei dem Haus Mitchell und dem Haus Marston, beide in San Diego, Kalifornien (1904–1905), ist eine Abkehr von europäischen Vorbildern zu erkennen, schlichtere Fassaden mit Eckfenstern und neue Materialien wie Klinker halten Einzug und Gill knüpfte mit weißen Wänden und Rundbögen an die Tradition der spanischen Missionsbauten an. In den sieben Monaten seiner Partnerschaft mit Frank Mead entstanden Haus Bailey in La Jolla (1907), Haus Laughlin (1907–1908) in Los Angeles, Haus Melville Klauber in San Diego (1907–1908) und Haus Allen in Bonita (1907), meist kubische, weiß gestrichene Wohnhäuser, zuerst verputzt, dann aus Beton, wie auch das Wilson Acton

Hotel in La Jolla, Kalifornien (1908), dessen schmucklose Fassade nur durch das Raster quadratischer Fensterausschnitte gegliedert wurde. Mit den locker gruppierten Siedlungsbauten der Lewis Courts in Sierra Madre, Kalifornien (1910), deren Anlage im späteren Horatio West Court in Santa Monica, Kalifornien (1919), wiederkehrt, hier ergänzt durch Fensterbänder mit der für Gill charakteristischen grünen Rahmenlackierung, übertrug Gill Ideen aus dem Einfamilienhausbau auf größere Projekte. Auch bei Arbeiten wie der Bishop's School in La Jolla (1910–1916) legte er den Komplex flach in die Landschaft ausgreifend und asymmetrisch gegliedert an. Der La Jolla Woman's Club (1912–1914) wurde nach einer Methode gebaut, bei der ganze Wände flach auf dem Boden liegend aus Beton gegossen und danach langsam aufgerichtet wurden. Der Club stellt ebenso wie das zerstörte Haus Dodge in West Hollywood (1914–1916) eines von Gills Meisterwerken dar. Wegen der Arbeiten in Los Angeles übernahm sein Neffe Louis Gills Büro in San Diego, eine Partnerschaft, aus der das Erholungszentrum Scripps (1914–1915) und das Wohnhaus Scripps (1915–1916) hervorgingen.

Goff Bruce

▼ Haus Van Sickle Ford,
Aurora, Illinois, 1947–1950

► Haus Bavinger, Norman,
Oklohoma, 1950–1955

Bruce Alonzo Goff (1904–1982) erlernte das Bauhandwerk bei der Firma Rush, Endacott & Rush in Tulsa, Oklahoma, und baute bereits mit 14 Jahren sein erstes Haus. Mit der Boston Avenue Methodist Church in Tulsa, Oklahoma (1926–1929, mit Adah Robinson), schuf Goff ein Kirchengebäude ganz im Stil des Art Déco. Ab 1935 unterhielt er ein eigenes Büro. Vor dem Krieg unterrichtete Goff an der Chicago Academy of Fine Arts, ab 1946 an der School of Architecture der University of Oklahoma, deren Leiter er 1947 wurde. Goff wurde von Frank Lloyd Wright beeinflusst und teilte dessen Vorstellungen von organischer Architektur. Sein vielfältiges, fantasievolles Werk lässt sich keiner bestimmten Strömung zuordnen, besonderen Wert legte er auf individuelles Design. In den vierziger Jahren errichtete Goff das auf dreieckigem Grundriss erbaute Triaero House in Louisville, Kentucky (1941), und das Van Sickle Ford House in Aurora, Illinois (1947–1950). Das Haus Bavinger in Norman, Oklahoma (1950–1955),
besteht aus einer spiralförmig um einen Stahlmast verlaufenden Mauer aus Naturstein. Es hat fünf offen gestaltete Ebenen, das Dach ist am Mast aufgehängt und wird durch Verstrebungen gehalten. Danach baute er für Joe Price Haus und Studio in Bartlesville, Oklahoma (1956–1958, Erweiterungen bis 1974), genannt „Shin'enKan", und das Haus Jacob und Anna Harder in Mountain Lake, Minnesota (1970–1973). Das mit Schindeln aus Zedernholz verkleidete Holzrahmenhaus hat drei massive Kamine aus groben Natursteinen. Das Dach ist mit orangefarbenem, wetterfestem Teppichboden belegt. In die Holzkonstruktion sind bunte Glas- und Spiegelmosaike eingelassen, sogar Besamungsröhrchen fanden Eingang in den Dekorfundus: typisch für Goff, der stets ungewöhnliche Werkstoffe in seine Bauten einbrachte. Beim Entwurf des Pavillons für japanische Kunst im Los Angeles County Museum of Art in Los Angeles (1978–1988) arbeitete er mit Bart Prince zusammen, der den Bau nach seinem Tod auch fertigstellte.

Graves Michael

Zentralbibliothek in Denver,
1991–1996

Michael Graves (1934–2015) begann zunächst sein Studium an der University of Cincinnati, Ohio, das mit einem Praktikum bei Carl A. Strauss verbunden war. 1959 schloss er seine Ausbildung an der Harvard University in Cambridge, Massachusetts, ab. Danach war er bei dem Designer und Architekten George Nelson tätig. Als Stipendiat der American Academy verbrachte er zwei Jahre in Rom. Nach seiner Rückkehr nahm er eine Lehrtätigkeit an der Princeton University, New Jersey, auf, an der er seit 1962 als Professor für Architektur unterrichtete. 1964 eröffnete Graves ein eigenes Büro. Das Haus Hanselmann in Fort Wayne, Indiana, entstand 1967. Bekannt wurde er durch eine Gemeinschaftsausstellung im Museum of Modern Art in New York 1969, die auch Arbeiten von Peter Eisenman, Charles Gwathmey, John Hejduk und Richard Meier zeigte, sowie durch die Publikation „Five Architects". Graves entfernte sich bald von der strengen Neomoderne dieser Gruppe und zeichnete farbenfrohe Häuser mit betonten Giebelfeldern, rustizierenden Mauerfeldern und abstrahierenden Säulenmotiven. In diese Arbeitsphase gehören das Haus Plocek in Warren, New Jersey (1982), die Präsentationsräume des Unternehmens Sunar (1979–1987) sowie das aus einem Wettbewerb hervorgegangene Gebäude der Stadtverwaltung in Portland, Oregon (1980–1982), ein würfelförmiges Hochhaus auf quadratischem Kolonnadensockel mit symmetrischer Gliederung. Hervorzuheben sind ferner die Bibliothek in San Juan Capistrano in Kalifornien (1980–1983), und der Verwaltungsturm der Humana Corporation in Louisville, Kentucky (1982–1986).

„Der kulturelle Zugang ist entscheidend, ob man für Cartier oder für Target entwirft. Die Energie ist dieselbe, auch wenn sich die Materialien unterscheiden mögen. Ich arbeite gleich hart und halte mich nicht zurück, weil ich mit Edelstahl statt mit Silber arbeite."

Gray Eileen

„Ein Haus ist keine Maschine, in der man lebt,
es ist eine Hülle des Menschen, seine Erweiterung,
sein In-die-Welt-treten, seine geistige Emanation."

Haus E.1027, Cote d'Azur,
1926–1929, mit Jean Badovici

Die aus Irland stammende Eileen Gray (1878–1976) ging im Anschluss an ihr Studium der Malerei an der Londoner Slade School of Art (1898–1902) nach Paris, wo sie die École Colarossi und Académie Julian besuchte, um Zeichnen zu studieren. Daneben machte sie sich mit dem Handwerk der Lackkunst vertraut und stellte 1913 Arbeiten im Salon der Société des Artistes Décorateurs aus, deren Mitglied sie geworden war. Bei der Wohnungseinrichtung für Madame Mathieu-Lévy in Paris (1919–1924) konnte sie eine komplette Einrichtung planen und umsetzen. 1922 eröffnete sie eine eigene Galerie unter dem Namen Jean Désert. Ihre zahlreichen Möbel aus Leder, Kork, Holz und Stahl sind weder starr noch kalt, sondern farbenfroh, abwechslungsreich und bequem, da Komfort und die Freude an den Möbeln neben der äußeren Form für sie eine große Rolle spielten. Das für und gemeinsam mit Jean Badovici an der Côte d'Azur errichtete Haus E.1027 (1926–1929) setzt diese Prinzipien um. Der weiße, zum Teil frei auf Stützen schwebende Bau besticht durch zahllode überlegte Sonderkonstruktionen in allen Details. Vor der hohen Fensterfront im ersten Geschoss liegt ein lang gestreckter Balkon, von dem

aus eine steile Treppe in den Garten führt. Der Wohnbereich ist nach Süden und zur Aussichtsseite hin gerichtet, der Schlafbereich an der Ostseite ist gegen Blicke geschützt. Aus den dreißiger Jahren stammt ihr eigenes Haus „Tempe à Pailla" in Castellar, Frankreich (1932–1934), aus weißem Beton, bei dem Gray die Steinmauern vorhandener Zisternen integrierte. 1937 präsentierte sie auf einer Ausstellung im Pavillon des Temps Nouveaux auf Einladung von Le Corbusier einen unverwirklichten Entwurf für eine Ferien- und Freizeitanlage. Aus einem alten Bauernhaus mit Giebeldach errichtete Gray schließlich ihr eigenes bescheidenes Haus Lou Pérou bei Saint-Tropez, Frankreich (1954–1958). Im rechten Winkel fügte sie einen Anbau mit Dachterrasse an, der zum Teil aus regionalem Naturstein besteht.

Greene Herbert

▼ „Prairie Chicken", Haus Greene,   ▶ Haus Cunningham,
Norman, Oklahoma, 1960   Oklahoma City, 1963

Herbert Greene (*1929) begann sein Studium an der Syracuse University, Syracuse, New York, wechselte aber nach einem Jahr an die University of Oklahoma, um über den dort lehrenden Bruce Goff an die Ideen von Frank Lloyd Wright herangeführt zu werden. 1952 machte er seinen Abschluss und arbeitete in Kalifornien und Texas. Greene teilt mit Wright und Goff das Interesse an der Natur, er widmet sich dem Studium von Organismen und natürlichen Mustern. In seinen Arbeiten sucht er nach regionalen Bezügen. Das für einen schwedischen Kunden entworfene Haus Joyce in Snyder, Oklahoma (1958–1959), ist in der Verbindung von verschiedenen Elementen wie eine Collage konzipiert und hat ein tief heruntergezogenes Dach mit skandinavischen Zügen. Die Dachschindeln erinnern an viktorianische Vorbilder, der Vorbau gleicht einem Zelt und zitiert das Erbe der amerikanischen Ureinwohner. Anders als das Haus Joyce, das mit seinen großen Fenster- und Dachflächen der formalen Idee des traditionellen Einfamilienhauses

nahekommt, gleicht das „Prairie Chicken" genannte Haus Greene in Norman, Oklahoma (1960), einer aus Fundstücken zusammengesetzten Behausung. Greene arbeitete hier experimentell. In Fächern sind Dachlatten und Holzschindeln kunstvoll über eine tragende Konstruktion gelegt, die Fensteröffnungen bleiben verborgen. Der Umriss des Hauses gleicht einem Vogel, die gefächerte Verkleidung dem Gefieder. Dabei geht es nicht um eine Imitation, sondern um eine reduzierte Abstraktion der Natur. Mit dem späteren Haus Cunningham in Oklahoma City (1963) greift Greene formale Grundelemente des traditionellen Hauses wieder auf. Die Fassade wird von einem Dachbogen dominiert, der weit über den Eingangsbereich hinausragt. Zur Gartenseite greift das Haus mit Klinkermauern, die aus der verglasten Fassade austreten, in den Außenraum über. In den Schriften „Mind & Image" (1976) und „Building to last" (1981) fasste Greene seine Gedanken von Architektur und Gesellschaft zusammen.

Greene Charles Sumner
& Greene Henry Mather

▼ ▶ Haus Gamble, Pasadena,
Kalifornien, 1907–1909

Die Brüder Charles Sumner Greene (1868–1957) und Henry Mather Greene (1870–1954) besuchten zusammen die Manual Training High School der Washington University in St. Louis, Missouri, und studierten anschließend am Massachusetts Institute of Technology in Cambridge, Massachusetts. Beide sammelten in unterschiedlichen Büros Erfahrungen, bevor sie 1894 ein gemeinsames Büro in Pasadena eröffneten, das bis 1922 bestand. Die Brüder lernten während ihres Studiums die Ideen der Arts-and-Crafts-Bewegung kennen. In ihren ersten Berufsjahren erforschten sie verschiedene Baustile, wie zum Beispiel den Schweizer Chalet-Stil, die italienische Villa, die orientalische und die asiatische Architektur. Im Laufe ihrer Arbeit entwickelten sie ihr eigenes Vokabular eines kalifornischen

Wohnhauses. Dazu nutzten sie erlesene Materialkombinationen, meist mit strukturell ausgefeilten Holzkonstruktionen in hoher Qualität errichtet. Das Haus Blacker und das Haus Gamble (beide 1907–1909) in Pasadena, Kalifornien, sind zwei von 30 Villen, die Greene und Greene im ersten Jahrzehnt des 20. Jahrhunderts in Pasadena und Long Beach bauten. Das Haus Gamble ist auf einem Sockel aus rauem Klinker errichtet und mit Holzschindeln verkleidet. Charakteristisch sind die deutlich hervorstehenden Dachsparren, die glattflächigen, gerundeten Konstruktionselemente und die flach geneigten Dächer, die auch die große Veranda überspannen. Später versuchten sie sich auch mit sichtbarem Beton wie beim Haus Williams in Altadena (1915–1916).

Griffin Walter Burley

▼ Capitol Theatre, Melbourne, 1924   ▶ Newman College der University of Melbourne, 1915–1917

Der amerikanische Architekt Walter Burley Griffin (1876–1937) begann seine Karriere als Mitarbeiter in Frank Lloyd Wrights Oak Park Studio, bevor er sich 1906 selbstständig machte und einige Wohnhäuser bei Chicago errichtete. 1911 heiratete er Marion Lucy Mahony, die ebenfalls im Büro Wright gearbeitet hatte und jetzt auch seine Büropartnerin wurde. Unter ihrer Mitarbeit entstanden zahlreiche Landschaftsplanungen und Bebauungspläne. Ihr Wettbewerbsbeitrag zur Planung der neuen australischen Hauptstadt Canberra

gewann den ersten Preis und machte sie schlagartig berühmt. Ihr Entwurf verwob die natürliche Landschaft Australiens mit regelmäßig angelegten Boulevards. 1913 reiste Griffin nach Australien und erhielt einen Vertrag zur Umsetzung der Planung, wozu es aber aufgrund des Ersten Weltkriegs nur in einer so reduzierten Form kam, dass von den wichtigsten Ideen kaum etwas übrig blieb; Griffin zog sich wegen zahlreicher Anfeindungen 1920 ganz aus dem Projekt zurück. Von seinen Gebäudeentwürfen für Canberra wurde keiner realisiert. Für die Ausführung der Bauten in Canberra hatte er 1916–1917 ein Bausystem mit dem Namen „Knitlock" entwickelt, das er sich auch patentieren ließ und das außerhalb Canberras bei einigen Wohnhäusern angewendet wurde. Zu Griffins Werken in Australien zählen außerdem das Newman College der University of Melbourne (1915–1917) und das Capitol Theatre in Melbourne (1924). Im Norden Sydneys entwickelte das Ehepaar 1921–1935 den Vorort Castlecrag in einheitlicher architektonischer Gestaltung. In den Jahren der Depression konnte das Büro 13 Müllverbrennungsanlagen, so in Willoughby, New South Wales (1934), und Pyrmont, New South Wales (1935), realisieren, deren hervorragende Funktionalität durch überlegte Ornamentik aus Reliefbausteinen ergänzt wurde. 1935 ging Griffin mit seiner Frau nach Indien, wo das Ehepaar die Lucknow University entwarf. Nach dem Tod ihres Mannes überwachte Marion Griffin noch die Fertigstellung eines Teils des Baus.

Grimshaw Nicholas

Druckereigebäude der
„Financial Times", London,
1987–1988

> „Wir wussten nie so recht, ob das Wort ‚advanced' (fortgeschritten)
> technologisch gemeint war oder ob es sich darauf bezog, dass die Bauten
> die ersten auf einem bislang ungenutzten, schwierigen Gelände waren,
> sozusagen als ‚moderne Garde'."

Nicholas Grimshaw (*1939) begann sein Studium an der Edinburgh School of Art und beendete es 1965 an der Architectural Association in London. Gemeinsam mit Terry Farrell war er anschließend als Architekt tätig, nach der Trennung 1980 gründete er das Büro Grimshaw & Partners. In die Partnerschaft mit Farrell fällt das Projekt des Service-Turms in London (1967): Sechs Wohnhäuser ohne Sanitäranlagen sollten als Studentenwohnheim genutzt werden. Die Lösung bestand im Anbau eines Versorgungsturms, der von einer schraubenförmigen Rampe erschlossen wurde. Die Reihenhäuser Grand Union Walk in London, England (1985–1988), werden auf ungewöhnliche Weise belichtet: Die Südseite der Häuser ist fensterlos, zur Kanalseite hin kontrastieren gebogene Metallwände mit Glasflächen, während runde Oberlichter ausreichenden Lichteinfall gewährleisten. Wichtige Projekte im Bereich des Industriebaus entstanden für die Firma Miller in Bath, England (1976), für die Möbelfabrik Vitra in Weil am Rhein, Deutschland (1981), und für die Druckerei der „Financial Times" in London (1987–1988). Für die Expo '92 in Sevilla entwarf Grimshaw den britischen Pavillon (1990–1992), die „Kathedrale des Wassers", mit einem Wasserfall, Dachsegeln mit Solarzellen und einem futuristischen und technoiden Inneren, eine Kombination aus Hightech und ökologischer Vernunft. Vielfach verwendet Grimshaw vorfabrizierte Bauelemente und zeigt die Tragstruktur, so auch bei der Firmenzentrale und Fabrik der Igus GmbH in Köln (1993–2000). Teile der Dachkonstruktion sind an zwei bananenförmigen, gelben, die Fassade überragenden Fachwerkpylonen aufgehängt. Im gleichen Jahr verwirklichte er das Gebäude der „Western Morning News" in Plymouth, England (1993), und den Erweiterungsbau zur Waterloo Station in London (1993). Bei dem Eden-Projekt in Cornwall, England (1996–2001), bei dem es sich um eines der Millenniumprojekte handelte, werden unterschiedliche Pflanzen in transparenten und klimatisierten Kapseln ausgestellt, die aus Edelstahlwaben mit Folienluftkissen bestehen. Ziel des Projekts ist es, die Abhängigkeit des Menschen von Pflanzen und deren Vielfalt darzustellen. 2003 wurde ein zusätzliches Verwaltungsgebäude der Eden Foundation fertiggestellt, das nötig wurde, da die erwarteten Besucherzahlen bei Weitem übertroffen wurden. In jüngerer Zeit entstand ein Gebäude für die Kunstsammlung der Fundación Caixa Galicia in A Coruña, Spanien (1996–2003), das in eine Baulücke der Altstadt eingefügt wurde. Die Fassade des Museums ist aus mehreren Schichten von Glas, dünnen Marmorplatten und einer Projektionswand zur Straße hin aufgebaut. Für den Flughafen Zürich, Schweiz, entwarf Grimshaw mit der Itten und Brechbühl AG, Ove Arup sowie der Ernst Basler + Partner AG 1996–2003 eine neue Abfertigungshalle.

Gropius Walter

*„Heute noch wirkt vieles als Luxus,
was übermorgen zur Norm wird!"*

▼ Eigenes Haus von Walter
Gropius, Dessau, 1925–1926

► Schuhleistenfabrik Fagus,
Alfeld/Leine, 1910–1914

Walter Gropius (1883–1969) absolvierte sein
Architekturstudium 1903–1907 an den Technischen Hochschulen in Berlin und München.
Danach unternahm er, wie damals üblich, Studienreisen in verschiedene europäische Länder.
Praktische Kenntnisse eignete er sich ab 1908
im Atelier von Peter Behrens an. 1910 eröffnete
er mit Adolf Meyer ein gemeinsames Büro.
Aus dieser Zusammenarbeit ging der Entwurf
für die Schuhleistenfabrik Fagus in Alfeld an der
Leine (1910–1914) hervor. Das quaderförmige
Hauptgebäude wurde als tragendes Skelett
ohne Eckpfeiler mit einer gerasterten Fassade
aus in Metallrahmen eingelassenen Glasfeldern
konzipiert, die zu den frühesten Beispielen der
Curtain Walls zählt. 1914 bauten die beiden
Partner eine Musterfabrik für die Werkbundausstellung in Köln, bestehend aus Bürogebäude
und Maschinenhalle in streng symmetrischer
Anlage. Nach Kriegsende wurde Gropius zum
Direktor der Großherzoglichen Kunstgewerbeschule und der Großherzoglichen Hochschule
für bildende Kunst in Weimar ernannt. Diese
Ausbildungsstätten schloss Gropius 1919 zum
Staatlichen Bauhaus zusammen. Als die Institution zum Umzug gezwungen wurde, plante er in
Dessau (1925–1926), einen neuen Bauhauskom-
plex. Grundgedanke dabei war, den Hauptfunk-
tionen der Schule durch unterschiedlich gestaltete Gebäudeteile zu entsprechen und diese
miteinander zu verbinden. Dazu kamen Wohnhäuser für die Meister und den Direktor (1925–
1926). 1926–1928 verwirklichte Gropius sein
erstes umfangreiches Siedlungsprojekt, die
Siedlung Törten bei Dessau, für die zum Teil
vorfabrizierte Stahlbetonelemente verwendet

wurden. In Dessau entstanden 1927 außerdem der Konsumverein und das Arbeitsamt (1927–1929). Weitere Bauten folgten im Rahmen der Modellsiedlung Dammerstock in Karlsruhe, Deutschland (1928–1929), bei der Gropius die Gesamtleitung übernahm. Gleichzeitig entwickelte er für Erwin Piscator ein Konzept für ein Totaltheater mit einer drehbaren Bühne, die sich in Tiefenbühne, Proszenium oder Zentralbühne umwandeln ließ (1927). 1928 gab er die Leitung des Bauhauses an Hannes Meyer ab und übersiedelte nach Berlin, wo er Leiter des Siemensstadt-Projekts (1929–1930) wurde und zwei Blöcke, scheibenförmige Wohnhochhäuser mit Laubengängen, selbst gestaltete. Nach der nationalsozialistischen Machtergreifung emigrierte er 1934 nach England und arbeitete bis 1937 mit dem Architekten Maxwell Fry zusammen, unter anderem am Haus Ben Levy in London, England (1935–1936), und dem Impington Village College in Cambridgeshire, England (1936–1939). Als ihm eine Professur an der Architekturfakultät der Harvard University in Cambridge, Massachusetts, angeboten wurde, ging Gropius in die USA. Es folgte eine engere Zusammenarbeit mit Marcel Breuer, unter anderem an einer Arbeitersiedlung in New Kensington, Pennsylvania (1941). Später arbeitete er mit Konrad Wachsmann an industriell produzierten Häusern (1943–1945). 1946 gründete Gropius mit jungen Architekten die Arbeitsgemeinschaft TAC (The Architects Collaborative). Ein herausragendes Ergebnis dieser Teamarbeit war das 1948–1950 errichtete Graduate Center der Harvard University mit sieben Wohnheimen und einem Gemeinschaftszentrum. Zu den wichtigsten Arbeiten des Spätwerks gehören ferner das 59-geschossige, prismenförmige Pan Am Building in New York, New York (1958–1963), das in Zusammenarbeit mit TAC, Pietro Belluschi und Emery Roth and Sons konzipiert wurde, sowie die Industriebauten der Porzellanfabrik Rosenthal in Selb, Deutschland (1965–1967), und das Thomas-Glaswerk in Amberg, Deutschland (1967–1969). Seine Architekturtheorien hat Gropius in zahlreichen Schriften wie „Internationale Architektur" (1925) und „Bauhausbauten Dessau" (1930) dargelegt.

◄ Hauszeile in der Siedlung Siemensstadt, Berlin, 1929–1930

▼ Großsiedlung Törten bei Dessau, 1926–1928

Gruen Victor David

*„Die Fragen ‚Kann man unsere Städte retten?‘,
‚Wird man sie retten?‘ und ‚Sind Städte es wert, gerettet
zu werden?‘ sind rein akademischer Natur. Sie können
nicht nur, sondern sie müssen sogar gerettet werden.
Die Frage, die sich uns stellt, lautet: ‚Wie?‘"*

▼ Northland Shopping Center
bei Detroit, 1954

► Kaufhaus Milliron's, Los Angeles,
1946–1949

Victor Grünbaum (1903–1980) studierte an der
Staatsgewerbeschule für Hochbau und der
Akademie der Bildenden Künste in Wien. Hier
war er anschließend (1925–1932) bei den Architekten Melcher und Steiner beschäftigt. 1938
wanderte er nach Amerika aus, 1939 bildete er
mit Elsie Krummeck die Partnerschaft Gruen-
baum and Krummeck mit Sitz in New York City

und sie entwarfen gemeinsam Ladeneinrich-
tungen. 1940 lernten sie den Unternehmer
Walter Kirschner kennen, für den sie in der
Folge die Läden der Grayson-Kette entwarfen.
1944, nach Erlangung der amerikanischen
Staatsbürgerschaft, änderte er seinen Namen
in Gruen und eröffnete 1951 Victor Gruen
Associates in Los Angeles. Bei dem Kaufhaus
Milliron's in Los Angeles, Kalifornien (1946–
1949), nutzte er erstmals das Dach als Park-
fläche. Er konzipierte Einkaufszentren, die
außerhalb der Städte lagen, und baute unter
anderen das Northland Shopping Center bei
Detroit, Michigan (1954), und das Southdale
Shopping Center in Edina, Minnesota (1952–
1956). Das Konzept der ausgelagerten und
überdachten Einkaufszentren war neu, es
orientierte sich an der zunehmenden Suburba-
nisierung der Städte. Gleichzeitig entstanden
in Gruens Büro zahlreiche stadtplanerische
Entwürfe zur Revitalisierung von Stadtzentren.
1955 entwarf er einen Plan für die Innenstadt
von Fort Worth in Texas. Seine Gedanken über
Ballungsräume und Innenstädte legte er in
seinem 1964 erschienenen Werk „The Heart of
our Cities. The Urban Crisis: Diagnosis and
Cure" dar. 1971 kehrte Gruen nach Österreich
zurück und wirkte an einem Stadtentwick-
lungsplan für Wien mit, der auch die Umwandlung der Kärntner Straße in eine Fußgänger-
zone (1971–1973) beinhaltete.

Guimard Hector

„Was insgesamt ausnahmslos vermieden wird, ist alles, was parallel und symmetrisch ist. Die Natur ist der größte Baumeister, und doch schafft sie nichts, das parallel oder symmetrisch ist."

▼ Metrostation „Étoile", Paris, 1900   ► Haus Coilliot, Lille, 1898-1900

Hector Guimard (1867–1942) besuchte 1882–1885 die École des Arts Décoratifs in Paris und studierte anschließend an der École des Beaux-Arts. Ein Café am Quai d'Auteil in Paris war 1886 sein erster Auftrag. Größere Aufmerksamkeit erreichte er mit dem Pariser Castel Béranger (1894–1898), einem Wohnhaus für 36 Parteien. Das komplexe, teilweise noch historisierende Gebäude versah Guimard am Haupteingang mit einem überraschenden, asymmetrischen Torgitter. Auf einer Belgienreise 1895 war er dem Architekten Victor Horta begegnet und die Eindrücke dieser Reise veranlassten ihn zu einer Hinwendung zum Art nouveau. Danach entstanden das Haus Coilliot in Lille, Frankreich (1898–

1900), das Haus Canivet in Garches (1898–1899), das Castel Henriette in Sèvres, Frankreich (1899–1900), sowie 1900 die Eingänge und Aufbauten der Pariser Metrostationen aus vegetabilen Metallbögen und -geländern mit vorgefertigten ornamentalen Masken. Beim Auditorium des 1902 realisierten Gebäudes Humbert de Romans in Paris verwendete Guimard eine Konstruktion aus baumartig verästelten Eisenstützen, die – auf Steinsockeln aufgesetzt – die zentrale Kuppel trugen. Eine bedeutende Neuerung nach dem Krieg war seine Verwendung von röhrenartigen Eternitelementen für ein Landhaus, die er sich von Henri Sauvage entwerfen ließ. Die letzten Lebensjahre verbrachte Guimard in New York.

Gwathmey Siegel & Associates

„Architektur ist ebenso wenig statisch wie unsere Wahrnehmung."

▼ Villa Haupt, Amagansett, New York, 1976–1978

► Villa und Atelier Gwathmey, Amagansett, New York, 1965–1967

◄ Villa de Menil, East Hampton, New York, 1979–1983

Charles Gwathmey (1938–2009) studierte 1956–1959 an der University of Pennsylvania, 1962 absolvierte er seinen Master of Architecture in Yale. Er war in Princeton, Yale, an der Columbia University und an der University of Texas in der Lehre tätig. Das Büro Gwathmey Siegel & Associates gründete er 1968 in New York zusammen mit Robert Siegel (*1939), der am Pratt Institute und an der Harvard University studiert hatte.

Gwathmey gehörte zu den „Five Architects", auch aufgrund ihrer weißen Fassaden „The Whites" genannt, deren Werk 1969 im Museum of Modern Art in New York gemeinsam ausgestellt wurde. Ihr Stil orientierte sich an den Klassikern der Moderne, als Vorbilder dienten vor allem die Villen Le Corbusiers und der italienische Rationalismus. Die über eine Rampe zugängliche Villa Haupt in Amagansett, New York (1976–1978), ist in eine glatte, weiß gebeizte Zedernholzschalung gekleidet. Verschieden große, rahmenlose Fenster sind in die glatte Fassade des Hauses eingelassen, an dessen Südseite ein Schwimmbecken liegt. Die asymmetrische Fensteranordnung und einzelne runde Kompositionselemente bilden ein Gegengewicht zur Strenge des Gebäudequaders. Darüber hinaus errichteten Gwathmey Siegel die Villa de Menil in East Hampton, New York (1979–1983), bei der die Architekturelemente weniger einen geschlossenen Innenraum bilden, sondern als über den Gebäudekörper hinausschießende Rahmen verschiedene Zonen definieren, die hier weiter gefasst sind als die Wohnbereiche im Inneren. Bei der Villa San Onofre in Pacific Palisades, Kalifornien (1993–1997), kontrastieren raue Kalksteinwände mit naturfarben getünchten, glatten Fassadenabschnitten. Den Anbau des Guggenheim Museum in New York (1982–1992), einen rechtwinkligen Gebäudekörper aus Kalkstein, fügten Gwathmey Siegel mittels eines gläsernen Abschnitts direkt an den gewendelten Bau Frank Lloyd Wrights an.

Hadid Zaha

▼ Science Center „phaeno"
in Wolfsburg, 1999–2005

▶ Bar Moonsoon in Sapporo,
Japan, 1989–1990

Nach einem abgeschlossenen Studium der Mathematik ging Zaha Mohammad Hadid (1950–2016) an die Architectural Association in London, wo sie 1977 ihr Diplom erlangte und anschließend im Office for Metropolitan Architecture von Elia Zenghelis und Rem Koolhaas mitarbeitete. Nebenher lehrte sie an der Architectural Association, es folgten weitere Lehrtätigkeiten an der Harvard University in Cambridge, Massachusetts, an der Chicago University, an der Hochschule für Bildende Künste in Hamburg und an der Columbia University in New York. Hadid wurde durch ihre Entwürfe bekannt, die sie in dynamisch angelegten, kunstvollen Zeichnungen präsentierte. Ihre Arbeiten wurden neben den Projekten sechs weiterer Architekten 1988 auf der Ausstellung „Dekonstruktivistische Architektur" im Museum of Modern Art in New York ausgestellt. Asymmetrische Linien, gebogene Grundrisse und schiefe Ebenen kennzeichnen ihre

Architektur, die sehr explosiv ist. Zu ihren unrealisierten Arbeiten gehören der Wettbewerbsentwurf für The Peak in Hongkong (1983), für das Opernhaus in Cardiff, Wales (1994), für eine bewohnbare Brücke in London (1996) und für eine Konzerthalle in Luxemburg (1997). Seit 1979 hatte Hadid ein eigenes Büro in London, ihr erster realisierter, eigenständiger Bau war das Feuerwehrhaus für die Firma Vitra in Weil am Rhein, Deutschland (1990–1993). In den Stahlbetonbau ist auf einer Seite ein rahmenloses Fensterband eingelassen, die Funktionen sind strahlenförmig organisiert. Der Bau wird inzwischen für Ausstellungszwecke genutzt, da sich die rechtlichen Rahmenbedingungen für Werksfeuerwehren geändert haben. Die Inneneinrichtung für die Bar Moonsoon in Sapporo, Japan (1989–1990), konzipierte sie mit spitzwinkligen, kalten Möbeln aus Glas, Stahl und Leder. Der Fußboden und die Säulen sind aus Marmor, eine wuchtige Stahlkonstruktion unter

der Decke erinnert an eine eingerollte Schlange. Zu ihren realisierten Arbeiten zählen weiterhin ein Sozialwohnungsblock, den sie im Rahmen der Internationalen Bauausstellung in Berlin (1986–1993) baute und das Design für die Ausstellung „The Great Utopia" im Guggenheim Museum in New York (1992). Der Neubau der Skisprungschanze Bergisel bei Innsbruck, Österreich (1999–2002), bündelt in funktionaler Weise die Elemente Turm, Anlaufspur, Schanzentisch und Aufsprungbahn zu einer einheitlich organisierten Anlage. 2003 wurde das Zentrum für moderne Kunst in Cincinnati, Ohio, fertiggestellt. Das Gebäude wurde vor allem für Wechselausstellungen konzipiert und enthält zudem Räume für die Museumspädagogik und Büros. Im Erdgeschoss öffnet es sich über gläserne Wände zur Straße. Eine lange Entstehungsgeschichte hat die Wohnanlage Spittelauer Lände

in Wien, Österreich (1994–2004). 15 Luxuswohnungen teilen sich den Luftraum über den bestehenden Stadtbahnbögen in einer gezackten Bauskulptur, die formal zu überzeugen weiß. Für das Ordrupgaard Museum in Kopenhagen entstand ein Anbau (2001–2005), der den Altbau mit dem umgebenden Garten verbindet. Es scheint, als wäre die Betonhülle gefaltet und an den Seiten mit Fenstern versehen worden. Innen erstreckt sich eine Ausstellungslandschaft, die zum hügeligen Garten in Beziehung gesetzt wurde. 2005 stellte Hadid das Science Center „phaeno" in Wolfsburg fertig, das im Wesentlichen eine aufgeständerte Halle aus Sichtbeton darstellt. Für das BMW-Werk in Leipzig (2002–2005) baute Hadid das Zentralgebäude, in dem die Fertigung für den Besucher und Büroangestellten durch eine offene Gestaltung der Produktionshallen transparent wird.

▼ Wohnanlage Spittelauer Lände, Wien, 1994–2004   ► Skischanze Bergisel, Innsbruck, 1999–2002

Haerdtl Oswald

*„Dem Architekten der Gegenwart muß es eine innere Verpflich-
tung sein, Neues aus eigener schöpferischer Intuition zu schaffen,
welches den Lebensgewohnheiten, den Errungenschaften der
Technik und dem Fortschritt der Zivilisation entspricht."*

▼ Österreichischer Pavillon
für die Weltausstellung in Paris,
1937

► Messepavillon Felten &
Guilleaume, Wien, 1953

Oswald Haerdtl (1899–1959) studierte an der
Wiener Kunstgewerbeschule (1919–1921), anschließend arbeitete er (1922–1930) als Assistent
im Büro von Josef Hoffmann, dann als Partner.
Zu seinen Hauptwerken aus der Zwischenkriegszeit zählen, neben vielen Ausstellungs-
gestaltungen wie zum Beispiel der Präsentation
des Österreichischen Werkbunds auf der Wiener Ausstellung von 1930, ein Doppelhaus in
der Werkbundsiedlung Wien-Lainz (1931–1932),
die Einrichtung der Confiserie Altmann & Kühne
in Wien (1932) und die Pavillons auf den Welt-
ausstellungen in Brüssel (1935) und Paris (1937).
Den österreichischen Pavillon in Paris gestaltete
Haerdtl wie eine überdimensionierte Vitrine.
Ein riesiger Fensterrahmen gibt den Blick frei auf
ein Alpen-Panoramabild im Inneren. In der
Nachkriegszeit entstand die Inneneinrichtung

des Café Arabia am Kohlmarkt in Wien (1950),
das im Unterschied zum traditionellen, hinter
Gardinen von der Straße abgeschirmten Wiener
Kaffeehaus durch seine Glasfront Einblick in das
beschwingte Interieur gewährt. Die Decken-
bemalung mit geschwungenen Formen wird
auch in späteren Einrichtungen zu einem wichtigen Stilelement Haerdtls. Mit gleicher Intensität
wie der Architektur widmete er sich dem Design von Einrichtungs- und Gebrauchsgegenständen. Für das Arabia entwarf er neben Einbaumöbeln, Geschirr und Speisekarten zwei
verschiedene Stühle, seine Frau entwarf die
Kleidung der Servierkräfte. 1953 entstand der
Pavillon Felten & Guilleaume für den Auftritt
des Industrieunternehmens auf der Wiener
Herbstmesse. Sechs Stahlbetonstützen trugen
einen länglichen, fast vollständig verglasten
Baukörper. Der Name des Betriebs wurde mit
großen Buchstaben über die gesamte Breite der
vorderen Fassadenkante gestellt, von außen sah
man das großflächig an die Decke gemalte Logo.
Das Historische Museum der Stadt Wien (1953–
1959) wurde als Stahlbetonkonstruktion mit
ausgemauerten Parapetflächen errichtet. Vier
Steinsorten, vorwiegend österreichischer Her-
kunft, verkleiden den sehr nüchternen Bau. Mit
Plänen zur Gestaltung eines Vorplatzes als Park
zur städtebaulichen Einbindung des Museums
scheiterte er an der Stadtverwaltung. Haerdtl
hat auch als Lehrender (1935–1959) die Kontinuität der Wiener Moderne fördern können.

Haller Fritz

Im Anschluss an Fritz Hallers (1924–2012) Berufs-
lehre 1941–1943 folgte eine mehrjährige Anstellung in verschiedenen Architekturbüros in der
Schweiz und die Mitarbeit bei Willem van Tijen
und Hugh Maaskant in Rotterdam. Hallers eigenes Büro existiert seit 1949 in Solothurn, bis
1962 unter Mitwirkung seines Vaters Bruno
Haller. 1966–1971 lehrte er als Gastprofessor am
Konrad-Wachsmann-Bauforschungsinstitut
der University of Southern California und 1977–
1992 war er ordentlicher Professor an der Universität Karlsruhe. Neben der Realisierung von
Bauten spielen die Entwicklung von Baukasten-
Systemen und die Forschung bei Haller eine
große Rolle. Zahlreiche seiner Gebäude wurden
anhand der drei von ihm entwickelten Stahlbau-
systeme (MAXI, MIDI und MINI) errichtet, die
mittlerweile von der USM, Ulrich Schärer Söhne
AG, in Münsingen weltweit vertrieben werden:
Das Stahlbausystem MAXI (1961), ein System zur
Errichtung eingeschossiger Hallen mit weiten
Stützenabständen wurde bei der Betriebsanlage

USM in Münsingen (erste Bauetappe 1963) verwendet. Das auf Grundlage des Stahlbausys-
tems MIDI (Entwicklung 1970–1980) entstandene Ausbildungszentrum Löwenberg in Murten
(1980–1982) besteht aus zwei flachen Gebäuden mit rechteckigem Grundriss und zwei
zylinderförmigen Wohnpavillons. Die Anlage ist
großzügig verglast und die Innenräume sind
offen gestaltet. Bei der Kantonsschule in Baden
(1962–1964) ist das Traggerüst eine objektspezi-
fische Stahlkonstruktion. Die geschlossenen
Wände sind mit Sichtbacksteinen gemauert.
Das großenteils verglaste, quadratische Hauptgebäude überragt die Nebengebäude, von
denen es dreiseitig umschlossen wird; an der
offenen Seite befindet sich ein Wasserbecken.
Bei dem an einem Hang gelegenen Wohnhaus
Schärer in Münsingen (1969) ist das Untergeschoss in den Hang eingegraben. Ein Stahlgerüst
verbindet es mit dem Obergeschoss, das Erdgeschoss dient als Freiraum zum Abstellen des
Autos und als Eingangsbereich.

Harrison and Abramovitz

▼ Hall of Science auf der Weltausstellung 1964, New York, 1964

► Hauptverwaltung der Vereinten
Nationen, New York, 1947–1953

►► Governor Nelson A. Rockefeller Empire State Plaza (South Mall),
Albany, New York, 1963–1978

Wallace Kirkman Harrison (1895–1981) erwarb
seine Kenntnisse autodidaktisch und sammelte
ab 1916 bei McKim, Mead & White und im Büro
von Harvey Wiley Corbett praktische Erfahrung. Mit Letzterem und William H. MacMurray
unterhielt er 1929–1934 eine Partnerschaft.
Zusammen mit anderen Firmen (Reinhard &
Hofmeister, Hood & Fouilhoux) waren sie am
Bau des Rockefeller Center in New York (1929–
1933) beteiligt. 1936 realisierte Harrison mit
seinem damaligen Partner André Fouilhoux die
Rockefeller Apartments in New York, deren
freie Grundriss- und Fassadengestaltung zu
unterschiedlich hohen, teils eckigen, teils stark
abgerundeten, vertikalen Abschnitten führte.
Als Geländer der Dachbalkone dient Glas. In
den Jahren 1941–1976 arbeitete Harrison mit
Max Abramovitz zusammen, Fouilhoux blieb

aber noch bis zu seinem Tod 1945 Partner in der
Firma. Max Abramovitz (1908–2004) hatte sein
Studium an der University of Illinois in Chicago,
der Columbia University in New York und
der École des Beaux-Arts in Paris absolviert.
Abramovitz und Harrison realisierten in Koope-
ration mit Le Corbusier und Oscar Niemeyer
das Bürohochhaus der Vereinten Nationen in
New York (1947–1953) und waren an der Entstehung des Lincoln Center for the Performing Arts
in New York (1959–1966) beteiligt, für das Abramovitz die Philharmonic Hall, heute Avery Fis-
her Hall (1959–1962), entwarf und Harrison das
Metropolitan Opera House (1962–1966). Die
Vorderseite des hohen Flachdachgebäudes der
Oper wird von fünf symmetrischen Bögen
durchbrochen, deren unteres Viertel durch
Türen ausgefüllt wird, während der obere Teil
verglast ist, wobei die Verglasung weit in die
Fassade zurückspringt. Weitere ausgeführte
Projekte sind die aus Beton errichtete Assembly
Hall der University of Illinois in Champaign
(1959–1963), deren Form und gerilltes Dach an
eine Muschel erinnern, und der USX Tower in
Pittsburgh, Pennsylvania (1967–1971), ein Hochhaus mit einer offen liegenden Stahlkonstruktion. Zum Schutz vor Feuer und zur Temperatur-
regulation sind die Stützen mit Wasser gefüllt.
Die umfangreichen Planungsarbeiten für den
Governor Nelson A. Rockefeller Empire State
Plaza (South Mall), den neuen Regierungskom-
plex in Albany, New York (1963–1978), machten
eine häufige Abwesenheit Abramovitz' vom
gemeinsamen Büro notwendig, was schließlich
zum Ende der Partnerschaft führte.

Hecker Zvi

„Architektur ist eine Kunst in dauernder Suche nach einem immer neuen Ausdruck für die menschliche Seele. Sie ist eine menschliche Kunst, aber nie menschlich genug."

▼ Technion, Haifa, Israel, 1964–1967

► Apartmenthaus, Ramat Gan, Israel, 1981–1986

Im Anschluss an sein Architekturstudium an der Polytechnischen Universität in Krakau und am Israelischen Technologischen Institut (Technion) in Haifa besuchte Zvi Hecker (*1931) 1955–1957 die Avni-Akademie für Kunst in Tel Aviv, wo er Malerei studierte. 1959 machte er sich selbstständig und arbeitete einige Jahre mit Eldar Sharon und Alfred Neumann zusammen. Zu seinem Werk zählen die Laborgebäude des Technion in Haifa, Israel (1964–1967), ein Wohn- und Gewerbekomplex in Ramat Hasharon (1986) und ein spiralförmiges Apartmenthaus in Ramat Gan, Israel (1981–1986). Letzteres hat neben der

runden Grundrissform spitz auskragende Balkone und außen liegende Wendeltreppen. Die Fassaden sind weiß verputzt und teilweise mit Natursteinfliesen verkleidet sowie mit Mosaiken verziert. In den neunziger Jahren wurde die Heinz-Galinski-Schule in Berlin (1992–1995) fertiggestellt, ein Gebäude, bei dem Hecker komplexe Formen aus der Überlagerung differenzierter Struktur- und Formelemente entwickelte. Verschiedene Fassadenmaterialien wie Wellblech und Beton unterstreichen die Vielgestaltigkeit. Bunte Fensterrahmen bilden spielerische Details aus. Erst beim Betrachten des Grundrisses wird das Strahlenmuster des Entwurfes und die damit verbundene Ordnung deutlich. Das Palmach-Museum für Geschichte in Tel Aviv (1992–1998) erhebt sich wie ein Hügel im Stadtgebiet. Parallele und sich kreuzende Riegel bilden die Grundform. Die Fassaden bestehen aus Sichtbeton und in Mörtel gedrückten Kalksteinschichten. Unweit des Standortes der 1938 zerstörten Synagoge entstand 1997–1999 das Jüdische Gemeindezentrum in Duisburg. Die fächerartig aus dem Gebäude hervorstehenden Betonpfeiler und -streben erinnern in der Aufsicht an ein aufgeklapptes Buch. Die Symbolik verweist auf die jüdischen Traditionen des Ortes und führt gleichzeitig die Brüche, die diese Tradition hier erleiden musste, vor Augen. Hecker bezieht sich mit seinen raumgreifenden Formen auch auf den umliegenden Park, der als „Garten der Erinnerungen" vom Dani Karavan gestaltet wurde.

Hedqvist Paul

Paul Hedqvist (1895–1977) studierte zuerst in Stockholm, danach mit einem Stipendium im Ausland. 1924 gründete er sein erstes eigenes Büro und arbeitete gleichzeitig im Stadtplanungsamt von Stockholm (1924–1928). Hedqvist war überzeugter Funktionalist und es gelang ihm, in einer dafür günstigen politischen Phase zahlreiche öffentliche Aufträge zu erhalten. Die Bauten aus Stahl, Glas und weißen Putzflächen mit den regelmäßigen Rhythmen der Fassaden machen ihn zu einem bedeutenden Vertreter des International Style in Schweden. Bekannt wurde er vor allem durch seine Schulbauten wie die Katarinaschule in Stockholm (1929–1931, mit David Dahl). Daneben schuf er ein Wasserwerk in Drottningholm, Schweden (1931–1933), und das Städtische Schwimmbad in Eskilstuna, Schweden (1930–1931), das durch eine moderne, gerasterte Glasfassade geprägt ist. Die klaren Linien setzen sich bis in die Gestaltung der Sprungtürme im Inneren durch. Zu seinen Wohnungsbauten zählt eine Gruppe von kleinen Reihenhäusern in Bromma bei Stockholm, Schweden (1932–1933), die durch ihre Staffelung mehr privaten Gartenraum boten und dadurch bekannt wurden, dass der amtierende Ministerpräsident auch dort einzog. Weiterhin entstanden in schneller Folge die Städtische Stockholmer Berufsschule, Schweden (1936), die über einen runden verglasten Treppenhausturm erschlossen wird, der Flughafen Bromma bei Stockholm (1935–1936) und das Freibad Vanadis in Stockholm (1938). Nach dem Zweiten Weltkrieg errichtete er unter anderem ein Hochhaus für die Finanzverwaltung in Stockholm (1959).

Herzog & de Meuron

▼ Haus in Leymen, Frankreich,
1996–1997

► Weinkellerei Dominus,
Yountville, Kalifornien, 1995–1998

Jacques Herzog (*1950) und Pierre de Meuron (*1950) studierten beide an der Eidgenössischen Technischen Hochschule in Zürich bei Aldo Rossi Architektur. 1978 gründeten sie das Büro Herzog & de Meuron. Als weitere Partner kamen Harry Gugger (1991) und Christine Binswanger (1994), gefolgt von Robert Hösl und Ascan Mergenthaler (beide 2004) und Stefan Marbach (2006) hinzu. Jacques Herzog und Pierre de Meuron haben seit 1994 Gastprofessuren an der Harvard University in Cambridge, Massachusetts. Seit 1999 sind sie ordentliche Professoren für Architektur an der Eidgenössischen Technischen Hochschule in Zürich. Jacques Herzog und Pierre de Meuron führen an der Architekturabteilung zusammen mit Roger Diener und Marcel Meili das ETH Studio Basel und haben 2002 gemeinsam das Institut Stadt der Gegenwart gegründet. In zahlreichen Projekten haben Herzog & de Meuron mit internationalen Künstlern zusammengearbeitet, so mit Thomas Ruff (Bibliothek der Fachhochschule Eberswalde) oder mit Rémy Zaugg („Fünf Höfe", München). Bei dem Produktions- und Lagergebäude der

Firma Ricola in Mulhouse-Brunstatt, Frankreich (1992–1993) und der Bibliothek der Fachhochschule Eberswalde, Deutschland (1994–1999), werden die Innen- und Außenbeziehungen durch großflächige Siebdrucke auf den Glasflächen neu definiert. Dem Stellwerk „Auf dem Wolf" in Basel (1992–1994) folgte 1994–1999 mit dem Zentralstellwerk ein Bau, der die Grundidee des Vorgängers – eine Außenverkleidung aus Kupferlamellen, die zur Belichtung des Innenraums teilweise verdreht sind – fortführt und erweitert. Der durch den Grundstückszuschnitt vorgegebene trapezförmige Grundriss erweitert sich hier bis zum siebten Geschoss zum Rechteck. 1995–1998 entwarfen und bauten Herzog & de Meuron die Weinkellerei Dominus in Yountville, Kalifornien, ein flaches, lang gestrecktes Gebäude aus graugrünem Basalt. Die dem Schutz vor der Sonne dienenden Basaltsteine werden in Drahtkörben gehalten. Der Umbau des direkt an der Themse liegenden Bankside-Kraftwerks zur Tate Modern in London (1994–2000) führte zu einer Revitalisierung der Industrieruine und des ganzen Stadtteils. Die Ziegelsteinfassade der ehemaligen Turbinenhalle und der Schornstein blieben großenteils unverändert, das Motiv des aufgesetzten, leuchtenden Riegels mit dem Restaurant wiederholt sich in der mehrstöckigen Haupthalle. Beim Prada Aoyama Epicenter, Tokio, Japan (2000–2003), ist das Fassadengitter nicht bloß optisches Verwirrspiel, sondern aktiv in die statische Konzeption des Baukörpers eingebunden. Im Verbund mit den vertikalen Gebäudekernen trägt es die Deckenplatten. Bei dem Informations-, Kommunikations- und Medienzentrum der TU Cottbus, Deutschland (1998–2004), umschließt die mit Buchstaben bedruckte, doppelte Glasfassade ein offenes, den funktionalen Bedürfnissen folgendes Innenleben. In der Wirkung mal verschlossen, mal einladend, vermittelt der Bau in einer unbestimmten städtebaulichen Situation. Eine solche identitätsstiftende Aufgabe übernimmt auch das Gebäude für das Forum der Kulturen, das 2004 erstmals in Barcelona stattfand, und an zentraler Stelle in dem nach der Olympiade neu entwickelten Stadtquartier liegt. Das dreieckige, von schluchtigen Einschnitten durchschnittene Obergeschoss ruht über einem offen gestalteten Erdgeschoss, von dem aus auch das unterirdisch liegende Auditorium erreicht wird. 2005 wurde der Stadionbau der Allianz Arena in München fertiggestellt, dessen weiße Fassade aus Luftkissen sich in verschiedenen Farben illuminieren lässt.

◄ Informations-, Kommunikations- und Medienzentrum der TU Cottbus, 1998–2004

► Prada Aoyama Epicenter, Tokio, 2000–2003

Hoffmann Josef

Nach dem Besuch der Staatsgewerbeschule in
Brünn arbeitete Josef Hoffmann (1870–1956) am
Militärbauamt in Würzburg. 1892 ging er nach
Wien und studierte bei Carl von Hasenauer und
Otto Wagner an der Akademie der Bildenden
Künste. Ein mit dem „Prix de Rome" verbunde-
nes Stipendium ermöglichte ihm einen längeren
Italienaufenthalt. Nach seiner Rückkehr, trat er
in das Büro von Otto Wagner ein und lernte
dort Joseph Maria Olbrich kennen. Zusammen
mit anderen Künstlern gründeten sie 1895 den
Siebener Club und 1897 die „Vereinigung bil-
dender Künstler Österreichs", genannt „Secession", die Hoffmann jedoch schon 1905 mit
der Klimt-Gruppe wieder verließ. Bereits 1899
erhielt er eine Professur an der Wiener Kunstgewerbeschule und gestaltete einen Innenraum

auf der Weltausstellung in Paris 1900. Vorbilder waren für Hoffmann zuerst Charles Robert
Ashbee und Charles Rennie Mackintosh, er
übernahm zahlreiche Motive aus ihrem Werk.
Inneneinrichtungen stellten fortan einen
Hauptteil seines Œuvres dar, der Kontakt zu
wohlhabenden Mitgliedern des Bürgertums
ermöglichte ihm, in einem Rahmen geschmack-
voller Kultiviertheit entsprechende Interieurs zu
schaffen. Ihre vollendete und gerade dadurch
den Bewohner einengende Gestaltung inspi-
rierte Hoffmanns Widersacher Adolf Loos zur
Geschichte „vom armen, reichen Mann", der
zum Opfer seiner eigenen Einrichtungskultur
wurde. Bei mehreren Häusern auf der Hohen
Warte – darunter das Doppelhaus für Koloman
Moser und Carl Moll (1900–1901) sowie das

Haus Spitzer (1901–1902) – konnte Hoffmann endlich über die bloße Innengestaltung hinaus architektonisch arbeiten. Gemeinsam mit dem Maler Koloman Moser und dem Industriellen Fritz Wärndorfer gründete er 1903 die Wiener Werkstätte, für die er zahlreiche Möbel und Gebrauchsgegenstände entwarf und die dem Gestaltungsideal des Gesamtkunstwerks folgte. Das Sanatorium in Purkersdorf (1904), seine erste große Bauaufgabe, entwickelte er als lang gestrecktes, schlichtes Gebäude, durchdacht proportioniert mit symmetrisch platzierten Fensteröffnungen und einem damals überraschenden Flachdach. Wenig später schuf Hoffmann mit dem Palais Stoclet in Brüssel (1905–1911) einen Höhepunkt des erlesenen Jugendstils mit kostbaren Interieurs und kunstvollen Mosaiken von Gustav Klimt. Die Villa zeigt ihren Reichtum auch nach außen: Vergoldete Metallbänder umfassen eine weiße Marmorverkleidung und die Architektur wird insgesamt zum umfassenden Rahmen einer überschwänglichen Inneneinrichtung. Mit der Einrichtung des Kabaretts „Die Fledermaus" in Wien (1907) gelang ein weiteres Gesamtkunstwerk, das den üblichen Plüschdekor durch grafische Farbigkeit ersetzte. Nach einem von bunten, teilweise figürlich gestalteten Fliesen geschmückten Barraum

führte der Weg durch das Kellerlokal in einen ganz in Schwarz und Weiß gehaltenen Vorführraum mit einzelnen Tischgruppen. 1912 beteiligte sich Hoffmann an der Gründung des Österreichischen Werkbunds. In der Folgezeit orientierte er sich eher am Neoklassizismus, wie an der Pfeilerfront der Villa Skywa-Primavesi in Wien (1913–1915) und dem Österreich-Haus auf der Ausstellung des Deutschen Werkbunds in Köln (1914) zu erkennen ist. Den neuen Aufbruch der Architektur in den zwanziger Jahren vermochte Hoffmann nur halbherzig mitzugehen, seine Entwürfe für die Wiener Werkstätte folgten einem verspielten Art Déco. Am Wohnungsbauprogramm der Stadt Wien nach dem Ersten Weltkrieg beteiligte sich Hoffmann mit dem Klosehof (1923–1925), bei dem er die Blockrandbebauung durch einen Wohnturm im Innenhof ergänzte. Für die Werkbundausstellung in Wien 1932 baute er vier Reihenhäuser, bei denen turmartig erhöhte Treppenhäuser mit kubischen Baukörpern abwechseln. Es war ein kurzer Ausflug zu einer funktionalistischen Orientierung, denn für die Biennale in Venedig 1934 konzipierte Hoffmann wieder ein streng neoklassizistisches Gebäude, das dem herrschenden Zeitgeist wohl mehr entgegenkam.

◄ ► Palais Stoclet, Brüssel, 1905–1911

Höger Fritz

▼ Chilehaus, Hamburg,
1922–1924

► Kontorhaus Sprinkenhof,
Hamburg, 1927–1943,
mit Hans und Oskar Gerson

Fritz Höger (1877–1949) besuchte im Anschluss an eine Maurer- und Zimmermannslehre 1897–1899 die Baugewerkschule in Hamburg. Nach Anstellung im Büro Lundt & Kallmorgen und bei Fritz Oldenburg machte sich Höger 1907 selbstständig. Er zählt zu den Vertretern des deutschen Expressionismus, die vorzugsweise mit Backstein bauten. Der Grundriss des Chilehauses in Hamburg (1922–1924) wird wesentlich durch den Straßenverlauf vorgegeben. In einer dramatischen Geste läuft das höhengestaffelte Kontorhaus mit Klinkerfassade an der Ostseite spitz zu. Wie in den weiteren Arbeiten bestimmt eine kunstvolle, dekorative Verwendung der meist dunklen Ziegel die Fassaden und wirkt der Massigkeit der Gebäudekörper entgegen. Dies gilt auch für die Erweiterung der Zigarettenfabrik Reemtsma, ehemals Haus Neuerburg, in Hamburg (1926–1929), den Turm des „Hannoverschen Anzeigers" in Hannover (1927–1928) und das Rathaus in Wilhelmshaven-Rüstringen (1927–1929). Das mit Hans und Oskar Gerson erbaute Kontorhaus Sprinkenhof in Hamburg (1927–1943) wird von rautenförmigen, teilweise goldglasierten Klinkerbändern geziert, in deren Mitte sich bunte Knöpfe befinden. Die Kirche am Berliner Hohenzollernplatz (1930–1933) wirkt straffer gestaltet, folgt jedoch ähnlichen Detaillösungen. 1934–1936 war Höger Professor an der Nordischen Kunsthochschule in Bremen und wurde Mitglied der NSDAP, erhielt aber keine Staats- oder Parteiaufträge.

„Äußerlich wird der Bau natürlich in Klinkern ausgeführt unter sparsamer Verwendung von Goldklinkern. Auch im Äußeren wird in der Schlichtheit und den guten Verhältnissen des Ganzen die Größe des Bauwerks angegeben."

Holabird & Roche

„Diese frühen Baumeister Chicagos gehörten keiner Schule an, sie bauten einfach das, was man von ihnen verlangte. Doch die neue, an den Hochschulen ausgebildete und ästhetisch anspruchsvolle Architekturgeneration stand bereits vor der Tür."

▼ Marquette Building, Chicago, 1891–1895   ▶ Stevens Hotel, Chicago, 1927

William Holabird (1854–1923), der im Architekturbüro von William Le Baron Jenney gelernt hatte, und Martin Roche (1855–1927) gründeten zu Beginn der achtziger Jahre ein gemeinsames Büro in Chicago. Beide entwarfen zunächst Einfamilienhäuser und Villen, bevor sie mit dem

Tacoma Building, einem 13-stöckigen Büro- und Geschäftshaus in Chicago (1887–1889), ihren Durchbruch erzielten. Sie entwarfen in der folgenden Zeit zahlreiche mehrgeschossige Geschäfts- und Bürohäuser im Stahlskelettbau. Dazu entwickelte das Büro konstruktive Verbesserungen wie die diagonale Windaussteifung oder die genietete Gerüstkonstruktion. Das Marquette Building (1891–1985) mit seinen breiten Glasfenstern und dem weitgehenden Verzicht auf Dekor folgte Louis Sullivans Vorschlägen für den Hochhausbau. Beim McClurg Building (1899–1900) gestalteten Holabird & Roche die Fassade allein aus der Proportionierung und Differenzierung der konstruktiven Elemente. Die tragenden und nicht tragenden Teile sind deutlich voneinander getrennt. Bautechnische Funktionen zwischen Stütze, Balken und Sprossen sind durch Unterbrechung der jeweils untergeordneten Teile sichtbar gemacht. Das Büro übernahm auch in der folgenden Zeit zahlreiche Aufträge für renommierte Projekte wie das 1927 eröffnete Stevens Hotel. Holabird & Roche gehörten zu den wichtigsten Vertretern der ersten Generation der Chicago School. In 45 Jahren ihrer gemeinsamen Zeit schufen Holabird & Roche über 72 Bauten in der Innenstadt von Chicago und bestimmten so maßgeblich das Stadtbild.

Holabird & Root

▼ General Exhibits Building auf
der Weltausstellung „A Century
of Progress" in Chicago, 1933

▶ 333 North Michigan
Avenue Building, Chicago,
1927–1928

John Augur Holabird (1886–1945) und John Wellborn Root (1887–1963) übernahmen 1928 das Chicagoer Unternehmen von Holabird & Roche, nachdem beide Seniorpartner verstorben waren. John A. Holabird, Sohn des Firmengründers, reiste nach Abschluss seiner Ingenieursausbildung (1907) zum Architektur-

studium nach Europa. An der École des Beaux-Arts in Paris traf er auf John W. Root, den Sohn von John Root von Burnham & Root, der 1909 sein Architekturstudium an der Cornell University abgeschlossen hatte. Nach ihrer Rückkehr arbeiteten beide bei Holabird & Roche. Das 26-stöckige Gebäude der „Daily News" in Chicago (1925–1929) beherbergt Produktion und Büros des Zeitungsunternehmens. Durch niedrige nördliche und südliche Seitenflügel wurde ein Platz zum Chicago River hin geschaffen. Das 333 North Michigan Avenue Building (1927–1928) bildet mit seiner Höhe und schlichten Eleganz eine städtebauliche Dominante, ebenso wie das Gebäude des Chicago Board of Trade (1928–1930), damals mit seinen 45 Stockwerken das höchste Gebäude der Stadt, das von einer 10 m hohen Aluminiumstatue bekrönt wurde. Für die Weltausstellung „A Century of Progress" von 1933 in Chicago bauten sie das zweistöckige Ausstellungsgebäude der Firma Chrysler und das Travel and Transportation Building. Dessen sakral wirkende Kuppelkonstruktion aus zwölf Stahltürmen und einem mit Stahlseilen abgehängten Dach schuf einen stützenfreien Ausstellungsraum mit einem Durchmesser von 60 m. 1945 änderte das Büro mit dem Beitritt von Joseph Z. Burgee seinen Namen in Holabird, Root and Burgee (mit William H. Holabird III). Von 1957 an firmierte das Unternehmen erneut unter Holabird & Root.

Holl Steven

**Kapelle St. Ignatius, Seattle,
1994-1997**

Steven Holl (*1947) studierte bis 1976 an der University of Washington und der Architectural Association in London, anschließend gründete er ein Büro in New York. Nach Lehraufträgen an der University of Washington und der University of Pennsylvania ist Holl seit 1981 als Professor an der Columbia University in New York tätig. Zu seinem frühen Werk gehören das Hybrid Building in Seaside, Florida (1988), ein experimenteller Wohnungsbau in Fukuoka, Japan (1989-1991), und das Haus Stretto in Dallas, Texas (1990-1992). Das für Holl typische Spiel mit variierendem Lichteinfall kommt bei dem Büro der Maklerfirma Shaw in New York (1991-1992) besonders zum Tragen. Raffiniert gesetzte pigmentierte Flächen färben das Licht, das durch sparsame Öffnungen in den würfelförmigen Eingangsbereich dringt. In Zusammenarbeit mit dem Künstler Vito Acconci entwarf Holl 1994 die fenster- und türenlose Außenfassade der Galerie Art & Architecture in New York (1992-1993). Die Fassade wird über senkrecht und waagerecht schwenkbare Platten von unterschiedlicher Größe geöffnet. Es entstanden weiterhin die Kapelle St. Ignatius in Seattle, Washington (1994-1997), und das Kiasma Museum für Zeitgenössische Kunst in Helsinki (1992-1998) mit einem ungewöhnlichen Zuschnitt, der sich aus der Durchdringung zweier Baukörper ergibt, ein rein orthogonaler und einer mit gebogener Außenwand. Das Bürogebäude in der Sarphatistraat in Amsterdam (1996-2000) wurde als Erweiterung an einen bestehenden Klinkerbau aus dem 19. Jahrhundert gesetzt. Die Fassade ist mit perforiertem Kupfer verkleidet und steht in reizvollem Kontrast zum Altbau. Innen setzt sich das Lochmuster in der Gestaltung der Wände fort. Fensteröffnungen sind teilweise von dem durchlässigen Kupferblech verdeckt, teilweise sind Fenster mit farbigen Scheiben versehen. 1997-2001 wurde das Bellevue Art Museum in Washington realisiert. Holl konzipierte ein Haus mit Ausstellungsflächen auf drei Ebenen. Das leuchtende Rot der Fassaden wird durch tiefe Einschnitte unterbrochen. Bei dem Studentenwohnheim Simmons Hall in Cambridge, Massachusetts (1999-2002), wurde die in einem langen Entwurfsprozess gefundene Gestalt – tituliert als „Schwamm"– zwar optisch erhalten, durch diverse Sicherheitsvorschriften aber im funktionalen Kern beschädigt, sodass die erwünschten Bereiche für informelle Begegnung kaum noch vorhanden sind.

*„Vorstellungen, nicht Formen oder Stile,
sind das vielversprechendste Erbe
der Architektur des 20. Jahrhunderts."*

Hollein Hans

*„Form folgt nicht Funktion. Form entsteht nicht von selbst.
Es ist die große Entscheidung des Menschen, die Gebäude als
Würfel, als Pyramide oder als Kugel zu machen. Form in
der Architektur ist vom Einzelnen bestimmte, gebaute Form."*

Kerzengeschäft Retti, Wien,
1964–1965

Hans Hollein (1934–2014) studierte zunächst in
Wien an der Bundesgewerbeschule und bis 1956
an der Akademie der Bildenden Künste unter
Clemens Holzmeister, danach am Illinois Institute of Technology in Chicago. An der University
of California in Berkeley schloss er 1960 sein
Architekturstudium ab. In den folgenden Jahren
entstanden Serien visionärer Farbcollagen, in denen sich Steingebilde und überdimensionale
Baumaschinen auf Stelzen über die Stadthori-
zonte von Wien oder New York erheben. Auch
die Zeichnungen aus der Zusammenarbeit mit
Walter Pichler enthalten Ansätze zu einer neuen,
autonomen Architektur. Seine ersten prakti-
schen Arbeiten waren Aus- und Umbauten, wie
beim Kerzengeschäft Retti in Wien (1964–1965).
Die oft schmalen Fassaden setzten sich spektakulär von ihrer Umgebung ab. Blickfang der Richard Feigen Gallery in New York (1967–1969)
beispielsweise war eine verchromte Zwillings-
säule am asymmetrischen Eingangsausschnitt
der glatten Front. 1967–1976 unterrichtete
Hollein an der Staatlichen Akademie in Düsseldorf. Für die Firma Siemens übernahm er die
Inneneinrichtung der Hauptniederlassung in
München (1970–1972). 1974 war das Juwelier-
geschäft Schullin in Wien fertiggestellt: Ein in die
äußere Verkleidung „gebrochener" Riss, der sich
bis in die Eingangstür fortsetzt, wurde hier zur
optischen Sensation. Beim Städtischen Museum
am Abteiberg in Mönchengladbach (1972–1982)
fügte Hollein verschiedene in den Hang gesenk-
te Baukompartimente zu einem Komplex zusammen. Mit den an den Ecken geöffneten und verbundenen Ausstellungsräumen entstanden
hochspannende Raumfolgen und neue funktionale Lösungen, die bis ins Detail gestalterisch
durchgeplant wurden. 1976–1978 baute er den
Hauptsitz des österreichischen Verkehrsbüros in
Wien, bei dem er witzig verfremdete Reisezitate
wie goldfarbene Palmen und antike Säulen-
stümpfe in einen glasüberwölbten Pavillon
stellte. Wie die New Yorker Filiale des Münchner
Modehauses Ludwig Beck im Trump Tower
(1981–1983) ist allerdings auch diese Einrichtung
inzwischen zerstört. Beim Museum für Moderne
Kunst in Frankfurt am Main (1982–1991) füllt ein
großes Tortenstück mit zeichenhaft gesetzten
Fenstereinschnitten das dreieckige Grundstück
aus. In den Fassaden des auf fächerförmigem
Grundriss errichteten Haas Hauses in Wien
(1985–1990) spiegelt sich der Stephansdom. Der
mehrstöckige Bau mit Läden, Büros und einem
Restaurant ist im Inneren aufwendig und prunk-
voll gestaltet. 1996–2001 entstand das Gebäude
der Interbank in Lima, Peru; 1994–2002 konnte
Hollein die Gebäude des Themenparks Vulcania
in Saint-Ours-Les-Roches, Frankreich, realisieren. Nicht nur in Architektur, Design und Kunst,
auch auf dem Gebiet der Ausstellungsgestaltung
engagierte sich Hollein. Hervorzuheben sind die
Papier-Ausstellung am Wiener Design Zentrum
(1971–1972), „Man Transforms" im New Yorker
Cooper-Hewitt Museum (1974–1976), „Die Tür-
ken vor Wien" im Wiener Künstlerhaus (1983)
und „Traum und Wirklichkeit" (1985) am gleichen
Ort. 1976–2002 lehrte er als Professor an der
Hochschule für angewandte Kunst in Wien.

Hood Raymond

▾ Rex-Cole-Ausstellungsräume,
New York, 1929–1933

▸ Rockefeller Center, New York,
1931–1940, mit Reinhard &
Hofmeister, Corbett, Godley,
Harrison & MacMurray

Raymond Hood (1881–1934) studierte am Massachusetts Institute of Technology in Cambridge und an der École des Beaux-Arts in Paris. Das gemeinsame Büro mit Frederick A. Godley und Jacques André Fouilhoux (1924–1931) führten Hood und Fouilhoux nach dem Ausscheiden Godleys alleine weiter. 1922 gewann Hood gemeinsam mit John Mead Howells den Wettbewerb für den Chicago Tribune Tower (1922–1925). Das neugotische, stark vertikal gegliederte Gebäude wird von einem verspielten Aufsatz mit Türmchen und Rundbogenfenstern bekrönt. Neugotische Ornamentierung in Goldtönen kam auch bei dem mit John Mead Howells 1924 fertiggestellten American Radiator Building in New York zum Tragen, das großenteils aus schwarzem Ziegel besteht. Hoods Stil änderte sich in der Folgezeit grundlegend und das mit Fouilhoux realisierte McGraw-Hill Building in New York (1928–1931) wurde 1932 in der Ausstellung zum International Style im Museum of Modern Art in New York präsentiert. Die schlichte Fassade des horizontal betonten Hochhauses besteht aus Keramikplatten und Blechverkleidungen und wird von Fensterbändern durchzogen. Schmucklos und klar strukturiert war auch das Daily News Building in New York (1929–1930), dessen Stahlrahmenkonstruktion mit weißem Mauerwerk, Terrakotta und Glas gefüllt war. Zu Hoods Werk zählt ebenfalls das gemeinsam mit Reinhard & Hofmeister, Corbett, Godley, Harrison & MacMurray errichtete Rockefeller Center in New York (1931–1940). Der Komplex aus mehreren scheibenförmigen Hochhäusern – ausnahmslos mit Fassaden aus Kalkstein, Aluminiumsprossen und Glas – war aufgrund seiner Fußgängerzonen und Plätze für die weitere New Yorker Stadtentwicklung von Bedeutung. Die künstlerische Ausstattung im Art Déco umfasst einige bemerkenswerte Wandbilder.

Horta Victor

„Untersucht man die Komposition, so geht sie tatsächlich vom Haus oder, genauer gesagt, von der Architektur zum Mobiliar über – und das bringt eine solche Freude, dass man sich von den Ärgernissen der Baupraxis ausruhen kann."

▼ Grand Bazar Anspach, Brüssel, 1903

► Haus Tassel, Brüssel, 1892–1893

Victor Horta (1861–1947) studierte an den Académies des Beaux-Arts in Gent und Brüssel. 1880 wurde er zunächst Mitarbeiter im Büro des Architekten Alphonse Balat. Nach verschiedenen kleineren Arbeiten realisierte er 1892–1893 das Haus Tassel in Brüssel, eines der Hauptwerke des frühen Jugendstils. Zum ersten Mal wurde hier Eisen als Konstruktions- und gleichzeitig Gestaltungselement im Bereich des privaten Wohnbaus sichtbar eingesetzt. An die Stelle des üblichen Korridors tritt ein achteckiger Raum; die Geschosse werden über eine eiserne Treppe erschlossen. Ähnliche Arbeiten folgten, so das Haus Autrique (1893) und das Haus Winssinger (1895–1896). Zur Jahrhundertwende wurden das Haus Solvay (1895–1900), das auch innen komplett von Horta ausgestattet wurde, und das Stadthaus für den Baron van Eetvelde (1897–1900) fertiggestellt. Neue, größere Bauaufgaben erhielt er mit dem Verwaltungs- und Versammlungsgebäude für die belgische Sozialistische Partei, dem Maison du Peuple (1896–1899), und dem Kaufhaus „A l'Innovation" (1901–1903). Alle diese Gebäude entstanden in Brüssel. Ab 1897 unterrichtete Horta an der dortigen Freien Universität, wurde 1912 Professor an der Académie des Beaux-Arts und 1927 deren Direktor. In seinen späteren Jahren folgte er einer strengeren Richtung, wie etwa am Stahlbetonbau des Brüsseler Palais des Beaux-Arts (1922–1928) abzulesen ist.

◄ Haus van Eetvelde,
Brüssel, 1897–1900

▼ Kaufhaus „A l'Innovation",
Brüssel, 1901–1903

Howard Ebenezer

▼ Werbeblatt für Welwyn Garden City, undatiert

► Sollershot Hall, Letchworth, England, 1911

Ebenezer Howard (1850–1928) wanderte im Alter von 21 Jahren nach Amerika aus, versuchte sich erfolglos als Farmer, arbeitete dann als Reporter und lernte die Schriften von Walt Whitman und Ralph Waldo Emerson kennen. 1876 kehrte er nach England zurück und fand eine Stelle bei Hansard, einem Verlag, der Mitschriften von Parlamentssitzungen veröffentlichte, die er sein Leben lang behielt. Nebenbei beschäftigte Howard sich mit Ideen von utopischen Gesellschaften wie etwa in Edward Bellam's Roman „Looking Backward". Mit seinem Buch „Tomorrow: A peaceful Path to Real Reform" von 1898, das 1902 als „Garden Cities of Tomorrow" veröffentlicht wurde, plädierte Howard für neue Städte, die der Bedrohung der Lebensqualität durch die Umwälzungen im Gefolge der Industrialisierung entgegenwirken sollten. Howards Idealstädte sollten Luftverschmutzung, drangvolle Enge und Kriminalität als Begleiterscheinungen des Stadtlebens verhindern. In seinem Diagramm „The Three Magnets" stellte er Vor- und Nachteile von Stadt und Land gegenüber, „Town-Country" bildete dabei den dritten „Magneten". Die nach seiner Idee um ein Hauptzentrum ringförmig anzuordnenden Vor- oder Gartenstädte lagen innerhalb von landwirtschaftlich genutzten Flächen, waren in der Größe beschränkt und vollständig durchgeplant. Ein zentrales Geschäfts- und Kulturviertel sollte von Wohnbauten umgeben und von Erschließungsachsen und Grünzonen durchzogen sein. Als maximale Größe einer Gartenstadt nahm Howard 32 000 Einwohner an, als optimale Verdichtung 30 Wohnhäuser pro Hektar. 1899 gründete Howard die Garden Cities Association zur Verbreitung der Idee und es entstand mit Letchworth Garden City ein erstes Modell nördlich von London, das auf Howards Empfehlung von Barry Parker und Raymond Unwin geplant wurde. 1919 folgte Welwyn Garden City als Nachfolgeprojekt, es wurde von Louis de Soissons geplant.

Yesterday

Living and Working in the Smoke

To-day

Living in the Suburbs – Working in the Smoke

To-morrow

Living & Working in the Sun at WELWYN GARDEN CITY

HPP (Hentrich-Petschnigg & Partner)

Helmut Hentrich (1905–2001) studierte in Wien und an der Technischen Hochschule in Berlin. Vor der Gründung seines Büros in Düsseldorf 1933 hielt er sich zwei Jahre in Paris und New York auf, wo er für Norman Bel Geddes arbeitete. 1935–1953 unterhielt er eine Partnerschaft mit Hans Heuser, danach mit Hubert Petschnigg (1913–1997). Sie errichteten das Hochhaus der Phoenix-Rheinrohr AG in Düsseldorf (1956–1960), das sich aus drei gegeneinander versetzten, unterschiedlich hohen Scheiben zusammensetzt. In Zusammenarbeit mit Ove Arup entstand das Gebäude der Standard Bank in Johannesburg, Südafrika (1965–1970), ein 139 m hohes Hängehaus.

◀ Standard Bank, Johannesburg, 1965–1970, mit Ove Arup

▶ Verwaltungsgebäude der Phoenix-Rheinrohr AG, Düsseldorf, 1956–1960

International Style

Im 19. Jahrhundert entwickelte sich parallel zu stilistischen Architekturdebatten die Vorstellung, dass die Beachtung und Einarbeitung funktionaler Aspekte in den Bauentwurf ein Mittel zur Erringung architektonischer Qualität sei. So plädierte Eugène-Emmanuel Viollet-le-Duc in seinem 1881 veröffentlichten einflussreichen Buch „Entretiens sur l'architecture" für eine Baukunst, die die physikalischen Eigenschaften und konstruktiven Möglichkeiten neuer Baustoffe wie etwa Eisen nutzte. Louis Sullivan behauptete 1896, die Form sei der Funktion nachgeordnet („form follows function"), wobei die Anschauungen darüber, was zu den Funktionen eines Gebäudes gehöre, durchaus unterschiedlich waren und sind. Im 20. Jahrhundert entstand weiter die Theorie, es sei möglich, rein nach funktionalistischen Gedanken und in einem „wissenschaftlichen" Entwerfen (Hannes Meyer) zu notwendig richtigen Baulösungen zu kommen. Eine Betrachtung der gebauten Werke des Funktionalismus macht aber deutlich, dass in Wirklichkeit der Entwerfer auch andere, oft nicht eingestandene Aspekte in die Planung einbrachte, wie etwa die „malerische" Anordnung der Gebäudeteile des Bauhauses von Walter Gropius in Dessau zeigt. Daneben stand das Wort Rationalismus am eindeutigsten für ein Architekturverständnis, das sich im Glauben an eine bessere Gesellschaft vom Prinzip des Individuellen lösen wollte und die Gestaltung in den Dienst des sozialen Fortschritts stellte. Dazu sollten industrielle Bauweisen, ornamentlose Fassaden und standardisierte Pläne beitragen. Aus dem Umstand, dass die besten modernen Bauwerke ihrer Zeit weit mehr künstlerische Aspekte enthielten als der funktionalistische Gedanke nahelegte, kamen Henry-Russell Hitchcock und Philip Johnson zur Definition eines neuen Stils, der unabhängig von nationalen Bewegungen umfassend zu beschreiben sei. Der Begriff „Internationaler Stil" wurde zum ersten Mal 1932 im Titel ihres Buches „The International Style: Architecture since 1922", das gleichzeitig zu einer Wanderausstellung des Museum of Modern Art erschien, verwendet. Als ästhetische Merkmale des Internationalen Stils galten geradlinige Formen, Asymmetrie, Stahl-Glas-Konstruktionen (oft mit großen horizontalen Fensterbändern), Schmucklosigkeit, weiße Putzfassaden, freie Grundrisse und Flachdächer. Auch wenn die Formulierung eines Stilbegriffs die Intentionen der modernen Bewegung in den zwanziger und dreißiger Jahren kaum widerspiegelte, gelang Hitchcock und Johnson eine Loslösung von der breiten europäischen Theoriediskussion, in der sich noch Begriffe wie Neoplastizismus, Futurismus, Konstruktivismus und Rationalismus mit Neuem Bauen und Neuer Sachlichkeit kreuzten. Nach 1945 entwickelte sich der Internationale Stil besonders durch konsequente Anwendung der – meist gläsernen – Vorhangfassade weiter.

NÁŠ ZÁKAZNÍK – NÁŠ PÁN

I NEJKRÁSNĚJŠÍ DÁMSKÝ STŘEVÍČEK Kč 69·⁻

I NEJDOKONALEJŠÍ PÁNSKÁ POLOBOTKA Kč 99·⁻

ODBORNÉ OŠETŘENÍ NOHOU

◄ Walter Gropius, Großsiedlung Törten bei Dessau, 1926–1928

► Ludvík Kysela, Schuhgeschäft Bata, Prag, 1927–1929

►► Le Corbusier, Villa Stein-de Monzie, Vaucresson, Frankreich, 1926–1928

Iofan Boris Mihailovich

▼ Sanatorium, Barvikha,
Sowjetunion (heute Russland),
1929–1933

► Sowjetischer Pavillon auf der
Weltausstellung in New York, 1939

Boris Michailovic Iofan (1891–1976) lernte zunächst an der Künstlerischen Lehranstalt in Odessa. 1914 ging er nach Rom, um an der Accademia di Belle Arti zu studieren. 1923 entwarf er die Botschaft der UdSSR in Rom im klassizistischen Stil, 1924 kehrte er in seine Heimat zurück. Persönliche Kontakte brachten ihm einige Aufträge der Regierung ein, zum Beispiel den Bau eines großen, sachlich-modern gestalteten Wohnbaus mit Kino in der Nähe des Kreml, Moskau (1928–1931). Wegen seines Hangs zu einem pathetischen Monumentalismus konnte er in der Stalinzeit weiterarbeiten. Für die Pariser Weltausstellung baute er den sowjetischen Pavillon (1937) mit einem skulpturalen Turm, bekrönt von einer Statue der Bildhauerin Vera Muchina. Äußerlich durch die frontale Gegenposition zum deutschen Pavillon Albert Speers Konfrontation symbolisierend, trug er mit der kitschigen Ausstellungpräsentation und dem

demonstrativen Führerkult den gewandelten Bedingungen in der Sowjetunion Stalins Rechnung. Zusammen mit Wladimir Schtschuko und Wladimir Gelfreich arbeitete er von 1931–1956 an einem monumentalen Entwurf für den Sowjetpalast in Moskau (1931–1956), der hoch in den Himmel aufragen sollte. Die Wirkung der neoklassizistischen Elemente wurde durch die großen Dimensionen gesteigert. Der hohe zylindrische Bau auf einem massiven Sockelgebäude sollte eine riesige Stalinstatue tragen. Der auf den Personenkult ausgerichtete Bau wurde 1937 begonnen, nach der Fertigstellung der Fundamente wurde das Projekt jedoch eingestellt. Realisiert werden konnte der sowjetische Pavillon auf der New Yorker Weltausstellung (1939). Hier wurde der Art-Déco-Stil ins Monumentale gewendet. Für das Zentralkomitee in Moskau entstand ein repräsentativer, aber weniger zeichenhafter Bau in Moskau (1930–1950).

Isozaki Arata

„Alle Bauwerke, die ich für besonders gelungen halte, haben heftige Kontroversen ausgelöst."

▼ Iwata-Hauptschule, Oita, Japan, 1963–1964

► Kunstturm in Mito, Japan, 1986–1990

Nach seinem Studium bei Kenzo Tange an der University of Tokyo (bis 1954) sammelte Arata Isozaki (*1931) praktische Erfahrung in dessen Büro. 1963 gründete er in Tokio ein eigenes Büro, arbeitete aber weiterhin für Tange, unter anderem an dem Entwurf für die Festival Plaza auf der Expo '70 in Osaka, Japan (1966–1970). Isozakis erstes realisiertes Kunstmuseum war das Museum für moderne Kunst in Takasaki, Japan (1971–1974), bestehend aus rechtwinklig angeordneten 12 m großen Würfeln. Diagonal dazu verläuft ein von Wasser umgebener Anbau mit einer Freifläche im unteren Bereich. Zu seinen bekanntesten Werken in Japan zählen das Tsukuba Center Building in Tsukuba (1979–1983), der Kunstturm in Mito (1986–1990), ein gedrehter Aluminiumturm, das B-con Plaza in Oita (1991–1995) und das Museum für moderne Kunst in Nagi (1991–1994), das die Werkstoffe Holz, Stein und Metall kombiniert. Das Museum besteht aus drei Teilen, einer Röhre, einem Halbmond und einem lang gestreckten Flachbau, ursprünglich für die Ausstellungen drei verschiedener Künstler entworfen. Auch im Ausland verwirklichte Isozaki einige bedeutende Projekte, unter anderem das Museum of Contemporary Art in Los Angeles, Kalifornien (1981–1986), das Zentrum für japanische Kunst und Technologie in Krakau, Polen (1990–1994), und den Palau Sant Jordi (1983–1992) für die Olympischen Spiele 1992 in Barcelona. Der Kulturkomplex Higashi Shizuoka in Shizuoka, Japan (1993–1998), mit seinen hohen gekrümmten Seitenwänden und der gerundeten Rückseite ist eine Mischung aus japanischer Tradition und Moderne. 1994–1999 entstand das Center of Science and Industry in Columbus, Ohio. In Deutschland errichtete Isozaki das Gebäude der Berliner Volksbank nahe dem Potsdamer Platz (1993–1998). Seit 1964 unterrichtet Isozaki an der University of Tokyo, Gastprofessuren an Harvard University, Yale, der UCLA und anderen schlossen sich an.

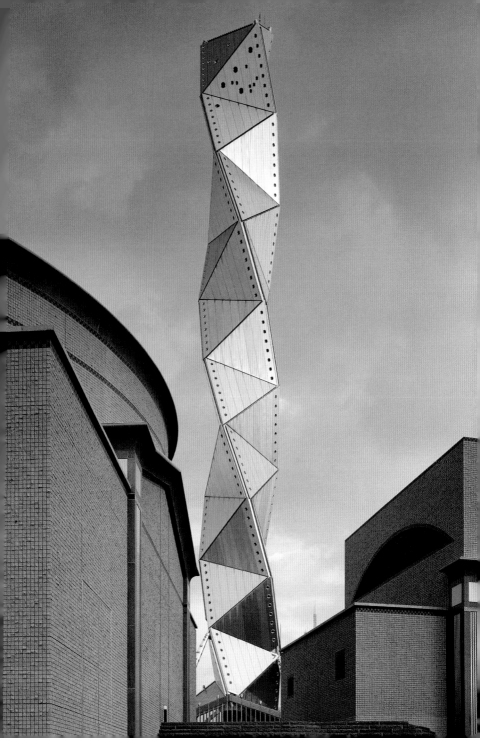

Ito Toyo

„Mikrochips erzeugen Bilder, die sich deutlich von denen mechanischer Objekte unterscheiden. Dabei handeln diese Bilder nicht von Formen, sondern eher von Räumen, in denen unsichtbare Dinge fließen. Man könnte diese Räume als ein transparentes Feld beschreiben, aus dem – als ein Ergebnis dieses Flusses – verschiedene fantastische Formen auftauchen. Dabei sind nicht so sehr die entstandenen Formen von Bedeutung, sondern das Bild eines Raumes, der die Entstehung dieser Formen ermöglicht."

Turm der Winde,
Yokohama, 1986

Nach seinem Studienabschluss 1965 an der University of Tokyo arbeitete Toyo Ito (*1941) vier Jahre für Kiyonori Kikutake, bevor er 1971 sein eigenes Büro in Tokio gründete. Transparenz und Vergänglichkeit prägen seinen Stil. Seine Fähigkeit, eine leichte, unbeschwerte Architektur zu schaffen, stellte er bei allen seinen Projekten unter Beweis. Zu Beginn seiner Laufbahn entwarf er sein eigenes Wohnhaus, die Silver Hut Residence, Tokio (1984), und den Turm der Winde, Yokohama, Japan (1986), einen Lüftungsschacht von 21 m Höhe aus Aluminium- und Acrylglasplatten. Anfang der neunziger Jahre errichtete Ito mehrere Gebäude in Yatsushiro: das Städtische Museum (1989–1991), ein Seniorenwohnheim (1992–1993) und eine Feuerwache (1995). In dieser Zeit entstand auch das Shimosuwa Lake Suwa Museum in Nagano, Japan (1993), dessen Konstruktion aus Beton an ein umgedrehtes Boot erinnert. Nur mit fortentwickelter CAD-Technik war der Zuschnitt der Aluminiumplatten, die das Gebäude verkleiden, zu lösen. Bei der Nagaoka Lyric Hall in Nagaoka, Japan (1996), mit ihrem wellenförmig verlaufenden, gekrümmten Dach und dem futuristischen Odate Jukai Dome Park in Odate, Japan (1997), mit einer lichtdurchlässigen, fast bis auf den Boden reichenden Kuppel bestimmen die Dachformen den Gesamteindruck. Bei dem an einem Hang gelegenen Ota-Ku Resort Complex in Nagano, Japan (1998), auf dem Grundriss eines Halbmondes, scheut sich Ito nicht, ein einfaches Pultdach aus Wellblech zu verwenden. 1995–2000 entstand die Mediatheque in Sendai, Miyagi, Japan, die mit ihrer transparenten Glasfassade Einblicke in das von weißen Stahlröhren durchdrungene Gebäude gibt. Mit der aufgelösten Form der Tragstruktur betrat Ito einen neuen Weg, der sich im Ausstellungspavillon der Serpentine Gallery in London (2002) weiter fortsetzte. Die in der Moderne übliche Trennung von Stütze und Fassade wird aufgehoben, Fenster sind nicht in Wände eingeschnitten, sondern ergeben sich als Restflächen zwischen den Strukturelementen. Die Formfindung greift dabei auf Inspirationen aus der Natur zurück, so sind die Fassaden von dem Kaufhaus Tod's in Tokio (2002–2004) aus dem Bild sich überlappender Baumkronen entstanden, die Fenster des Mikimoto-Gebäudes in Tokio (2003–2005) erinnern eher an fallende Blätter.

Jacobsen Arne Emil

▼ Wohnsiedlung Bellavista, Klam-   ► Bellevue-Theater, Klampenborg,
penborg, Dänemark, 1934–1935   Dänemark, 1935–1937

Im Anschluss an eine Maurerlehre besuchte
Arne Jacobsen (1902–1971) bis 1928 die Königliche Kunstakademie in Kopenhagen, an der er
auch 1956–1962 in der Lehre tätig war. Er verhalf
der dänischen Moderne zum Durchbruch und
neben zahlreichen Häusern, Schulen, Fabriken
und öffentlichen Gebäuden entwarf er auch
Möbel, Leuchten, Bestecke und Textilien. Neben
der Anlehnung an den International Style griff
Jacobsen auch auf landestypische Verfahren
wie den Ziegelbau zurück. Einen Namen machte er sich durch das runde „Haus der Zukunft"
mit einem Hubschrauberlandeplatz auf dem

Dach, das er mit Flemming Lassen für eine
Kopenhagener Ausstellung (1929) entwarf. Bei
der weiß verputzten, drei- bis vierstöckigen
Wohnsiedlung Bellavista in Klampenborg,
Dänemark (1934–1935), mit Flachdächern und
gestaffelter Fassade wird den kubischen For-
men am jeweiligen Ende der Häuserzeile eine
umlaufende runde Balkonbrüstung angefügt.
Zur Auflockerung tragen ebenso die über den
Balkonen angebrachten Schattengitter bei.
Geschickte Staffelung prägt auch die Reihen-
haussiedlung Søholm I in Klampenborg,
Dänemark (1946–1951). Zu Jacobsens Werk

zählen weiter das Rathaus in Rødovre, Dänemark (1952–1956), mit glatter Glasfassade und die Fabrikanlage Carl Christensen in Ålborg, Dänemark (1956), mit kantigen, geschlossenen Gebäudekörpern aus Mauerwerk und einem hoch aufragenden, runden Schornstein aus Edelstahl. Besonderheit der Munkegård-Schule aus gelbem Ziegelmauerwerk in Søborg (1948–1957) ist die Anlage von gepflasterten Freiräumen, die sich an die ebenerdigen Klassenräume anschließen. Das schlanke Hochhaus des SAS Royal Hotels in Kopenhagen (1958–1960) hat eine Vorhangfassade aus graublauem Glas zwischen Aluminiumprofilen. Hier entwarf er außerdem für die Innenausstattung zahlreiche Details, von Aschenbechern bis zu den berühmten Sesseln „Ei" und „Schwan". Zu seinen internationalen Aufträgen zählen das St. Catherine's College in Oxford, England (1959–1964), und zwei gemeinsam mit Otto Weitling errichtete Gebäude in Deutschland: das aus mehreren versetzt angeordneten Scheiben bestehende Verwaltungshochhaus der Hamburgischen Elektrizitätswerke (1963–1968) mit Glasfassade und das mit Naturstein verkleidete Mainzer Rathaus (1970–1973).

„Das Primäre sind die Proportionen – die Proportionen sind es, die die alten griechischen Tempel klassisch in ihrer Schönheit machen. Sie sind wie große Blöcke, wo die Luft buchstäblich zwischen den Säulen herausgehauen dasteht."

▶ SAS Royal Hotel, Kopenhagen, 1955–1960

▼ Rathaus in Rødovre, Dänemark, 1952–1956

Jensen-Klint
Peder Vilhelm

Nach seiner Ausbildung zum Ingenieur (1878–1885) studierte Peder Vilhelm Jensen-Klint (1853–1930) Malerei an der Königlich Dänischen Kunstakademie in Kopenhagen. Direkt im Anschluss an sein Studium konnte er das Haus Holm in Hellerup, Dänemark (1896), bauen.

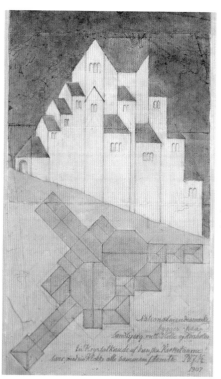

Weiterhin entstanden Villen in Klinkerbauweise wie das Gutsverwalterhaus in Nykøbing Falster (1905–1906) und das Haus des Komponisten Thorvald Aagaard in Ryslinge (1907), alle in Dänemark. Jensen-Klint hatte 1913 den zweiten Preis bei einem Wettbewerb zum Bau eines Denkmals für Nikolai Frederik Severin Grundtvig gewonnen; da sein Plan neben dem Denkmal aber auch einen Kirchenbau mit vorsah, erhielt er den Realisierungsauftrag. Mit dem Bau der Grundtvigkirche in Kopenhagen wurde allerdings erst 1921 begonnen und die Vollendung zog sich bis 1940 hin, nun betreut durch Jensen-Klints Sohn Kaare Klint. Die Lisenen der Backsteinfassade streben wie Orgelpfeifen in die Höhe und überragen weit den dreieckigen, abgetreppten Eingangsbereich mit bogenförmigen Türen. Dabei wurden hier handgeformte gelbe Klinker verwendet. Die umgebenden Häuser wurden 1924–1926 von Jensen-Klint mit Charles I. Schou und Georg Gøssel geplant und gebaut. Die Friedenskirche Odense in Dänemark (1913–1920), die früher vollendet werden konnte, zeigt viele der Gestaltungsmerkmale der Grundtvigkirche in kleinerem Maßstab.

„Ich möchte ausdrücklich von Dachpappe abraten, da dies meiner Meinung nach eines der hässlichsten Materialien überhaupt ist. Für Holzschuppen oder Ähnliches ist es vielleicht geeignet, da die Beständigkeit des äußeren Erscheinungsbilds hier unwesentlich ist. Gerade dies war mir jedoch besonders wichtig.“

Johnson Philip Cortelyou

▼ Haus Johnson („Glass House"),   ▶ „Roofless Church",
New Canaan, Connecticut, 1949   New Harmony, Indiana, 1960

Zunächst studierte Philip Cortelyou Johnson (1906–2005) Philologie an der Harvard University in Cambridge, Massachusetts. 1930–1936 leitete er die Architekturabteilung am Museum of Modern Art in New York und gab 1932 mit Henry-Russell Hitchcock die einflussreiche Publikation „The International Style: Architecture since 1922" zur gleichnamigen Ausstellung heraus. 1940 begann er ein dreijähriges Architekturstudium bei Walter Gropius und Marcel Breuer in Harvard und arbeitete dort ab 1942 als freischaffender Architekt. 1946 übernahm er wieder die Direktion der Architekturabteilung am New Yorker Museum of Modern Art und organisierte 1947 eine Ausstellung über Mies van der Rohe, zu dem er seit einer Deutschlandreise 1930 engen Kontakt unterhielt. Bei seinem eigenen Wohnhaus, dem „Glass House" in New Canaan, Connecticut (1949), das er kurz nach Mies van der Rohes Haus Farnsworth (1945–1951) entworfen hatte, war das Vorbild dann auch überdeutlich. In New Canaan entstanden das Haus Hodgson (1951) und das Haus Wiley (1953). 1953 folgte die gelungene Gestaltung des Skulpturenhofs des Museum of Modern Art in New York. Während Johnson noch mit Mies van

der Rohe am Seagram Building in New York (1954–1958) arbeitete, gab er den funktionellen Ernst auf und wechselte zu einer manieristisch-verspielten Formgebung. Im Hauptraum der Synagoge in Port Chester, New York (1954–1956), setzte er eine Gipsbogendecke und farbige Fensterschlitze ein, bei der Sheldon-Kunstgalerie der Universität von Nebraska (1963) symmetrische Rundbogenreihen. Geschlossene, schwere Körper bestimmten seine Bauten der sechziger Jahre, wie etwa die Kunsthalle in Bielefeld (1968). Darauf folgten gläserne Wolkenkratzer, wie das IDS Center in Minneapolis (1973) und Pennzoil Place in Houston (1970–1976). Mit dem aufsehenerregenden American Telephone and Telegraph Building (AT&T Building, heute Sony Plaza) in New York (1978–1984) mit Rundbogenportal und aufgebrochenem Giebel wechselte Johnson zu einer dezidierten Formensprache der Postmoderne, die dazu diente, das Corporate Design der Konzerne mit identitätsstiftender Symbolik zu versehen. Auch beim neugotisch anmutenden Pittsburgh Plate Glass Building in Pittsburgh, Pennsylvania (1979–1984), setzte er Architekturzitate zur Fassadenmanipulation der im Inneren standardisierten Verwaltungsgebäude ein. In öffentlichen Bauten wie etwa dem Dade County Cultural Center in Miami, Florida (1985) griff Johnson auf Atriumhöfe und andere römische Architekturanleihen zurück. In den neunziger Jahren konzipierte er das „Gate House" in New Canaan, Connecticut (1995), mit glatten Fassaden in leuchtendem Rot und Grau, die bis auf wenige, außergewöhnlich geschnittene Öffnungen geschlossen sind. Durch fehlende rechte Winkel und nur wenige gerade Linien wirkt das Haus wie eine Skulptur.

„Architekten sind mehr oder weniger Edelnutten. Wir können Projekte ablehnen so wie diese manche Freier, aber wir müssen beide auch zu jemandem Ja sagen, wenn wir im Geschäft bleiben wollen."

◄ Pittsburgh Plate Glass Building, Pittsburgh, 1979–1984

► Republik Bank Center, Houston, 1983

Jones Archibald Quincy

▼ Haus Jones Nr. 3, Los Angeles,
1965

► Wohnhaus für die Mutual
Housing Association, Los Angeles,
1946–1950, mit Whitney R. Smith

Archibald Quincy Jones (1913–1979) besuchte 1931–1936 die Architekturfakultät der University of Washington in Seattle. Bis zur Gründung seiner eigenen Firma 1945 sammelte er Erfahrung in zwei Architekturbüros in Los Angeles. 1950–1969 bestand eine Partnerschaft mit Frederick E. Emmons (1907–1999). Sein Interesse galt neben dem Entwurf einzelner Gebäude dem innovativen Siedlungsbau mit zentralen Gemeinschaftseinrichtungen und unkonventionellen Straßennetzen. An dem 1957 veröffentlichten Buch „Builders' Homes for Better Living" waren Jones und Emmons als Co-Autoren beteiligt. Der fortschrittliche Bauunternehmer Joseph Eichler, der auf Jones durch dessen 1950 zum Haus des Jahres gekröntes Einfamilienhaus in San Diego aufmerksam geworden war, beschäftigte Jones und Emmons neben anderen Architekturbüros als Planer seiner Siedlungen.

1951–1964 waren Jones und Emmons an der Errichtung zahlreicher Eichler Homes in verschiedenen Teilen Kaliforniens beteiligt. Die Häuser mit Stahlgerüst öffnen sich durch Glaswände zu ruhigen Innenhöfen, die Innenräume sind offen gestaltet und teilweise nur durch Trennwände oder Vorhänge unterteilt. Als Geste zur Versöhnung mit den Gegnern der modernen Architektur könnte es gewertet werden, wenn sich das Flachdach stellenweise zu einem seitlich verglasten Spitzgiebel erhob. 1954 entstand das aus Stahl errichtete, großzügig verglaste Jones House in Los Angeles mit einem Flachdach aus Metall. Durch einen bewachsenen Innenhof wird die Natur ins Haus geholt. Das nicht realisierte Case Study House Nr. 24 im San Fernando Valley (1961), ein für 260 Häuser geplantes Modell, ist in die Erde eingelassen. Aufgeschüttete Erdwälle und zahlreiche Bäume sollten vor ungewollten Einblicken schützen und Privatsphäre schaffen. Zu Jones' umfangreichem Werk zählen die St. Michael and All Angels Church in Studio City, Kalifornien (1962), mit einer raffinierten, lichtdurchlässigen Dachkonstruktion aus Holz, das Mandeville Center for the Arts (1968–1975) und die Annenberg School of Communications (1972–1976) der University of Southern California. Aus der Fassade des Gebäudes der Warner Bros. Records, Inc., in Burbank, Kalifornien (1971–1975), tritt ein über dem Eingang schwebender Anbau mit einer abgeschrägten Vorderfront aus Glas hervor.

Jourdain Frantz

„Unsere moderne Architektur siecht dahin, weil sie sich weigert,
der gesellschaftlichen Entwicklung und den neuen Bedürfnissen
Rechnung zu tragen, weil sie das Gesetz der Zweckbestimmung
nach Belieben verletzt; sie gibt sich als Edelkunst und ein blinder
Dünkel verleitet sie zu Anachronismen und zu Unsinnigkeiten,
wo sie doch umgekehrt als eine Zweckkunst zu gelten hat."

▼ Ausstellungspavillon auf der
Weltausstellung in Paris, 1900,
Präsentationsblatt

▶ Kaufhaus La Samaritaine,
Paris, 1905–1907

1867–1870 besuchte Frantz Jourdain (1847–1935) die École des Beaux-Arts in Paris. Neben seiner Tätigkeit als Architekt war er als Schriftsteller und Journalist aktiv und trat in seinen Veröffentlichungen für den Art nouveau ein. Er gehörte zu den Mitbegründern der Société du Nouveau Paris (1902) und des Salon d'Automne (1903). Als gebürtiger Belgier wurde er immer wieder Opfer von nationalistischen Ressentiments. Jourdain realisierte eine Fabrik in Pantin, Frankreich (1888), das aus Beton errichtete Haus Schenck in Paris (1894) und restaurierte das Schloss von Verteuil, Frankreich (1893). Sein bekanntestes Gebäude ist das Kaufhaus La Samaritaine in Paris (1905–1907), das aus Stahl und Glas errichtet wurde und über eine reiche dekorative Ausstattung an der Fassade und im Inneren verfügt. Vor allem florale Motive schmücken die bunten Verblendungen der Fassade, die von seinem Sohn Francis Jourdain (1876–1958) in glasierter Keramik ausgeführt wurden. Innen gab es neben aufwendigen Fresken feine Schmiedearbeiten an Treppengeländern und Balustraden sowie Böden aus Glasziegeln. 1925–1929 errichtete Jourdain den letzten wichtigen Erweiterungsbau des Kaufhauses La Samaritaine zusammen mit Henri Sauvage am Quai du Louvre in Paris. Sein Sohn Francis Jourdain war Maler und Innengestalter. Nachdem er unter anderem an der Innengestaltung der Villa Majorelle von Henri Sauvage beteiligt war, wandte er sich vom Jugendstil ab und war 1929 an der Gründung der UAM beteiligt.

Judge Bernard

„Sag niemals nie."

▼ ► „Dome House", Hollywood,
Los Angeles, 1960

Bernard Judge (*1931) besuchte die École Nationale des Beaux-Arts in Paris und die University of Southern California, wo er 1960 seinen Studienabschluss machte. Sein Büro „The Environmental Systems Group" existiert seit 1965 und beschäftigt sich vor allem mit dem Bau von Privathäusern, Hotels und der Planung von Urlaubsgebieten. Schon 1960 entstand sein „Dome House" in Los Angeles, ein kugelförmiges Wohnhaus mit mehreren Ebenen und einer transparenten, in kleine Dreiecke unterteilten Außenhaut. Die Grundstruktur bestand aus einer geodätischen Kuppel nach Buckminster Fuller, die Judge experimentierfreudig zum Wohnhaus ausbaute. 1970 wurde das Bauexperiment wieder abgerissen. Unter dem Aspekt nachhaltigen Planens und Bauens entwarf er 1971 einen Masterplan für das Marlon Brando gehörende Tetiaroa Atoll in Polynesien. 1975 entstand das eigene Wohnhaus in Los Angeles, das wiederum als Musterhaus konzipiert war. Das Haus basiert, speziell für Hanglagen, auf einer Pfahlkonstruktion, die nur wenig Aushub voraussetzt. Vier Betonkassettenplatten bilden die Basis, die die vier 15 m hohen Hauptstützen der Holzrahmenkonstruktion tragen. Die nichttragenden Innenwände lassen sich nach Bedarf versetzen.

Jujol Josep Maria

▼ Casa Planells,
Barcelona, 1923

► Torre de la Creu, Sant Joan
Despí, Spanien, 1913–1916

Während seines Studiums der Architektur in Barcelona 1897–1906 erlangte Josep Maria Jujol (1879–1949) praktische Kenntnisse durch Mitarbeit an Projekten von Antoni Maria Gallissà und Josep Font i Gumàs. Anschließend verband ihn 1906–1926 eine enge Zusammenarbeit mit Antoni Gaudí; unter anderem war er an der Errichtung der Casa Milà und der Sagrada Família in Barcelona beteiligt. Seit 1909 war Jujol stellvertretender Dozent an der Escuela Técnica Superior de Arquitectura in Barcelona, ab 1913 ordentlicher Dozent. Sein eigenständiges Werk umfasst zahlreiche dekorative Arbeiten und Umbauten, während die Anzahl an Neubauten

gering, jedoch durch einen sehr persönlichen Stil gekennzeichnet ist. Seine expressive Architektur unter Hervorhebung handwerklicher Details ist durch enge Naturverbundenheit geprägt. Stein, Keramik und Glas finden bei Jujol häufige Verwendung, aus Metallresten, wie zum Beispiel zerbrochenen Ackergeräten oder Konserven, formt er Details, Außenputzflächen sind häufig mit Sgraffiti verziert. Gestaltung und Arbeitsweise sind bei Jujol eng verbunden. Statt Planung am Zeichentisch bevorzugt er Inspiration und spontane Ideen auf der Baustelle. So sind auf der Dachfläche der Casa Bofarull bei Tarragona (1914–1931) Reste des Frühstücksgeschirrs eines Arbeitstages miteinbetoniert. Die Fassaden der Torre de la Creu in Sant Joan Despí, Spanien (1913–1916), deren Grundriss an ein Nagetier erinnert, sind bis auf kleine Abschnitte abgerundet; eine Achse trennt den für zwei getrennte Haushälften konzipierten Bau. Als Dachkonstruktion dienen fünf höhenversetzte, ursprünglich mit Glasstücken verzierte Kuppeln, teilweise auf offenen, begehbaren Sockeln, teilweise auf dem Dach aufliegend. Die aus unregelmäßig gesetzten Steinen errichtete Kirche in Vistabella, Spanien (1918–1924), gipfelt in einem von einem Kreuz gekrönten, spitz zulaufenden Glockenturm. Das Mauerwerk der unterschiedlich hohen Kirchenbereiche schließt mit einer Reihe hochkant gestellter Steine ab. Den Aufgang zum Glockenturm säumt ein geschwungenes Metallgeländer und das Innere der Kirche wurde mit Wandmalereien aus natürlichen Farben verziert. 1926 wurde Jujol zum Stadtarchitekten von Sant Joan Despí ernannt, seine Arbeiten aus dieser Zeit lassen die gewohnte sprühende Fantasie vermissen.

Kahn Albert

▼ ◄ Auditorium der University of
Michigan, Ann Arbor, 1913 ► Glasfabrik der Ford-Werke in
Dearborn, Michigan, 1924

Albert Kahn (1869–1942) wurde in Deutschland geboren und ging 1880 mit seinen Eltern nach Detroit. Dort war er in verschiedenen Architekturbüros tätig, zuerst bei John Scott, später bei Mason and Rice, wo er 1885 zum Bauzeichner aufstieg. Theoretische Architekturkenntnisse eignete er sich in der gut bestückten Bibliothek der Firma an. 1891 erhielt er von der Zeitschrift „American Architect" ein Auslandsstipendium und bereiste mit einem Architektenkollegen zahlreiche europäische Städte. 1895 gründete er mit George W. Nettleton und Alexander Trowbridge eine eigene Firma. Zu ihren ersten Aufträgen gehörte ein Kinderkrankenhaus in Detroit, Michigan (1896). Nach dem Ausscheiden von Trowbridge und dem Tod von Nettleton schloss er sich vorübergehend mit George D. Mason, seinem früheren Arbeitgeber, zusammen. Gemeinsam bauten sie das Apartmenthaus Palms in Detroit (1901–1902). 1903 stellte er seinen

Bruder Julius Kahn als leitenden Ingenieur ein; mit ihm entwickelte er die Betonkonstruktion der Michigan University in Detroit. Bekannt wurde Albert Kahn vor allem durch seine zahlreichen Fabrikbauten. Für Henry B. Joy verwirklichte er die Anlage der Packard Motor Car Company in Detroit (1903–1910). Der innovativste Bau dieses Komplexes war das Gebäude Nr. 10 von 1905, eine Konstruktion aus Stahl und Beton mit einer schlichten, gerasterten Glasfassade. Zur gleichen Zeit entstanden verschiedene Produktions- und Lagergebäude für die Ford Motor Company. Für sie realisierte Kahn auch die neue Werkanlage in Dearborn, Michigan, mit der riesigen Halle der Glasfabrik von 1924. Die Chrysler Corporation bekam 1928 die Plymouth-Fabrik in Detroit. Nachdem eine russische Delegation die Fabrikhallen in Detroit besichtigt hatte, erhielt Kahn den Auftrag für eine Traktorenfabrik in Stalingrad, die 1930 ausgeführt wurde. Im Anschluss daran wurde ihm die Oberleitung bei sämtlichen Industrieneubauten in der Sowjetunion übertragen. Mithilfe seines Bruders Moritz Kahn wurden zahlreiche russische Arbeiter ausgebildet und innerhalb von zwei Jahren entstanden 521 Fabrikentwürfe. Auch nach der Rückkehr in die USA blieben Industrieanlagen der Schwerpunkt in Kahns Werk. Als besonders gelungenes Beispiel sei hier nur der Roll and Heavy Machine Shop der Ohio Steel Foundry Company in Lima (1938) erwähnt. Ende der dreißiger Jahre lag Kahns Anteil an allen Industrieneubauten in Amerika bei etwa 19 Prozent. Während des Zweiten Weltkrieges spielten Hallen für die Flugzeugindustrie, wie die 1943 fertiggestellte Bomberfabrik für die Glenn L. Martin Company in Omaha, eine große Rolle. Nach dem Tod von Albert Kahn übernahm sein Bruder Louis die Firma Albert Kahn Associates.

Kahn Louis Isidore

„Wenn man Entscheidungen über die Konstruktion trifft, trifft man Entscheidungen über das Licht. In den alten Gebäuden, müssen Sie wissen, waren die Säulen Ausdruck von Licht, kein Licht, Licht, kein Licht, Licht, kein Licht [und wieder] Licht."

▼ Alfred Newton Richards Zentrum für medizinische Forschung, University of Pennsylvania, Philadelphia, 1957–1961

▶ Bibliothek der Phillips Exeter Academy, Exeter, New Hampshire, 1965–1971

Louis Isidore Kahn (1901–1974) besuchte 1920–1924 die University of Pennsylvania in Philadelphia und arbeitete dort bei Paul Philippe Cret (1929–1930) sowie bei Zantzinger, Boire and Medary (1930–1932). Danach reiste er nach Europa, bevor er 1937 ein eigenes Büro in Philadelphia eröffnete und 1941 eine Partnerschaft mit

George Howe und Oscar Stonorov einging. Gemeinsam errichteten sie die Wohnsiedlung Carver Court in Coatesville, Pennsylvania (1941–1944). 1947 nahm Kahn eine Lehrtätigkeit an der Yale University in New Haven, Connecticut, auf und führte dort auch den Anbau der Art Gallery (1951–1953) aus. Die sichtbare Rahmenkonstruktion kennzeichnete dieses erste moderne Gebäude in New Haven. Mit Ann Tyng erarbeitete er zwischen 1952 und 1957 Konstruktionsweisen aus seriellen Elementen, die im Plan für das Midtown City Center Forum in Philadelphia (1956–1962) ihren Niederschlag fanden. Mit vier Pyramidendächern errichtete er das Badehaus für das Jüdische Gemeindezentrum in Trenton, New Jersey (1954–1959). Herausragende Arbeiten sind die um einen Hof angeordneten Laborgebäude des Jonas Salk Institute in La Jolla, Kalifornien (1959–1965), bei dem Zwischengeschosse mit Versorgungsanlagen unterhalb der Räume bessere Arbeitsabläufe ermöglichten, und die Bibliothek der Phillips Exeter Academy in New Hampshire (1965–1971). In Zusammenarbeit mit Preston Gerne and Associates errichtete er das Kimbell Art Museum in Fort Worth (1966–1972). Mit dem Konzept für das Regierungsviertel in Dhaka, Bangladesch (1962–1983), waren umfangreiche Stadtplanungsarbeiten verbunden, gleichzeitig arbeitete Kahn am Bau des Indian Institute of Management in Ahmedabad, Indien (1962–1974).

◀ ▼ ▼ Jonas Salk Institute,
La Jolla, Kalifornien, 1959–1965

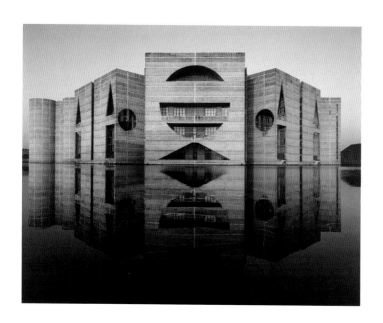

▲ Regierungsviertel in Dhaka,
Bangladesch, 1962–1983

▼ Studentenwohnheim des
Indian Institute of Management,
Ahmedabad, Indien, 1962–1974

► Jonas Salk Institute,
La Jolla, Kalifornien, 1959–1965

Kappe Ray

▼ Haus Sultan, Los Angeles,
1972–1976

▶ Haus Hayes, Sherman Oaks,
Kalifornien, 1959

Nach seinem Studium an der University of California in Berkeley arbeitete Raymond Kappe (*1927) bei Carl Maston, bevor er 1954 sein Büro in Los Angeles, Kalifornien, gründete. Er war Vorsitzender des Department of Architecture der California State Polytechnic University in Pomona und gründete 1972 das Southern California Institute of Architecture. Viele seiner Häuser sind auf einem modularen System aufgebaut, typisch für seine Architektur ist eine Verbindung von modernen Formen und natürlichen Materialien, die häufig in traditioneller Weise verarbeitet sind. Später beschäftigte er sich mit Vorfabrikation, um daraus weitere Gestaltungsmöglichkeiten schöpfen zu können. Sein eigenes Haus in Pacific Palisades, Kalifornien (1968), mit seinen klaren Linien und viel Holz liegt inmitten üppiger Natur, wie auch das Haus Hattenbach in Los Angeles (1973). Dieses wurde aus Standardmodulen von 6 m Breite zusammengesetzt. Küche und Bäder sowie die Werkstatt und der Kaminschacht sind in Form von kleinen Anbauten an die Module gesetzt. Das abgetreppte Haus Sultan in Los Angeles (1976), dessen Fassaden großflächig mit Glas aufgefüllt sind, steht auf einem Hanggrundstück inmitten von großen Eukalyptusbäumen. Die unterschiedlichen Niveaus haben eigene Balkone, sodass überall der direkte Bezug zur umliegenden Natur gegeben ist. Bei dem auf einem freien Grundriss errichteten Haus Scheimer in Manhattan Beach, Kalifornien (1982–1988), dominieren geschwungene Formen, die sich bis in die Inneneinrichtung mit halbrunder Bar und Küche fortsetzen. Kappe kombinierte hier viele unterschiedliche Materialien wie Teakholz, Stahl, Glas und Beton. Ferner errichtete er das vertikal betonte Haus Melcher in Pacific Palisades (1986–1990) mit einer Galerie mit Dachlicht, die mitten durch das Haus verläuft.

Keck & Keck

▼ Haus Bloom, Muskegon, Michigan, 1959

▶ „Crystal House", Chicago, 1934

◀ Haus Bruning, Wilmotte, Illinois, 1935–1936

George Fred Keck (1895–1980) besuchte die University of Illinois, wo er 1920 sein Diplom als Bauingenieur absolvierte. Nach mehrjähriger Anstellung in unterschiedlichen Büros in Chicago eröffnete Keck 1926 ein eigenes Büro, in dem seit 1931 sein Bruder William mitarbeitete. Seine moderne Architektur unter Verwendung fortschrittlicher Technologien und neuer Materialien zielte darauf ab, dem Nutzer den größtmöglichen Komfort zu bieten anstatt eine unpersönliche Wohnmaschine zu sein. Einbauküchen und -schränke, großzügige Verglasung der Südseite mit verstellbaren Lüftungsschlitzen, mit Wasser bedeckte Flachdächer zur Kühlung

und die Nutzung von Sonnenenergie sind typisch für seine Wohnhäuser. Formal wies seine Bauweise zunächst Übereinstimmungen mit dem International Style und Art Déco auf. Für die internationale Ausstellung „A Century of Progress" 1933 in Chicago entwarf Keck zwei Häuser, die fast ausnahmslos aus vorgefertigten Bauteilen bestanden. Das zwölfeckige „House of Tomorrow" in Chicago (1933), dessen Stahlrahmen mit Glas gefüllt ist, besteht aus drei Geschossen: Der zweistöckige Wohnbereich, dessen obere Etage eine kleinere Grundfläche hat, liegt auf der ebenerdigen Garage für Auto und Flugzeug auf, deren Dach ebenfalls als Terrasse dient und von einer Metallbrüstung umgeben wird. Im Rahmen dieser Ausstellung realisierte er 1934 auch das „Crystal House" mit Fassaden aus Klar- und Milchglas und außen liegenden Gitterstahlträgern. Ferner errichtete Keck das zweistöckige Haus Bruning in Wilmette, Illinois (1935–1936), mit Flachdach und hellem Zementputz, dessen besonderes Kennzeichen ein runder Treppenhausturm aus Glasbausteinen für die elegante Wendeltreppe ist. Die schlichten und eben daher so extravaganten Einfamilienhäuser der Nachkriegszeit wie etwa das Haus Bloom von 1959 zeigen rhythmisierende Setzung der wandhohen Verglasung mit dazwischengesetzten Feldern von Lüftungslamellen und insgesamt eine fast zerbrechlich wirkende Dimensionierung der Bauteile. Größere Gebäude wie die dreistöckige Child Care Society in Chicago von 1959 sind ebenso zurückgenommen im äußeren Auftritt.

Kiesler Friedrich

▼ „Space House", Modernage
Furniture Company, New York,
1933

► „Schrein des Buches", Jerusalem,
1957–1965

Friedrich Kiesler (1890–1965) besuchte 1908–
1913 die Technische Hochschule in Wien und die
Fakultät für Malerei und Druckgrafik der dortigen
Akademie der Bildenden Künste. Seit 1923
arbeitete er als Bühnenbildner, eine nachhaltige
Wirkung auf sein Werk hatte sein Kontakt mit Anhängern der De-Stijl-Gruppe und des russischen
Konstruktivismus. 1924 entstand seine von der
internationalen Avantgarde hoch geschätzte
„Raumbühne" für die Internationale Ausstellung
neuer Theatertechnik in Wien, im folgenden
Jahr die sogenannte Raumstadt im Rahmen der
von ihm gestalteten Theaterabteilung auf einer
Ausstellung im Grand Palais in Paris. Schon aus
dieser Zeit stammen erste Projekte mit fließen-
den und spiralförmigen Formen, die in den fünfziger Jahren in verschiedenen Entwürfen für ein
„Endless House", das „Endlose Theater" und ein
korkenzieherförmiges, nur in seiner Mittelachse
den Boden berührendes Kaufhaus gipfelten.
1926 ging Kiesler in die USA, seine Idee, aus vorfabrizierten, aber individuell zu kombinierenden
Elementen Einzelhäuser zu entwickeln, blieb

unverwirklicht. 1933 realisierte er das New Yorker
„Space House" für die Modernage Furniture
Company als Ausstellungshaus mit modernen
Einbaumöbeln und einem neuartigen Lichtsys-
tem. Nach anfänglicher Lehrtätigkeit an der
School of Architecture der Columbia University
wurde er 1937 zum außerordentlichen Professor
berufen. Seine Installationen für die Ausstellung
„Art of This Century" in der Galerie Peggy Guggenheim in New York 1942 bestanden aus geschwungenen Gebilden, als Möbel oder Sockel
für Ausstellungsgegenstände dienend, und frei
an Seilen hängenden Bildern. Ab 1947 beschäftigte er sich mit Studien zum „Endless House",
einem höhlenförmigen, organischen Gebäude
ohne Anfang und Ende mit einem durchgängi-
gen, unterteilbaren Raum. Sein letztes verwirk-
lichtes Projekt war der „Schrein des Buches"
in Jerusalem (1957–1965), eine in den Boden
versenkte Stätte zur Aufbewahrung alttestamen-
tarischer Schriftrollen. Der Zentralbau wird von
einem Dach bekrönt, dessen Form den Deckeln
antiker Tongefäße nachempfunden ist.

Kikutake Kiyonori

▼ Edo-Tokyo-Museum, Tokio,
1989–1993

▶ Hotel Tokoen, Yonago,
Japan, 1964

Kiyonori Kikutake (1928–2011) absolvierte 1950 sein Studium an der Waseda University in Tokio, sein dortiges Büro gründete er 1953. 1958 präsentierte er das „Marine City Project" und verfolgte die Idee einer künstlichen Stadt im Wasser auch später weiter. 1959 schloss er sich mit Kisho Kurokawa, Fumihiko Maki, Sachio Otaka und Noboin Kawazoe zu einer Architektengruppe zusammen, die die Idee des Metabolismus in das Bauwesen einbrachte. Abgesehen von den sich daraus ergebenden utopischen Projekten entwarf Kikutake eine ganze Reihe von Gebäuden. Sein Ziel war, anstelle starrer Formen und Funktionen eine variable, bewegliche Architektur zu schaffen, die sich dem Tempo und den rasch aufeinanderfolgenden Veränderungen und Bedürfnissen der Zeit anpasste. So umklammern vier breite, 30 cm dicke Stahlbetonpfeiler das „Sky House" in Tokio (1958) und heben es über 6 m in die Höhe. Die entstandene Leere

unterhalb des Hauses konnte später bei Bedarf für weitere Räume genutzt werden. Ein kantiges Flachdach kragt über das einstöckige, rechteckige Haus hinaus. Viele seiner Bauten gehen der Form nach auf die traditionelle Bauweise Japans zurück, so das mit modernen Techniken errichtete Verwaltungsgebäude des Izumo-Tempels in Izumo, Japan (1963), und das Hotel Tokoen in Yonago, Japan (1964). Von Bedeutung ist hier die Trennung des Gebäudes in zwei Hälften mit einer dazwischenliegenden freien Fläche, wobei der untere Teil von Pfeilern getragen, während der obere durch Wände und Träger gestützt wird. Anlässlich der Ocean Exposition 1975 in Okinawa, Japan, entstand der Pavillon „Aquapolis". Zu seinem Werk zählen außerdem das Museum Tanabe in Matsue, Japan (1979), mit einem tief hinabreichenden Satteldach aus Stahlpaneelen und das Edo-Tokyo-Museum in Tokio (1989–1993).

Killingsworth Edward

„Gute Bauwerke können aus dynamischen Formen entstehen,
sofern sie von Meistern geschaffen werden; doch im Allgemeinen
bringen unter der Leitung weniger bedeutender Architekten nur
die reinen, einfachen Formen gute Bauwerke hervor."

Verkaufsraum Duffield
Lincoln-Mercury, Long Beach,
Kalifornien, 1963

Edward Killingsworth (1917–2004) besuchte
die School of Architecture der University of
Southern California, die er 1940 abschloss.
1945–1953 arbeitete er mit Kenneth S. Wing in
Long Beach, 1953 entstand die Partnerschaft
Killingsworth, Brady & Smith mit Jules Brady
und Waugh Smith. Nachdem sich Smith 1963
zur Ruhe gesetzt hatte, wurde sie in Killings-
worth, Brady & Associates umbenannt. Nach
Bradys Ausscheiden 1977 hieß die Firma dann
Killingsworth, Stricker, Lindgren, Wilson &
Associates. In der Anfangszeit entstanden meist
Wohnhäuser und kleinere Geschäftsgebäude,
fast alle mit offenen Grundrissen, die durch
großflächige Glaswände von Gartenhöfen ab-
gegrenzt sind. Eine klare, geradlinige Geometrie
bestimmt die Gebäude und reflektierende
Wasserbecken spielen eine große Rolle. Für das
Case Study House Program entstand in La Jolla,
Kalifornien (1959–1960), eine drei Häuser um-
fassende Gruppe. Jedes Haus hat seinen individuellen Charakter, ist jedoch durch gleiche

Materialien und wiederkehrende Details mit
den beiden anderen verbunden. Das Case Study
House Nr. 25 in Long Beach, Kalifornien (1962),
betritt man durch eine die gesamte Höhe des
zweistöckigen Hauses einnehmende Tür, die in
einen mit einem Holzgitter überdachten Innenhof führt. Das Kahala Hilton Hotel in Hono-
lulu, Hawaii (1964), war das erste Hochhaus der
Firma. Durch die positive internationale Reso-
nanz begann mit ihm der Bau von zahlreichen
größeren Bauaufgaben. Das Kahala Hilton
erscheint feingliedrig, weil die tragenden Betonrahmen in den Außenraum vorstoßen und
auf dem Dach eine ausgedehnte Pergola tragen.
Hotelbauten wurden bald zum Schwerpunkt
des Architekturbüros. Ein wichtiges Universi-
tätsprojekt ist die gemeinsam mit Sam Hurst
realisierte School of Architecture der University
of Southern California (1973). Außerdem war
Killingsworth über 40 Jahre lang der verant-
wortliche Planungsleiter für alle Bauvorhaben
der California State University in Long Beach.

Kishi Waro

„Ich bin nun mal ein Architekt aus Kyoto und daher blieb mir nichts anderes übrig, als mich mit dem Nebeneinander von Tradition und Gegenwart zu beschäftigen."

Luna-di-Miele-Omotesando-
Gebäude, Tokio, 2004

Waro Kishi (*1950) erhielt 1973 seinen ersten Abschluss an der Kyoto University, danach setzte er seine Studien dort bis 1978 fort. Erste Erfahrungen konnte er im Büro von Masayuki Kurokawa in Tokio sammeln. 1993 machte sich Kishi mit dem Architekturbüro Waro Kishi + K. Associates selbstständig. Für die Yamaguchi University konnte er 1997 ein Empfangsgebäude fertigstellen. Es liegt in einem Garten, der durch die voll verglaste Front in das Gesamtkonzept des schlichten Gebäudes einbezogen ist. Ein Wohnhaus in Karakuen II, Nishinomiya, Hyogo, Japan (2000–2001), aus Stahlrahmen und Stahlbeton mit einer Verkleidung aus Metall liegt an einem Hang mit Blick auf das Meer. Das Haus ist in zwei Blöcke unterteilt, die über eine Rampe verbunden werden: In dem einen liegen die Privaträume, in dem anderen der Wohn- und Essbereich. Das Wohnhaus in Fukaya, Saitama, Japan (2000–2001), ist auf einen Innenhof ausgerichtet, der – was für Japan ungewöhnlich ist – einen Swimmingpool aufweist und ganz in Weiß erstrahlt. Außen ist das Haus mit Metall verkleidet und schimmert silbrig. Kishi verwendet gern industriell gefer-

tigte Materialien, die unverkleidet bleiben und so die funktionalen Aspekte offenlegen. Der Wohnbereich mit 4,5 m hohen Decken liegt hinter einer Glaswand auf der einen Seite des Hofes. Gegenüber befinden sich zwei Ebenen mit Schlafzimmern, darunter liegen die Garagen. Die Erschließung erfolgt über eine Treppe im Hof. Auch das Haus in Suzaku, Nara (1997–1998), besteht aus zwei Hälften. Hier greift Kishi zusätzlich zu Sichtbeton und Stahl auf Holzelemente zurück und schafft einen minimalistischen Stil, der nicht nur im Teezeremonienraum deutlich auf japanische Traditionen verweist. In einem zentralen Viertel von Tokio liegt das Luna-di-Miele-Omotesando-Gebäude (2004). Es ergänzt die Einkaufsmeile, die nachts mit Werbetafeln beleuchtet ist, um ein schmales fünfstöckiges Geschäfts- und Bürohaus. Kishi schuf eine leichte Konstruktion, die ohne Stützen im Inneren auskommt. Jede Etage besteht aus einem Raum und dem Treppenhaus. Die schwarze Fassade wird durch Elemente aus Glas, grauem Milchglas und Maschendraht gebildet, die sich teilweise überlagern.

de Klerk Michel

„Das reale Gebäude ist rundum Einschränkung, was sich mit dem Vorzug verbindet, dass es charakteristisches Bauen zum Vorschein bringt."

▼ Dritter Wohnblock für „Eigen Haard", genannt „Het Schip", Amsterdam, 1917–1921

► ◄ Wohnsiedlung „De Dageraad", Amsterdam, 1918–1923, mit Pieter L. Kramer

Michel de Klerk (1884–1923) eignete sich seine Kenntnisse durch die Praxis und den Besuch von Abendklassen an der Industrieschool in Amsterdam an. Zwischen 1898 und 1910 war er Mitarbeiter bei Eduard Cuypers und unternahm Reisen nach Deutschland, England und Skandinavien. 1912–1914 arbeitete er zusammen mit Johan van der Mey und Pieter Lodewijk Kramer

am Scheepvaarthuis in Amsterdam (1911–1916), anschließend gründete er ein eigenes Büro. De Klerk war prominenter Vertreter der Amsterdamer Schule. Merkmale seiner expressionistischen Architektur sind fantasievolle, individuelle Ziegelsteinfassaden. Zu de Klerks Werk zählen das Haus Hille in Amsterdam (1911–1912) und ein Wohnblock an der Spaarndammerplatsoen in Amsterdam (1913–1914). Die Treppenhäuser werden an der Fassade durch Vorsprünge markiert, in denen Ziegel zu Zylindern und Bogenformen verbaut sind und auf diese Art die lange Fassade rhythmisieren. Bei dem auf einem spitz zulaufenden Grundstück errichteten Wohnblock „Het Schip" in Amsterdam (1917–1921) wird das Prinzip, einzelne Gebäudeteile fantasievoll hervorzuheben, konsequent angewendet: Ein eingezogener Vorhof blickt auf eine kühn aufragende Dachmütze. Der Wechsel von scharfen und abgerundeten Ecken, Sattel- und Mansardendächern, vorgewölbten und über die Traufenkante hinausschießenden Erkern wird jeweils an städtebaulich hervorgehobenen Ecksituationen aufgelöst. Außerdem errichtete de Klerk einen Wohnungsbau in Amsterdam-Süd (1921–1923), den Bootsklub De Hoop in Amsterdam (1922–1923) und entwarf eine nicht ausgeführte Villa in Wassenaar, Niederlande (1923). Für die Firma 't Woonhuys konzipierte de Klerk Möbel, im Gegensatz zu seinen Außenfassaden wirken die von ihm gestalteten Innenräume aber schwermütig und dunkel.

Klotz Mathias

„Ich denke, ein gutes Detail ist ein Detail, das man nicht sieht, was sich einfach ergibt, wenn Materialien und Konstruktion logisch sind und wenn sie auf möglichst einfache Art zusammengeführt werden."

▼ Schule in Altamira, Santiago de Chile, 1999–2000

► Haus Ponce, Buenos Aires, 2001–2002

1991 schloss Mathias Klotz (*1965) sein Architekturstudium an der Katholischen Universität von Chile ab. Lehraufträge bestanden sowohl an der Universität Federico Santa María in Valparaíso und an der Universität in Santiago. Sein bisher realisiertes Werk umfasst eine ganze Reihe individueller Einzelhäuser in Chile, bei deren Konstruktion er auf ganz unterschiedliche Materialien und Formen zurückgriff. Das Haus Klotz am Playa Grande in Tongoy (1991) besteht aus einer hellen, rechteckigen Box, deren Westseite sich zum Wasser öffnet. Außerdem baute er das Haus Grudsky in La Dehesa (1996) aus Sichtbeton, Betonblöcken und Fassadenabschnitten mit Milchglas und das aus Holz und Glas errichtete Haus Lavados in Volcán Villarrica (1995). Das geneigte Dach kragt an der Vorderseite des Hauses über und reicht bis zu einer vorgelagerten Steinmauer, wodurch eine überdachte Galerie entsteht. Das Ferienhaus Reutter in Cantagua, Chile (1999), wird durch einen Sockel auf das Niveau der umliegenden Bäume gehoben. Zwei rechteckige, ineinandergeschobene Boxen teilen die Räumlichkeiten in verschiedene Nutzungszonen auf. Sie werden auch durch die Verkleidungen unterschieden: Die Äussere Box ist mit Holz, die innere mit Kupfer ummantelt. Die Schule in Altamira, Santiago de Chile (1999–2000), gebaut für 1400 Schüler, besteht aus vier Gebäuden, die sich auf einem weitläufigen Gelände um einen geneigten Innenhof gruppieren. Bunte Paneele an der Nordfassade setzen einen farbigen Akzent.

Koenig Pierre

▼ Haus Seidel, Los Angeles, 1960 ▶ Case Study House Nr. 22
(Haus Stahl), Hollywood, 1960

Pierre Koenig (1925–2004) studierte 1948–1952 an der University of Southern California Architektur. Noch als Student baute er nach kurzer Zeit im Büro von Raphael Soriano sein erstes Haus aus Stahl und Glas, das Haus Koenig Nr. 1 in Glendale, Kalifornien (1950). Seit 1961 lehrte er an der USC, zunächst als außerordentlicher, ab 1996 als ordentlicher Professor. Koenig verwendete fast ausschließlich Stahl für die Rahmenkonstruktionen seiner Häuser, die durch ihre klare Formensprache überzeugen. Die auf der Baustelle verschweißten Stahlträger sind in den Dimensionen exakt aufeinander abgestimmt, sodass sich außerordentlich elegante und funktionale Konstruktionsdetails ergeben. Die beiden Häuser, die er für das Case Study House Program der Zeitschrift „Arts & Architecture" baute, wurden oft veröffentlicht. Der Stahlrahmen des Case Study House Nr. 21 in Los Angeles, Kalifornien (1956–1958), ist an der Eingangsseite mit Tafeln aus Wellblech, an der Rückseite mit Schiebetüren aus Glas gefüllt.

Um das Haus herum verläuft ein Becken, dessen Wasser zur Verbesserung des Klimas auf das Dach gepumpt wird. Das Case Study House Nr. 22 in Hollywood, Kalifornien (1960), mit seinem weit überkragenden Stahldach besitzt eine spektakuläre Lage. Julius Shulmans Bild der beiden jungen Frauen, die im Dunkel über der Stadt sitzen, wurde zu einer Ikone sowohl der Fotografie als auch der Architektur. 1972–1978 leitete Koenig ein Planungsprogramm für das Chemehuevi-Indianerreservat. Doch trotz großen, persönlichen Einsatzes konnte er seine Ideen für die Verbesserung der Wohnverhältnisse im Reservat nicht umsetzen. Bemerkenswerterweise illustrierte er eine Schrift dazu mit einem ausgeführten Beispiel, dem Haus Seidel in Los Angeles, Kalifornien (1960). Weitere Bauten sind sein zweites eigenes Haus in Los Angeles, Kalifornien (1985) und das Haus Schwartz, ebenfalls in Los Angeles, Kalifornien (1994–1996), bei dem der Hauswürfel verdreht in einem Stahlrahmen aufgehängt ist.

de Koninck Louis Herman

*„Durch vollständiges Vereinfachen lenkt man
die Aufmerksamkeit auf etwas, was einem ansonsten
gar nicht aufgefallen wäre."*

▼ Haus Dotrement, Uccle,
Belgien, 1932

► Haus Dr. Ley, Uccle,
Belgien, 1934

1916 schloss Louis Herman de Koninck (1896–
1984) sein Studium der Architektur an der
Académie Royale des Beaux-Arts in Brüssel ab.
Grundlage seiner Architektur war der International Style. Sein Haus für den Maler Lenglet in
Uccle, Belgien (1926), war auch 1932 auf der
Ausstellung „The International Style" des Museum of Modern Art in New York vertreten. Der
weiße Kubus mit über Eck verlaufenden Fenstern, dessen Fassaden durch Vorsprünge aufgelockert werden, hat ein kantiges Vordach oberhalb des Eingangsbereichs. Direkt nebenan
baute de Koninck sein eigenes Wohnhaus
(1927), das etwas kleiner dimensioniert war.

1930 präsentierte er seine aus standardisierten
Elementen zusammengesetzte Musterküche
auf dem dritten CIAM-Kongress im Palais des
Beaux-Arts in Brüssel. Des Weiteren errichtete
de Koninck die zweistöckigen, weißen Reihenhäuser mit Arbeiterwohnungen in Lüttich,
Belgien (1930), mit dunklen Fensterrahmen und
das Haus Canneel in Auderghem bei Brüssel
(1931), dessen Fassaden von großen Fenstern
durchbrochen werden. Das Obergeschoss mit
seiner Dachterrasse und fest installierten Turn-
geräten springt zurück, sodass eine weitere Terrasse entsteht. Der Auftraggeber Jean Canneel-
Claes war Landschaftsarchitekt und arbeitete
auch an weiteren Projekten mit de Koninck zusammen. 1932 entwarf de Koninck einen Messe-
stand für „Brant Graindorge" in Brüssel, bei dem
typografische Elemente eine große Rolle in der
Gestaltung spielten. Im selben Jahr entstand das
Haus für den Sammler Philippe Dotrement in
Uccle, Belgien. Das dreigeschossige Haus mit
Dachterrasse hat ein über zwei Stockwerke an-
gelegtes Wohnzimmer mit großer Fensterfront
zum Garten. Im Inneren des Hauses befindet
sich ein Belüftungsschacht aus Glasbausteinen,
der weiteres Licht in die anliegenden Räume
bringt. Das Haus Dr. Ley in Brüssel (1934) ist
durch einen Sockel aus Betonblöcken und einen
Aufsatz mit weißem Putz, der stellenweise über
den Sockel vorspringt, in zwei Teile gegliedert.
Am Eingang befindet sich ein abgerundeter
verglaster Anbau, eine außen liegende Treppe
führt zur Dachterrasse hinauf. In der Nachkriegszeit wurde es still um de Koninck und die
Gebäude, die er noch errichtete, vermochten
nicht die Prägnanz der frühen Jahre zu erreichen.

Koolhaas Rem

„Architektur begrenzt Möglichkeiten und schöpft sie aus, während Urbanismus Potenziale schafft."

Hauptgebäude und Sendezentrale
des staatlichen Fernsehens CCTV,
Peking, 2005–2008

Bevor Rem Koolhaas (*1944) 1968 sein Architekturstudium an der Architectural Association in London begann, war er als Journalist und als Drehbuchautor tätig. Aus seiner Studienzeit stammen seine Veröffentlichungen „The Berlin Wall as Architecture" (1970) und „Exodus, or the Voluntary Prisoners of Architecture" (1972). Anschließend ging Koolhaas nach New York. Dort und in London gründete er 1975 mit Madelon Vriesendorp, Elia und Zoe Zenghelis das Office for Metropolitan Architecture und arbeitete an seinem Werk „Delirious New York" (1978), das ihn international bekannt machte. In seinem Buch analysiert der von New York faszinierte Koolhaas den Einfluss der städtischen Kultur auf die Architektur und wendet sich gegen den Versuch, die Entwicklung der Großstädte baulich kontrollieren zu wollen. Von 1995 stammt seine Veröffentlichung „S, M, L, XL". Koolhaas unterrichtete an mehreren amerikanischen Universitäten, an der Technischen Universität in Delft und an der Architectural Association in London. In den achtziger Jahren entwarf er die Kunsthalle in Rotterdam (1987–1992) und das Niederländische Tanztheater in Den Haag (1984–1987), beide in den Niederlanden. Die unterschiedlichen Gebäudeteile setzen sich aus verschiedenen Materialien und Formen zusammen: Eine schräge Dachkonstruktion steht im Kontrast zu wellenförmigen, geraden und runden Dachflächen. Die Villa dall'Ava in Saint-Cloud, Frankreich (1985–1991), ist eine Kombination aus Wellblech, Glas, Marmor und Beton, auf dem Flachdach befindet sich eine Terrasse mit Pool, ein Teil des Obergeschosses wird von schrägen, dünnen Stützen getragen. Im Rahmen des Stadterweiterungsprojektes Euralille, dessen Leitung Koolhaas übertragen wurde, konzipierte er aus preiswerten Materialien wie Kunststoff und Sperrholz das ovale Kongressgebäude Grand Palais in Lille, Frankreich (1990–1994). 1991 entstand die Apartmentanlage Nexus World in Fukuoka, Japan, danach das Educatorium der Universität in Utrecht, Niederlande (1993–1997), dessen Besonderheit in schräg angelegten Geschossen und der Abrundung der Hörsaalrückwand im Obergeschoss besteht. Der untere Teil eines von ihm konzipierten Wohnhauses bei Bordeaux, Frankreich (1994–1998), ist in den Berg eingelassen und führt in den Garten. Das mittlere Geschoss besteht aus einem Glaskasten mit einem schönen Ausblick auf Bordeaux, im Obergeschoss sind unregelmäßig angeordnete runde Fenster in eine Kupferverkleidung eingelassen. Ein raumgroßes Element des Fußbodens im Zentrum lässt sich hydraulisch durch alle Ebenen bewegen und ermöglicht so dem Besitzer einen bequemen Zugang zu allen Etagen und dem flankierenden Bücherregal. Mit dem Bau des Guggenheim Las Vegas sowie des Guggenheim Hermitage Museum in Las Vegas, Nevada (1999–2001),

bekam Koolhaas den Auftrag, gleich zwei Ausstellungsräume in das Hotelcasino „The Venetian" zu integrieren; das größere Museum bietet mit seinem Design aus Glas und Stahl Platz für umfangreiche Ausstellungsinszenierungen. Mit der Public Library in Seattle, Washington (1999–2004), und der Casa Da Musica in Porto, Portugal (1999–2005), gewannen seine Gebäude an skulpturaler Eigenstän-

digkeit, wie auch die niederländische Botschaft in Berlin (1997–2003), zeigt: Statt wie üblich geschichtete Fassaden mit gesondertem Treppenhaus einzusetzen, werden die Ebenen in gemächlich spiralförmig aufsteigender Anordnung erschlossen, wobei kalkulierte Ausblicke Teil einer Gesamtinszenierung werden, die schon auf dem schräg ansteigenden Innenhof beginnt.

▼ Seattle Public Library, Seattle, 1999–2004

► Casa Da Musica, Porto, 1999–2005

Kuma Kengo

„Ich will ‚Architektur auslöschen'.
Das wollte ich immer schon. "

▼ Forest/Floor, Villa in Nagano,
2003

► Gästehaus Great (Bamboo) Wall,
Badaling bei Peking, 2000–2002

Kengo Kuma (*1954) studierte Architektur an der University of Tokyo. Mitte der achtziger Jahre war er für zwei Jahre an der Columbia University in New York als Gastwissenschaftler tätig, bevor er 1987 das Spatial Design Studio in Tokio ins Leben rief. 1991 gründete er dort das Büro Kengo Kuma & Associates. Für den Autohersteller Mazda schuf er im selben Jahr das Mehrzweckgebäude M2 in Tokio, das sich mit seinen Andeutungen von Portalen und einer hoch aufragenden „ionischen" Säule mit Atrium und Fahrstuhl sehr von den nachfolgenden Projekten, wie der Noh-Bühne auf einem Waldgelände in Toyama, Japan (1996), und dem River/Filter Restaurant in Fukushima, Japan (1996), unterscheidet. Bei Letzterem werden durch die geschichteten Holzgitter, die aus unterschiedlich breiten und unterschiedlich dicht gestaffelten Leisten bestehen, die Konturen des Gebäudes verwischt. Weitere realisierte Entwürfe Kumas sind das in einen Hügel eingefügte Kitakami-Kanalmuseum in Miyagi, Japan (1999), bei dem sich die architektonische Form der Umgebung unterordnet, und eine Schule in Kanagawa, Japan (1999), deren Wände aus vertikal angeordneten Holzstäben einen Ausblick auf die Natur erlauben. 2000 wurde das Steinmuseum in Nasu, Japan, fertiggestellt, in dem der Baustoff zum Ausstellungsstück wird. Für das Lotus-Haus in Kamakura, Japan (2003–2005) verwendete Kuma einen Materialmix aus Bambus, Glas, Stein, Plastik und Metall. Die Fassade besteht aus einem Geflecht aus dünnen Edelstahlstreben und daran aufgehängten weißen Travertinplatten.

Kurokawa Kisho

▼ Korridor einer Wohnung im Nagakin-Kapselturm, Tokio, 1969–1972

► Nagakin-Kapselturm, Tokio, 1969–1972

Kisho Kurokawa (1934–2007) besuchte die Universitäten von Kyoto und Tokio und war bei Kenzo Tange beschäftigt. Sein Büro in Tokio existiert seit 1962. Er gehörte zu den Verfechtern des Metabolismus und wurde durch Projekte wie den Helix City Plan (1961) bekannt. Auf der Expo '70 in Osaka konnte Kurokawa viele seiner Ideen umsetzen wie auch beim Nagakin-Kapselturm in Tokio (1969–1972): An zwei schwarzen Gebäudekernen sind in loser Anordnung einheitliche, weiße Wohnkapseln mit runden Fensteröffnungen angebracht. Die Kapseln sollten in Serienherstellung angefertigt und ersetzt werden können, sodass sich das Gebäude der Zeit anpassen und auf Veränderungen reagieren konnte. Kurokawas seit den achtziger Jahren entstandene Architektur ist durch die Verbindung von Moderne und japanischer Tradition gekennzeichnet, wie das Museum für Zeitgenössische Kunst in Hiroshima, Japan (1984–1988), mit seinen Fassaden aus Keramik, Stein und Aluminium. Runde und eckige Pfeiler tragen Dächer und Fassadenabschnitte; ein großer Teil des Museums liegt unterirdisch und wird durch große Glasflächen belichtet. Das Museum für Moderne Kunst in Wakayama, Japan (1990–1994), auf dem Gelände der aus dem 15. Jahrhundert stammenden Burg Wakayama nimmt durch seine schwarzen und weißen Töne und die Form des Daches und der Dachtraufen Prinzipien der traditionellen Burgenarchitektur Japans auf. Auffallend ist das Spiel mit verschiedenfarbigem Licht. 1992–1998 entstand, zusammen mit dem Büro Jururancang, der internationale Flughafen von Kuala Lumpur.

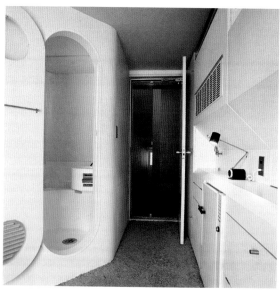

„Ich verstehe Architektur als Teil eines sich zur Gesellschaft hin öffnenden Raumes, nicht als ein Kunstwerk."

Kuzma Dušan

▼ Chalet in Podbankse,
Tschechoslowakei (heute
Slowakei), 1964

▶ Denkmal für den slowakischen
Nationalaufstand von 1944,
Banská Bystrica, Tschechoslowakei
(heute Slowakei), 1964–1969

Dušan Kuzma (1927–2008) studierte an der Technischen Hochschule in Bratislava (1947–1952). Erste Erfahrungen sammelte er während eines Aufenthaltes in Paris im Büro von Auguste Perret. In den Jahren von 1952–1954 arbeitete er als Assistent von Emil Belluš. 1964 baute Kuzma das Chalet in Podbankse, Slowakei, ein kleines Haus mit einem asymmetrisch heruntergezogenen Schindeldach, einer Natursteinmauer und einem dreieckigen Vordach, das sich mithilfe eines Seiles hochziehen lässt und dann die verglaste Front des Hauses verschließt. Berühmt wurde er mit seinem Entwurf des Denkmals für den slowakischen Nationalaufstand von 1944 in Banská Bystrica (1964–1969), das in Zusammenarbeit mit dem Bildhauer Josef Jankovic entstand. Über einem rechtwinkligen Sockel, der Arbeitsräume, Vortragssaal und Versorgungsräume enthält, erhebt sich eine große, weit überkragende skulpturale Form, die in der Mitte durchtrennt ist. Zum Zwischenraum hin sind die Innenseiten des Hohlkörpers verglast. Im Inneren der beiden Flügel befinden sich Ausstellungsräume. Zusammen mit Anton Cimmermann realisierte er das Gebäude für den Slowakischen Verein, das nationale Kulturinstitut der Slowakei, in Martin (1964–1975). Ein doppelstöckiger Gebäudekörper bildet den lang gezogenen Sockel für das in der Mitte schmal aufgesetzte Hochhaus. Elemente aus Beton sind zu einem regelmäßigen Muster zusammengefügt und bilden die Fassade. Kuzma lehrte von 1960–1990 in dem von ihm gegründeten Architekturstudiengang an der Kunsthochschule in Bratislava.

Lasdun Denys Louis

▼ University of East Anglia,
Norwich, 1962–1968

► „Cluster Blocks", Bethnal Green,
London, 1952–1954

Denys Louis Lasdun (1914–2001) absolvierte
sein Studium an der Architectural Association
in London. 1935–1937 war er bei Wells Coates
beschäftigt. 1937 bekam er den Auftrag, ein
Haus mit Atelier für den Maler F.J. Conway in
London zu bauen, das 1938 fertiggestellt wurde.
Das Atelier im vierten Stock erhält durch eine
großflächige Fensterfront zur Loggia mit Oberlicht ausreichend Tageslicht. Die Fensterbänder
im ersten und zweiten Stock verringern durch
die Betonung der Horizontale die Höhenwirkung
des Hauses. Le Corbusiers Einflüsse werden in
diesem Projekt deutlich. Anschließend bewarb
sich Lasdun bei der Gruppe Tecton, in die er
1938 aufgenommen wurde. Außerdem engagierte er sich in der Gruppe MARS. Als sich
Tecton 1948 auflöste, gründete er eine Partnerschaft mit Lindsay Drake. Ab 1960 unterhielt
er ein Büro in London mit weiteren Partnern.

Die „Cluster Blocks" in Bethnal Green, London
(1952–1954), setzen sich aus vier um einen
Versorgungskern angelegten Gebäudeflügeln
zusammen. Alle Wohnungen sollten Zugang
zu Licht, Luft und Aussicht haben. Lasdun hatte
sich zuvor mit Pflanzenaufbau und Zellstrukturen in der Natur beschäftigt. Ferner verwirklichte Lasdun das Royal College of Physicians
in London (1960–1961), die University of East
Anglia in Norwich, England (1962–1968), und
das Nationaltheater in London (1967–1976).
Die beiden Letzteren versinnbildlichen auch
wesentliche Gedanken Lasduns: dass Architektur einen Rahmen vorgibt, innerhalb dessen
eine Weiterentwicklung möglich sein muss,
und dass sie über das Funktionalistische hinaus
eine einheitliche Form finden muss. 1984 veröffentlichte Lasdun „Architecture in the Age of
Scepticism".

*„Bauwerke sollen für
sich sprechen, sind aber
durch Ideen motiviert.
Im Gegenzug schaffen
Bauten ihre eigenen
Regeln, denen sich die
Ideen beugen müssen."*

Lassen Mogens

▼ Wohnhausgruppe Sølystvej 9-11,   ► Haus Sølystvej 7,
Kopenhagen, 1939   Kopenhagen, 1935–1936

Mogens Lassen (1901–1987) studierte Architektur an der Technischen Hochschule in Kopenhagen (1919–1923). In den Semesterferien erwarb er auf dem Bau praktische Fähigkeiten. Da seine Eltern sich ein weiterführendes Studium an der Königlichen Dänischen Akademie für bildende Kunst nicht leisten konnten, arbeitete er schon früh in verschiedenen Architekturbüros mit. Sein Weg führte ihn, neben einer langjährigen Mitarbeit bei Tyge Hvass (1925–1934), auch in das Pariser Büro Christiani & Nielson (1927–1928). In Paris lernte er das Werk Le Corbusiers kennen und bekam das Angebot, in dessen Büro zu arbeiten. Er entschied sich dagegen, um 1935 ein eigenes Büro in Dänemark zu eröffnen. Lassen gilt als einer der Pioniere des dänischen Funktionalismus. Zusammen mit dem Bauingenieur Ernst Ishøy, der ein Bausystem aus Beton und Stahlplatten entwickelt hatte, baute er einige Einfamilienhäuser. Bei der Gartenansicht des Hauses im Sølystvej 9–11 in Kopenhagen (1939) hat man den Eindruck, es handele sich um drei Häuser mit jeweils breiten Fensterbändern. Dies wird auch durch die unterschiedlichen Dachformen unterstützt. Lassens eigenes, dreigeschossiges Haus mit Dachterrasse im Sølystvej 5 in Kopenhagen (1936) wird von der Straße über eine kleine Brücke erreicht. Lassens erstes Architekturbüro war hier untergebracht. Die Inspiration, die er durch die Architektur Le Corbusiers erhielt, ist am Haus Frugtparken 22 in Kopenhagen (1939) besonders deutlich zu erkennen. Er verwendete hier, wie auch in etlichen weiteren Bauten, Tonnengewölbe aus Fertigbetonelementen. Sie bestimmen die leichte Atmosphäre des Hauses. Zu Lassens Werk gehören auch zahlreiche Möbelentwürfe.

László Paul

„Ich versuche nicht, Häuser zu entwerfen, die unbedingt
auffallen wollen. Ich versuche vielmehr, dem modernen Stil
eine zeitlose Bedeutung zu geben, um so meiner Zeit voraus
zu sein und dabei doch ein bequemes Heim zu schaffen."

▼ Crenshaw Theatre, Los Angeles,   ▶ Haus László, Beverly Hills, 1955
1941

Der Ungar Paul László (1900–1993) ging 1924
nach Wien, um dort sein erstes Büro zu eröffnen, dann nach Stuttgart. 1936 emigrierte er
in die USA. In Kalifornien konnte er zahlreiche
Bauaufträge realisieren, darunter Einfamilienhäuser, Restaurants, Luxus-Boutiquen,
Ausstellungsräume und Spielkasinos. Laden-
einrichtungen bildeten den kommerziellen
Schwerpunkt seines Büros. Ab 1948 arbeitete
er vier Jahre als Designer für Herman Miller.
Das erste eigene Haus in Brentwood, Kalifornien (1948), ist L-förmig um einen runden Pool
gebaut, eine überdachte Veranda bildet eine
dritte Seite. Auch sein zweites Wohnhaus in
Beverly Hills, Kalifornien (1955), hat einen
teilweise überdachten Innenhof, zu dem hin
sich alle Wohnräume öffnen. Nach außen wirkt
das Haus verschlossen. Das verwendete Rusti-
ka-Mauerwerk wird kombiniert mit schwarzen
Y-Stützen aus Stahlrohr, weißen Wandflächen
und Decken sowie großzügig eingesetzten
Glasschiebetüren. Seine luxuriösen Wohnhäuser boten in der Regel technische Annehm-
lichkeiten und Wohnkomfort. In Los Angeles,
Kalifornien, entstand ein Verkaufsausstellungs-
raum von McCulloch Motors (1957) mit einer
gerundeten Präsentationswand aus Metall
sowie hinterleuchteten Wandelementen. László
war auch als Filmarchitekt tätig und so zählten
Cary Grant, Elizabeth Taylor, Barbara Stan-
wyck, Robert Taylor und Barbara Hutton zu
seinen Auftraggebern.

Lautner John

▼ Haus Malin, „Chemosphere",   ► Motel in Desert Hot Springs,
Los Angeles, 1960   Kalifornien, 1947

Direkt nach dem College ging John Lautner (1911–1994) zu Frank Lloyd Wright, der ihn 1933 in seinem Büro in Taliesin East einstellte. In den Jahren 1936–1940 war Lautner für die Bauleitung mehrerer Häuser Wrights verantwortlich. Diese Arbeit führte ihn auch nach Los Angeles, wo er 1940 sein eigenes Büro eröffnete. Die mehr als hundert von Lautner errichteten Gebäude, meist Privathäuser, zeichnen sich durch große Individualität und Experimentierfreudigkeit aus. Zeit seines Lebens suchte Lautner nach neuen Formen und Konstruktionsweisen. Das Haus sollte durch Licht, Luft und Freiräume die Lebensqualität erhöhen. Ausgewogenheit entsteht dadurch, dass trotz spektakulärer Elemente den Bewohnern immer ein Gefühl von Geborgenheit vermittelt wird. Zu seinen frühen

Häusern zählen das Haus Carling in Los Angeles, Kalifornien (1947), mit deckenhohen Schiebetüren aus Glas und einer herausdrehbaren Wand mit integrierter Sitzgruppe und das Haus Foster in Sherman Oaks, Kalifornien (1950). Ein runder, teilweise frei stehender Baukörper mit überdachter Terrasse mündet in einen rechteckigen, ebenfalls mit Holz verkleideten Gebäudeteil. Das Wochenendhaus Pearlman in Idyllwild, Kalifornien (1957), verwendet eine Stützkonstruktion aus geschälten Baumstämmen. Rahmenlose Glasscheiben sind in Nuten der Stämme geschoben und lassen die Gebäudehülle verschwinden. Eine besonders kühne Konstruktion entwickelte Lautner für das auf einer zentralen Betonsäule ruhende, achteckige Haus Malin, genannt „Chemosphere", in Los

Angeles (1960). Wie ein Schirm stülpt sich das weit heruntergezogene Dach über das Gebäude. Des Weiteren realisierte Lautner das Haus Sheats/Goldstein in Los Angeles (1963; 1989 von Lautner selbst modernisiert) mit einem Oberlicht über der Küche, das sich öffnen lässt, und fest eingebauten Möbeln aus Glas, Beton und Leder sowie das Haus Stevens in der Malibu Bay Colony, Kalifornien (1968). Die zwei Gebäudekörper werden von gegeneinandergestellten, gewölbten Betonschalen gebildet und öffnen sich an der Schmalseite zum Ozean. 1973 entstand das aus Stahlbeton konstruierte Haus Arango in Acapulco, Mexiko. Der Hauptwohnraum im Obergeschoss besitzt keine Wände, sondern nur ein weit gespanntes Dach in Form einer gebogenen Hutkrempe. Statt eines Geländers umgibt ein Wassergraben diese Wohnterrasse, sodass Vordergrund und fernes Meer optisch ineinander übergehen.

◄ Haus Arango, Acapulco, 1973   ◄ Haus Stevens, Malibu, 1968   ▼ Haus Garcia, Los Angeles, 1962

Lechner Ödön

▼ Institut für Geologie, Budapest, 1899   ► Postsparkasse in Budapest, 1899–1902

Ödön Lechner (1845–1914) studierte bis 1865 in Pest (heute Budapest) und ging zum weiterführenden Studium nach Berlin (1866–1868). Danach bereiste er Italien. Bevor er sich als selbstständiger Architekt in Ungarn niederließ, fand er eine erste Anstellung bei dem Architekten Clément Parent in Paris (1875–1878). Lechner war früh ein Kritiker des dominierenden Historismus. Die Beschäftigung mit den ungarischen Traditionen des Kunsthandwerks sowie ihren orientalischen Ursprüngen beeinflusste seine Architektur und ließ ihn zum Wegbereiter eines ungarischen Nationalstils werden. Um die Jahrhundertwende entwickelte er eine individuelle Formensprache, die die ornamentalen Elemente der Volkskunst aufgreift. Fantasievoll geschmückte farbige Dächer und reich dekorierte Fassaden zeichnen seine Bauten aus. Das Kunstgewerbe-

museum (1893–1897), das Institut für Geologie (1899) und die Postsparkasse (1899–1902), alle in Budapest, zählen zu seinen Hauptwerken. Weithin sichtbar sind die grün-gelb gemusterten Dächer aus Pyrogranit-Ziegeln und die Türme aus glasierten Ziegelsteinen. Pyrogranit war der Markenname eines graugrünen Kunststeins, den Lechner mit dem Baukeramikhersteller Vilmos Zsolnay entwickelt hatte. Eine Kuppel aus Glas überspannt die zentrale Halle des Museums. Maurische Bögen prägen die Arkaden im Erdgeschoss und die der Galerie im ersten Stock. 1905 entstand die Villa Balás in Budapest. Sie ist durch ihre Asymmetrie gekennzeichnet. Lechner versammelte hier ebenso wie bei seinen anderen Bauten eine Vielzahl von Schmuckelementen mit der Absicht, so etwas wie einen ungarischen Nationalstil zu kreieren.

Le Corbusier

„Die primären Formen sind die schönen Formen, denn sie sind klar zu lesen."

Charles-Édouard Jeanneret-Gris (1887–1965) begann 1900 eine Graveur- und Ziseleurlehre unter Charles L'Eplattenier an der Kunstgewerbeschule in seinem Geburtsort La Chaux-de-Fonds in der Schweiz. Bereits 1905 errichtete er dort sein erstes Bauwerk, die Villa Fallet, für ein Mitglied der Kunstschule. Danach besuchte er Italien, Budapest und Wien, bevor er bei Auguste Perret in Paris Einblick in die Möglichkeiten von Stahlbetonkonstruktionen erhielt (1908/1909) und weitere Erfahrungen bei Peter Behrens in Berlin sammelte (1910–1911).

Zu seinen frühen Arbeiten zählen das Konzept der „Domino"-Häuser, ein 1914–1915 erarbeitetes Bausystem zur industriellen Serienproduktion in Stahlbeton, und die Villa Schwob in La Chaux-de-Fonds (1916), ein Stahlbetonbau im klassizistischen Gewand. 1917 ließ sich Jeanneret in Paris nieder und änderte seinen Namen in Le Corbusier. Hier lernte er auch den Maler Amédée Ozenfant kennen, mit dem er das Manifest „Après le cubisme" (1918) veröffentlichte und ab 1920 die Zeitschrift „L'Esprit Nouveau" herausgab. 1920–1922 entwickelte

◄ Ausstellungspavillon
„L'Esprit Nouveau", Paris,
1925, mit Pierre Jeanneret

▲ Doppelhaus 14/15 der
Weißenhofsiedlung in Stuttgart,
1927, mit Pierre Jeanneret

er die Citrohan-Häuser, schachtelartige Bauten mit tragenden Wänden an den Längsseiten, die in einer zweiten Fassung auf Stützen gehoben wurden. Der Name erinnert an die funktionelle Gestaltung der Automobile von Citroën, die er ebenso wie Flugzeuge und Schiffe als gestalterischen Gegenentwurf zur erstarrten Architektur sah. 1922 schloss er sich mit seinem Vetter Pierre Jeanneret zusammen, arbeitete an der Villa Ozenfant in Paris und entwickelte das Konzept für eine Stadt mit drei Millionen Einwohnern. 1923 gab Le Corbusier seine gesammelten Artikel aus „L'Esprit Nouveau" unter dem Titel „Vers une Architecture" neu heraus. In der Folgezeit baute er in Frankreich unter anderem das Doppelhaus La Roche-Jeanneret in Paris (1923), eine Wohnsiedlung in Pessac (1924–1926), das Haus Cook in Boulogne-sur-Seine (1926) und die Villa Stein in Garches (1926–1928). Sein Pavillon „L'Esprit Nouveau" auf der Pariser Ausstellung von 1925 bildete den modellhaften Baustein eines Großwohnblocks. Hochhäuser dominierten schließlich seinen „Plan Voisin" für ein neues

Paris (1925). 1927 nahm er am Wettbewerb für den Genfer Völkerbundpalast und an der Werkbundausstellung in Stuttgart-Weißenhof mit zwei Wohnhäusern teil, wobei er versuchte, sein Fünfpunkteprogramm einer neuen, zeitgemäßen Architektur umzusetzen: Stützen (Piloti), Dachgärten, freier Grundriss, Langfenster und freie Fassadengestaltung. Ein Jahr später wurde Le Corbusier Gründungsmitglied der Congrès Internationaux d'Architecture Moderne (CIAM). Auf dem Pariser Herbstsalon von 1929 präsentierte er verschiedene Möbelentwürfe, die gemeinsam mit Pierre Jeanneret und Charlotte Perriand entstanden waren. Schlanke Stützen tragen die Villa Savoye in Poissy, Frankreich (1928–1931), ein weißes Prisma mit Rampen und überraschenden Durchblicken im Innern. 1929–1933 entstand die Cité de Refuge der Heilsarmee in Paris, 1930–1932 das Schweizer Studentenwohnheim der Cité Universitaire in Paris. Für das Projekt des Sowjet-Palastes in Moskau (1931) erarbeitete Le Corbusier eine Halle, die an einem weiten, überspannenden Parabelbogen

► Haus Shodan,
Ahmedabad, Indien, 1951–1956

► Schweizer Studentenwohnheim
der Cité Universitaire, Paris,
1930–1932

►► Wallfahrtskirche Notre-
Dame-du-Haut, Ronchamp,
Frankreich, 1951–1955

hängt. 1935 reiste er zum ersten Mal in die USA und veröffentlichte ein weiteres Stadtplanungskonzept unter dem Titel „La Ville radieuse". Seine Planungen für ein Ministeriumsgebäude in Rio de Janeiro und die Zentrale der Vereinten Nationen in New York wurden schließlich von Lúcio Costa, Oscar Niemeyer und Affonso Eduardo Reidy beziehungsweise Harrison and Abramovitz ausgeführt. 1942 entstanden erste Vorarbeiten zum Modulor, einem von Le Corbusier entwickelten Maßsystem nach dem Prinzip des Goldenen Schnitts, ausgehend von den Proportionen des menschlichen Körpers. 1948 veröffentlichte er das System. Es beruht auf dem menschlichen Maß von 1,75 m, das Le Corbusier später in 1,83 m änderte, und führt zu einer Raumhöhe von 2,26 m. 1944 publizierte er die „Charta von Athen", Überlegungen und Forderungen zu einer zeitgemäßen, funktionellen Stadt, die 1933 von CIAM IV zusammengestellt und 1941 von Le Corbusier weiterentwickelt worden waren. Ein bedeutendes Experiment im Massenwohnungsbau stellt die Unité d'Habitation in Marseille (1945–1952) dar,

ein Hochhauskomplex auf Piloti, der über 337 Wohneinheiten, Ladenstraße, Freizeit- und Kommunikationseinrichtungen verfügte und nach Modulor-Maßen gebaut wurde. Weitere Unités folgten unter anderem in Nantes-Rezé, Frankreich (1952–1957), in Berlin (1956–1957) und in Meaux, Frankreich (1957–1959) Zu Le Corbusiers Spätwerk, expressiv geformten, skulpturalen Bauten, die auch nicht mehr den prototypischen Anspruch seiner Vorkriegsbauten hatten, gehören die Wallfahrtskirche Notre-Dame-du-Haut in Ronchamp, Frankreich (1951–1955), das Dominikanerkloster La Tourette in Evreux bei L'Arbresle, Frankreich (1953–1960), sowie der Justizpalast in Chandigarh, Indien (1951–1955). Bereits 1950 und 1951 arbeitete er mit Edwin Maxwell Fry und Jane Drew an einem Flächennutzungsplan für diese indische Stadt. In Amerika errichtete er als einzigen Bau das Visual Arts Center in Cambridge, Massachusetts, das 1964 vollendet wurde. Le Corbusier gehört nicht nur zu den wichtigsten Architekten des 20. Jahrhunderts, sondern war daneben auch ein bedeutender Theoretiker und Maler.

Lee Simeon Charles

„Für 50 Cents holten wir den Mittelklasse-Menschen aus seinem Heim heraus und gaben ihm eine Umgebung wie zuvor nur die Kirche."

▼ Gebäude der städtischen
Energie- und Wasserversorgung,
Los Angeles, 1942

► Academy Theatre,
Inglewood, Kalifornien, 1939

Simeon Charles Lee (1899–1990) studierte am Chicago Technical College, wo er 1918 graduierte. Schon während des Studiums konnte er bei dem Architekten Henry Newhouse in Chicago arbeiten, dieser war auf den Bau von Kinos spezialisiert. Nach einem ersten Auftrag für die Stadt Chicago schrieb er sich zum Studium der Architektur am Armour Institute of Technology in Chicago ein. Das Studium folgte damals den Prinzipien der École des Beaux-Arts, was in seinen frühen Zeichnungen deutlich ablesbar ist. 1922 zog Lee nach Los Angeles.

Das Gebäude für den Kosmetikspezialisten Max Factor in Hollywood, Kalifornien (1931), folgt einem schwermütigen Art-Déco-Stil. In der Folgezeit wurden Lees Arbeiten spielerischer und bewegter. In den dreißiger Jahren konnte Lee zahlreiche Kino- und Theaterbauten realisieren, darunter etwa das Bruin Theatre in Los Angeles. Die Eckbebauung wird von einer nach innen gebogenen Fassade bestimmt, darin hängt ein kreisrundes Vordach. 1939 entstand das Academy Theatre in Inglewood, Kalifornien. Lee berücksichtigte bei der Gestaltung seiner Kinos die zunehmende Bedeutung des Automobilverkehrs. Signifikante Formen warben um die Aufmerksamkeit der Vorbeifahrenden, die wenigen Schritte zum Eingang sollten bereits zum Erlebnis werden. Innen setzte sich diese Art der Dekoration in Form von entsprechenden Deckenbemalungen fort. Für die Streamline-Front des Academy Theatre verwendete er erstmals Glasbausteine und Aluminiumprofile. Ein Spiralturm, bemalt mit fluoreszierenden Farben, wurde nachts unter Schwarzlichtbestrahlung zum weithin leuchtenden Zeichen. Das Gebäude der städtischen Energie- und Wasserversorgung in Los Angeles (1942) ist ebenfalls auf eine Nachtwirkung hin konzipiert. Großflächig hinterleuchtete Glasplatten in der modernen Fassade verweisen werbewirksam auf das Produkt der Firma. Weitere Theaterbauten entstanden in Mexiko City (1942).

Legorreta Ricardo

„Mexiko ist ein Land der Architekten.
Wir Mexikaner sind Baumeister, wir sind alle
Architekten. Ich bin da keine Ausnahme."

▼ Technikzentrum der Firma IBM,   ► Fabrikationsgebäude von IBM
Mexiko-Stadt, 1977   in Guadalajara, Mexiko, 1975

Ricardo Legorreta (1932–2011) studierte zwischen 1948 und 1952 an der Architekturfakultät der Universität von Mexiko-Stadt. Bei seinem späteren Partner (1955–1960) José Villagrán García war er neben seinem Studium als Zeichner beschäftigt. Sein eigenes Büro entstand 1961 in Mexiko-Stadt, seit 1985 existierte ein weiteres Büro in Los Angeles. Moderne Formen und Funktionalität in Verbindung mit traditionellen mexikanischen Materialien und Baustilen sind Kennzeichen der Architektur Legorretas. Charakteristika seiner an Luis Barragán erinnernden Bauten sind kräftige Farben, massive Wände mit klaren geometrischen Formen, kontrollierte Aus- und Durchblicke und die Einbindung von Wasser. Die Gebäude des Hotels Camino Real in Mexiko-Stadt (1967–1968) öffnen sich auf Innenhöfe und verschließen sich hinter schlichten Fassaden nach außen. Aufgelockert wird die klare, nüchterne Geometrie durch farbige, teils grob, teils fein gegliederte Gitter. Geneigte Wände mit eingeschnittenen Balkonen und ein sprudelndes Wasserbecken an der Hoteleinfahrt sind weitere Merkmale. Über einem hellen Steinfundament erheben sich die rotbraunen Mauern des Marco Contemporary Art Museum in Monterrey, Mexiko (1991). Rechtwinklige Öffnungen durchbrechen die teilweise schräg verlaufenden Fassaden des um einen zentralen Innenhof herum konzipierten Museums. Steinstufen führen zum Eingang, zu einer rechteckigen Öffnung mit drei lilafarbigen Säulen, hinauf. Aus den neunziger Jahren stammen weiterhin die Kathedrale in Managua, Nicaragua (1993), und die großenteils mit Ziegel verkleidete Zentralbibliothek in Monterrey, Mexiko (1994), die aus zwei dominanten geometrischen Formen besteht: einem Würfel, an den Ecken verbunden und umgeben von einem offenen, ringförmigen Baukörper, dessen Kreis sich nicht schließt, sondern an einer Seite den Blick auf den Würfel freilässt. Für ein neues Zentrum der bildenden Künste des College von Santa Fe, New Mexico, entwickelte Legorreta den Masterplan, der diesen neuen Bereich des Campus mit verschiedenen Institutsgebäuden strukturiert. In diesem Rahmen wurde das Art Institute (1996–2000), dessen drei pyramidenförmige Dächer weithin sichtbar sind, von ihm realisiert.

Lescaze William

▼ Studio des Hörfunksenders
CBS, Los Angeles, 1936–1938,
mit Earl T. Heitschmidt

► Hochhaus der Philadelphia
Saving Fund Society, Philadelphia,
1929–1932, mit George Howe

William Lescaze (1896–1969) studierte an der
Eidgenössischen Technischen Hochschule in
Zürich. Anschließend arbeitete er kurze Zeit für
Henri Sauvage in Paris, bevor er nach Amerika
übersiedelte. 1929–1934 unterhielt er eine Partnerschaft mit George Howe in Philadelphia,
danach gründete er ein eigenes Büro in New
York. Gemeinsam mit Howe errichtete er das
moderne Bürohochhaus der Philadelphia Saving Fund Society in Philadelphia, Pennsylvania
(1929–1932). Rolltreppen führen zu der als Sockel dienenden Schalterhalle mit gekrümmter
Fassade und das Firmenlogo erscheint in großen Lettern auf dem Dach des 32-stöckigen
Stahlbetongebäudes. Für das vollständig klima-
tisierte Interieur verwendeten sie Marmor,
rostfreien Stahl und Aluminium. Zu Lescazes
Werk zählen weiterhin die Wohnanlage in
Churston (1932–1936) und die Dartington Hall

School in Devon, beide in Großbritannien
(1931–1935), und mehrere Wohnhäuser in Amerika, unter anderem das Haus in Harvey Cedars,
New Jersey (ca. 1935). Der Garten des abschüs-
sig gebauten Wohnhauses auf freiem Grundriss
wird durch eine große Glasfront gegen den
Wind geschützt. 1933–1934 entstand Lescazes
eigenes Wohnhaus in New York. Die zur Straße
hin liegende Fassade des mehrstöckigen Flachdachhauses besteht zum großen Teil aus Glasbausteinen. Zugang erhält man über eine in den
unteren, offenen Gebäudeteil integrierte Treppe. Für den Hörfunksender CBS entwarf Lescaze
Studios in Los Angeles, Kalifornien (1936–1938).
Ein Teil des rechteckigen Gebäudes wird von
Säulen getragen und horizontale Fensterbänder
verlaufen entlang der gesamten Fassade. Gleichzeitig errichtete Lescaze die Wohnsiedlung Ten
Eyck in New York (1935–1938).

Lewerentz Sigurd

Nach Beendigung seines Studiums am Chal-
mers Technischen Institut in Göteborg 1908
sammelte Sigurd Lewerentz (1885–1975)
praktische Erfahrung bei Theodor Fischer und

Richard Riemerschmid. Ein gemeinsames Büro
mit Torsten Stubelius existierte 1911–1916.
Mit Gunnar Asplund gewann er 1916 den Wettbewerb für den Waldfriedhof in Stockholm,
Schweden, für den Lewerentz die Auferste-
hungskapelle (1921–1925) entwarf. Diesen
klassizistisch anmutenden Anfängen folgte das
funktionale Gebäude der siebengeschossigen
Reichsversicherungsanstalt in Stockholm
(1928–1932). Der Bau mit schlichter Straßenfas-
sade aus Hohlziegeln und rechteckigen Fenstern öffnet sich durch großzügige Verglasung
auf einen ovalen Innenhof. Aufgrund verschiedener Enttäuschungen gab er 1940 für eine
Periode von zehn Jahren die Architektur auf
und widmete sich seiner Firma Idesta, die Be-
schläge in modernem Design herstellte. Sein
späteres Werk, zu dem unter anderem die aus
Backstein und Stahl errichteten Kirchen St.
Markus in Björkhagen (1956–1960) und St. Petri
in Klippan, Schweden (1962–1966), zählen, ist
durch die außerordentliche Aufmerksamkeit
auf das Detail gekennzeichnet. Bei der Kirche
St. Petri brachte Lewerentz die rahmenlose
Verglasung in Halterungen an den Außenwänden an, sodass im Inneren der Eindruck von
glaslosen Fensteröffnungen entsteht.

Libera Adalberto

„Wohnhäuser sollten jene menschliche Würde anstreben,
die die moderne Welt zu Recht in vielen Gesellschaftsschichten
erweckt hat. Deshalb müssen wir den Wohnhäusern den
künstlerischen Charakter verweigern und stattdessen auf
einen ästhetischen und menschlichen abzielen."

▼ Italienischer Pavillon auf der
Weltausstellung in Chicago,
1933, mit Mario de Renzi und
A. Valente

► Haus Malaparte, Capri,
1938-1940

Adalberto Libera (1903–1963) besuchte das
Istituto statale d'Arte in Parma und die Architekturfakultät der Universität in Rom. 1927

schloss er sich der Gruppo 7 an, die einen italienischen Rationalismus vertrat, und organisierte gemeinsam mit Gaetano Minnucci im
folgenden Jahr die erste „Esposizione
dell'architettura razionale". Ab 1930 leitete
Libera das Sekretariat der Bewegung M.I.A.R.
Sein mediterranes Haus Malaparte auf Capri,
Italien (1938–1940), entstand unter starker
gestalterischer Mitwirkung des Bauherrn. Das
längliche, rote Haus liegt auf einem Felsen im
Meer, eine breite Treppe führt zur geländer-
losen Dachterrasse, über die sich eine geschwungene, weiße Wand zieht. Im Rahmen
des Komplexes der „Esposizione universale di
Roma" entwarf Libera den monumentalen
Kongresspalast (1937–1942) mit E. La Padula
und G. Guerrini. In der Nachkriegszeit entwickelte sich Libera mit freieren Gestaltungen
wie dem Kassenpavillon auf der Regionalmes-
se von Cagliari (1953) weiter und konnte einige
wichtige Großaufträge wie das Verwaltungsgebäude der Region Trentino-Alto Adige in
Trient (1953–1963) und das Olympische Dorf in
Rom (1957–1960, mit V. Cafiero, A. Luccichenti,
V. Monaco und L. Moretti) ausführen.

Libeskind Daniel

Imperial War Museum,
Manchester, 2000–2002

Zunächst studierte Daniel Libeskind (*1946) in seinem Geburtsland Polen Musik, 1965–1970 an der Cooper Union School in New York Architektur, zwischen 1970 und 1972 folgte ein Studium der Geschichte und Theorie der Architektur an der University of Essex in England. Er war unter anderem an der Architectural Association in London sowie in Yale, Hamburg und Harvard in der Lehre tätig, seit 1994 hat er eine Professur an der University of California in Los Angeles. Bis 2003 führte er zwei Büros in Berlin und Santa Monica, Kalifornien, und wechselte dann nach New York. Libeskind gehört zu den Repräsentanten des Dekonstruktivismus und wurde anfangs eher durch Entwürfe und Schriften als durch realisierte Projekte bekannt. Mit dem Jüdischen Museum in Berlin (1989–1999) schuf er ein gebautes Statement, in dem die „voids", die durch die Vernichtung des jüdischen Lebens in Europa entstandenen Lücken in der Geschichte, als bauliche Leerräume erscheinen, die das Museum durchdringen. Die Grundrissform des metallverkleideten Baus erinnert an einen Blitz, er wird unterirdisch vom nebenstehenden Kollegienhaus her erschlossen, ein fünfkantiger Holocaust-Turm steht isoliert daneben. Für die Stadt Osnabrück konzipierte er das Felix-Nussbaum-Museum (1995–1998) als Erweiterung des Kulturgeschichtlichen Museums aus drei einander durchdringenden Teilen.

Im Mittelpunkt steht ein schmaler Gang mit den Gemälden des ermordeten jüdischen Malers Felix Nussbaum. Das Imperial War Museum in Manchester (2000–2002) wirkt wie aus Bruchstücken des Erdballs montiert, ursprünglich sollten nachts Bilder auf die Außenflächen projiziert werden. Zu seinen jüngeren Projekten zählen das Hamilton Building des Denver Art Museum in Denver, Colorado (2000–2006), und der Erweiterungsbau des Royal Ontario Museum, genannt „The Crystal" in Toronto, Ontario, (2002–2007). Die weitere Planung für seinen preisgekrönten Wettbewerbsentwurf zum Neubau des World Trade Center in New York wurde ihm entzogen.

„Bedeutsame Architektur zu schaffen heißt nicht, Geschichte zu parodieren, sondern sie zu artikulieren, heißt nicht Geschichte auszulöschen, sondern sich mit ihr auseinanderzusetzen."

Lindegren Yrjö

▼ Olympiastadion, Helsinki,
1952, mit Toivo Jäntti

► Olympiastadion, Helsinki,
1934–40, mit Toivo Jäntti

Yrjö Lindegren (1900–1952) zählt zu den finnischen Architekten, die einen bedeutenden Beitrag zum Funktionalismus der dreißiger Jahre lieferten. 1930 entstand ein Gebäude für die Versicherungsgesellschaft Elonvera in Helsinki. Gemeinsam mit Toivo Jäntti realisierte er das Olympiastadion in Helsinki (1934–1940, 1952 erweitert). Der Bau mit klaren, kantigen Formen, großen Glasflächen und dunklen Metallgeländern war ursprünglich für die Olympiade von 1940 geplant, die jedoch wegen des Krieges nicht stattfand. Erst 1952 wurde hier die Olympiade abgehalten und zu diesem Zweck wurden die schon fertigen Bauten ergänzt. Er arbeitete weiterhin als Stadtplaner und entwarf zusammen mit Alvar Aalto Pläne für das kriegszerstörte Zentrum von Rovaniemi (1945). Außerdem schuf Lindegren in Helsinki Gebäude für ein großes, staatlich finanziertes Wohnungsbauprojekt: Es entstand eine aufgebrochene Häuserreihe aus drei Abschnitten mit vor- und zurückspringenden Fassadenabschnitten auf schlangenförmigem Grundriss (1949–1951). Das Ensemble enthält insgesamt 190 Wohnungen. Er schaffte es jedoch, durch unterschiedlich angelegte Grundrisse eine Monotonie zu vermeiden. Durch die Form und Anordnung der Häuserblöcke entstanden geschützte Flächen, die begrünt wurden und Kindern Raum zum Spielen boten. Der Komplex enthielt außerdem Gemeinschaftseinrichtungen: einen Kindergarten, eine Sauna und ein Schwimmbad.

Lingeri Pietro

▼ Yachtclub A.M.I.LA.,
Tremezzo, Italien, 1927–1930

► Gebäude der Finanzgesellschaft
La Centrale, Mailand, 1960

Zunächst absolvierte Pietro Lingeri (1894–1968) eine Lehre als Steinmetz in Brera, Italien, und arbeitete gelegentlich mit Antonio Sant'Elia zusammen. Nachdem er 1922 das Lehrerdiplom für Architekturzeichnung an der Accademia di Brera erlangt hatte, eröffnete er sein eigenes Büro in Mailand. War er anfangs vor allem mit zahlreichen Ausstattungen von Mailänder Geschäften beschäftigt, schaltete er sich später in die Theoriedebatte ein und wurde Mitglied der Comer Gruppe des M.I.A.R. (Movimento Italiano per l'Architettura Razionale). Mit dieser Gruppe gewann er für das Haus eines Künstlers am See (1933) den Architekturpreis auf der V. Triennale von Mailand. Zu seinen bekannten Projekten in Zusammenarbeit mit Giuseppe Terragni zählen die Casa Rustici in Mailand (1933–1936) mit offenen Gängen, die den Innenhof von der Straße abtrennen, und die Casa Lavezzari in Mailand (1934–1937). 1934 gehörte er zur Gewinnergruppe des Wettbewerbs für den Bebauungsplan von Como. Außerdem gewann er als Gruppenmitglied den Wettbewerb für den Palazzo del Littorio (1934–1937), mit einem Entwurf, der im Sinne des Mussolini-Regimes von einer Hinwendung zur Monumentalarchitektur zeugt. Wichtige Zeugnisse seines individuellen Schaffens waren der Sitz des Yachtclubs A.M.I.L.A. (Associazione Motonautica Italiana Lario) in Tremezzo (1927–1930) und die Villa Leoni in Ospedaletto di Occuccio (1938–1942). Unter seinen Werken nach dem Zweiten Weltkrieg sind unter anderem das elfstöckige Gebäude des Q.T.8 (1949–1950, mit Luigi Zuccoli), das Bürogebäude De Angeli-Frua (1949) sowie die Wohnhäuser in der Via Legnano und in der Via Melchiorre Gioia in Mailand (1950) bemerkenswert. Eines seiner letzten ausgeführten Projekte war der Sitz der Finanzgesellschaft La Centrale in Mailand aus dem Jahr 1960.

Lissitzky El

▼ Entwurf für das Kabinett der
Abstrakten im Provinzialmuseum
Hannover, 1927

▶ Wolkenbügel,
1924–1925, Perspektive

Während seines Architekturstudiums an der Technischen Hochschule in Darmstadt (1909–1914) unternahm Lasar Markovic Lissitzky (1890–1941) Reisen nach Italien, Frankreich und durch Deutschland, anschließend besuchte er 1914–1918 das Polytechnikum in Riga. Dort arbeitete er neben seinem Studium in verschiedenen Architekturbüros, malte und beschäftigte sich mit dem Entwurf von Illustrationen. 1919 erhielt El Lissitzky eine Professur für Grafik, Druck und Architektur an der Volks-Kunst-Schule in Witebsk, wo er Kasimir Malewich kennenlernte und von ihm beeinflusst die ersten suprematischen Plakate und Prounen (räumliche Konstruktionen) zeichnete. Während eines erneuten Aufenthaltes in Deutschland und in der Schweiz 1921–1925 kam El Lissitzky mit den Anhängern der Gruppe De Stijl in Berührung und publizierte in der gleichnamigen Zeitschrift. Er nahm am Weimarer Konstruktivisten-Kongress und an der Ersten Russischen Kunstausstellung in Berlin 1922 teil, mit seinem Vortrag über moderne russische Kunst 1923 in den Niederlanden und Deutschland trug er zur Verbreitung des sowjetischen Konstruktivismus bei. Für die Große Berliner Kunstausstellung 1923 gestaltete er den abstrakten Proun-Raum. Anschließend entstanden zwei bekannte programmatische Architekturprojekte: die Lenintribüne (1924), ein schräg aufragender Gitterturm mit zwei in unterschiedlicher Höhe angebrachten, auskragenden Rednerpulten und der Wolkenbügel (1924–1925), ein Hochhaus aus drei Stützen, die zwei miteinander verbundene, horizontale Baukörper tragen. Zurück in der Sowjetunion (1925) war er als Ausstellungsgestalter tätig, unter anderem entwarf er für die internationale Presseausstellung „Pressa" in Köln 1928 den sowjetischen Pavillon, ab 1930 war er leitender Architekt des Moskauer Zentralen Parks für Kultur und Erholung.

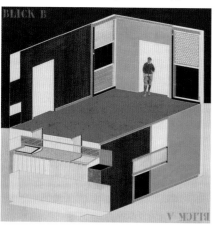

„Jede Form ist das erstarrte Momentbild eines Prozesses, also ist das Werk Haltestelle des Werdens und nicht erstarrtes Ziel."

Loewy Raymond

„Korrekte Formgestaltung zahlt sich nicht nur in der ästhetischen Wirkung aus. Sie ist auch ein gutes Geschäft, denn sie hilft den Absatz steigern."

▼ Reisebüro für die
Fluggesellschaft TWA, 1947

► „Designer's Office and Studio",
Metropolitan Museum, New York,
1934, mit Lee Simonson

Der aus Paris stammende Raymond Loewy (1893–1986) studierte bis 1918 an der Université de Paris und an der École de Laneau. Im folgenden Jahr ging er nach Amerika, wo er bis zur Eröffnung seines New Yorker Ateliers für Industriedesign im Jahr 1929 als Illustrator für Modejournale tätig war. Im Jahr der Bürogründung konzipierte er ein neues Vervielfältigungsgerät für Sigmund Gestetner. 1934 wurde sein zusammen mit Lee Simonson gestaltetes „Designer's Office and Studio" auf der New Yorker Ausstellung „Contemporary American Industrial Art" präsentiert. Die Wände waren mit einem HPL-Schichtstoff verkleidet und in Aluminium gefasst, der Boden bestand aus blauem Linoleum.

Loewys Gestaltungsdenken war durch die Arbeiten im Industriedesign bestimmt, bei denen häufig ein technisches Innenleben durch eine relativ frei formbare Hülle versteckt wurde. Seine Lösungen suchten Funktionalität und leichte Verständlichkeit bei gleichzeitig ansprechendem Äußeren und Markenidentität. Für das Corporate Design vieler Firmen entwarf er so auch Logos und Verpackungen, unter anderem für Coca-Cola, Lucky Strike und Pepsodent. Daneben gestaltete er Flugzeugeinrichtungen, Lokomotiven und Automobile wie etwa den „Champion" von Studebaker (1947). Seine stromlinienförmige Moderne übertrug er auch auf Ladengestaltungen wie für die Bäckerei „Cushmans" in New York City (1937). Ebenfalls 1937 wurde anlässlich eines Auftrags für das Modehaus Lord & Taylor zur Modernisierung der Verkaufsräume in New York Loewys Abteilung für Architektur und Innengestaltung gegründet. Darauf folgte der Neubau eines Kaufhauses für Lord & Taylor in Manhasset auf Long Island, New York (1941). Der elegante, weiße Bau mit verglastem Eingangsbereich und Abschnitten aus Naturstein enthielt innen kleinere, einzelne Läden. Gemeinsam mit anderen Partnern gründete er 1949 die Raymond Loewy Corporation. Zusammen mit Allmon Fordyce und William Hamby baute er das „Stratos Plant", eine streng gegliederte Fabrik für die Fairchild Engine and Airplane Corporation in Bay Shore, New York (1952). Aus späterer Zeit stammen die Neugestaltung des Präsidentenflugzeugs „Air Force One" für John F. Kennedy und Innenausstattungen (1969–1972) für die NASA.

Loos Adolf

„Evolution der Kultur ist gleichbedeutend mit dem Entfernen des Ornaments aus dem Gebrauchsgegenstand."

▼ Kärntner Bar, Wien, 1908   ► Villa Karma, Clarens bei
                                   Montreux, 1903–1906

Adolf Loos (1870–1933) besuchte die Staatsgewerbeschule in Reichenberg, bevor er 1890 sein Studium an der Technischen Hochschule in Dresden aufnahm. Danach verbrachte er drei Jahre in den Vereinigten Staaten, besuchte die Weltausstellung in Chicago und schlug sich mit Gelegenheitsarbeiten, unter anderem auch als Maurer, Parkettleger und Bauzeichner, durch. 1896 kehrte er zurück und ließ sich in Wien nieder. Einfluss gewann er zunächst durch seine schriftstellerische Tätigkeit. Ab 1897 publizierte er vor allem in der Wiener „Neuen Freien Presse". Unter den Titeln „Ins Leere gesprochen" (1921) und „Trotzdem" (1931) wurden diese

Artikel später als Sammlung herausgegeben. Immer wieder wandte er sich gegen das aufgelegte, dekorierende Ornament, das er als überflüssig und nicht mehr zeitgemäß empfand. Die radikale Verfechtung seiner Thesen und der polemische Artikel „Die Potemkinsche Stadt" führten schließlich zum Bruch mit den führenden Architekten der Wiener Secession, Josef Hoffmann und Joseph Maria Olbrich. 1903 wurde er Herausgeber der Zeitschrift „Das Andere – Ein Blatt zur Einführung abendländischer kultur in Österreich", von der jedoch nur zwei Ausgaben erschienen. Erste Achtungserfolge brachten der Umbau des Café Museum in Wien,

das aufgrund der Schmucklosigkeit den Spitznamen „Café Nihilismus" bekam, und der diszipliniert-elegante Innenausbau für das Maßatelier Kniže. 1907 erhielt er den Auftrag für die Kärntner Bar, ein kleines, durch Spiegel geschickt geweitetes Lokal, das sich über eine spektakuläre Fassade als „American Bar" zu erkennen gab: Vier Marmorpilaster tragen das schräge Dach mit einem Sternenbanner aus farbigem Glas. 1908 veröffentlichte er seine berühmte Schrift „Ornament und Verbrechen", ein leidenschaftliches Plädoyer für die schöne, zweckbestimmte Form. Mit dem Haus am Michaelerplatz (1909–1911) demonstrierte er, was er damit meinte: Der Geschäftsbereich im unteren Teil wurde mit grün-weißem Cipollino-Marmor verkleidet, der obere Wohnteil schlicht kalkverputzt. Die Fenster waren ohne jede Rahmung, wie ausgestanzt. Das Projekt wurde heftig angefeindet und auf Anordnung des Stadtbauamtes wurde der Bau immer wieder eingestellt. Gleichzeitig arbeitete

Loos am Haus Steiner in Wien, das seine Größe zur Straßenseite hinter einem tief heruntergezogenen Tonnendach versteckte. Ohne staatliche Genehmigung gründete er 1912 eine Bauschule, in der er seine Schüler, darunter auch Richard Neutra und Rudolf M. Schindler, unentgeltlich unterrichtete. 1920 wurde Loos leitender Architekt des Siedlungsamtes in Wien, gab diese Position allerdings schon 1922 wieder auf und übersiedelte nach Paris. Er hielt Vorträge an der Sorbonne und realisierte das Wohn- und Atelierhaus des Dadaisten Tristan Tzara (1926). 1927 entwarf er für Josephine Baker ein Eckhaus mit einer Verkleidung aus schwarzen und weißen Marmorstreifen; das Projekt wurde nicht realisiert. Zu den bedeutendsten Bauten des Loos'schen Spätwerks zählen das Haus Moller in Wien (1927–1928) und die Villa Müller in Prag (1928–1930), deren Wirkung er erneut aus der Kombination von edlem Material und strenger Form entwickelte.

◄ Haus Tzara, Paris, 1926   ▼ Haus Steiner, Wien, 1910

Lubetkin Berthold

▼ Mobiler Ausstellungspavillon,
1926, Serienausführung

► „Holly Frindle", Bungalow B,
Whipsnade, England, 1933-1936

Der gebürtige Georgier Berthold Lubetkin (1901–1990) studierte 1920–1925 in Moskau, St. Petersburg und Berlin. Nach anschließender Mitarbeit im Büro von Auguste Perret in Paris (1926–1927), wo er mit Stahlbetonkonstruktionen vertraut wurde, besuchte er für zwei Jahre die Sorbonne. 1931 siedelte er nach London über und rief die Gruppe Tecton (1932–1948) ins Leben. Die Gruppe bestand vor allem aus Absolventen der Architectural Association: Anthony Chitty, Lindsay Drake, Michael Dugdale, Valentine Harding, Godfrey Samuel und Francis Skinner. 1938 kam auch Denys Lasdun als weiteres Mitglied hinzu. Die hier vertretenen Architekturideen waren rationalistisch. Lubetkin war außerdem an der Gründung der Gruppe MARS (1933) beteiligt, die eine kontinentale Moderne in England vertrat. Vor allem die Architektur Le Corbusiers und der russische Konstruktivismus beeinflussten ihn sehr. Für den Londoner Zoo entwarf Lubetkin zusammen mit Tecton das Gorillahaus (1932–1937) und das ovale Pinguinbecken (1933–1934) aus weißem Stahlbeton, das auf der einen Seite von einer flach ansteigenden Treppe begrenzt wird. Auffallendes Kennzeichen sind zwei geschwungene, sich überkreuzende Rampen für die Pinguine. Etwa zeitgleich entstanden die Wohnblöcke Highpoint I (1933–1935) und nebenan Highpoint II (1935–1938) in London. Der achtgeschossige Block Highpoint I mit Dachterrasse ruht teilweise auf Stützen, die weißen Fassaden sind von Fensterbändern oberhalb lang gezogener Balkone und rechteckigen Einzelfenstern durchbrochen. Für das Apartmentgebäude Highpoint II entwarf Lubetkin eine weniger schlichte Fassade aus verschiedenen Materialien. Unter anderem kommen Glasbausteine und Klinker zum Einsatz. Außerdem überrascht die Eingangssituation mit zwei Karyatiden unter dem Vordach des modernen Gebäudes. Innen schuf er luxuriöse Apartments, die über Wohnzimmer mit doppelter Deckenhöhe verfügen. Elegant gestaltete Wendeltreppen verbinden die Ebenen innerhalb der Wohnungen, großzügige Fenster geben den Blick auf einen Park frei.

Luckhardt Hans und Wassili

▼ Villa F., Velten, 1932

► Telschow-Haus, Berlin, 1928

Hans Luckhardt (1890–1954) studierte an der Technischen Hochschule in Karlsruhe, Wassili (1889–1972) in Berlin-Charlottenburg. Die Brüder engagierten sich im Arbeitsrat für Kunst, in der Novembergruppe und in der Architektenvereinigung „Der Ring". Seit 1921 arbeiteten sie eng zusammen und beschäftigten sich in den ersten Nachkriegsjahren mit Entwurfsarbeiten, so für das Hygiene-Museum in Dresden (1921) und den Wettbewerb für ein Hochhaus in der Friedrichstraße in Berlin (1922), die noch stark expressionistisch geprägt waren. Ab 1924 arbeiteten die Brüder Luckhardt auch mit Alfons Anker zusammen. In den folgenden Jahren entstanden vorwiegend in Berlin zahlreiche Werke: die in drei Bauabschnitten zwischen 1925 und 1929 als Versuchssiedlung errichteten Reihenhäuser in der Schorlemer Allee, das Geschäftshaus Hirsch (1926–1927) und das Telschow-Haus am Potsdamer Platz in Berlin (1928), dessen geschwungene Fassade dem Straßenverlauf folgt. Die glatte Front war aus opak-weißem Glas, die Fensteröffnungen fügten sich mit Zwischenelementen aus glänzend schwarzem Glas zu einem effektvollen Band. Weiterhin wurden zwei von ursprünglich drei geplanten Villen am Rupenhorn in Berlin (1928) realisiert. Die Villa Kluge gilt im Bereich des Einzelhauses als Vorzeigeobjekt der Neuen Sachlichkeit. Der weiße Kubus wird durch die schwarz umrandeten Fensterbänder und seine Terrassen und Balkone gegliedert. Daneben standen Projekte für die Neugestaltung des Alexanderplatzes (1929) und der Medizinischen Hochschule in Pressburg (1933, heute Bratislava, Slowakei). 1933 mussten die Gebrüder Luckhardt eine Zwangspause in ihrer Arbeit hinnehmen, Alfons Anker emigrierte 1937 nach Schweden. Für die Constructa-Ausstellung 1951 in Hannover gestalteten die Luckhardts den Berliner Pavillon. 1952 folgte Hans Luckhardt einem Ruf als Professor an die Berliner Hochschule für Bildende Künste. Nach seinem Tod 1954 führte Wassili das Büro alleine weiter und realisierte unter anderem einen Wohnkomplex im Hansaviertel für die Interbau in Berlin (1957). Zu Wassilis letzten Arbeiten gehören das Haus der Bürgerschaft in Bremen (1962–1969) und das Institut für Pflanzenphysiologie der Freien Universität in Berlin-Dahlem (1962–1970).

Lutyens Sir Edwin Landseer

▼ Bank in Manchester, 1928   ► Tigbourne Court, Witley,   ◄ Castle Drogo, Drewsteignton,
                                  England, 1899   England, 1910–1930

1885–1887 besuchte Edwin Landseer Lutyens (1869–1944) die South Kensington School of Art in London, anschließend lernte er ein Jahr im Büro von Ernest George und Harold Peto. Ein eigenes Büro existierte seit 1889. Für die Weltausstellung in Paris 1900 entwarf Lutyens den britischen Pavillon. Er errichtete zahlreiche Landhäuser unter Verwendung lokaler Materialien und traditioneller Handwerkstechniken und arbeitete eng mit der Gartenarchitektin Gertrude Jekyll zusammen. Die Häuser sind teilweise im regionalen Stil gehalten, teilweise

klassizistisch ausgerichtet und passen sich der Umgebung und den Bauherren an. Zu ihnen zählen Tigbourne Court in Witley, England (1899), Villa Heathcote in Ilkley, England (1906), und Castle Drogo in Drewsteignton, England (1910–1930). Der aus Ziegel erbaute Tigbourne Court ist streng symmetrisch angelegt und bis auf die vier Säulen im Eingangsbereich sehr schlicht gestaltet. Die aus lokalem Stein errichtete Villa Heathcote hingegen wirkt durch die Gesimse, Säulen, Treppenaufgänge und Balkone weitaus prunkvoller. Gemeinsam mit Herbert Baker war Lutyens für die Planung und den Bau des Staatsgebäude Neu-Delhis, seit 1911 die neue Hauptstadt Britisch-Indiens, zuständig. Lutyens entwarf auch die Residenz des Vizekönigs in Neu-Delhi (1912–1929), eine Kombination aus traditionell indischer und westeuropäischer Architektur: Das monumentale Gebäude aus lokalen Materialien am Ende einer langen Hauptachse wird in der Mitte zwischen den symmetrisch angelegten Flügeln von einer großen Kuppel gekrönt. Flache Stufen führen zum Eingang hinauf, der von Säulenreihen flankiert wird. Entlang des Daches verläuft ein Schatten spendendes, weit auskragendes Gesims. Nach dem Ersten Weltkrieg wurde Lutyens mit dem Entwurf von über 130 Friedhöfen und Gedenkstätten wie etwa dem Cenotaph in London (1919) beauftragt. Einen ungewöhnlichen Auftrag nahm Lutyens an, als er 1924 das berühmte Puppenhaus von Queen Mary entwarf, kein Spielzeug, sondern eine Miniaturausstellung britischer Handwerkskunst. Der Entwurf für eine Kathedrale in Liverpool (1929–1940) wurde nie realisiert.

Mackintosh Charles Rennie

▼ Haus eines Kunstfreundes,
Speisezimmer, 1901,
Perspektivzeichnung

► Hill House, Helensburgh,
Schottland, 1902-1903

Als Charles Rennie Mackintosh (1868–1928)
nach dem Besuch der Alan Glen's High School
1884 im Architektenbüro John Hutchison zu
arbeiten begann, war er 16 Jahre alt. In Abendkursen bildete er sich ab 1885 an der Kunstschule in Glasgow weiter. 1889 nahm er eine
Anstellung als Zeichner bei den Architekten
Honeyman & Keppie an. Dort traf er auf den
Architekten Herbert McNair, der später sein
Schwager werden sollte. Unter den Preisen
und Auszeichnungen, die Mackintosh damals
erhielt, war auch ein Auslandsstipendium,
das ihm Reisen nach Italien, Frankreich und
Belgien ermöglichte. Mit einem Erweiterungsbau für den „Glasgow Herald" (1893–1895)

konnte er seinen ersten Bau realisieren. 1897
erzielte er beim Wettbewerb für die neuen
Gebäude der Glasgower Kunstschule den ersten Preis. Sie wurden in zwei Phasen 1897–1899
und 1907–1909 gebaut. Der schlichte, quaderförmige Ziegelbau wird durch eine asymmetrische Fassadengliederung und großflächige
Fenster bestimmt. Als Auflockerung der block-
haften Kontur dienen filigrane Ornamente aus
Eisenstäben. Etwa gleichzeitig war Mackintosh
mit der Ausstattung von Teeräumen in der
Buchanan Street (1896) und der Argyle Street
(1897–1898) im Auftrag von Catherine Cranston
beschäftigt. Mit der Queen's Cross Church
in Glasgow (1897–1899) schuf er seine einzige

DAS SPEISE - ZIMMER.

412

Kirche. Danach arbeitete er am Landhaus Windy Hill in Kilmacolm (1899–1901) und an dem umfangreichen Komplex des Hill House in Helensburgh (1902–1903) für den Verleger Walter Blackie. Die internationale Beachtung, die Mackintoshs Werk um die Jahrhundertwende fand, ist vor allem auf seine Möbel und Inneneinrichtungen zurückzuführen. Für die Einrichtung eines Musikzimmers wurde er von Fritz Wärndorfer nach Wien gerufen. Mackintosh schuf einen mit weißen Paneelen verkleideten Raum und entwarf auch das darauf abgestimmte Mobiliar. 1902 konnte er seine für das Cranston-Teehaus angefertigten Vertäfelungen auf der internationalen Kunstgewerbeausstellung in Turin präsentieren, für die er den schottischen Pavillon errichtet hatte. 1913 zog sich Mackintosh aus der Firma Honeyman, Keppie & Mackintosh zurück, hatte aber allein kaum noch Erfolg. Ab 1923 lebte er in Port-Vendres, Frankreich, wo er sich ganz der Aquarellmalerei widmete.

◄ Erweiterung der Kunstschule, Glasgow, 1907–1909

▼ Rekonstruktion des Hauses Mackintosh, Glasgow, 1906–1914

Maki Fumihiko

▼ Kirishima-Konzerthalle, Kagoshima, Japan, 1994

► „Spiral", Wacoal Media Center in Tokio, 1985

Fumihiko Maki (*1928) studierte 1954 an der Harvard Graduate School of Design, nachdem er 1952 an der University of Tokyo den Bachelor of Architecture und 1953 an der Cranbrook Academy of Art, Michian, den Master of Architecture erlangt hatte. Bevor er 1965 sein Büro in Tokio gründete, arbeitete er in New York bei Skidmore, Owings & Merrill und lehrte an der Washington University sowie an der Harvard University in Cambridge, Massachusetts. Maki gehörte zu den Begründern des Metabolismus. Zu seinen frühen Entwürfen zählen die in mehreren Phasen errichteten „Hillside Terrace Apartments" in Tokio (1969–1992), der städtische Sportkomplex in Fujisawa, Japan (1984), und das Museum für Moderne Kunst in Kyoto, Japan (1986). Sein 1989 fertiggestelltes Tepia-Gebäude und das Metropolitan-Gymnasium (1990), beide in Tokio, zeugen von Makis Fähig-keit, japanische Architekturtraditionen und Moderne miteinander zu verbinden. Sein bedeutendster, außerhalb Japans errichteter Bau ist das Center for the Arts in San Francisco (1993). Die Besonderheit von Makis futuristischer Kirishima-Konzerthalle in Kagoshima, Japan (1994), inmitten einer vulkanischen Gebirgslandschaft, ist das aus unregelmäßig aneinandergesetzten Dreiecken konstruierte Aluminiumdach. Weiterhin entstanden das Kaze-no-Oka-Krematorium in Nakatsu, Japan (1997), und der letzte Bauabschnitt des Kongresszentrums der Makuhari Messe in Chiba, Japan (1996–1997). Das Firmengebäude „TRIAD" der Harmonic Drive Company in Hodaka, Japan (2000–2002), besteht aus drei Bauten: Neben dem Forschungszentrum gibt es eine Galerie für die Kunstsammlung des Firmeninhabers und ein kleines Haus für den Sicherheitsdienst.

Mallet-Stevens Robert

▼ Villa Cavrois, Croix,
Frankreich, 1929–1932

▶ Häuser in der Rue Mallet-
Stevens, Paris, 1926–1927

Robert Mallet-Stevens (1886–1945) absolvierte sein Studium an der École Spéciale d'Architecture in Paris. Zunächst entwarf er Innendekorationen und Möbel, die einen starken Einfluss Josef Hoffmanns erkennen lassen. Mallet-Stevens gestaltete außerdem Filmsets, unter anderem Gebäude für „L'inhumaine" (1924) von Marcel L'Herbier, um effektiv zur Verbreitung moderner Architektur beitragen zu können. 1923–1933 realisierte er die Villa Noailles in Hyères, Frankreich, mit Möbeln von Pierre Chareau und in Zusammenarbeit mit Theo van Doesburg. Den Garten der Villa, die anschließend für Dreharbeiten von Man Rays Film „Les Mystères du Château du Dé" (1929) verwendet wurde, gestaltete Gabriel Guévrékian. Mitte der zwanziger Jahre existierten Kontakte zu De Stijl und Mallet-Stevens konzipierte mehrere Pavillons für die Pariser Ausstellung „Exposition Internationale des Arts Décoratifs et Industriels Modernes" im Jahr 1925. Außerdem verwirklichte er einige Wohnhäuser (1926–1927) in der nach ihm benannten Rue Mallet-Stevens in Paris. Das Ensemble kann als ein

Manifest der modernen Baukunst beschrieben werden. Die Bauten sind gekennzeichnet durch kubische Formen und weiße Fassaden, die in klare horizontale und vertikale Flächen unterteilt sind. Ein Haus baute er für sich selbst, es enthielt auch sein Büro. Die grafischen Elemente der Fassaden setzen sich hier in der Ausstattung der Innenräume fort. Mit geometrischen Mustern verzierte Fenster, Böden und Teppiche, würfelförmige Sessel sowie entsprechende Stoffe, Lampen und Regale ergaben ein ganzheitliches Interieur. 1929 gehörte er zu den Gründern der Union des Artistes Modernes (UAM). Die Villa Cavrois in Croix, Frankreich (1929–1932) beeindruckt allein schon aufgrund ihrer Größe von 2400 m². Die verschiedenen Volumina der Villa wurden in Tiefe und Höhe gestaffelt, dennoch erinnert das Ergebnis etwas an die „malerischen" Kompositionen der Vormoderne. In der Mitte wird der Kubus des großen Salons von einem runden Treppenhausturm flankiert. 1937 beteiligte sich Mallet-Stevens mit drei Pavillons an der Pariser „Exposition des Arts et des Techniques".

Martienssen Rex

▼ Haus Martienssen, Greenside,
Südafrika, 1939–1940

► Peterhouse-Flats, Johannesburg,
1934–1938, mit John Fassler und
Bernard Cooke

Rex Martienssen (1905–1942) begann 1923 sein Studium an der ersten südafrikanischen Architekturschule. Diese stand seit 1925 unter dem Einfluss von Le Corbusiers „Vers une Architecture". Auf Studienreisen durch Europa vertiefte er sein Interesse am modernen Bauen. 1929 schloss er sein Studium ab. 1932 wurde er Alleinherausgeber der Zeitschrift „South African Architectural Record". Seine Gedanken fasste er in dem Buch „Zero Hour" zusammen. 1934 traf er Le Corbusier in Paris und hatte die Möglichkeit, zwei seiner Villen zu besichtigen. Zurück in Südafrika baute Martienssen noch im selben Jahr das Haus Stern in Johannesburg (1934–1935, mit John Fassler und Bernard Cooke), bei dem einzelne Baublöcke um einen runden Treppenturm gruppiert und von einem Dachgarten bedeckt sind. Bei den Peterhouse-Flats in Johannesburg (1934–1938, ebenfalls mit

Fassler und Cooke) sind die Geschossgrundrisse des strengen, neunstöckigen Wohnhauses durch freie Formen aufgelockert. Sein eigenes Wohnhaus (1939–1940) mit einem zweigeschossigen Wohnzimmer verfügt über eine Fassade, die von einem überstehenden Rahmen gefasst und so vom Erdboden getrennt ist. Die von Martienssen mitgeschaffenen Verbindungen zur internationalen Moderne förderten das Entstehen einer jungen südafrikanischen Avantgarde.

„Keine Arbeit hat Anspruch auf dauerhafte Gültigkeit, wenn sie nicht den Geist ihrer Zeit zum Ausdruck bringt."

Meier Richard Alan

Haus Smith, Darien,
Connecticut, 1965–1967

Richard Alan Meier (*1934) schloss sein Studium an der Cornell University 1957 ab und war dann unter anderem bei Skidmore, Owings & Merrill und Marcel Breuer tätig. Auf einer Europareise lernte er auch Le Corbusier kennen. 1963 eröffnete er sein Architekturbüro in New York. Zunächst baute Meier vor allem Einfamilienhäuser, die an die leichte Eleganz der „weißen Villen" aus den zwanziger und dreißiger Jahren erinnern. Zu den wichtigsten gehören das Haus Smith in Darien, Connecticut (1965–1967), das Haus Saltzman in East Hampton, New York (1967–1969), das Haus Weinstein in Old-Westbury, New York (1969–1971), sowie das Haus Douglas auf einem steilen Gelände in Harbor Springs, Michigan (1971–1973). Bekannt wurde Meier durch die Gemeinschaftsausstellung „Five Architects" im Museum of Modern Art 1969, die neben Arbeiten von Meier Werke von Peter Eisenman, Michael Graves, Charles Gwathmey und John Hejduk zeigte. Größere Anlagen in New York konnte er mit den Siedlungsbauten Twin Parks Northeast Housing (1969–1974) sowie dem Bronx Developmental Center (1970–1977) realisieren. Zu Meiers gelungensten Arbeiten zählt das zwischen 1975 und 1979 ausgeführte Atheneum in New Harmony, Indiana. Seit 1983 ist er Professor der American Academy und des Institute of Arts and Letters. Seit den achtziger Jahren hat er sich viel mit Museumsbauten beschäftigt wie dem High Museum of Art in Atlanta, Georgia (1980–1983), dem Museum für Angewandte Kunst in Frankfurt am Main (1979–1984), dem Museum für zeitgenössische Kunst in Barcelona (1987–1995), bei dem neben großen Glasflächen abermals Weiß dominiert, und dem Getty Center in Los Angeles (1984–1997). Der weitreichende Komplex aus unterschiedlich gestalteten Gebäuden umfasst Grünflächen und offene Plätze. Einen Kontrast zu den glatten Fassadenabschnitten aus Glas und weißen Paneelen bilden hier raue Flächen aus Travertin. 1998–2000 entstand zusammen mit Langdon Wilson das Gerichtsgebäude von Phoenix, Arizona, ein lichtdurchfluteter Bau mit großem Atrium und einem spektakulären runden Gerichtssaal mit Glasdecke. Die Iglesia del Jubileo in Rom (1996–2003) wirkt mit ihren steil aufgerichteten, segelähnlichen Schalenflächen als eigenständige Skulptur auf einer glatten Sockelfläche.

„Weiß ist für mich die schönste Farbe, weil man darin alle Farben des Regenbogens erkennt ... Und vor einer weißen Oberfläche lässt sich das Spiel von Licht und Schatten, von Flächen und Einschnitten am besten verstehen."

◄ Getty Center, Los Angeles, 1984–1997

▼ Ara Pacis Museum, Rom, 1995–2006

Melnikov Konstantin

▼ Sowjetischer Pavillon, „Exposition Internationale des Arts Décoratifs et Industriels Modernes", Paris, 1925

► Haus Melnikov, Moskau, 1927–1929

Konstantin Stepanovic Melnikov (1890–1974) machte zuerst eine Lehre als Ikonenmaler und ging dann an die Schule für Malerei, Plastik und Architektur in Moskau, die er 1914 im Fach Malerei und 1917 in Architektur mit Diplom abschloss. Bereits 1917 entwarf er eine Automobilfabrik in Moskau. Nach der Revolution war er in der Architekturwerkstatt beim Moskauer Sowjet beschäftigt und Mitarbeiter der Architekturabteilung des Volkskommissariats für das Bildungswesen. 1920 hatte er eine Professur an den „Höheren künstlerisch-technischen Werkstätten" (VKhUTEMAS). 1923 entwickelte Melnikov Pläne für ein Arbeiterviertel, 1924

entwarf er in Sucharewsk den Markt und einen Ausstellungspavillon für die Tabakgesellschaft Machorka, dessen offen gezeigtes Holzgerüst einen entscheidenden Schritt in Melnokovs Erforschung von Gestaltungsmöglichkeiten darstellte. Für die „Exposition Internationale des Arts Décoratifs et Industriels Modernes" 1925 in Paris errichtete Melnikov den sowjetischen Pavillon, Alexander Rodchenko lieferte das Farbkonzept für den hölzernen Bau. Eine diagonale Treppe durchschnitt den Quader und führte in das Obergeschoss, Decken und Außenwände waren fast vollständig verglast. Ein im gleichen Jahr für Paris entworfenes Parkhaus über der Seine wurde nicht ausgeführt. Sein eigenes Wohnhaus in Moskau (1927–1929) bestand aus zwei einander durchdringenden Zylindern, der eine mit großflächigem Glasausschnitt, der andere mit sechseckigen Fenstern. Gleichzeitig begannen die Arbeiten an sechs realisierten Arbeiterklubhäusern: Klub der Fabrik Svoboda („Freiheit", 1927–1929), Klub „Frunze" (1927), Klub Rusakov (1927–1929), Prawda-Klub (1927–1928), Klub der Fabrik „Kautschuk" (1927–1931) und Klub Burevestnik („Sturmvogel", 1928–1930). Zwischen 1926 und 1936 errichtete Melnikov vier Garagen in Moskau. 1929 entwarf er ein – unrealisiertes – Denkmal für Christoph Kolumbus in Santo Domingo, 1934 ein Gewerkschaftstheater und das Volkskommissariat der Moskauer Schwerindustrie. Seine eigenständige Formfindung trug ihm den Vorwurf des Formalismus ein und in der Folgezeit erhielt Melnikov außer einigen Innenumbauten keine Aufträge, 1937–1953 durfte er nicht einmal den Titel Architekt benutzen.

Mendelsohn Erich

„Kein Rokokoschloß für Buster Keaton, keine Stucktorten für Potemkin. Keine trockene Sachlichkeit, keine Raumangst lebensmüder Gehirnakrobaten. Phantasie. Aber kein Tollhaus. Alle Flächen, Kurven, Orgelbänder der Decke ... sausen ins Universum." (über das Universum-Kino in Berlin)

▼ Kaufhaus Schocken, Stuttgart, 1926–1928

► Einsteinturm, Observatorium und astrophysikalisches Institut in Potsdam, 1920–1921

1908–1910 studierte Erich Mendelsohn (1887–1953) an der Technischen Hochschule in Berlin-Charlottenburg und dann bis 1912 bei Theodor Fischer an der Technischen Hochschule in München. Seine ersten Arbeiten waren Zeichnungen fantastischer Architekturvisionen in Stahl und Glas, daneben auch Kostüm- und Plakatentwürfe. Expressionistische Künstler der Gruppe „Der Blaue Reiter" – Paul Klee, Wassily Kandinsky, Franz Marc und auch der Dichter Hugo Ball – gehörten zu seinem Freundeskreis. Nach seinem Militärdienst eröffnete er 1918 ein eigenes Atelier in Berlin, er wurde Gründungsmitglied der Novembergruppe und Mitglied im Arbeitsrat für Kunst. Sein erster viel beachteter Bau war der Einsteinturm, ein Observatorium und astrophysikalisches Institut in Potsdam (1920–1921). Aufgeschlossene Unter-

nehmer wie der Fabrikant Gustav Herrmann, der Verleger Rudolf Mosse und der Warenhausbesitzer Salman Schocken wurden seine weiteren Auftraggeber. 1921 arbeitete er am Neubau der Hutfabrik Friedrich Steinberg, Herrmann & Co. in Luckenwalde und führte gemeinsam mit Richard Neutra und dem Bildhauer Rudolf Henning den Umbau des Verlagshauses Rudolf Mosse (1921–1923) aus. Ferner entstand die Villa Dr. Sternefeld in Berlin (1923–1924) als dynamisch-orthogonale Komposition. 1924 wurde Mendelsohn Mitbegründer der Architektenvereinigung „Der Ring". Auf einer vom Mosse-Verlag finanzierten Reise in die Vereinigten Staaten lernte er Frank Lloyd Wright kennen; ihr folgten Aufenthalte in der Sowjetunion. Dynamisch komponierte, stromlinienförmige Volumen, horizontale Mauer- und Fensterbänder und geschwungene Ecklösungen gehören zu den Charakteristika seiner Formensprache. Beispiele dafür waren vor allem die Bauten für Schocken, wie das 1960 abgerissene Kaufhaus in Stuttgart (1926–1928) und das Gebäude in Chemnitz (1927–1930). 1926–1931 realisierte er am Kurfürstendamm in Berlin ein Projekt für die Wohnhausgrundstücksverwertungs-AG mit Café, Restaurant, Ladenstraße, Rauchtheater, Hotel, Wohnblock und dem als Vorbild für zahlreiche Kinos dienenden Lichtspielhaus Universum. Erwähnenswert sind ferner der Rudolf-Mosse-Pavillon für die internationale Presseausstellung „Pressa" 1928 in Köln, sein eigenes Haus in Berlin (1928–1930) sowie das Columbus-Haus in Berlin

(1931–1932). 1933 emigrierte er über die Niederlande nach England und arbeitete dort mit Serge Chermayeff unter anderem am Kurhaus De La Warr in Bexhill-on-Sea (1934–1935). Ab 1935 führte er auch ein Büro in Palästina, das 1937 und 1938 das Krankenhaus in Haifa und 1937–1939 die Gebäude für die Hebräische Universität in Jerusalem errichtete. 1941 wanderte er in die USA aus. Seine letzten Lebensjahre verbrachte er in San Francisco, wo er hauptsächlich Gebäude für jüdische Gemeinden verwirklichte.

◄ Kurhaus De La Warr, Bexhillon-Sea, England, 1934–1935, mit Serge Chermayeff

▼ Hadassah-Universitätshospital, Jerusalem, 1934–1939

▼▼ Universum-Kino am Lehniner Platz, Berlin, 1926–1928

Mendes da Rocha
Paulo

▼ Sportzentrum Paulistano
Athletic Club, São Paulo,
1958–1961

► Haus Masetti, Cava Estate,
Cabreuva, Brasilien, 1995

Paulo Archias Mendes da Rocha (*1928) schloss
sein Studium 1954 an der Mackenzie Universität
in São Paulo ab. Ab 1959 lehrte er an der Universität São Paulo, 1998 wurde er dort zum Professor berufen. Bis 1968 bestand die Bürogemeinschaft mit João de Gennaro. Gemeinsam
arbeiteten die Architekten an einer Reihe von
Projekten, die die Prinzipien des Brutalismus, in
Brasilien verbreitet durch die Schule von São

Paulo, in eigener Weise interpretierten. 1958 gewannen sie den Wettbewerb für das Sportzentrum Paulistano Athletic Club in São Paulo. Die
Konstruktion besteht aus einem Stahlbetonring,
der auf sechs Piloti ruht. Diese setzen auf einem
rechteckigen Baukörper auf, der die Sportanlagen enthält. Zwischen den einzelnen Bau-
elementen kann Licht in die Arena fluten. In
den folgenden Jahren realisierten Mendes da

Rocha und de Gennaro zusammen mit Shiguero Mitsutani weitere Bauten, bei denen der Beton nicht nur als strukturierendes Element zum Einsatz kommt, sondern auch zur Verkleidung genutzt wird. Neben den Einfamilienhäusern Miani (1962), Mendes da Rocha (1964), Secco (1964) und Masetti (1968), alle in São Paulo, entstanden hier auch das 23-geschossige Wohngebäude Guaimbê (1964–1966) und die Schule Silvia Telles (1967). Ende der sechziger Jahre löste sich die Bürogemeinschaft auf und Mendes da Rocha erarbeitete eigene Projekte in São Paulo wie die Einfamilienhäuser Millan (1970), King (1972) und Azevedo (1975).

Aufgrund seiner erfolgreichen Arbeit leitete er 1969 die Architektengruppe, die den brasilianischen Pavillon für die Weltausstellung 1970 in Osaka, Japan, konzipierte. Der Pavillon be-

▼ Kapelle Sankt Peter, Campos do Jordão, Brasilien, 1987–1988

► Haus Mendes da Rocha, São Paulo, 1964

stand im Wesentlichen aus zwei Betonplatten: einem Boden und einem Dachsegment. Die dominate Horizontale des Daches wird an vier Punkten gehalten. Drei Stützpunkte sind unauffällig als Hugel ausgeformt, die sich in die umgebende Topografie einfügen. Die ansonsten eher starre Konstruktion nimmt so die Bewegung der Landschaft auf. Die sichtbare Säule bildet in ihrer Ausformung mit zwei sich kreuzenden Bögen das einzige vertikale Element und symbolisiert das Aufeinandertreffen von

Stadt und Landschaft. Ähnlich minimalistisch und raffiniert ist das Skulpturenmuseum in São Paulo (1987) konzipiert. Der umbaute Raum befindet sich weitgehend unter dem Erdgeschossniveau, sodass äußerlich nur einige horizontale Bauelemente zum Vorschein kommen. Der öffentliche Raum über dem Museum wurde nach Entwürfen von Roberto Burle Marx als Parklandschaft gestaltet. 2002 renovierte Mendes da Rocha die staatliche Kunstgalerie in São Paulo.

„Architektur hat mit absoluter Klarheit auf drängende Fragen zu reagieren und sich ganz auf die wesentlichen Umstände zu beziehen, die dem Erhalt menschlichen Lebens dienen."

Metabolismus

„Anders als die Bauten der Vergangenheit müssen zeitgenössische Gebäude veränderbar, beweglich ... und imstande sein, den wechselnden Bedürfnissen der heutigen Zeit gerecht zu werden." Kiyonori Kikutake

▼ Kenzo Tange, Megastruktur, Expo 1970, Osaka, 1970   ▶ Kisho Kurokawa, Nagakin-Kapselturm, Tokio, 1969–1972

In der Architektur wurde um 1960 von japanischen Architekten eine Strömung mit dem Ziel initiiert, eine lebenswerte Umwelt und zukunftsorientierte Stadtentwicklungen auf der Basis wiederverwendbarer Elemente zu schaffen. Bedeutender Vertreter dieser Bewegung war Kenzo Tange. Er erstellte 1960 einen städtebaulichen Entwurf für die Bucht von Tokio, einen in seinen Funktionen flexiblen Rasterplan. Dabei waren Wohnhochhäuser mit variablen Grundrissen ein zentrales Element. Eine Gruppe junger Architekten, die sich selbst als Metabolisten bezeichneten, traf sich zur gleichen Zeit zum Gedankenaustausch über Fragen des Wohnungsbaus und der Stadtverdichtung, darunter Kiyonori Kikutake und Kisho Kurokawa

sowie (später) Fumihiko Maki. Sie veröffentlichten das Manifest „Metabolism 1960" und diskutierten die Übertragbarkeit der Lebensvorgänge von Geburt und Wachstum auf die stadträumliche Umwelt. Ihre Vorschläge umfassten eine schwimmende Stadt im Meer, eine Helix-Stadt, eine Turmstadt. Sie untersuchten auch verschiedene Alternativen zu Tanges Megastrukturen für die Bucht von Tokio. Mit Tange verband sie die Vorstellung von der Anpassungsfähigkeit und den veränderlichen Funktionen einer wachsenden Metropole. Für die daraus entwickelten Zellstrukturen entstanden prototypische Bauten wie der Nagakin-Kapselturm in Tokio (1969–1972) mit winzigen Wohnkapseln.

Mies van der Rohe
Ludwig

▼ Haus Esters, Krefeld, 1927–1930

► Glashochhaus, Berlin, 1922, Modell

Nach dem Besuch der Aachener Domschule und der Aachener Gewerbeschule (1899–1901) entwarf der junge Ludwig Mies (1886–1969) zunächst Stuckornamente. 1905 ging er nach Berlin, wo er zunächst bei Bruno Paul und dann bei Peter Behrens (1908–1911) beschäftigt war. Bei Behrens arbeiteten damals auch Walter Gropius und Le Corbusier. 1911 übernahm er die Bauleitung der deutschen Botschaft in St. Petersburg. Im selben Jahr zog er nach Den Haag, plante ein Landhaus für das Ehepaar Kröller-Müller, das nicht ausgeführt wurde, und lernte Hendrik Petrus Berlage kennen. 1913 kehrte er nach Berlin zurück, eröffnete ein eigenes Büro und wurde im Krieg nach Rumänien verschlagen. Zum Turmhaus-Wettbewerb für die Friedrichstraße in Berlin 1921 reichte er den programmatischen Entwurf eines Glashochhauses ein, der drei im Grundriss etwa dreieckige Flügel um einen runden Versorgungsschacht platzierte, ein Stahlskelettbau mit völlig verglasten Außenwänden ohne jegliche Höhengliederung. Unmittelbar darauf folgten das Modell eines 30-stöckigen Glashochhauses auf einem unregelmäßigen, gekurvten Grundriss und Skizzen zu einem Bürogebäude aus Stahlbeton mit umlaufenden Glasbändern. 1922 wurde er Mitglied der Novembergruppe und nannte sich nun Mies van der Rohe. Zusammen mit Theo van Doesburg, El Lissitzky und Hans Richter gab er 1923 die Zeitschrift „G" (für Gestaltung) heraus und beschäftigte sich mit den Entwürfen für zwei Landhäuser aus Backstein, deren weit ausgreifende Mauern und aufgelöste Grundrisse die Wohnhaustypologie revolutionierten. 1926 wurde er Vizepräsident des Deutschen Werkbunds, 1927 übernahm er die Leitung der Ausstellung in Stuttgart-Weißenhof und

gestaltete dafür einen Wohnblock in Stahl-skelettbauweise. Für den Seidenfabrikanten Hermann Lange baute er 1927–1930 eine Villa in Krefeld und zur gleichen Zeit den deutschen Pavillon auf der Weltausstellung in Barcelona 1929: ein Raumkontinuum in kühlen Materialien wie Marmor, Travertin, Glas und Stahl. 1930 stellte er die Villa Tugendhat in Brünn fertig, bei der er die freie Raumlösung des Barcelona-Pavillons erstmals bei einem Wohnhaus realisierte. Wie schon in der Stuttgarter Ausstellung und in Barcelona ergänzten von ihm entworfene Möbel aus Stahlrohr und Flachstahl die Gestaltung. Nach 1930 leitete er das Dessauer Bauhaus bis zur Schließung im Oktober 1932. Versuche, die Institution in Berlin weiterzuführen, scheiterten. 1938 emigrierte er in die USA und wurde Direktor der Architekturabteilung am späteren Illinois Institute of Technology in Chicago. Für die Neugestaltung des IIT-Hochschulgeländes stellte er 1940 den Gesamtplan fertig, eine strenge, rechtwinklige Anlage mit im Raster modifizierten Einzelbauten für Lehre und

Forschung, die bis Ende der fünfziger Jahre sukzessiv fertiggestellt wurden: das Metal Research-Gebäude beispielsweise 1943, das Chemie-Gebäude und die Alumni Memorial Hall 1945 und die Crown Hall, Zentrum und Höhepunkt des Komplexes, 1956. Komplett aus Glas konzipierte er die Hülle des Wochenendhauses für Edith Farnsworth in Plano, Illinois (1945–1951); Terrassen-, Boden- und Deckenplatte, die von weiß lackierten Stützen getragen werden, scheinen über dem Boden zu schweben. Weitere Entwürfe für Glashäuser sind das Caine-Haus (1950) und das quadratische 50 x 50 Haus (1952). Gleichzeitig entstanden Wolkenkratzer aus Stahl und Glas, wie die berühmten Apartment-häuser am Lake Shore Drive in Chicago mit gerasterten Vorhangfassaden, gefolgt von dem Commonwealth-Promenade-Apartmenthaus und den „900 Esplanade Apartments". Zu den bedeutendsten Leistungen van der Rohes zählen ferner das mit Philip Johnson realisierte Seagram Building in New York (1954–1958) und die Neue Nationalgalerie in Berlin (1962–1968).

◄◄ Villa Tugendhat, Brünn, Tschechien, 1928–1930

◄ Seagram Building, New York, 1954–1958, mit Philip Johnson

▼ Haus Farnsworth, Plano, Illinois, 1945–1947

Mollino Carlo

*„Alles ist erlaubt,
solange es fantasievoll ist."*

▼ Klubraum der Società Ippica,
Turin, 1937

◄ Skiliftstation in Lago Nero,
Sauze d'Oulx, Italien, 1946–1947

◄ Haus am Meer,
Positano, Italien, 1948

Carlo Mollino (1905–1973) studierte Architektur am Politecnico in Turin, wo er 1931 sein Diplom erwarb. Erste Erfahrungen im Bauwesen konnte er nach dem Studium in der Bauingenieursfirma seines Vaters sammeln. Mollino interessierte sich neben der Architektur für viele andere Dinge. Fotografie, Kunst und Literatur gehörten ebenso zu seinen Steckenpferden wie Fliegen, Autorennen und Skifahren. Die vielfältigen Interessen schlugen sich direkt in seiner Arbeit nieder. Ein Beispiel dafür ist die Einrichtung seiner Wohnung in der Via Talucchi in Turin (1938).

Die Zweizimmerwohnung, die sogenannte Casa Miller, stattete er als Kulisse für das dort stattfindende Leben aus. Durch Spiegel, semitransparente Raumteiler, Bezüge aus schweren Samtstoffen und originelle Möbel schuf Mollino einen fantastischen Raum, der mit der an einer Schiene befestigten Lampe direkt zum Studio für seine Aktfotografien umfunktioniert werden konnte. Hier entstanden viele Fotos, die sich an der Bildsprache des Surrealismus orientierten. Sein originelles Design umfasste organisch geformte Tische und Stühle sowie Lampen und Vitrinen. Die Formen des menschlichen Körpers fanden Eingang in seine Möbelentwürfe aus Holz und Glas. Beim Design technischer Gegenstände ging es auch um die Optimierung der aerodynamischen Form. Mollino entwarf den Bisiluro-Rennwagen, mit dem er 1954 auch das 24-Stunden-Rennen von Le Mans fuhr. Zu seinem architektonischen Werk gehören die Skiliftstation und das Hotel in Lago Nero (1946–1947) in Italien. In den dreißiger Jahren hatte er ausführliche Studien zur alpinen Architektur im Aostatal unternommen, die später in seinen Entwurf einflossen. Er kombinierte einen Sockel aus Stahlbeton mit einem Aufbau aus traditionellen Holzfassaden. Weiterhin konnte er die Reitanlage (1937–1940) und das Teatro Regio (1965–1973) in Turin, bauen. Er trat gegen eine Uniformität in der Gestaltung ein und schockierte mit seinem exravaganten Lebensstil einige Zeitgenossen. 1950 wurde Mollino an das Turiner Politecnico in die Lehre berufen, zunächst für Innenarchitektur und Möbeldesign, später für architektonisches Entwerfen.

445

Molnár Farkas

Villa Dálnoki-Kováts,
Budapest, 1932

Farkas Molnár (1897–1945) besuchte die Technische Universität und Kunstschule in Budapest. Anfang der zwanziger Jahre ging er nach Deutschland, wo er am Bauhaus studierte und bei Walter Gropius mitarbeitete. In dieser Zeit entwarf er ein rotes, würfelförmiges Wohnhaus (1923). Es ging ihm darum, typische programmatische Forderungen an die moderne Architektur darzustellen, wie die Reduktion auf einfache stereometrische Formen. Dabei sollte es sich nicht um eine Abstraktion handeln, sondern um konkrete Vorschläge für ein Siedlungshaus der Konsumgenossenschaften „GEG". Mitte der zwanziger Jahre kehrte er nach Ungarn zurück und arbeitete teilweise mit Pál Ligeti und József Fischer zusammen, bevor er sich selbstständig machte. Zusammen mit Ligeti konnte er die Villa Delej in Budapest (1929) realisieren. Die beiden Flügel dieses Apartmenthauses schieben sich ineinander und bilden einen Hof. Molnár richtete sich hier ein

eigenes Apartment ein und öffnete es sonntags der Öffentlichkeit, um die Prinzipien des modernen Wohnungsbaus zu fördern. Er war an der Gründung der CIAM beteiligt, wo er Ungarn in den folgenden Jahren vertrat. Vor allem durch seine zahlreichen Villenbauten kam der International Style in den dreißiger Jahren nach Ungarn. Unter anderem errichtete er die Villa Dálnoki-Kováts in Budapest (1932) mit ihrem runden Wohnzimmervorbau in Stahlbetonbauweise, die auf der V. Mailänder Triennale 1933 prämiert wurde. Weiterhin entstand ein mehrstöckiges, horizontal gegliedertes Wohnhaus, die Villa Balla in Budapest (1932), mit Fensterbändern, überkragendem Erker und einer großzügigen Dachterrasse. Im Inneren bieten Molnárs Häuser den Bewohnern durch verschiebbare Wandelemente oder Schiebetüren unterschiedliche Gestaltungsmöglichkeiten. Der Außenraum wird durch Terrassen, überdachte und offene Balkone einbezogen.

Moneo Rafael

Bis 1961 studierte Rafael Moneo (*1937) an der Escuela Técnica Superior de Arquitectura in Madrid, anschließend ging er nach Dänemark und arbeitete dort für ein Jahr mit Jørn Utzon zusammen. Zwischen 1970 und 1980 lehrte Moneo an der Escuela de Arquitectura in Barcelona, 1980–1985 an der Escuela de Arquitectura in Madrid, bis 1990 war er Leiter des Department of Architecture an der Harvard University in Cambridge, Massachusetts. Das Nationalmuseum für Römische Kunst in Mérida, Spanien (1980–1986), ist ein monumentaler Ziegelbau mit einer Haupthalle, in der antike Fundstücke aus Marmor ausgestellt werden. Das Gebäude ist durch bogenförmige, annähernd deckenhohe Wandöffnungen gegliedert. Verglaste Bänder in der Decke und quadratische, hoch liegende Seitenfenster sorgen für natürliches Licht. Die neue Architektur nähert sich den archäologischen Fundstücken an, statt sich kontrastreich abzusetzen. Weiter zählen zu Moneos Werk der

Bahnhof Atocha in Madrid (1984–1992) und das Flughafenterminal San Pablo für die Expo '92 in Sevilla (1987–1992). Das Gebäude für die Miró-Stiftung in Palma de Mallorca, Spanien (1992), gibt sich durch eine gezackte, festungsartige Anlage nach außen eher abweisend. Durch die Hanglage stellt das Wasserbecken auf dem Dach des Hauptgebäudes wieder einen Bezug zum Meer her, der durch die zunehmende Bebauung auf Mirós Anwesen verloren gegangen war. Auch das würfelförmige Hauptgebäude des Davis Museum in Wellesley, Massachusetts (1989–1993), wirkt verschlossen und erhält Belichtung weitgehend durch Oberlichter. Der Kursaal und die Kongresshalle in San Sebastian, Spanien (1989–1999), präsentieren sich als zwei prismatische, autonome Körper, aus denen nur durch wenige Fenster wohlkalkulierte Blicke auf die Berge und das Meer möglich sind, Licht fällt ansonsten gedämpft durch die mehrschichtige, transluzente Fassade ins Innere.

Moretti Luigi

*„Eine Elementarform für sich allein und somit ohne Besonderheiten
ist nicht unterscheidbar und so undenkbar und unbegreiflich,
dass sie nichts ist. Kontinuierliches Betrachten einer einzigen Farbe
ist gleichbedeutend mit Blindheit, so wie das Hören eines einzigen
fortdauernden Tones gleichbedeutend mit Taubheit ist."*

▼ Villa La Saracena, Rom,
1953–1957

► Apartmenthaus San Maurizio,
Rom, 1961–1965

Luigi Moretti (1907–1973) studierte in Rom an
der Scuola Superiore di Architettura, wo er 1930
sein Diplom erwarb. Seine Bauten aus den dreißiger Jahren entstanden im Umkreis der Architettura Razionale, die den Bedürfnissen der italienischen Faschisten nach sachlich gestalteten,
aber monumental wirkenden Bauten entgegenkam. Bis 1934 lehrte er Architekturgeschichte
und Restaurationskunde an der Architekturfakultät in Rom. Bekannt wurde Moretti unter anderem durch die Casa delle Armi, eine Fechtschule
im Forum Mussolini (heute Forum Italico) in
Rom (1933–1936). Es handelt sich um das Ausbildungszentrum der „Balilla", der Jugendorganisa-
tion der faschistischen Partei, es ist mit einem
Fechtsaal, einer Bibliothek und Repräsentations-
räumen ausgestattet. Der winkelförmige Bau ist
mit schmucklosen Marmorplatten verkleidet

und wirkt durch seine elegante Monumentalität.
Die Horizontale bestimmt in Form von Fensterbändern und weiten vorgelagerten Treppen das
Bild. Sehr aufwendig stattete Moretti die Sporthalle des Duce im Forum Mussolini (1936–1937)
mit Marmor sowie Wand- und Fußbodenmosai-
ken aus. Edle Materialien wurden mit reduzierter
Formensprache kombiniert, wobei es Moretti
vor allem auf ausgewogene Proportionen ankam.
Nach dem Ende des Zweiten Weltkriegs arbeitete er zunächst in Mailand, wo er einige Wohn-
und Bürobauten realisieren konnte. Moretti
versah die Gebäude mit streng gegliederten Fenstereinschnitten und erzeugte auf diese Weise
ein optisches Spiel mit den Volumen. Dieses
Spiel setzt sich in den kommerziellen Bauten
weiter fort. Anfang der sechziger Jahre finden
runde Formen in das Werk Eingang. Das Apartmenthaus San Maurizio in Rom (1961–1965)
schichtet verschieden große runde Balkone ne-
ben- und übereinander, sodass ein dynamischer
Gesamteindruck der Fassade entsteht. In dieser
Zeit verwirklichte Moretti auch einen Bau in den
USA: 1960–1965 entstand der Watergate Hotel-
komplex in Washington D.C. Die schmucklos
wirkenden Fassaden sind mit durchgehenden
Fensterbändern auf den einzelnen Geschosshö-
hen gestaltet, wodurch das Gebäude eine betont horizontale Ausrichtung erhält. Zusammen
mit Pier Luigi Nervi baute er den Stock Exchange
Tower in Montreal. Moretti war Gründer der
Zeitschrift „Spazio", für die er von 1950–1952 als
Herausgeber fungierte.

Morgan William

▼ Haus Goodloe, Ponte Vedra Beach, Florida, 1965

► Wohnanlage „Pyramid Condominium", Ocean City, Maryland, 1971–1975

William Morgan (1930–2016) studierte 1948–1958 an der Graduate School of Design an der Harvard University in Cambridge, Massachusetts unter Walter Gropius und Josep Lluís Sert. Nach Reisen durch Europa und Mitarbeit bei Reynolds, Smith and Hills in Jacksonville machte er sich dort 1961 als Architekt selbstständig. Daneben beschäftigte er sich ausführlich mit der präkolumbianischen Architektur, wozu er auch einige Forschungsarbeiten verfasste. Eine der Schlussfolgerungen, die Morgan daraus zog, war die Verantwortung für das Umfeld des Gebäudes, dessen Qualität allzu oft durch radikale, ökonomische Grundstücksausnutzung sehr in Mitleidenschaft gezogen wird. Zu seinem umfangreichen Werk, das zahlreiche Einfamilienhäuser und öffentliche Gebäude umfasst, gehören das aufgeständerte Haus Goodloe in Ponte Vedra

Beach, Florida (1965), und sein eigenes Haus in Atlantic Beach, Florida (1971–1972), das eine Düne durchschneidet. In den siebziger Jahren entstanden außerdem die aus Beton geformten und mit Erde bedeckten Dünenhäuser in Atlantic Beach (1974–1975). 1971–1975 bauten Morgan Architects die pyramidenförmige Wohnanlage in Ocean City, Maryland. Das Police Administration Building in Jacksonville, Florida (1971–1975), wurde als abgetreppter Bau konzipiert, dessen Fassaden aus grob bearbeitetem Beton bestehen, die von glatten horizontalen Flächen durchzogen sind. Ein Dachgarten schafft zusätzlichen öffentlichen Raum. Um den Blick über den umliegenden Eichenwald zu ermöglichen, wurde das Haus Drysdale in Atlantic Beach, Florida (1995–1996), als vierstöckiger Bau geplant und der Balkon in die oberste Etage gelegt.

Morphosis Architects

◄ Thom Mayne

▼ Haus Venice III, Venice, Kalifornien, 1982

► Haus Crawford, Montecito, Kalifornien, 1987-1990

Thom Mayne (*1944), der Gründer der Architektengemeinschaft Morphosis in Santa Monica, Kalifornien (Gründungsjahr 1971), studierte an der University of Southern California und in Harvard. Zwischen 1976 und 1991 war Michael Rotondi (*1949), der mittlerweile sein eigenes Büro RoTo unterhält, sein Partner. Mayne lehrte an der University of California in Los Angeles, in Yale, Harvard und am Southern California Institute of Architecture, zu dessen Mitbegründern er zählt. Mit ihren teilweise verwirrend wirkenden Entwürfen wenden sich Morphosis Architects gegen die Vereinfachung und Vereinheitlichung in der Architektur, ihr Ziel ist die Aufhebung der Grenzen zwischen innen und außen. Ungewöhnlich sind die Methode der Analyse und die Überarbeitung ihrer Entwürfe nach der Fertigstellung der Projekte. Morphosis' Werk umfasst unter anderem das Haus Lawrence in Kalifornien (1981-1984), das Cedar's Sinai Comprehensive Cancer Care Center in Beverly Hills, Kalifornien (1986-1988), und das Haus Crawford in Montecito, Kalifornien (1987-1990). Das nach außen eher unauffällig wirkende Kate Mantilini Restaurant in Beverly Hills, Kalifornien (1986), birgt im Inneren einige Überraschungen: In die Decke wurde eine große, runde Öffnung mit einem Modell des Sonnensystems eingelassen. Die in der Bewegung erstarrte Stahlkonstruktion endet auf dem Boden des Restaurants in einer Spitze, die auf den Plan des Gebäudes zeigt. Die Verbindung zwischen Natur und Gebäude wird besonders bei dem Haus Blades in Santa Barbara, Kalifornien (1995), deutlich. Der Grundriss erstreckt sich ungeordnet in alle Himmelsrichtungen. Teile des kantigen Gebäudes sind in die Erde eingegraben und eine Seite ragt ohne Bodenkontakt schräg in die Luft empor. Weiterhin

entstanden der Sun Tower in Seoul, Korea (1995-1997), und das Hypo Alpe Adria Center in Klagenfurt, Österreich (1996-2001). Die Diamond Ranch Highschool in Pomona, Kalifornien (1993-2000), umfasst 50 Klassenräume, eine Sporthalle und die Verwaltungsräume. Die Einzelgebäude sind um einen zentralen langen Hof herum gruppiert und wirken mit ihren spitzen unregelmäßigen Formen wie ein zerklüftetes Gebirge. 2004 entstand ein Gebäude für Caltrans District 7 (California Department of Transportation) in Los Angeles im Auftrag der öffentlichen Hand.

Morris William

*„Meine Arbeit ist ein Umsetzen von
Träumen in der einen oder anderen Form."*

▼ Red House, Bexleyheath,
England, 1858–1860, mit Philip
Webb

▶ Oxford-Union-Bibliothek,
Oxford, 1857, mit Dante Gabriel
Rosetti und Edward Burne-Jones

William Morris (1834–1896) studierte Theologie und wandte sich danach der bildenden Kunst zu. Mit 22 Jahren trat er für kurze Zeit dem Atelier des Architekten George Edmund Street bei. 1859 entwarf Philip Webb für ihn das Wohnhaus in Bexleyheath, in das Morris 1860 mit seiner Familie einzog. Die Inneneinrichtung für dieses sogenannte Red House gestaltete er mit Freunden, eine Zusammenarbeit, die zur Gründung der kunstgewerblichen Firma Morris, Marshall, Faulkner & Co. führte, die Teppiche, Tapeten, Möbel und Gläser produzierte. Nach 1875 wurde Morris Alleininhaber des Unternehmens, das sich mit seinen handwerklich dominierten Produkten als kunstgewerbliche Antwort auf die industriell gefertigte Massenware verstand. 1877 gründete er mit Philip Webb eine Gesellschaft zum Erhalt historischer Bauwerke (Society for the Protection of Ancient Buildings). In den achtziger Jahren engagierte er sich in der britischen Arbeiterbewegung wie auch in verschiedenen liberalen Parteien und gründete 1884 die Sozialistische Liga. 1888 organisierte er Veranstaltungen unter dem Titel „Arts and Crafts". Noch in den letzten Lebensjahren bemühte sich Morris um eine Reform der Buchkunst und gründete 1890 die Kelmscott Press, um dem Buchdruck zu neuer Qualität zu verhelfen. In seinem 1890 erschienenen literarischen Entwurf „News from Nowhere" vermittelt der Autor sowohl seine politischen Utopien als auch Lebensideale und kunsttheoretische Auffassungen. Seine Konzepte, die auch in einer Auseinandersetzung mit der viktorianischen Gesellschaft in England wurzelten, zeugten von ganzheitlichen Lebensentwürfen, in der die Trennung von Kunst, Arbeit und Alltagsleben aufgehoben schien. Seine Ideale orientierten sich an einer handwerklich und künstlerisch arbeitenden Bevölkerung, die aus dem Wunsch nach Selbstverwirklichung produzierte. In diesem Sinn stand Morris auch unter dem Einfluss von John Ruskin, den er sehr verehrte, und beeinflusste die Arts-and-Crafts-Bewegung maßgeblich. Während seine politischen Vorstellungen Utopie blieben, fand seine Forderung nach einer Erneuerung des Kunstgewerbes ein nachhaltiges Echo und hatte große Wirkung auf nachfolgende Architekten sowie Kunstentwicklungen wie den Jugendstil.

Moss Eric Owen

*„Ein Großteil dieser Arbeiten ist
ein sozialpolitischer Kommentar
der Welt und ihrer Vorgänge."*

„The Box", Culver City,
Kalifornien, 1990-1994

1968 erhielt Eric Owen Moss (*1943) seinen
Master of Architecture an der University of
California, Los Angeles, 1972 in Harvard. Seit
1974 lehrt er als Professor of Design am Southern California Institute of Architecture. 1976
gründete er sein eigenes Büro in Culver City,
Kalifornien, wo er den größten Teil seiner Projekte ausführte. Räumliche Überschneidungen
und Verschränkungen, die sich besonders beim
Umgang mit vorhandener Altbausubstanz zu
spannungsvollen, skulpturalen Akzenten entwickeln, sind Kennzeichen seiner Architektur.
1989 entstand das Central Housing Office der
University of California in Irvine (1986–1989),
es folgten zahlreiche Projekte in Culver City.
Die meisten Aufträge zur Sanierung bestehen-
der Gebäude sowie für Neubauprojekte erhielt
er von dem Bauunternehmer Frederick Norton
Smith, unter anderem verwirklichte er den
Lindblade Tower (1987–1989), die Paramount
Laundry (1987–1989), die Gary Group (1988–
1990), das IRS Building (1993–1994) und „The
Box" (1990–1994), einen Aufsatz auf dem Dach
eines gewöhnlichen Lagerhauses. Ein außer-
gewöhnliches Sanierungsprogramm realisierte
Moss beim Samitaur Building (1989–1995)
durch die Umwandlung eines vorhandenen
Lagerhauses. Die neu geschaffenen Räumlichkeiten sind als lange Riegel über dem Stra-
ßenraum aufgeständert, ein an der Ecke gele-
gener Treppenaufgang sowie ein zentraler,
winziger Innenhof brechen scharf aus der
rationalen Entwicklung des Baukörpers aus.
Auch beim Pittard Sullivan Building (1994-1997)
ist ein ehemaliges Lagerhaus für Büronutzung
aufgestockt und umgewandelt, die historischen
Holzbinder durchstechen als dekorative Elemente das neue Büroensemble. 1994–2001
wurde „The Beehive" auf demselben Gelände
errichtet. Die Gestalt des Stealth-Gebäudes in
Culver City, Kalifornien (1993–2001) entstand
aus der Transformation eines dreieckigen
Querschnitts an einer Seite des langen Blocks
zu einem rechteckigen Querschnitt auf der
anderen Seite. Die Baumaßnahmen in Culver
City sind auf der Basis eines Stadtentwicklungs-
planes von Eric Owen Moss unter dem Titel
„Conjunctive Points development" in einem
größeren Zusammenhang gedacht, der einzelne Eingriffe in der vorhandenen Blockstruktur
zu einem größeren Bild zusammensetzt.

Müther Ulrich

*„Mit Schalen und Spritzbeton können wir
freie Flächen mit interessanter Architektur
bauen, die in Landschaft und Städten
zu markanten Blickpunkten werden."*

Restaurant „Teepott", Warnemünde, 1968, mit Erich Kaufmann
und Hans Fleischhauer

Ulrich Müther (1935–2007) studierte nach einer Tischlerlehre an der Technischen Hochschule in Dresden Maschinenbau. Als Architekt und Ingenieur plante und baute er kühne Schalenbauten, die sich unter anderem an dem Werk von Félix Candela orientierten. Das erste größere Projekt war der sogenannte „Teepott" (1968), ein Touristenrestaurant in Warnemünde. Die Membranschale des 1000 m² großen Torkretbetondaches hat drei Auflagepunkte, die die Lasten aufnehmen. Der sanft wellenartige Schwung korrespondiert mit der Lage am Meer. Das „Ahornblatt" (1972–1973), eine Gaststätte in Berlin-Mitte, das im Jahr 2000 abgerissen wurde, obwohl es unter Denkmalschutz stand, verband in seiner Dachkonstruktion fünf hyperboloide Segmente, deren äußere Spitzen in den Himmel ragten. Wie ein gelandetes Ufo sieht die weiße Rettungsstation (1968) in den Dünen von Binz auf Rügen aus, die Müther zusammen mit Dietrich Otto realisierte. Ellipsenförmige verglaste Fassaden ermöglichen eine optimale Sicht. Zwei Eisenbetonschalen bilden das Gehäuse, auch das Dach und der aufgeständerte Boden sind abgerundet. Müther baute außerdem ein Raumfahrtzentrum und Planetarium in Tripolis, Libyen (1979), mit einer Spritzbetonkuppel von 17,8 m Durchmesser sowie weitere Planetarien in Wolfsburg (1981–1983) und Berlin (1986). In Sassnitz entstand 1987 ein Musikpavillon, dessen freitragendes Dach einer geöffneten Muschel ähnelt.

Murphy Charles Francis

▼ Ausstellungsgebäude
McCormick Place, Chicago,
1967–1971, Modell

► Chicago Federal Center,
1960–1974, mit Ludwig Mies
van der Rohe, Schmidt, Garden
& Erikson, A. Epstein & Sons

Charles Francis Murphy (1890–1985) besuchte
die De la Salle Institute Business School in
Chicago. 1911 begann er seine Karriere als Sekre-
tär im Büro von Daniel Hudson Burnham. Nach
dessen Tod arbeitete er für Ernest R. Graham.
Er bekam allein durch seine Praxiserfahrung
auch von offizieller Seite den Status des Architekten zugesprochen. 1937 eröffnete er mit
den Partnern Shaw, Naess & Murphy ein erstes
eigenes Büro. Verschiedene Bürokonstellatio-
nen mündeten 1959 in C.F. Murphy Associates.
In den sechziger Jahren entstanden wichtige
Bauten: unter anderem das Chicago Civic
Center (1965, 1976 umbenannt in Richard J.

Daley Center) und das Ausstellungsgebäude
McCormick Place in Chicago, Illinois (1967–
1971). Die große Stützenweite des Civic Centers
(Richard J. Daley Center) und die stumpfe Oberfläche des Corten-Stahls geben dem Verwaltungsbau eine besondere Eleganz, die sich
wohltuend von der oft abweisenden Vertikalität anderer Hochhäuser des International
Style unterscheidet. Unter der Leitung von Mies
van der Rohe fand sich ein Team von vier
Architekturbüros zusammen, die gemeinsam
das Chicago Federal Center (1960–1974) bauten. Beteiligt waren Schmidt, Garden & Erikson,
A. Epstein & Sons und C.F. Murphy Associates.
Es entstand ein Komplex aus drei Gebäuden,
die sich um einen Platz gruppieren. Das U.S.
Courthouse wurde 1964 fertiggestellt, das
Postgebäude und das Federal Building 1973
und 1974. Die schlichte und genau proportio-
nierte Stahl- und Glasarchitektur verkörpert
den Stil Mies van der Rohes. Der Komplex
ist ein Meisterwerk des International Style.
Die beiden schlanken Hochhäuser, 42 und 30
Stockwerke hoch, sind auf Piloti aufgeständert
und öffnen sich auf der Platzebene dem Besucher. Das einstöckige Postgebäude wurde
ausgegliedert, um die hier notwendige Be- und
Entladung von dem öffentlichen Platz fernzu-
halten. Mit dem Eintritt von Helmut Jahn im
Jahr 1967 und der Umbenennung in Murphy &
Jahn (1981) veränderten sich die Leitbilder
zusehends und postmoderne Gestaltungsge-
danken hielten Einzug in die Baupraxis.

Muthesius Hermann

◄ Haus Freudenberg, Berlin,
1906-1908

► Seidenweberei Michels &
Cie. bei Potsdam, 1912,
mit Karl Bernhard

Bei seinem Vater erlernte Hermann Muthesius (1861–1927) das Maurerhandwerk, anschließend studierte er, nach einem zweijährigen Studium der Philosophie in Berlin, 1883–1886 an der dortigen Technischen Hochschule Architektur. Bis zur Gründung seines Berliner Büros 1904 arbeitete er zunächst bei Paul Wallot, zwischen 1887 und 1891 in Tokio und 1896–1903 hielt er sich als Attaché für Bauwesen der deutschen Botschaft in London auf. Aus dieser Zeit stammen zahlreiche Publikationen über englische Architektur, zurück in Berlin veröffentlichte er das dreibändige Werk „Das englische Haus". Mit dem Ziel einer Erneuerung der deutschen Architektur und einer Ablösung vom Historismus setzte er den darin dargestellten englischen Landhausstil bei seinen in Deutschland errichteten Wohnhäusern um. Sachlichkeit und schlichte Formen standen im Vordergrund. 1907 gehörte Muthesius als treibende Kraft zu den Gründern des Deutschen Werkbundes. In der Werkbunddebatte um die Typisierung setzte er sich für gemeinsam mit der Industrie entwickelte Gebrauchsmuster ein, während Henry van de Velde den Gestalter als individuellen künstlerischen Schöpfer sah. Zeitgleich entstanden Muthesius' eigenes Haus in Berlin-Nikolassee (1906–1909) und das ebenfalls dort erbaute, symmetrisch angelegte Haus Freudenberg (1906–1908) auf winkligem Grundriss mit einer ovalen zentralen Halle, weiß umrahmten Sprossenfenstern und einer Backsteinfassade. Oberhalb des Eingangs ragt ein spitzer Fachwerkgiebel empor. Gemeinsam mit dem Ingenieur Karl Bernhard realisierte er die Seidenweberei Michels & Cie. bei Potsdam (1912). Ein lang gestreckter Verwaltungsbereich mit einer durch Fenster vertikal gegliederten Backsteinfassade schließt sich an den Eisenskelettbau der hellen, durch großzügige Dachfenster beleuchteten Produktionshalle an. Von einem marmorgetäfelten Vestibül blickt man durch eine geschwungene Glaswand in die Halle. Die zwischen 1917 und 1919 entstandene Großfunkstation in Nauen besteht aus mehreren unterschiedlich hohen, kubischen Gebäuden. Kantige Formen beherrschen diese Anlage mit einer schlichten, durch lange Fenster unterbrochenen Ziegelfassade.

Neorationalismus

▼ Aurelio Galfetti, Haus Rotaliniti,
Bellinzona, Schweiz, 1959–1961

▶ Aldo Rossi, Friedhof San Cataldo,
Modena, Italien, 1971–1984

Die Entstehung der Strömung des Neorationalismus geht auf die sechziger Jahre zurück, als einige junge Architekten, unter ihnen Carlo Aymonino, Giorgio Grassi, Massimo Scolari und Aldo Rossi an den Universitäten von Mailand und Venedig das Verhältnis von Gesellschaft und Architektur diskutierten. In einer Zeit politischer Extreme in Italien riefen sie zu einer neuen Ordnung und Regelmäßigkeit in der Architektur auf. Massimo Scolari verwendete in seinem Resümee, das 1973 unter dem Titel „Architettura Razionale" erschien, den Begriff „Tendenza" für diese Bewegung. Ihre Architektursprache betont einfache geometrische und axialsymmetrische Körper, greift auf frühere Architekturströmungen wie den italienischen Rationalismus der

dreißiger Jahre zurück und zeichnet sich durch die Verknüpfung zeitgemäßer Funktionen und Anforderungen mit den Grundzügen einer landestypischen Architektur aus, lehnt aber die funktionalistische und technologische Ausrichtung der modernen Architektur ab. Die Architekturphilosophie der Neorationalisten folgte aber auch dem Vorbild der „einfachen Hütte" der Architekten des 18. Jahrhunderts (zum Beispiel Étienne-Louis Boullée und Claude-Nicolas Ledoux) mit den architektonischen Grundelementen Säule, Architrav, Halle und Dach. In seinem Buch „L'architettura della città" schrieb Aldo Rossi 1966: „Die Beziehung zwischen Geometrie und Geschichte, das heißt die Verwendung historischer Formen, ist ein stets wiederkehrendes Merkmal der Architektur." In den siebziger und achtziger Jahren fanden diese Gedanken auch international Beachtung, es war aber besonders die Architekturkritik, die den Begriff Neorationalismus auch auf Architekten wie Oswald Mathias Ungers oder Josef Paul Kleihues anwendete. Eine Ausstellung 1975 in Zürich unter dem Titel „Tendenza" zeigte neue Bauten aus dem Tessin, deren Architekten wie Aurelio Galfetti, Mario Botta, Luigi Snozzi und Livio Vacchini oft unter dem Begriff „Tessiner Schule" subsumiert wurden. Sie lehnten nicht nur die ortsfremde Adaption des International Style ab, sondern auch die rückwärtsgewandte Sichtweise eines denkmalpflegerischen Heimatschutzes. Aurelio Galfetti brachte den Zusammenhang auf den Punkt: „Formen zu verwenden, die mit jeder anderen Zeit der Geschichte als mit der Gegenwart zusammenhängen, heißt, außerhalb des Kontextes zu arbeiten."

Nervi Pier Luigi

„Ein guter struktureller Organismus, der im Einzelnen wie im Gesamten mit Liebe ausgearbeitet wurde, ist die notwendige, ja vielleicht sogar einzige Voraussetzung für eine gute Architektur."

▼ Stadion Giovanni Berta, Florenz, 1932

► ◄ Sportpalast Palazetto dello Sport, Rom, 1958–1959, mit Annibale Vitellozzi

1913 legte Pier Luigi Nervi (1891–1979) sein Examen als Bauingenieur an der Universität in Bologna ab und arbeitete danach in der technischen Abteilung der Gesellschaft für Betonkonstruktionen in Bologna und Florenz. 1920 gründete er seine eigene Firma, die Società Ing. Nervi e Nebbiosi. Das erste Werk, das international beachtet wurde, war das städtische Stadion von Florenz mit 35000 Plätzen: eine kostengünstige, offen gelegte Betonkonstruktion mit weit auskragenden Wendeltreppen. Ab 1932 führte er sein Büro mit Giovanni Bartoli weiter. 1935 gewann er den Wettbewerb für Flugzeughangars in Orvieto, die, als geodätische Struktur konzipiert und an Zelluloid-Modellen erforscht, bis 1938 fertiggestellt wurden. Bei den Flugzeug-

hangars in Orbetello und Torre del Lago (1939–1942) entwickelte er die Leichtkonstruktionen mit zum Teil vorfabrizierten Betonelementen weiter. 1946–1961 hatte er den Lehrstuhl für Konstruktionstechnik und Materialkunde an der Architekturfakultät der Universität in Rom inne. 1948 und 1949 plante und konstruierte er eine Ausstellungshalle in Turin. Das Gebäude ist in zwei miteinander verbundenen Teilen angelegt, einem rechteckigen Bau mit leicht geschwungener Flachtonne und einem halbkreisförmigen Bau mit einer Halbkuppel. Der Raum selbst bleibt dabei ohne Stützen. Hier hat Nervi auch zum ersten Mal sein fahrbares Rohrgerüst eingesetzt, für das er ein Patent beantragte. Zu seinen bedeutenden Konstruktionsleistungen zählen außerdem der Festsaal in Chianciano Terme mit einem netzartigen Gewölbe (1950–1952), der in Zusammenarbeit mit Marcel Breuer und Bernard Zehrfuss entstandene Sitz der UNESCO in Paris (1953–1958) sowie das Pirelli-Hochhaus in Mailand (1955–1958), an dem er mit Gio Ponti gearbeitet hat. Besonders hervorzuheben sind zudem das Flaminio-Stadion (1957–1959) und die beiden Sportpaläste für die Olympischen Spiele 1960 in Rom. Während der kleinere, der „Palazzetto dello Sport" (1958–1959), die Tragstruktur zu einer grandiosen architektonischen Geste umdefiniert, sind beim größeren (1959–1960) die Netzstruktur und der Kräfteverlauf des Tragwerks nach außen durch eine biedere Glasrotunde verdeckt. Daneben hat Nervi auch zahlreiche Abhandlungen verfasst, wie „Die Kunst und Wissenschaft des Konstruierens" (1945), „Die architektonische Sprache" (1950) und „Neue Konstruktionen" (1963).

Neufeld Josef

▼ Haus Saslawsky, Tel Aviv, 1938 ▶ Medizinisches Zentrum
Hadassah, Jerusalem, 1956–1960

Der aus Ostgalizien stammende Josef Neufeld
(1899–1980) emigrierte 1920 nach Palästina.
Bis 1926 studierte er zunächst an der Kunstakademie in Wien, dann an der Accademia di Belle
Arti in Rom. Bevor er 1932 sein Büro in Palästina
eröffnete, arbeitete er bei Erich Mendelsohn
in Berlin und als Assistent von Bruno Taut in
Moskau. Der Großteil seines Werks, das dem
International Style zuzurechnen ist, entstand
in der ersten Hälfte der dreißiger Jahre. Die lang
gestreckten, versetzt angeordneten Gebäudekörper des Kinderheims in Haifa (1932–1935)
haben horizontal gegliederte weiße Fassaden:
Zwischen breiten Streifen mit weißem Verputz
liegen die zurückgesetzten, in regelmäßige
Vierergruppen unterteilten Fensterbänder.

Kantige Formen und klare Linien bestimmen
auch die flachen Gebäude einer Privatklinik in
Tel Aviv (1935). Des Weiteren realisierte Neufeld
dort auch Arbeitersiedlungen und Privathäuser,
meist in blockhafter Grundkonzeption mit
rhythmisch gesetzten Fassadenöffnungen. 1941
emigrierte Neufeld in die Vereinigten Staaten,
wo er zu Kriegszeiten beim United States Department of Health arbeitete. Später eröffnete
er ein privates Architekturbüro in New York und
lehrte auch für einige Zeit an der Yale University.
Nachdem das von Erich Mendelsohn geplante
medizinische Zentrum Hadassah in Ost-Jerusa-
lem nach 1948 unzugänglich war, errichtete
Neufeld einen Ersatzbau gleichen Namens in
West-Jerusalem (1956–1960).

Neutra Richard

▼ ► „Health House", Haus Lovell,
Los Angeles, 1927–1929

Richard Joseph Neutra (1892–1970) besuchte 1911–1917 die Technische Hochschule in Wien und daneben die Bauschule von Adolf Loos. In den ersten Nachkriegsjahren war er bei einem Landschaftsgärtner in Zürich beschäftigt. Ab 1921 war er am städtischen Bauamt in Luckenwalde angestellt, wo er Erich Mendelsohn kennenlernte. Er folgte ihm nach Berlin und wurde Assistent in dessen Büro. 1923 ging Neutra in die USA, wo er zuerst bei Holabird & Roche in Chicago, später bei Frank Lloyd Wright in Taliesin tätig war. In Los Angeles arbeitete er mit Rudolf Schindler, unter anderem am Wettbewerbsprojekt des Genfer Völkerbundpalastes (1925), und errichtete den Stahlbetonbau der Jardinette-Apartments in Los Angeles (1926–1927).

Daneben entwarf er vorfabrizierte Häuser, die er „One plus two" nannte, und arbeitete am Projekt für die Zukunftsstadt „Rush City Reformed". 1927 veröffentlichte er sein Buch „Wie baut Amerika" und erhielt den Auftrag für das Haus Lovell in Los Angeles (1927–1929). Das Stahlskelett, das er hierfür entwickelte, konnte in nur 40 Stunden errichtet werden. 1929 war Neutra amerikanischer Delegierter auf dem dritten Kongress der CIAM in Brüssel. 1932 entstand sein eigenes Haus, das Van der Leeuw Research House, benannt nach dem holländischen Unternehmer Kees van der Leeuw, der Neutra finanziell beim Bau unterstützte. 1936 entstanden ein Sperrholz-Modellhaus und das inzwischen zerstörte Haus Josef von Sternbergs

im San-Fernando-Tal in Kalifornien, dessen Terrasse von einem hohen Blechzaun und einem umlaufenden Wasserbecken umgeben war. Wasser blieb auch später ein wichtiges Gestaltungselement in Neutras Arbeiten. Er war der Überzeugung, dass der Mensch immer noch von uralten Instinkten bestimmt sei und dass die Architektur auf die Natur des Menschen Rücksicht nehmen und seine Sinne adäquat ansprechen müsse. Natur war somit nicht etwas Äußeres, sondern ein ganz und gar dem Menschen und seiner Behausung zugehöriges Element. Neutra selbst nannte diese Philosophie Biorealismus. Während des Zweiten Weltkrieges, als keine modernen Materialien zu bekommen waren, verwendete Neutra beim Haus Nesbitt in Los Angeles (1941–1942) und bei der Siedlung Channel Heights in San Pedro (1941–1943) Rottanne, Ziegel und Glas. Bedeu-

tende Leistungen Neutras aus den vierziger Jahren sind das Haus Kaufmann (Wüstenhaus) in Palm Springs (1946–1947) und das Haus Tremaine in Santa Barbara (1947–1948). 1949–1959 arbeitete er zusammen mit Robert E. Alexander auch an größeren öffentlichen Projekten wie Schulen, Geschäftshäusern und Kirchen wie der Miramar-Kapelle in La Jolla, Kalifornien (1957), und dem Gebäude der Ferro Chemical Company in Cleveland, Ohio (1957), mit vorkragenden Dachplatten und den für Neutra inzwischen charakteristischen ausgreifenden Portalrahmenträgern, die unter dem Begriff „spider legs" bekannt wurden. Seine Ideen einer menschenfreundlichen Architektur legte er in mehreren Büchern dar, darunter „Survival through Design" („Wenn wir weiterleben wollen"), 1954. 1965 wurde sein Sohn Dion Neutra Partner im Architekturbüro.

„Obwohl ich mehr als viele andere Architekten mit den unterschiedlichsten Baustoffen experimentiert habe, stelle ich mehr und mehr fest, dass der Mensch das interessanteste aller Materialien ist."

◄ Haus von Sternberg, Northridge, Kalifornien, 1935–1936

► Haus E. J. Kaufmann, Palm Springs, 1946–1947

◄ Haus Tremaine, Santa Barbara, 1947–1948

► Case Study House Nr. 20, Haus Bailey, Pacific Palisades, Kalifornien, 1946–1948

▼ Gettysburg Cyclorama Center, Gettysburg, 1958–1961, mit Robert E. Alexander und Thaddeus Longstreth

Niemeyer Oscar

*„Es ist keine weibliche Architektur, es ist die
Architektur eines Architekten, der die Frauen liebt."*

▼ Kirche São Francisco de Assis,
Pampulha, Belo Horizonte,
1940–1943

► Canoas House, Haus Niemeyer,
Rio de Janeiro, 1953–1954

►► Kathedrale, Brasília,
1958–1970

Oscar Ribeiro de Almeida Niemeyer Soares Filho (1907–2012) absolvierte sein Architekturstudium 1930–1934 an der Escola Nacional de Belas Artes in Rio de Janeiro. Anschließend arbeitete er bei Lúcio Costa und Carlos Leão in Rio de Janeiro, 1936 im Büro von Le Corbusier, dessen Einfluss vor allem in seinem Frühwerk deutlich wird.
Zu diesem Frühwerk gehören der brasilianische Pavillon auf der Weltausstellung in New York (1939), den er mit Lúcio Costa entwarf, und eine Wohnsiedlung mit Yachtklub, Kasino und Restaurant in Pampulha, Brasilien (1940–1942). Hier arbeitete er wie bei vielen anderen Projekten mit dem Landschaftsarchitekten und Künstler Roberto Burle Marx zusammen. 1940–1943 entstand die Kirche São Francisco de Assis in Pampulha, Belo Horizonte. 1953–1954 baute er sein eigenes Haus in Canoas, Rio de Janeiro, in dem gebogene Betonwände mit großflächigen Verglasungen unter einem weit ausschwingenden

Flachdach abwechseln; ein Felsblock zwischen Wohnraum und Pool bricht die glatte Ästhetik und reicht durch die Wand ins Innere. Das Copan-Gebäude in São Paulo (1951–1957) ist ein 30-stöckiges Wohnhaus auf einem s-förmigen Grundriss mit horizontalen Sonnenblenden über der gesamten Außenfassade. Bei den Bauten für die neue Hauptstadt Brasília war er als leitender Architekt tätig und konzipierte unter anderem den Präsidentenpalast (1956–1959), den Obersten Gerichtshof und das Kongressgebäude (1958–1960). Auf dem Dach des flachen Baus befinden sich eine Kuppel und eine Schale, die den Senatssaal beziehungsweise den Abgeordnetensaal beherbergen. In der Gesamtanlage bilden Kuppel und Schale den formalen Gegensatz zu den scheibenförmigen Verwaltungshochhäusern in der Nachbarschaft. 1958–1970 entstand die Kathedrale von Brasília. Ein Gerüst aus spitz zulaufenden, über das Dach ragenden Rippen trägt den Bau. Nach dem Militärputsch in Brasilien ging Niemeyer

1966 nach Frankreich ins Exil und entwarf nun auch außerhalb Brasiliens bedeutende Gebäude wie das Mondadori-Verlagshaus in Mailand, Italien (1968–1975), die Constantine-Universität in Algier, Algerien (1969–1984), die Parteizentrale der kommunistischen Partei in Paris (1967–1980) zusammen mit José Luis Pinho, Paul Chemetov, Jean de Roche und Jean Prouvé und ein Kulturzentrum in Le Havre, Frankreich (1982). Nach Niemeyers endgültiger Rückkehr nach Brasilien in den achtziger Jahren wurde unter anderem das Museum für zeitgenössische Kunst in Niterói, Brasilien (1991–1996), gebaut. Auf einem Felsen direkt am Meer in der Bucht von Guanabara platziert, entfaltet es dramatische Wirkung. Ein kleiner Sockel in einem Pool hebt das runde Ufo-ähnliche Gebäude empor. Über eine gewundene Rampe nähert sich der Besucher dem Objekt. 2005 wurde das Ibirapuera-Auditorium in São Paulo fertiggestellt.

◀ Kongressgebäude und Verwaltungshochhaus, Brasília, 1958–1960

▼ Präsidentenpalast, Brasília, 1956–1958

Nouvel Jean

„Ich hasse es, in einem Film Kamera und eingesetzte Technik zu spüren. Technik muss unsichtbar sein."

▼ Wohnanlage Nemausus, Nîmes, 1985–1987

► Agbar-Turm, Barcelona, 2000–2005

Jean Nouvel (*1945) studierte 1964–1971 an der École des Beaux-Arts in Bordeaux. Noch während seines Studiums gründete er 1970 gemeinsam mit François Seigneur ein Büro, 1988 entstand sein heutiges Pariser Büro Nouvel, Cattani et Associés. Bereits im Alter von 23 trug er die Verantwortung für den Bau zahlreicher Wohnungen in Neuilly, Frankreich, international bekannt wurde er durch das gemeinsam mit Architecture Studio entworfene Institut du

Monde Arabe in Paris (1981–1987). Diaphragmen in der Fassade dieses aus Glas und Aluminium bestehenden Baus lassen sich durch eine Steuerung verändern und sorgen somit für kontrollierten Lichteinfall. Nach der experimentierfreudigen Wohnanlage Nemausus in Nîmes, Frankreich (1985–1987), realisierte er 1986–1993 den Umbau des seit 1831 bestehenden Opernhauses in Lyon. Das Dach, ein voll verglastes, bei Nacht rot leuchtendes Rundgewölbe, dient

als Proberaum für das Ballett. Weitere bemerkenswerte Projekte Nouvels sind das Kongresszentrum Vinci in Tours, Frankreich (1993), mit einer transparenten Glasfassade und weit auskragendem Dach, das 16-geschossige Bürogebäude der Fondation Cartier in Paris (1991–1994), die Galeries Lafayette in Berlin (1991–1995) und das Kultur- und Kongresszentrum in Luzern, Schweiz (1993–2000). Das dünne, scharfkantige und weit auskragende Dach beschattet die Fassaden des dreigliedri-

gen Luzerner Baus für Musik- und Kunstveranstaltungen. Das eigenständige Dach bestimmt auch das Bild der Erweiterung des Reina-Sofía-Museums in Madrid, Spanien (1999–2005). Das 142 m hohe Hochhaus der Wasserwerke von Barcelona, der Agbar-Turm (2000–2005), ist mit einer tragenden Außenschale ausgeführt, die im Quadratraster gesetzten Öffnungen sind unregelmäßig verteilt. Die mehrschalige Fassadenstruktur ergibt reizvolle Farbwechsel in der Außenerscheinung.

◄ Monolith, EXPO 2002, Morat, Schweiz, 1999–2002

▼ Samsung-Kunstmuseum, Seoul, 1995–2004

O'Gorman Juan

„Das Prinzip – höchster Komfort bei niedrigsten Kosten."

▼ Bibliotheksgebäude der Universität in Mexiko-Stadt, 1952–1953   ▶ Haus O'Gorman, Mexiko-Stadt, 1953–1956

Juan O'Gorman (1905–1982) besuchte die Architekturfakultät der Universität in Mexiko-Stadt und studierte Malerei bei Diego Rivera, Antonio Ruiz und Ramón Alba Guedarrama. Vor der Eröffnung seines Büros in Mexiko-Stadt 1934 war er zwei Jahre Leiter des dortigen Stadtbauamtes. Zwischen 1932 und 1948 lehrte O'Gorman am Nationalen Polytechnischen Institut. Sein Frühwerk, so die Atelierhäuser für Diego Rivera und Frida Kahlo in San Angel, Mexiko-Stadt (1929–1930), weist ihn als klaren Vertreter der Moderne aus. Die farbigen, kantigen Betonfassaden der Atelierhäuser werden von feingliedrig gerasterten Glasflächen durchbrochen. Kennzeichnend sind eine schraubenförmige Treppe mit durchgehender Betonbrüstung, das Sheddach und eine Umzäunung aus Kakteen. Bei seinem Spätwerk zeigt sich eine Rückbesinnung auf mexikanische Tradition und Kunst. So sind die Fassaden des Bibliotheksgebäudes der Universität von Mexiko-Stadt (1952–1953) mit bunten Mosaiken verkleidet, die teils antike Motive darstellen. Sein eigenes, kurz danach entstandenes kunstvolles Haus aus Stein in Mexiko-Stadt (1953–1956) verlässt dann vollends die Konventionen des International Style.

Olbrich Joseph Maria

▼ Ausstellungsgebäude der
Wiener Secession, Österreich,
1897–1898

► Haus Olbrich, Darmstadt,
1901, Lithografie

Joseph Maria Olbrich (1867–1908) erhielt seine Ausbildung bei Camillo Sitte und Julius Deininger an der Staatsgewerbeschule in Wien und schloss sie 1886 ab. Danach arbeitete er als Architekt und Bauleiter bei dem Bauunternehmer August Bartel in seiner Geburtsstadt Troppau, bevor er 1890 sein Architekturstudium bei Carl von Hasenauer an der Akademie der Bildenden Künste in Wien aufnahm und 1893 mit dem „Prix de Rome" krönte. Nach seiner Rückkehr aus Italien und Nordafrika arbeitete er bis 1898 im Büro von Otto Wagner unter anderem an der Planung der Stadtbahnbauten und beteiligte sich 1897 an der Gründung der Wiener Secession. Er gestaltete auch ihr Ausstellungsgebäude (1897–1898), einen schlichten Bau, der von einer durchbrochenen Kugel aus vergoldeten eisernen Lorbeerblättern überragt wird. Mit einem „Wiener Interieur" nahm er

1900 an der Weltausstellung in Paris teil. Nach seiner Berufung an die Darmstädter Künstlerkolonie durch den Großherzog Ernst Ludwig übersiedelte er 1899 nach Hessen und hatte auf der Mathildenhöhe acht Jahre lang die Bauleitung inne. Bis 1901 entstanden sieben Häuser, darunter auch sein eigenes, das kleine und das große Haus Glückert, sowie das Gebäude für Flächenkunst und temporäre Präsentationsbauten. 1908 wurde der „Hochzeitsturm" als Geschenk der Stadt Darmstadt an den Großherzog Ernst Ludwig fertiggestellt, dem ein weitläufiges Ausstellungsgebäude angeschlossen war. Unter Beibehaltung seines Darmstädter Ateliers zog Olbrich im selben Jahr nach Düsseldorf. Dort wechselte er mit dem Plan für das Warenhaus Tietz zu einem gemäßigten monumentalen Neoklassizismus. Kurz vor der Fertigstellung starb er an Leukämie.

Otto Frei

Diplomatischer Club in Riad,
Saudi-Arabien, 1980–1986,
mit Omrania

1947 nahm Frei Otto (1925–2015) das Architekturstudium an der Technischen Hochschule in Berlin auf. Eine Studienreise führte ihn 1950 durch die USA, wo er Stipendiat an der University of Virginia in Charlottesville war. Nach abgeschlossenem Diplom lebte er ab 1952 als selbstständiger Architekt in Berlin, beschäftigte sich intensiv mit der Erforschung von Leichtbaukonstruktionen und veröffentlichte 1954 seine Dissertation zum Thema „Das hängende Dach". Mit Zeltbauten auf den Bundesgartenschauen 1955 und 1957 erprobte er seine neuen architektonischen Formen. Vor allem der „Tanzbrunnen" für die Bundesgartenschau in Köln (1955–1957), der zusammen mit Ewald Bubner, Siegfried Lohs und Dieter R. Frank gebaut wurde, erregte Aufsehen: eine runde Freilufttanzfläche aus Beton über einer Zierteichanlage, überspannt von einem sternförmigen Stoffdach. 1957 gründete Otto die „Entwicklungsstätte für den Leichtbau" in Berlin. 1961 lernte er den Biologen und Anthropologen Johann-Gerhard Helmcke kennen. Gemeinsam gründeten sie die Forschungsgruppe „Biologie und Natur", um die vielfältigen biomorphen Konstruktionen der Kieselalge zu untersuchen, die ein wichtiger Impuls für Ottos eigene Strukturen und Konstruktionen wurde. 1961 und 1962 arbeitete er als Assistent an der Technischen Universität in Berlin. Gastprofessuren, vor allem in Amerika, folgten. Ab 1964 unterrichtete er an der Technischen Hochschule in Stuttgart und gründete das „Institut für leichte Flächentragwerke", das sich insbesondere auf Membrankonstruktionen spezialisierte.

Das institutseigene Gebäude in Stuttgart-Vaihingen, 1966–1967 ausgeführt, war ein Umbau des Modells, das zur Erprobung des deutschen Pavillons auf der Expo '67 in Montreal erstellt worden war. 1969 wurde das Atelier Warmbronn mit Ewald Bubner gegründet. Für Schwimmbäder und Freilichttheater entwickelte Otto das wandelbare, verfahrbare Dach: eine Verbindung aus Stoffhülle, Hohlmast und Stahlseilkonstruktion, die je nach Wetterlage geschlossen oder geöffnet werden konnte. Ein Beispiel hierfür ist unter anderem die Überdachung des Freilufttheaters in der Stiftsruine in Bad Hersfeld (1967–1969), das zusammen mit Bernd-Friedrich Romberg und Uwe Röder konzipiert wurde. Wohn- und Arbeitsbedingungen unter extremen Klimaverhältnissen annehmbar zu gestalten, stellte das Motiv für eine weitere Entwicklungslinie dar. So entstanden die Projektstudien für die unter einer pneumatischen Hülle gelegenen „Stadt in der Arktis" (1971) und „Schatten in der Wüste" (1972). Mit Günter Behnisch und Partner und Leonhardt und Andrä verwirklichte er 1967–1972 die Überdachung des Hauptsportstättenbereichs am Olympiapark in München. Für den Diplomatischen Club in Riad, Saudi-Arabien (1980–1986), geplant durch das Büro Omrania, steuerte das Büro Otto Membrankonstruktionen bei, die an die geschwungene festungsartige Mauer des Komplexes anschließen. Im Inneren der Anlage ist ein weiteres Zelt mit einer Überdeckung aus Glasplatten, die mit keramischen Schmelzfarben in mehreren Brennvorgängen getönt wurden.

Oud Jacobus Johannes Pieter

▼ Kindererholungsheim in Arnheim, 1952–1960

▶ Café „De Unie" in Rotterdam, 1925

1904–1907 besuchte Jacobus Johannes Pieter Oud (1890–1963) die Quellinus-Kunstgewerbeschule in Amsterdam und trat dort in das Büro von Petrus J.H. Cuypers ein. Später vervollständigte er seine Ausbildung an der Staatsschule für Zeichenunterricht in Amsterdam und anschließend an der Technischen Hochschule in Delft. Auf Anregung von Hendrik Petrus Berlage arbeitete er bei Theodor Fischer in München, bevor er sich 1912 als selbstständiger Architekt in Purmerend und später in Leiden niederließ. Mit seinem Freund, dem Künstler und Architekten Theo van Doesburg, entwarf er 1916 das Geus-Haus und gründete die Arbeitsgemein-

schaft „De Sphinx". 1917 waren die beiden zusammen mit Piet Mondrian, Vilmos Huszár und Antony Kok Mitbegründer der berühmten Künstlergruppe und Zeitschrift De Stijl, die Oud 1920 jedoch wegen Meinungsverschiedenheiten mit van Doesburg wieder verließ. Versuche, die De-Stijl-Theorie in die Praxis umzusetzen, waren zum Beispiel ein Reihenhausprojekt für Scheveningen (1917) und das Café „De Unie" in Rotterdam (1925), bei dem er die Fassadenfläche wie eine grafische Komposition behandelte und in leuchtenden Primärfarben rot, gelb und blau sowie schwarz und weiß gestaltete. 1918 wurde Oud Stadtbaumeister von Rotterdam und verwirklichte umfangreiche Siedlungsprojekte wie die Siedlungen Oud-Mathenesse (1922–1924) mit 343 Wohneinheiten auf dem Grundriss eines gleichschenkligen Dreiecks und De Kiefhoek (1925–1930) sowie einen Wohnkomplex in Hoek van Holland (1924–1927). Seine Reihenhäuser in der Weißenhofsiedlung in Stuttgart (1926–1927) zählten zu den Bauten, die von Fachleuten wegen ihrer soliden Ausführung hervorgehoben wurden. Danach wurde es still um Oud, einen Ruf nach Harvard lehnte er ab. Walter Gropius übernahm stattdessen den Lehrstuhl in Cambridge. Das Shell-Gebäude in Den Haag (1937–1942), das er nach einer langen Periode ohne Aufträge errichtete, konnte nicht mehr an die Klarheit seiner frühen Arbeiten anschließen. Zum Spätwerk des Architekten gehört auch der schlichte Komplex des Bio-Kindererholungsheims bei Arnheim (1952–1960). 1954 erhielt Oud die Ehrendoktorwürde der Technischen Hochschule in Delft.

Parisi Ico

▼ ► Pavillon der X. Triennale in
Mailand, 1954, mit Silvio Longhi
und Luigi Antonietti

Im Anschluss an sein Studium des Bauwesens
arbeitete Domenico, genannt Ico, Parisi (1916–
1996) ab 1936 bei Giuseppe Terragni in Como.
Obwohl er in Palermo geboren worden war, war
Ico Parisi auf internationaler Ebene als Vertreter
der Comer Kulturszene bekannt. Er studierte
in Lausanne und war in den Bereichen Architek-
tur, Malerei, Bühnengestaltung, Kino, Fotografie
und Industriedesign tätig. Während seiner Tä-
tigkeit bei Terragni gründete er die Gruppe Alta
Quota. 1948 eröffnete er mit seiner Frau Luisa
Aiani das Büro La Ruota in Como, das auch als
Raum für Kunstausstellungen diente. 1949 be-
gann er ein Architekturstudium am Institute
Atheneum in Lausanne unter Alberto Sartoris.
Im Glauben an die Ergänzung von bildenden
Künsten und Architektur gründete Parisi in
Mailand den Club dell'Arte, die Associazione di
Belle Arti di Como und die ADI, die Associazio-
ne Disegno Industriale. Sein Schaffen reichte
von Ein- und Mehrfamilienhäusern bis zur
Einrichtung von Geschäften in Como, Mailand,
Sondrio und Rom. Anfangs spiegelte seine
Architektur die Lehren der rationalistischen Vorbilder wider, doch bald offenbarte Parisi seine
eigene Poetik: Licht und Farbgestaltung spielten
dabei eine zentrale Rolle. 1954 wurde er bei der
X. Triennale von Mailand für seinen Pavillon mit
der Goldmedaille ausgezeichnet. In seinem Text
„Utopia realizzabile attraverso l'integrazione
delle arti" („Durch Ergänzung der Künste reali-
sierbare Utopie") von 1978 sammelte er seine
Untersuchungen: von der Casa Esistenziale, die
zu internationalen Anlässen in Venedig, Rom
und Brüssel ausgestellt wurde, bis zur Utopie
für Como und zur Operazione Arcevia, mit der
er die Gründung eines Dorfes für eine Comunità
Esistenziale (Daseinsgemeinschaft) in Mittelita-
lien anregte. Er errichtete das Haus Lenno am
Comer See, Italien (1972), mit gebogenen Wänden, Decken und Türöffnungen und schwarz-
weißem Interieur und ein Ferienhaus in Montor-
fano, Italien (1974), mit schirmförmig überdachten Außenräumen und Kunststoffmöbeln.

Pawson John

„Beim Entwerfen von Privathäusern kann man nicht einfach linear und logisch vorgehen. Man darf nicht annehmen, dass der Kunde dem Vorgeschlagenen zwangsläufig zustimmen muss, nur weil man die bestmögliche Leistung als Architekt erbracht hat, denn das tut er nicht."

▼ Hotel Puerta America,
Madrid, 2005

► Verkaufsraum für Calvin Klein
in Seoul, 1996

Nachdem John Pawson (*1949) die Schule absolviert und anschließend in der Textilfirma seines Vaters gearbeitet hatte, ging er nach Japan (1974–1978), wo er im Atelier des Designers Kuramata Erfahrung sammelte. Zurück in Großbritannien besuchte er die Architectural Association in London. Anschließend erhielt er den Auftrag, eine Londoner Galerie für Leslie Waddington zu gestalten, und konnte so ein eigenes Büro in London eröffnen. Es folgten weitere Aufträge für Galerien, er entwarf die Inneneinrichtung für zahlreiche Calvin-Klein-Boutiquen, gestaltete Interieurs für Einfamilienhäuser und war auch als Architekt tätig. So entstand 1991 während seiner zweijährigen Partnerschaft mit Claudio Silvestrin die Villa Neuendorf auf

Mallorca. Pawsons Räume sind schlicht, fast karg, wodurch die klaren Formen, die Oberflächen der Materialien und das Spiel mit Licht um so deutlicher hervortreten. Das Haus Pawson in London (1994–1996), ein traditionelles Londoner Haus, bei dem er nur die Fassade stehen ließ, zeigt deutlich das Zusammenspiel zwischen den schlichten Räumen und den minimalistischen Einrichtungen. Die im Erdgeschoss gelegene Küche öffnet sich über eine mobile Glaswand zum Garten. Da innen und außen dasselbe Steinpflaster verwendet wird und der Tresen mit seiner dicken Marmorplatte bis ans Ende der Terrasse fortgeführt wird, wirkt die Terrasse wie ein Spiegelbild der Küche. Innerhalb dieser minimalistischen Ästhetik bekommen Details eine große Bedeutung. Pawson legt daher Wert auf edle Materialien: Er verwendet gern Marmor, Naturstein, Zedern- und Eichenholz. Der Calvin Klein Store in Seoul (1996) wurde als vollständig neues Gebäude errichtet, das durch die Geschlossenheit seiner grauen Steinfassade eine monolithische Wirkung erhält. 2004 wurden die ersten beiden Flügel des Zisterzienser-Klosters in Novy Dvur in der Nähe von Prag, Tschechien, fertiggestellt und bezogen, wobei eine vorhandene, barocke Anlage renoviert und ergänzt wurde. Das Hotel Puerta America in Madrid ließ im Jahr 2005 von 19 namhaften Architekten und Designer sein Haus umgestalten. Pawson konnte das Foyer sowie die Besprechungsräume einrichten. Inmitten der Vielfalt der Stile schuf er einen ruhigen und eleganten Empfangsbereich.

Pei Ieoh Ming

*„Geometrie war immer schon das
Fundament meiner Architektur."*

▼ Mile High Denver Center,
Denver, 1952–1956

▶ Fountain-Place-Bürogebäude,
Dallas, 1984–1986

▶▶ Rock and Roll Hall of Fame,
Cleveland, 1993–1995

Der aus China stammende Ieoh Ming Pei (*1917) studierte am Massachusetts Institute of Technology, wo er 1940 seinen Bachelor of Architecture erhielt. 1946 promovierte er an der Harvard University in Cambridge. 1955 gründete er sein eigenes Büro I.M. Pei & Associates in New York. Kennzeichen der Architektur Peis sind die klaren Formen der Baukörper, seine Moderne respektiert aber die Traditionen. Frühe Arbeiten wie das Mile High Denver Center, Colorado (1952–1956), folgen noch streng dem International Style, doch dann werden seine Arbeiten eigenständiger und deutlicher im Ausdruck. Auf die unterkühlte John-F.-Kennedy-Bibliothek in Boston, Massachusetts (1965–1979), folgte mit dem Ostflügel der National Gallery of Art in Washington (1968–1978) ein Ausstellungsbau, der von außen durch seine spitzwinklige Kontur an einer Straßenkreuzung und die sparsame Durchfensterung auffällt. Kern des Baus ist ein raffinierter Lichthof, von dem sich die Räume erschließen. Das auf quadratischem Grundriss errichtete Gebäude der Bank of China in Hongkong (1982–1990) mit seinen 78 Stockwerken setzt sich aus vier unterschiedlich hohen dreieckigen Gebäudeteilen zusammen, deren Abschluss jeweils ein schräg aufragendes Dreieck bildet, und wirkt so wie aus Tetraedern zusammengesetzt. Anfang der achtziger Jahre wurde Pei mit dem Umbau des Louvre in Paris (1983–1993) beauftragt. Zentral zwischen den Seitenflügeln des Louvre liegt seine aus einer verglasten Stahlkonstruktion bestehende Pyramide, die den neuen, unterirdischen Eingangsbereich des Museums überdacht. Wasserbassins umgeben die Pyramide, deren reflektierende Oberfläche den Himmel spiegelt. Das aus Kalkstein, Glas und Stahl inmitten eines Naturschutzgebietes errichtete Miho-Kunstmuseum in Shigaraki, Japan (1992–1996), zeugt von Respekt gegenüber der Natur und ist eine Mischung aus Moderne und japanischer Tempelarchitektur. Die Rock and Roll Hall of Fame in Cleveland, Ohio (1993–1995), bildet eine Kombination unterschiedlicher geometrischer Formen, die teilweise weit aus dem zentralen 50 m hohen Betonturm herausragen. Der Erweiterungsbau des Deutschen Historischen Museums in Berlin (1998–2003) öffnet sich über ein gläsernes, schneckenartig gedrehtes Treppenhaus und eine gläserne Fassade dem Besucher.

Pelli Cesar

„Architektur ist keine Malerei. Es geht bei ihr um außergewöhnlich kreative Antworten auf spezifische Situationen."

▼ Botschaft der USA in Tokio, 1972–1975

► World Financial Center, New York, 1981–1987

Der aus Argentinien stammende Cesar Pelli (*1926) studierte zunächst in Tucumán, Argentinien, Architektur. 1952 wanderte er in die USA aus und erlangte 1954 seinen Master of Architecture an der University of Illinois. Seit 1977 ist Pelli Dekan der School of Architecture in Yale.

1954–1964 war er für Eero Saarinen tätig, 1964–1968 arbeitete er im Büro Daniel, Mann, Johnson and Mendenhall. Anschließend war er bis zur Gründung seines eigenen Büros Cesar Pelli & Associates 1977 in New Haven, Connecticut, Projektleiter bei Victor Gruen Associates in Los Angeles. Aus dieser Zeit stammen die amerikanische Botschaft in Tokio (1972–1975) und das Pacific Design Center in Los Angeles, Kalifornien (Phase I 1971–1975, Phase II 1984–1988). Die blaue, gläserne Gebäudehülle der ersten Bauphase zeigt die Querschnittsform einer gigantischen Zierleiste und lässt innerhalb der angrenzenden kleinteiligen Stadtstruktur an ein fremdes Raumschiff denken. Nach der Gründung seines Büros entstanden der Wohnturm und die Erweiterung des Museum of Modern Art in New York (1977–1983), ein Klinikgebäude in Cleveland, Ohio (1980–1984), das World Financial Center in New York (1981–1987) und der Canary Wharf Tower in London (1988–1991). Ein Projekt von gewaltigem Maßstab verwirklichte Pelli mit den Petronas-Zwillingstürmen in Kuala Lumpur, Malaysia (1991–1997). Die 88 Stockwerke umfassenden Hochhäuser verjüngen sich nach oben, eine Stahlkugel mit einer langen Spitze bildet jeweils den Abschluss. Eine 58 m lange Brücke verbindet die identischen Türme auf der Hälfte der Gebäudehöhe. 2001–2004 entstand das Wohn- und Bürogebäude 731 Lexington Avenue in New York.

Pereira William

▼ Theme Building, Los Angeles
International Airport, 1961,
mit Welton Becket, James

Langenheim, Charles Luckman
und Paul Williams

► Convair Astronautics, San Diego,
1958

William Leonard Pereira (1909–1985) studierte
an der University of Illinois, School of Architecture in Chicago, wo er 1931 seinen Abschluss
machte. Schon vor dem Ende seines Studiums
konnte er ein Jahr bei Holabird & Root in Chicago arbeiten. Zunächst firmierte er unter William
L. Pereira (1931–1950), dann mit seinem Partner Charles Luckman unter Pereira and Luckman
(1950–1958) und schließlich unter William
L. Pereira Associates (1958–1985). Er lehrte ab
1949 an verschiedenen Universitäten. In den
fünfziger Jahren entstanden etwa die Firestone-

Fabrikanlage in Los Angeles, Kalifornien (1958),
und der Betriebskomplex der Convair Astronautics in San Diego, Kalifornien (1958). Letzte-
rer, eine Forschungs-, Entwicklungs- und Pro-
duktionsanlage der Luftfahrtindustrie, wurde in
verschiedene Gebäude aufgeteilt, die anstelle
von langen Innenfluren überdachte Außenwege
zur Erschließung nutzen. Eine 75 m lange, an
Aluminiumstäben aufgehängte Wendeltreppe
bestimmt das Foyer. Am Theme Building des
Los Angeles International Airport in Kalifornien
(1961), das er mit Luckman, Becket, Langenheim

und Williams baute, lässt sich seine Suche nach einem identitätsstiftenden Design veranschaulichen. Wie ein Raumschiff steht das Panoramarestaurant aufgeständert vor den Terminalgebäuden. Die Universitätsbibliothek der UCSD in San Diego, Kalifornien (1968–1970), entwarf Pereira zunächst als Spiralturm; als sich aber zeigte, dass dabei zu viel Raum verloren ging, wandelte er den Bibliotheksturm in die realisierte Form mit außenliegender Tragstruktur um. Einen wichtigen Teil der Skyline von San Francisco stellt das Transamerica-Corporation-Gebäude (1973) dar. In der Grundform einer Pyramide erhebt sich der Büroturm über 48 Stockwerke in den Himmel. Diese Form bietet verschiedene Vorteile: Das Gebäude nimmt der Straße wenig Licht und hat eine gute Standfestigkeit bei Erdbeben. Trotzdem hatte es im Vorfeld weitreichende Proteste gegen das Bauvorhaben gegeben.

„Während die Natur sich erneuern kann und dies auch tut, wenn man es ihr gestattet, vermag die Stadt dies nicht. Sie ist Menschenwerk und wir müssen uns konsequent dem Stärken ihrer Funktionsfähigkeit zuwenden, aus dem Verständnis heraus, dass die Integrität der Stadt nur so wahr ist wie die Integrität ihrer Bewohner."

◄ Firestone-Fabrikanlage, Los Angeles, 1958

► Universitätsbibliothek der UCSD, San Diego, 1968–1970

Perrault Dominique

Rathaus in Innsbruck,
1996–2002

Bis 1978 studierte Dominique Perrault (*1953) an der École Nationale Supérieure des Beaux-Arts in Paris Architektur. 1979 machte er an der dortigen École Nationale des Ponts et Chaussées seinen Abschluss in Urbanistik und 1981 eröffnete er ein eigenes Büro in Paris. Zu seinem Werk zählen die Ingenieurschule (ESIEE) in Marne-la-Vallée, Frankreich (1984–1987), das Hôtel industriel Jean-Baptiste Berlier in Paris (1986–1990) und das Hôtel du département de la Meuse in Bar-le-Duc, Frankreich (1994).

Der ursprüngliche Plan seines bisher bedeutendsten Baus, die Bibliothèque nationale de France in Paris (1989–1995), stieß teilweise auf heftige Kritik und musste von ihm modifiziert werden. Vier 80 m hohe Türme auf L-förmigem Grundriss umrahmen zentralsymmetrisch einen versenkten Garten. Die Turmfassaden sind vollkommen verglast, das Innere ist eine Kombination aus Metall, roten Teppichen und Holzpaneelen. Die unfunktionale Verglasung führte bald nicht nur zu Schäden an Büchern, sondern auch an den holzfurnierten Innenausbauten, die dem Licht ausgesetzt sind. In jüngerer Zeit errichtete er eine rechteckige Schwimm- und eine runde Radsporthalle in Berlin (1992–1999). Die Gebäude sind in die Erde versenkt und von einer Außenhaut aus Metalldrahtgewebe überzogen. Das Dach des Velodroms überspannt 115 m ohne Stützen, sein Gewicht wird durch speichenförmig angeordnete Träger auf 16 Betonpfeiler verteilt. 1996–2002 wurde eine Erweiterung für das Rathaus der Stadt Innsbruck fertiggestellt. In der gerasterten Spiegelglasfassade wird die gegenüberliegende Altbaufassade reflektiert.

„Die Architektur der Bibliothek stellt einen Versuch dar, ein Werk zu schaffen, das seiner Zeit entspricht. Die Kunstrichtungen, von denen ich mich inspirieren lasse, sind Land Art oder Minimal Art."

Perret Auguste

Auguste Perret (1874–1954) besuchte die École des Beaux-Arts in Paris, bevor er 1905 mit seinen Brüdern Gustave und Claude das Bauunternehmen Perret Frères Entrepreneurs gründete. Sein erstes wichtiges Werk war das Wohnhaus in der Pariser Rue Franklin (1903–1904), ein Stahlbetonskelettbau mit einer dekorativen Kachelverkleidung mit Blumenmustern. Skelettkonstruktion und große Glasfüllungen verwendete er auch bei der Garage in der Rue Ponthieu (1906–1907). Die Fassade ist streng gegliedert. Lineare Flächenornamente bleiben auf den Eingang und das Mittelfenster beschränkt. Erwähnenswert ist ferner das ursprünglich von Henry van de Velde konzipierte Théâtre des Champs-Élysées in Paris (1910–1913) und der mit 20 m weiten Bögen überspannte Arbeitsraum der Schneiderei Esders, ebenfalls in Paris (1919–1920). Die Außenwände der Kirche Notre-Dame-de-la-Consolation in Le Raincy (1922–1923) erstellte er aus vorfabrizierten Betonelementen mit filigranen Fenstergittern. Er beteiligte sich danach an den Wettbewerbsentwürfen zum Genfer Völkerbundpalast (1926–1928) sowie dem Sowjet-Palast in Moskau (1931) und baute das Musée des Travaux Publics in Paris (1936–1948) mit einer geschwungenen, freitragenden Treppe. In den Nachkriegsjahren war er vor allem mit dem Wiederaufbau von Le Havre beschäftigt, wo das Rathaus (1952–1958) und die Kirche St. Joseph (1951–1957) entstanden.

„Der Architekt wiederum gibt sich nicht damit zufrieden, Baukörper rational zu verorten, er fügt sie im Hinblick auf eine Gesamtwirkung zusammen. Er wirkt in der Synthese."

Piano Renzo

▼ Umbau und Erweiterung
der FIAT-Fabrik Lingotto, Turin,
1983–2003

► Centre Georges Pompidou,
Paris, 1971–1977

Nach dem Architekturstudium war Renzo Piano (*1937) 1965–1968 am Politecnico in Mailand als Dozent tätig. Das väterliche Bauunternehmen in Genua bot daneben Möglichkeiten zum Experiment. Leichte Plastikhüllen verwendete Piano beim italienischen Pavillon auf der Expo 1970 in Osaka. Durch seine Lehrtätigkeit kam Piano in Kontakt mit Richard Rogers. Einige gemeinsame Arbeiten blieben Entwürfe, bis Piano und Rogers 1971 den Wettbewerb für das Pariser Centre Pompidou (1971–1977) gewannen. Als Vorläufer zum Centre Pompidou ist das B&B-Italia-Bürogebäude in Novedrate bei Como (1973) zu sehen: ein in die offene Tragstruktur eingehängter Kasten, dessen Versorgungsleitungen nach außen gelegt wurden. 1977 eröffnete Piano mit dem Ingenieur Peter Rice ein Büro in Genua. Es entstanden Arbeiten wie das Quartierslaboratorium für Stadterneu-

erung in Otranto, Italien (1979), und das Museum der Menil Collection in Houston, Texas (1982–1987). Weitere Projekte der achtziger Jahre waren eine Sporthalle in Ravenna (1986–1993), ein Stadion in Bari (1987–1990) und das Synchroton in Grenoble (1987). In Riehen bei Basel wurde die Fondation Beyeler (1991–1997) realisiert. In Osaka wurde 1988–1994 das Kansai-Flughafenterminal errichtet, in den Niederlanden das „newMetropolis" (heute Science Center NEMO). Ungefähr zeitgleich wurde das Kulturzentrum Jean-Marie Tjibaou in Nouméa, Neukaledonien (1991–1998), fertiggestellt, das auf Tradition und Klima der Region eingeht. In jüngeren Arbeiten wie dem Parco della Musica in Rom, Italien (1994–2002), oder dem Zentrum Paul Klee in Bern, Schweiz (1999–2005), wird ein Bemühen um eine bestimmende Großform deutlich.

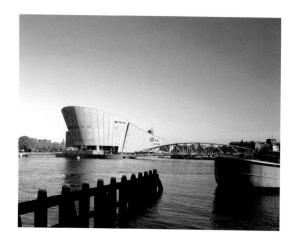

„Mit keiner anderen Kunst kann man im realen Leben der Menschen so viel bewirken, mit keiner kann man auch so viel Schaden anrichten."

▲ NEMO, „newMetropolis", nationales Zentrum für Wissenschaft und Technologie, Amsterdam, 1992–1997

▼ Gebäude der Sammlung Menil, Houston, 1982–1987

► Kulturzentrum Jean-Marie Tjibaou, Nouméa, Neukaledonien, 1991–1998

Pietilä Reima

▼ Einkaufs-, Freizeit- und
Gemeindezentrum Hervanta,
Tampere, Finnland, 1975–1979

► Kaleva-Kirche in Tampere,
Finnland, 1959–1966, mit Raili
Paatelainen

„Wonach ich suche, ist eine
kulturelle Symbiose, ohne mich
dabei gegen die Moderne zu
versündigen."

Reima Pietilä (1923–1993) absolvierte sein Studium an der Technischen Hochschule in Helsinki, anschließend unterhielt er dort 1960–1993 gemeinsam mit seiner Frau Raili Paatelainen ein Büro. 1973–1979 lehrte er an der Universität Oulu, Finnland, als Professor. Als Kritiker einer international einheitlichen Architektur legte er bei seinen Projekten Wert auf traditionelle regionale Tendenzen. Er verwirklichte die skulpturale Kaleva-Kirche in Tampere, Finnland (1959–1966), die trotz ihrer monumentalen Größe im Inneren einen spielerischen und leichten Raumeindruck vermittelt. Einwärts gewölbte Betonwände wechseln sich mit vertikalen Fensterbändern ab und schaffen eine lichte Atmosphäre. Allerdings wurde dem Architekten eine unpassende Außenverkleidung des Gebäudes aufgezwungen, die dem skulpturalen Charakter zuwiderläuft. Bei dem Bau des Studentenhauses Dipoli in Otaniemi, Finnland (1961–1966), kombinierte Pietilä Naturstein und Holz mit Kupfer und großen Glasflächen. Das Haupthaus wird im Süden und Westen von einem Gebäudekörper auf unregelmäßigem Grundriss umgeben. Das Innere ist durch fließende Räume gekennzeichnet, die die Aufenthaltsräume der Studenten beherbergen. Wie eine Hügellandschaft wellt sich das Dach des Vorbaus und passt sich in den umgebenden Wald ein. Für die neue Stadt Hervanta bei Tampere (1975–1979) errichtete er ein Einkaufs-, Freizeit- und Gemeindezentrum. In Kuwait entstanden ein Anbau an den alten Sief-Palast und der Verwaltungskomplex für den Emir von Kuwait (1973–1982). Die Bauten in prominenter Lage am Meer wurden in den Kontext des historischen Umfeldes eingebettet. Sie passen sich in Farbe und Form den Altbauten an, ohne ihre Modernität zu verleugnen. Pietilä rhythmisiert die Fassaden des Palast-Anbaus durch ungewöhnlich tiefe Fenstereinschnitte und Sonnenschutzelemente, die ein sich immer wandelndes Schattenmuster ergeben.

Plečnik Jože

*„Ich liebe so wenig den Reichtum in der Kirche –
die Form möchte ich nur so weit in der Sache
wissen, als sie das aller notwendigste Gefäß des
Gedankens und Zweckes sein soll."*

▼ Zacherl-Haus, Wien,
1900-1905

► Herz-Jesu-Kirche, Prag,
1928-1931

Der gelernte Tischler Jože Plečnik (1872–1957)
studierte 1894–1898 an der Akademie der
Bildenden Künste in Wien bei Otto Wagner, für
den er anschließend zwei Jahre tätig war, und
wurde stark durch Gottfried Sempers Theorien
beeinflusst. 1900 machte er sich in Wien selbstständig und konnte hier einige Bauten realisieren, 1901 wurde er auch Mitglied der Wiener
Secession. Das Mehrfamilienhaus Langer in
Wien (1900–1901) gestaltete er mit einer unkonventionellen Fassade mit nach außen gewölbten
Fenstern. Bemerkenswert ist, dass die floralen
Ornamente nicht die Fenster rahmen oder auf
die Höhenentwicklung reagieren, sie bilden
vielmehr eine gleichmäßige Textur. 1900–1905
entstand das Zacherl-Haus in Wien mit einer
Fassadenverkleidung aus polierten Granitplat-
ten. Das Dachgeschoss verfügt über ein Band
aus konvex gebogenen Fenstern und Atlanten
des Bildhauers Franz Metzler. Das Treppenhaus auf ovalem Grundriss ist als gesonderter
Baukörper an die Rückseite des Baus gesetzt.
Die Eisenbetonbauweise der Heilig-Geist-
Kirche, Wien, Österreich (1908–1911), erlaubte
nicht nur die schlanken Säulen der Krypta,
Plečnik konnte so auch die Seitenschiffe öffnen,
indem er die üblichen Säulenreihen weglässt
und durch 20 m überspannende Träger ersetzte. 1911–1921 lehrte er an der Kunstgewerbeschule in Prag, ab 1921 an der neu gegründeten
Fakultät für Architektur der Universität Ljubljana,
Slowenien. In Prag war er verantwortlich für die
Umgestaltung der Burg (1920–1934) und den
Bau der Herz-Jesu-Kirche (1928–1931). Helle
Granitquader sind in einem regelmäßigen vertikalen Muster in eine Klinkerfassade einge-
mauert. Der obere Teil des Kirchenschiffes ist
weiß verputzt und mit stilisierten Girlanden
geschmückt. Besonders sein späteres Werk in
Ljubljana, wie die Universitätsbibliothek (1936–
1941), die Kirche St. Michael (1937–1938) und
mehrere Brücken und Promenaden am Fluss,
sind Beispiele einer regionalen Architektur, bei
der Geschichte und Mythologie Sloweniens
eine bedeutende Rolle zukommt.

Poelzig Hans

„Es geht ja für mich um die Form und nur um die Form."

▶ Großes Schauspielhaus,
Berlin, 1919

◀ Verwaltungsgebäude
der IG Farben, Frankfurt/Main,
1928–1931

Während seines Studiums an der Technischen Hochschule in Berlin-Charlottenburg arbeitete Hans Poelzig (1869–1936) im Baubüro von Hugo Hartung. Nach seinem Examen 1899 nahm er eine Stelle beim Preußischen Staatsbauamt an. Ein Jahr später wurde er Professor für Stilkunde an der Kunst- und Gewerbeschule in Breslau, der er 1903–1916 als Direktor vorstand. Seine frühen Bauten wie das Haus Zwirner in Löwenberg (1909–1910) betonten den schützenden Charakter des Daches. Das auf der Industrie-Ausstellung in Breslau 1904 gezeigte Haus war sogar an den Wänden ab dem ersten Stock und im ganzen Giebelfeld mit Dachziegeln verkleidet. 1910–1911 errichtete Poelzig in Breslau ein bemerkenswert klar gegliedertes Geschäftshaus. Die Ecke zur Straßenkreuzung ist gerundet, die Fensterbänder laufen ohne Zäsur durch: eine prototypische Lösung für den innerstädtischen Großbau in konsequenter Betonkonstruktion. Im selben Jahr umbaute er einen Wasserturm in Posen mit einer Markthalle auf 16-eckigem Grundriss. 1911–1912 entstand die Chemische Fabrik in Luban, heute Polen. Die Ziegelwände sind hier teilweise tragend, teilweise aber auch als Prüsswand ausgeführt. Der Unterschied ist an den Fenstern ablesbar: halbrunde im echten Mauerverband, eckige ohne Sturz in der Prüsswand. Flache Kuppeln bestimmten seine umfangreichen Ausstellungsbauten auf der Jahrhundertausstellung in Breslau 1913. Ein halb-elliptischer Säulengang lud zum Flanieren ein. 1916 wechselte Poelzig als Stadtbaurat und Professor der Technischen Hochschule nach Dresden. Zu seinen bedeutendsten Leistungen zählt der Umbau der vom Zirkus Schuhmann benutzten alten Berliner Markthalle in das Große Schauspielhaus Max Reinhardts (1919). Unter Verwendung des vorhandenen Stahlskeletts gestaltete er einen Zuschauerraum, der von herabhängenden Stalaktitenreihen in dramatischer Weise gerahmt wurde. Seit 1920 unterrichtete er an der Preußischen Akademie der Künste und ab 1924 gleichzeitig an der Technischen Hochschule in Berlin-Charlottenburg. Anfang der zwanziger Jahre entstanden einige Bühnenbilder und Filmszenarien – etwa für den expressionistischen Film „Der Golem". 1924 errichtete er das Berliner Capitol-Kino und Ende der zwanziger Jahre gemeinsam mit Martin Wagner das Messegelände und das gegenüberliegende neue Funkhaus in Berlin. Etwa gleichzeitig wurde der monumentale Verwaltungskomplex der IG Farben in Frankfurt am Main erstellt. Als auf der Ausstellung „Das wachsende Haus" in Berlin 1932 zahlreiche Pläne gezeigt wurden, konnte Poelzig das einzige Musterhaus präsentieren: Es folgte wieder dem Gedanken des schützenden Daches, das hier bis zum Boden reicht. Mitte der dreißiger Jahre realisierte er einige Projekte in der Türkei. Er verstarb aber vor der geplanten Emigration nach Ankara.

Ponti Gio

*„Es genügt nicht, dass der Architekt großartige Räume,
Linien und Baukörper erschafft – außerdem muss er
Wahlmöglichkeiten für eine Lebensweise imaginieren,
auftun oder anbieten, wunderbare Zufluchtorte – vielleicht
nicht so fern, aber übergangen – den Freunden, die ihr
Vertrauen in sie setzen."*

▼ „Ein kleines, ideales Haus"
mit Blick zum Meer, 1939,
Entwurfszeichnung

► Weltausstellung der katholischen
Presse, Vatikan-Staat, 1936

Gio Ponti (1891–1979) studierte am Politecnico
in Mailand Architektur und unterrichtete dort
1936–1961. 1923–1930 entwarf er Porzellan
für die Fabrik Richard Ginori in Doccia, Italien.
Er gründete 1928 die Zeitschrift „Domus", für
die er – ausgenommen zwischen 1941 und 1948

– bis zu seinem Tod als Herausgeber tätig war.
Der vielseitige Architekt und Maler entwarf
außerdem Möbel und Schiffsausstattungen. In
den dreißiger Jahren realisierte Ponti die mathematische Fakultät der römischen Universität
(1934) und ein Bürogebäude für die Firma
Montecatini in Mailand (1936). 1952 ging er eine
Partnerschaft mit Alberto Rosselli und Antonio
Fornaroli ein. Nach dem Bau zweier Wohnblocks in Mailand war Ponti 1952–1955 Mitglied
der Mailänder Baukommission. Das Pirelli-
Hochhaus in Mailand (1955–1958) mit kleinteiliger Vorhangfassade und einem linsenförmig
verjüngtem Grundriss schuf Ponti gemeinsam
mit Pier Luigi Nervi und weiteren Architekten.
Der Einsatz starker Farben in geometrischen
Mustern auf Wänden, Decken und Fußböden
prägte viele Villen, die Ponti gestaltete: die
Villa Planchart in Caracas, Venezuela (1954–
1955), mit ihren doppelstöckigen Räumen,
die Villa Arreaza, genannt „La Diamantina",
in Caracas, Venezuela (1956), ebenso wie das
Hotel „Parco dei Principi" in Sorrent, Italien
(1960–1964). Sein eigenes Apartment in Mailand stattete Ponti bis ins Detail selbst aus:
Hinterleuchtete Regale und weitere Einbau-
möbel prägen die durch bewegliche Wände
unterteilte Wohnung.

◄ Villa Planchart, Caracas,
1953–1960

◄ ▼ „La Diamantina", Villa Arreaza,
Caracas, 1956

Portoghesi Paolo

*„Die Architektur ist ein typisches Beispiel für die
Auswirkung von Distanz auf den Menschen:
Sie sendet eine Folge von Informationen aus, die
unseren Körper beim Annähern an das Gebäude
nach und nach einbeziehen."*

Haus Baldi, Rom, 1959–1962

Während seines Studiums an der Universität
in Rom begeisterte sich Paolo Portoghesi (*1931)
für die Barockarchitektur seiner Heimatstadt.
Nach seinem Studienabschluss 1957 gründete
er 1958 ein eigenes Architekturbüro und 1964
zusammen mit Vittorio Gigliotti eine Bürogemeinschaft. Die Rolle, die Robert Venturi für
die amerikanische Postmoderne spielt, nimmt
Portoghesi in Italien ein. Ende der fünfziger
Jahre war er einer der ersten Architekten, die
gegen den strengen Funktionalismus angingen
und sich verstärkt an der Geschichte orientierten. In seine Entwurfsarbeit ließ er verschiedene
architektonische Traditionen der Gotik, des
Barock oder des Jugendstils einfließen, indem
er sie mit modernen Elementen mischte. Eines
seiner Hauptwerke ist das Haus Baldi in Rom
(1959–1962), das sowohl Elemente des Barock
als auch des De Stijl enthält und spielerisch mit
ihnen umgeht. Es folgten das Haus Andreis in
Scandriglia (1964–1967), das Haus Papanice
in Rom (1967) und die Kirche der Sacra Famiglia
in Salerno (1968–1974). Mit der Moschee und
dem islamischen Kulturzentrum in Rom (1975–
1995) gelang Portoghesi im großen Stil eine
Reintegration traditionellen Gemeinguts in die
moderne Architektur. Im zentralen Kultraum
wird ausgelassen mit den Gewölbestrukturen
gespielt und Säulen werden aufwendig dekoriert. Als Direktor der Architektur-Biennale in
Venedig von 1980 hatte er großen Erfolg mit der
von ihm konzipierten Via Novissima. Seit 1962
lehrte Portoghesi an der Universität Rom und
hatte ab 1995 hat er die Stelle des Ordinarius
für Stadtentwicklung an der Universität „La
Sapienza" in Rom inne.

Portzamparc Christian de

„Es gilt, wieder ein Stück weit Träume einzuführen."

Wohnanlage Hautes Formes,
Paris, 1975–1979

1962–1969 absolvierte Christian de Portzamparc (*1944) sein Studium an der École Nationale Superieure des Beaux-Arts in Paris. Zu seinen frühen Projekten zählen ein Wasserturm in Marne-la-Vallée bei Paris (1971–1974) und die Wohnanlage Hautes Formes in Paris (1975–1979).

Eine lyrische Formensprache kennzeichnet seine moderne Architektur, die Fassaden lassen oftmals Rückschlüsse auf die Funktion des Gebäudes zu. In den achtziger Jahren baute er die Tanzschule der Pariser Oper in Nanterre, Frankreich (1983–1987). Am Rande des Parc de la Villette entstand die Cité de la Musique in Paris, bestehend aus einem Westteil mit einem Konservatorium (1984–1990) und einem Ostteil mit einer Veranstaltungsstätte für Musik (1985–1995). Des Weiteren entwarf Portzamparc das Bankhochhaus der Crédit Lyonnais über dem TGV-Bahnhof des Euralille-Komplexes in Lille, Frankreich (1991–1995), und den LVMH Tower in New York (1995–1999). Die Fassade dieses 32-stöckigen Gebäudes auf einem eng begrenzten Grundriss ist mit unterschiedlich großen Fragmenten aus Klar- und Opalglas verkleidet, die nachts in verschiedenen Farben leuchten. 1994–1999 arbeitete er an der Erweiterung des Palais de Congrès in Paris, die durch die Versetzung der Frontfassade ermöglicht wurde. Die französische Botschaft in Berlin (1997–2003) reagiert auf die Bauvorgaben der Stadt mit einer zurückhaltenden Fassade zum Pariser Platz, während sich zur Hofseite das Gebäude modern spielerisch aufgliedert.

Postmoderne

„Ein postmodernes Gebäude spricht, um eine kurze Definition zu geben, zumindest zwei Gruppen gleichzeitig an: Architekten und eine engagierte Minderheit, die sich um spezifische architektonische Probleme kümmern, sowie die breite Öffentlichkeit oder die Besucher vor Ort, die sich mit Fragen des Komforts, der traditionellen Bauweisen und ihrer Art zu leben befassen." Charles Jencks

Charles W. Moore, Piazza d'Italia
in New Orleans, 1974–1978

Mit zunehmender Kritik an der Uniformität vieler Bauten der Moderne, die auch durch die Sprengung des unbewohnbar gewordenen Wohnkomplexes Pruitt-Igoe von Minoru Yamasaki in St. Louis (1950–1954) markiert wurde, begann die verstärkte Suche nach einer Architektur, die den Bewohnern Identifikation bieten sollte. Bereits 1961 hatte Jane Jacobs in dem Buch „Tod und Leben großer amerikanischer Städte" die Seelenlosigkeit der urbanen Umwelt kritisiert. Robert Venturi, der mit dem Spruch „Less is a bore" darauf hinwies, dass die Moderne oft zu einfach geworden war, schrieb 1966 „Komplexität und Widerspruch in der Architektur". Wichtige Impulse gab auch Charles Jencks mit seinem Buch „Die Sprache der postmodernen Architektur" (1977). Die Pop-Art der sechziger Jahre versteht Jencks als Aufbruchzeichen einer Massenkultur, die sich durch „bruchstückhaften Pluralismus" auszeichnet und einen Gegenreflex zur elitären Avantgarde darstellt. In historisierenden Tendenzen sieht er die positive Leistung offener Wahlmöglichkeiten. Mit dem Begriff der „doppelten Kodierung" kennzeichnete er die Mehrdeutigkeit architektonischer Zeichen und stellte diese als postmoderne Phänomene den vermeintlichen Nivellierungen der Moderne gegenüber. Architektonische Maßnahmen waren die Wiedereinführung historischer Bezüge, landestypischer Baustile und dekorativer und kleinteiliger Elemente. Im Einzelnen können folgende Merkmale herausgestellt werden: Das Gliedern von Hochhäusern in deutlich akzentuierte Zonen für Sockel, Schaft und Abschluss, das Einbringen von zitathaften, oft humorvollen Versatzstücken, die aus ihrem historischen Zusammenhang gelöst erscheinen, schließlich die ironische Annäherung an anthropomorphe Gestaltung. Beispiele sind das Portland Public Service Building in Portland, Oregon (1980–1982), von Michael Graves, die Piazza d'Italia in New Orleans (1974–1980) von Charles W. Moore und das AT&T Building in New York (1978–1984) von Philip Johnson und John Burgee. Im europäischen Umfeld lag der Aspekt dagegen eher auf einer Diskussion über das Stadt- und Wohnumfeld. Historische Bezüge und Dimensionierungen leiteten Neubauplanungen bei Maßnahmen der Stadtreparatur, wie sie etwa Rob Krier unternahm. Das neu erwachte Interesse an traditionellen Mustern der Stadtgestaltung führte in Amerika zur Bewegung des „New Urbanism". Die amerikanischen Architekten und Autoren Andres Duany und Elizabeth Plater-Zyberk initiierten diese Strömung und schufen mit der Planung von Seaside in Florida Anfang der achtziger Jahre den Beweis für die kommerzielle Machbarkeit. Ihre Grundsätze verknüpften Wohnbebauungen von höherer Verdichtung als in amerikanischen Vorstädten üblich mit Verkehrsadern und durchmischten verschiedene Nutzungen, sodass die Hauptverkehrswege auch durch Fußgänger belebt werden. Die neuen Urbanisten sind der Überzeugung, dass eine Stadt funktioniert, wenn dem öffentlichen Leben und der Nachbarschaft höhere Bedeutung als den privaten Bedürfnissen zukommt.

Predock Antoine

Haus Winandy, Desert Highlands,
Arizona, 1988–1991

Antoine Predock (*1936) besuchte die University of New Mexico in Albuquerque und die New Yorker Columbia University. Seit 1967 unterhält er ein Büro in Albuquerque und war an der University of California in Los Angeles und an der California State Polytechnic University in Pomona in der Lehre tätig. Typisch für seine Architektur ist eine Vorliebe für ungewöhnliche stereometrische Formen und die Berücksichtigung lokaler Traditionen. Die naturfarbenen, pyramiden- und würfelförmigen Gebäudekörper des Hauses Fuller in Scottsdale, Arizona (1984–1987), fügen sich sensibel in die Wüstenlandschaft ein. Ebenfalls in den achtziger Jahren entstanden das komplexe Nelson Fine Arts Center der Arizona State University in Tempe (1985–1989) mit glatten Fassaden aus Ziegel und Beton und das kegelförmige, mit Kupferplatten verkleidete American Heritage Center in Laramie, Wyoming (1986–1993). Zusammen mit Gensler & Associates wurde ein Mehrzweckgebäude für die California State Polytechnic University in Pomona (1987–

1992) gebaut. Weithin sichtbar ist der steinerne Turm auf dreieckigem Grundriss, der die Fakultäten der Sozial- und Geisteswissenschaften beherbergt. Weitere Projekte Predocks sind das Hotel Santa Fe im Disney-Park in Marne-la-Vallée, Frankreich (1992), mit abgetreppten Fassaden in Pastelltönen und die aus Naturstein errichtete Ventana Vista Elementary School in Tucson, Arizona (1992–1994), die die Farben der Wüste und der angrenzenden Berge aufnimmt und so mit der Landschaft verschmilzt. Neben zahlreichen Einfamilienhäusern entstanden auch viele öffentliche Bauten. Nicht selten schuf er gleichzeitig Landmarken. Das Spencer-Theater für darstellende Künste in Ruidoso, New Mexico (1994–1996), zählt ebenso dazu wie das Green Valley Performing Arts & Learning Center in Green Valley, Arizona (1996–2004). Form und Farbigkeit erinnern an einen Felsen, der von Adern verschiedener geologischer Schichten durchzogen wird. 1999–2005 entstand das Rathaus in Austin, Texas.

Prince Bart

*„Architektur ist eine
skulpturale Biografie."*

Haus Julia Fu, Rio Rancho,
New Mexico, 1999–2001

Der aus New Mexico stammende Bart Prince (*1947) studierte an der Arizona State University, wo er 1970 seinen Bachelor of Architecture erwarb. 1968–1973 unterstützte er Bruce Goff beim Entwurf des Pavillons für japanische Kunst im Los Angeles County Museum of Art in Los Angeles (1978–1989) und beendete den Bau nach Goffs Tod im Jahr 1982. 1973 gründete Prince ein eigenes Büro. Kennzeichen seiner Architektur sind häufig die Zergliederung der Baumasse in einzelne Körper, die ungezügelte Ausarbeitung konstruktiver Details zu dekorativen, raumbetonenden Elementen und besonders in den frühen Arbeiten eine organische Entwicklung der Formen, die sich in neueren Arbeiten weniger am Boden verhaftet, sondern aufgeständert präsentieren. Sein Werk umfasst unter anderem sein eigenes Haus und Atelier in Albuquerque, New Mexico (1983), das Haus Bradford Prince, ebenfalls in Albuquerque (1987–1988), und das Haus für Joe und Etsuko Price in Corona del Mar, Kalifornien

(1984–1989). Der kreative Bau aus laminiertem Holz mit bunten Mosaikfenstern erstreckt sich um einen zentralen Innenhof mit Pool. Mit dem Bau des Hauses Mead/Penhall in Albuquerque (1992–1993) bewies Prince, dass man auch mit modernen Materialien sehr preiswert bauen kann. 1996 entstand das Haus Hight in der Nähe von Mendocino, Kalifornien, mit einem wellenförmigen, an einigen Stellen bis auf den Boden reichenden Schindeldach. Wandhohe Fensterscheiben zwischen den das Dach tragenden Holzbalken geben den Blick auf den Pazifik frei. Das Innere des Hauses besteht aus hellem Holz, Glas und Stein, Metall findet kaum Verwendung. Bei den jüngeren Bauten, wie dem Haus für Julia Fu in Rio Rancho (1999–2001), dem Haus für Jane Whitmore in Glorieta (2002–2004) und dem Haus Scherger-Kolberg in Albuquerque (2002–2005), alle in New Mexico, verwendete Prince zunehmend Beton und Natursteine.

Prouvé Jean

▼ Pavillon zur Hundertjahrfeier
des Aluminiums, Paris, 1954

Der gelernte Kunstschmied Jean Prouvé (1901–1984) eröffnete 1924 ein eigenes Atelier in Nancy, in dem er Leuchten, Treppengeländer und Tore fertigte. 1927 baute er für Robert Mallet-Stevens ein Gitter für den Eingang der Villa Reifenberg in Paris und wurde kurz darauf mit Pierre Chareau und Le Corbusier bekannt. Bald begann er auch mit Edelstahl und gefalztem Stahlblech zu arbeiten, 1930 war er Gründungsmitglied der Union des Artistes Modernes (UAM). 1931 erhielt er nach einem Wettbewerb den Auftrag, für die Cité Universitaire in Nancy, Frankreich, Zimmereinrichtungen zu fertigen. Der aus Stahlblech von verschiedenem Durchmesser konstruierte Fliegerclub Roland Garros in Buc, Frankreich, entstand 1935–1936 mit Eugène Beaudouin und Marcel Lods, mit denen er auch das Maison du Peuple in Clichy, Frankreich (1935–1939), erbaute, ein mit vorgefertigten Fassadenteilen aus Stahlblech und großen Abschnitten aus Glas aufgefülltes Stahlgerüst. 1939 errichtete er demontierbare Baracken für die Unterbringung von Soldaten, die Prouvé nach dem Krieg weiterentwickelte. Bei den Notunterkünften in Lothringen (1945–1947) durfte kein Bauteil länger als 4 m sein, weshalb zentrale A-Stützen mit eingehängten Trägern das Rückgrat der Gebäude bildeten. Die Standard-Häuser aus Stahl, Aluminium und Holz der Siedlung in Meudon, Frankreich (1949–1952), stehen auf Fundamenten aus Naturstein. Eine weitere Variation war das „Maison tropicale" für den Einsatz in den Tropen, das aber nur in drei Prototypen entstand. Zu Prouvés Werk zählen weiterhin verschiedene Typen von Schulgebäuden, so in Vantoux, Frankreich (1950), und in Villejuif (1957). Seine Vorhangfassaden aus Metall fanden in den fünfziger und sechziger Jahren bei zahlreichen Gebäuden in und außerhalb Frankreichs Verwendung. Aus Stahlblech wurden auch zahlreiche Möbel, wie der Standardstuhl von 1934, der Tisch „Guéridon" von 1949, verschiedene Schulmöbel und der Tisch „Compas" von 1953 hergestellt.

▶ ▼ Siedlung in Meudon,
Frankreich, 1949–1952, mit
Henri Prouvé und André Sive

*„Es bedarf nicht eines Entwurfs von
Utopien, denn der Fortschritt ergibt
sich nur aus praktischer Erfahrung."*

Rading Adolf

„Die Kunst ist nicht nur schmückendes –
und daher vielleicht überflüssiges – Beiwerk des
Lebens, sondern die Sinndeutung des Lebens der
Menschheit, dessen gestaltgewordenes Ergebnis."

▼ Haus Nr. 25 auf der Werk- ► Haus Rabe, Zwenkau,
bundausstellung „Die Wohnung", 1929–1930
Stuttgart, 1927

Nach seinem Studium an der Städtischen Baugewerkschule in Berlin war Adolf Rading (1888–1957) ab 1911 bei August Endell, nach 1919 bei Peter Behrens und später bei Albert Gessner beschäftigt. Als Professor für Architektur war er 1923–1932 in Breslau in der Lehre tätig. Ab 1926 war er Mitglied der Architektengruppe „Der Ring" und unterhielt ab 1927 ein gemeinsames Büro mit Hans Scharoun in Berlin. 1933 emigrierte er nach Frankreich. 1936–1950 lebte er in Haifa, wo er ab 1943 als Stadtbaudirektor tätig war, anschließend ging er nach England. Rading gehörte zu den Architekten, die an der Errichtung der Weißenhofsiedlung in Stuttgart (1925–1927) beteiligt waren, die im Rahmen der Ausstellung des Deutschen Werkbundes „Die Wohnung" realisiert wurde. Sein Haus verfolgte die Idee, alle für den Alltag wichtigen Bereiche auf einem Geschoss zusammenzufassen, um so der Hausfrau lange Wege zu ersparen. Für die Werkbundausstellung „Wohnung und Werkraum" in Breslau (1929) entwarf Rading ein Hochhaus, von dem aber nur vier Geschosse ausgeführt wurden. Zwischen zwei symmetrisch angelegten Gebäudeflügeln liegt das Treppenhaus mit einer Front aus Glasbausteinen. Im folgenden Jahr errichtete Rading das würfelförmige Haus Rabe in Zwenkau (1929–1930). Eine zentrale, zwei Stockwerke übergreifende Wohnhalle mit Metallreliefs von Oskar Schlemmer bildet hier das Zentrum des Hauses.

Raymond Antonin

Kirche St. Anselm's, Tokio, 1954

Nach seinem Studium an der Technischen Universität Prag 1906–1909 wanderte Antonin Raymond (1888–1976) 1910 nach Amerika aus. Zunächst arbeitete er bei Cass Gilbert in New York, 1916 begann eine Zusammenarbeit mit Frank Lloyd Wright, den er 1919 bei der Errichtung des Imperial Hotel in Tokio (1919–1920) unterstützte. 1923 entstand sein eigenes Büro in Tokio, in dem er gemeinsam mit seiner Frau Noemi arbeitete. Mit dem Haus Reinanzaka in Tokio (1924) schuf er ein mutiges kubistisches Statement aus Sichtbeton. Nach seiner Rückkehr in die USA eröffnete er 1938 ein Büro in New York und ein Design Studio in New Hope, Pennsylvania. Im gleichen Jahr erschien sein Buch „Architectural Details". 1948 ging Raymond endgültig nach Japan zurück, wo er sein Büro in Tokio weiterführte. Sein Werk ist hinsichtlich der Formen und verwendeten Materialien sehr abwechslungsreich: von einfachen, teils traditionellen japanischen Holzkonstruktionen bis hin zu Gebäuden, die im Stil des International Style errichtet wurden, wie das Haus Shiro Akaboshi in Tokio (1931) mit einer von Fensterbändern durchbrochenen, kantigen Gebäudestruktur aus hellem Beton und der Tokyo Golf Club in Asaka, Japan (1930–1932). Einen starken Kontrast bilden die katholische Kirche St. Paul's in Karuizawa, Japan (1934–1935), eine vom Charakter her slawische Holzkonstruktion in blauen und braunen Tönen, heller Holzverkleidung im Inneren und Fenstern aus Papier, und die aus weißem Beton errichtete Kapelle des Christlichen Frauencollege in Tokio (1934–1937). Rauten, Kreise und Kreuze zieren die in kleine Kästchen gegliederten Wände. Aus den fünfziger Jahren stammt das kastenförmige, großzügig verglaste Reader's-Digest-Bürohaus aus Stahlbeton in Tokio (1951). Zu Raymonds Werk zählen außerdem sein aus Holz erbautes Studio in Karuizawa, Japan (1962), mit einem vorkragenden, schirmförmigen Dach über dem zentralen runden Hausteil, an den sich zwei eckige Anbauten anschließen, und die katholische Kirche in Shibata, Japan (1965).

„Man stelle sich meine Überraschung vor, als ich bei meiner Ankunft in Japan Bauernhöfe und Shintoschreine vorfand ... sie besitzen alle Charakteristika, die wir uns beim Erschaffen der neuen Architektur so leidenschaftlich wünschen."

Reidy Affonso Eduardo

Museum für Moderne Kunst,
Rio de Janeiro, 1954–1958

Affonso Eduardo Reidy (1909–1964) absolvierte sein Studium an der Escola Nacional de Belas Artes in Rio de Janeiro. Als Assistent von Gregori Warchavchik war er 1930–1931 in der Lehre tätig, bevor er zum Professor für Architektur und Stadtplanung der dortigen Universität ernannt wurde. Seit 1932 arbeitete Reidy als Chefarchitekt von Rio de Janeiro, wo er an der Errichtung des Ministeriums für Erziehung und Gesundheit (1936–1943) beteiligt war, das in Zuammenarbeit mit Oscar Niemeyer, Le Corbusier und anderen entstand. Ende der vierziger Jahre realisierte Reidy die an einem Hang gelegene Siedlung Pedregulho in Rio de Janeiro (1947–1952) als eine lang gezogene, geschwungene Häuserzeile. Runde Stützen tragen den mehrstöckigen Baukörper, das dritte Stockwerk tritt weit zurück. Zu dem Komplex gehören ferner eine Schule mit Sportanlagen, ein Gesundheitszentrum und andere Gemeinschaftseinrichtungen. Zu Reidys Werk zählt des Weiteren das Volkstheater Armando Gonzaga in Rio de Janeiro (1950). Das doppelte Pultdach und die geneigten Wände fügen sich optisch zu einer gefalteten Fläche. Das Museum für Moderne Kunst in Rio de Janeiro (1954–1958) wurde an prominenter Stelle innerhalb einer Parkanlage direkt am Meer gebaut. Reidy beabsichtigte mit seinem horizontalen Bau eine möglichst geringe Beeinträchtigung der umgebenden Landschaft und ständerte das Gebäude auf, um den Durchgang zum Meer nicht zu unterbrechen. Das Museum öffnet sich über großflächige Verglasungen zum Park. Die Fassaden sind von massiven schräg herausragenden Betonpfeilern geprägt, die innen große stützenfreie Räume schaffen. Diese können je nach Bedarf frei eingeteilt werden. Den umliegenden Garten gestaltete Roberto Burle Marx. Neben den vielfältigen Bauten für die öffentliche Hand konnte Reidy auch zahlreiche private Wohnhäuser realisieren.

„Zu jener Zeit war es einem Architekten als Berufsanfänger nicht möglich, ausschließlich von seiner Atelierarbeit zu leben, vor allem wenn der Architekt in kompromissloser Manier Ideen verteidigte, die als sinnentleert und subversiv galten."

Rewal Raj

Dorf der Asiatischen Spiele,
Neu-Delhi, 1982

Nach Studienbeginn in Neu-Delhi beendete Raj Rewal (*1934) 1961 sein Studium in London. Anschließend hielt er sich ein Jahr in Frankreich auf, bevor er sich 1962 in Neu-Delhi selbstständig machte, wo er 1963–1970 an der Schule für Architektur lehrte. Die Ausstellungsgebäude in Neu-Delhi (1970–1974) bestehen aus mehreren Hallen, die über Rampen und Wege miteinander verbunden sind. Das Raumfachwerk aus Sichtbeton bildet gleichzeitig die Gestaltung der Fassaden und ist in wohl einmaliger Weise weitgehend in traditioneller Handarbeit aus Ortbeton gegossen. Das Dorf der Asiatischen Spiele in Neu-Delhi (1982) folgt in seiner verwinkelten Anlage aus 200 Häusern mit Dachterrassen, die sich um Innenhöfe gruppieren, und 500 Apartments der typischen historischen Struktur nordindischer Städte. Ebenfalls in Neu-Delhi entstanden das komplexe Nationale Institut für Immunologie (1984–1990) mit einer Verkleidung aus beigefarbenen und roten Flächen in Putz und Sandstein sowie das Bürogebäude der Weltbank (1993) aus naturfarbenem Kalkstein mit vor- und zurückspringenden Fassadenabschnitten und unterschiedlich großen Balkonen, die von Stützen getragen werden und verzierte Brüstungen haben. Die Bibliothek des Parlaments von Neu-Delhi wurde 2002 von Rewal fertiggestellt. Das Gebäude knüpft mit seinen Kuppeldächern an lokale Bautraditionen an, während gleichzeitig Hightech-Materialien verwendet werden. Teile der Bibliothek wurden in den Boden versenkt, nur die gläsernen Dachkonstruktionen sind sichtbar und lassen den Blick auf den monumentalen Altbau des Parlamentsgebäudes von Edwin Lutyens frei.

Ricciotti Rudy

„Von 8 Uhr bis 20 Uhr bin ich Manierist und
von 20 Uhr bis 8 Uhr bin ich barock."

Veranstaltungszentrum „les Tanz-
matten", Selestat, Frankreich, 1996

Der aus Algier stammende Rudy Ricciotti (*1952)
erhielt seine Ausbildung an der École Supérieure Technique in Genf und an der UPAM in
Marseille. 1980 eröffnete er ein Büro in Bandol,
Frankreich. Zu seinem Werk zählen ein Jugend-
zentrum in Bandol (1986) und die École Côte
Bleue in Sausset-les-Pins (1994). Die massive,
geschlossene Konzerthalle „Le Stadium" in
Vitrolles, Frankreich (1994–1995), aus dunklem
Sichtbeton ist von kleinen, in den Beton ge-
schnittenen Dreiecken übersät, die bei Dunkel-
heit rot leuchten. Vor dem Eingangsbereich sind
Leuchten in den Boden eingelassen, sodass
der Platz wie ein umgekehrter Sternenhimmel
funkelt. Das karge Gelände um die Konzerthalle
hat Ricciotti bis auf eine hohe Aluminiumpalme
ungestaltet belassen. Außerdem errichtete er
ein Nautikzentrum in Bandol (1996) und die mit

Holz verkleidete Autobahnmeisterei bei Uzer-
che (1993–1996). Letzteres Gebäude kommt
mit einer minimalen Gestaltung aus. Flach und
lang ist der Baukörper und gänzlich mit Holz
verkleidet. 1998–2000 wurde der Nicolaisaal als
Konzert- und Veranstaltungshaus für die Bran-
denburgische Philharmonie Potsdam, Deutschland, von ihm um- und neu gebaut. Um für den
Theatersaal des Centre Chorégraphique in
Aix-en-Provence, Frankreich (2003–2004), einen
großen stützenfreien Raum zu schaffen, wurden
die Lasten weitgehend nach außen verlagert.
Ein Rahmen aus schrägen, sich kreuzenden
Betonstreben umfängt den Bau in unregelmäßiger Anordnung. Auf eine weitere Außenhülle
wurde verzichtet, sodass ein gerüstartiger
Charakter dominiert und eine freie Sicht auf
Treppen und Ebenen geschaffen wird.

Rietveld Gerrit Thomas

▼ Haus Schröder-Schräder,
Utrecht, 1924

◀ Garage mit Chauffeurwohnung,
Utrecht, 1927–1928

Zunächst lernte Gerrit Thomas Rietveld (1888–1964) in der Schreinerwerkstatt seines Vaters in Utrecht, bevor er als Zeichner bei einem Juwelier eine Anstellung fand. Nebenbei bildete er sich in Abendkursen bei P.J.C. Kaarhammer, einem Architekten aus dem Kreis um Hendrik Petrus Berlage, weiter. 1917 machte er sich mit einer eigenen Tischlerwerkstatt selbstständig und experimentierte mit neuen Möbelformen. Über Robert van't Hoff kam er zur De-Stijl-Bewegung, deren Mitglied er bis zu ihrer Auflösung 1931 blieb. Sein Rot-Blauer Stuhl von 1918 wurde von der Gruppe als Manifest gefeiert. Mit dem Haus Schröder-Schräder in Utrecht (1924) – seinem ersten Auftrag als Architekt, den er zusammen mit der Innenarchitektin und Auftraggeberin Truus Schröder-Schräder ausführte – gelang ihm die einzige überzeugende Umsetzung der von De Stijl geforderten architektonischen Gestaltungsprinzipien. Seine Vorstellung vom Wohnen war, dass alle Tätigkeiten im Haus einen kleinen Umbau verlangten:

„Die größte Veränderung, die die Architektur in jüngster Zeit durchgemacht hat, war ihre Befreiung und Abspaltung von der plastischen Dimension. Letztere kreist um sich selbst. Architektur wird zur Umgebung und sonst nichts."

Herrichten der Schlafcouch, Ausklappen des Esstischs etc. Die Größe der Räume steht dabei in Relation zu der in ihnen verbrachten Zeit. Ein weiterer ungewöhnlicher Aspekt ist, dass Rietveld keine Materialien in ihren originalen Oberflächen zeigt, sie sind vielmehr alle gestrichen oder lackiert, wobei er jedem Objekt seine und nur eine Farbe zuwies. Aus vorfabrizierten Betonplatten in farbigen Stahlfassungen baute er 1927–1928 ein kubisches Garagen- und Chauffeurhaus in Utrecht. 1928 war er Gründungsmitglied der CIAM. In den folgenden Jahren konnte er – wieder gemeinsam mit Truus Schröder-Schräder – einige Wohnbauten ausführen und war 1932 auf der Werkbundausstellung in Wien mit einem Reihenhaus für vier Familien vertreten. Im Sommerhaus für Verrijn Stuart in Breukelen St. Pieters (1940–1941) gelang ihm auf dem Grundriss eines Kreisabschnitts mit versetzten Ebenen noch einmal ein frei gestaltetes Raumkunstwerk, die Häuser der Nachkriegszeit sind meist weniger anspruchsvoll in ihrem Auftritt.

Riphahn Wilhelm

▼ Restaurant „Die Bastei",
Köln, 1921–1924

▶ Büro- und Geschäftshaus Firma
F. W. Brügelmann & Söhne, Köln,
1950–1953

Wilhelm Riphahn (1889–1963) studierte an der Baugewerkschule in Köln und an den Technischen Hochschulen in München, Berlin-Charlottenburg und Dresden. Nach der Mitarbeit im Baubüro von Siemens & Halske in Berlin und im Büro von Max und Bruno Taut machte er sich 1913 in Köln selbstständig. 1919–1931 arbeitete er mit Caspar Maria Grod zusammen. Als Fundament des Restaurants „Die Bastei" in Köln (1921–1924) dient eine alte Befestigungsanlage. Die runde Stahlbetonkonstruktion mit gefaltetem Dach kragt weit über und durch die umlaufende Verglasung blickt man auf Rhein und Dom. Für die Internationale Presseausstellung „Pressa" entwarfen und bauten die Architekten den Pavillon für die „Kölnische Zeitung" (1927–1928). Die Fassade war streng geometrisch gestaltet und geprägt durch einen in der Mittelachse liegenden, nach vorn spitz zulaufenden Turm. Rechts und links des Turmes befanden sich Ein- und Ausgang. Innen bot sich eine dreischiffige stützenfreie Halle. Das höhere Mittelschiff hatte unter der Decke ein umlaufendes Fensterband, die beiden Seitenschiffe waren mit Oberlichtern versehen. Der Ausstellungsbau trug die Farben des Verlages zur Schau: Schwarz, Blau, Silber und Weiß. Klar strukturiert und schlicht gestalteten Riphahn und Grod die sogenannte „Weiße Stadt", die Teil der Siedlung Kalkerfeld in Köln (1926–1932) ist: Die lang gestreckten, weißen Häuserzeilen mit kubischen Balkonen sind zur Sonne ausgerichtet. Besonderes Merkmal sind die winklig zur Straße gesetzten Stirnwände der einzelnen Wohnblöcke. Neben einigen Läden entstanden auch ein Gemeinschaftshaus und die Kirche St. Canisius.

Kevin Roche John Dinkeloo and Associates

▼ Erweiterung des Metropolitan Museum of Art, New York, 1967–1985

► College Life Insurance Building, Indianapolis, 1967–1971

◄ General Foods Corporation Headquarters, Rye, New York, 1977–1982

Kevin Eamonn Roche (*1922) studierte bis 1945 an der Architekturfakultät der National University of Ireland in Dublin. Praktische Erfahrungen sammelte er bei Michael Scott and Partners in Dublin sowie in den Londoner Büros von Edwin Maxwell Fry und Jane Drew. 1948 ging er in die USA, arbeitete 1948–1949 am Illinois Institute of Technology in Chicago und 1949 im Planungsbüro der UNO. 1950–1954 war Roche bei Eero Saarinen and Associates in Bloomfield Hills, Michigan, in der Planungsabteilung tätig, die er 1954–1961 leitete. John Gerard Dinkeloo (1918–1981) studierte bis 1942 Bauingenieurwesen an der University of Michigan in Ann Arbor und arbeitete dann in der Entwurfsabteilung bei Skidmore, Owings & Merrill in Chicago, in

der er 1946 die Bauleitung übernahm. 1950 wechselte Dinkeloo in das Büro von Eero Saarinen und wurde 1956 Partner. Nach dem Tod Saarinens 1961 führte er mit Roche das Büro dann in Hamden, Connecticut, weiter. Zusammen kümmerten sie sich um die Fertigstellung von Saarinens begonnenen Arbeiten. 1966 änderten sie den Firmennamen in Kevin Roche John Dinkeloo and Associates. 1961–1968 entstand die Terrassenanlage für das Oakland Museum in Oakland, Kalifornien. Das Verwaltungsgebäude der Ford Foundation in New York (1963–1968) besitzt einen zwölfstöckigen verglasten Hof. Die Hochhaus-Bastion des Ordens „Knights of Columbus" in New Haven, Connecticut (1965–1969), bei der vier wuchtige Rundpfeiler aus Mauerwerk die eingehängten Geschossflächen tragen, flankiert das Stadion der New Haven Veterans, dessen Dach gleichzeitig als Parkhaus dient. 1969 realisierten Kevin Roche John Dinkeloo and Associates die pyramidenförmigen Glas- und Betonbauten des Hauptsitzes der College Life Insurance Company of America in Indianapolis, Indiana (1967–1971), sowie den Erweiterungsbau des Metropolitan Museum of Art in New York (1967–1985). Die weiße, zweiflügelige Anlage der General Foods Corporation in Rye, New York (1977–1982), spiegelt sich in einer künstlich angelegten Wasserfläche. Nach Dinkeloos Tod 1981 führte Kevin Roche das Büro weiter.

Rogers Richard

▼ Industriegebäude in Maiden-
head, England, 1984–1985

► Zentrale der Firma Lloyd's,
London, 1979–1986

Richard Rogers (*1933) studierte an der Archi-
tectural Association in London und an der Yale
University in New Haven, Connecticut, bei
Serge Chermayeff. 1963 gründete er mit seiner
Frau Su und dem Ehepaar Foster das Team 4,
dessen wichtigster Industriebau die Reliance
Control Factory in Swindon, England (1967), war.
Im selben Jahr vertrat er zum zweiten Mal die
britischen Architekten auf der Pariser Biennale.
Daneben unterrichtete Rogers in Cambridge
sowie an der Architectural Association und
dem Polytechnic of London. Ende der sechziger
Jahre konzipierte er zusammen mit seiner Frau
ein leichtes, flexibles Haus aus Plastikring-
Elementen, das er 1971 unter dem Titel „Zip-up"
weiterentwickelte. Gleichzeitig entstand sein
eigenes Haus in Wimbledon (1968–1969) aus
lackierten Stahlrahmen mit Kunststoffausfachun-
gen. Neben Lehrtätigkeiten an der Yale University, dem Massachusetts Institute of Technology
und der Princeton University arbeitete er ab
1969 mit Renzo Piano an verschiedenen, nicht
realisierten Projekten. 1971 gewannen die
beiden den Wettbewerb für das Centre National
d'Arts et de Culture Georges Pompidou in Paris
(1971–1977). Sichtbare Technik wie Konstruk-
tionsgitter, Versorgungsteile in leuchtenden
Farben und transparente Verkehrsröhren bestimmen das Erscheinungsbild des sechsstöcki-
gen Komplexes. Nach der Trennung von Piano
1977 verlegte Rogers sein Büro wieder nach
London, wo er den Hochhauskomplex für Lloyd's
(1979–1986) realisierte. Parallel dazu entstanden
die Inmos Microprocessor Factory in Newport
Swent, Südwales, die Anlage des PA-Technologiezentrums in Princeton, New Jersey (1982–
1985), sowie die 1975–1983 errichteten Gebäude
des PA-Technologiezentrums in Cambridge.

Zu den weiteren Projekten Rogers zählen der Europäische Gerichtshof für Menschenrechte in Straßburg (1989–1995) und das Gerichtsgebäude in Bordeaux (1993–1996). Hinter der langen Glasfassade ragen mit Zedernholz verkleidete, geschlossene Kegel empor, die das wellenförmige Dach durchstoßen und in denen sich die Gerichtssäle befinden. Das Dach des Parlamentsgebäudes von Wales in Cardiff (1998–2005) stülpt sich an einer Stelle bis in den tief gelegenen Versammlungssaal und belichtet diesen in einer großartigen Geste.

„Die Zukunft ist erreicht, aber ihr Einfluss auf die Architektur beginnt sich gerade erst abzuzeichnen."

◄ Millennium Dome, London, 1996–1999

▲ PA-Technologiezentrum in Cambridge, England, 1975–1983

Rossi Aldo

▼ Teatro del Mondo für die
Biennale in Venedig, 1979–1980

► Ambiente International
Showroom, Tokio, 1991

Aldo Rossi (1931–1997) studierte bis 1959 am Politecnico in Mailand und arbeitete für die Zeitschriften „Casabella-continuità" und „Il Contemporaneo". Zu Beginn der sechziger Jahre fertigte er Entwürfe für die Sanierung des Mailänder Stadtviertels um die Via Sarini und ein Geschäftszentrum in Turin (1962) an. Bereits diese Zeichnungen künden Rossis auf Grundformen reduzierte Architektursprache an. In Zusammenarbeit mit Luca Meda übernahm er 1964 die Planung für die XIII. Triennale in Mailand und errichtete eine Zugangsbrücke mit dreieckigem Querschnitt. Ein ähnliches Motiv erscheint am Gedächtnisbrunnen auf dem Rathausplatz in Segrate (1965). Licht und Schatten spielen dabei eine dominante Rolle. Seine Überlegungen zur Architektur hielt er in dem 1966 veröffentlichten Buch „L'Architettura della Città" fest, und er gilt damit als Begründer des Neorationalismus. 1969 wurde er Professor am Mailänder Politecnico und entwarf einen vierstöckigen Wohnblock im Viertel Gallarate, der

1973 fertiggestellt wurde. 1971 gewann Rossi mit Gianni Braghieri den nationalen Wettbewerb für den Friedhof von San Cataldo in Modena, der ab 1980 gebaut wurde. 1972 wurde er als Professor an die Eidgenössische Technische Hochschule in Zürich berufen, im selben Jahr wurde er Direktor der internationalen Architekturabteilung der Triennale in Mailand. Rossi realisierte die Schule in Broni, Italien (1979–1982), für die Biennale in Venedig 1980 erbaute er das schwimmende Teatro del Mondo. An der Internationalen Bauausstellung in Berlin 1984 nahm er mit einem Wohnblock in der südlichen Friedrichstadt teil. Das Theater Carlo Felice in Genua (1983–1991) glich er mithilfe klassizistischer Formen und sensibler Farbgestaltung den Nachbargebäuden an. Die symmetrische Anlage des Bonnefantenmuseums in Maastricht, Niederlande (1990–1994) umschließt einen mit Zink verkleideten, in einer Kuppel auslaufenden Baukörper, der das Museumsgebäude überragt.

Rudolph Paul

▼ Parkhaus, New Haven, 1960–1962

▶ „Cocoon House", Strandhaus Healy, Sarasota, 1948–1950, mit Ralph Spencer Twitchell

▶▶ Haus Milam, Jacksonville, 1959–1961

Paul Marvin Rudolph (1918–1997) besuchte zunächst das Alabama Polytechnic Institute in Auburn und studierte dann bei Walter Gropius und Marcel Breuer an der Harvard University in Cambridge, bevor er sich mit Ralph Spencer Twitchell in Sarasota, Florida, assoziierte. Zu dieser Zeit entstand das aufgeständerte und auf einer Seite über das Wasser kragende Strandhaus Healy in Sarasota, Florida (1948–1950). Sein konkaves Dach wurde bei dem nach gleichen Prinzipien gebauten Gästehaus Hook auf der Insel Siesta Key, Florida (1952–1953), durch drei konvexe Wölbungen ersetzt. Bald nach Gründung seines eigenen Büros (1952) entwickelte sich seine Architektursprache von schlichten Pfosten- und Riegelkonstruktionen in Holzbauweise zu

expressiveren Gestaltungen mit orthogonal gefalteten Flächen aus Beton weiter. Beim Haus Milam in Jacksonville, Florida (1959–1961), bilden sie Schatten gebende Rahmen, die dem Gebäude als zweite Schicht vorgelagert sind. Ab 1958 leitete Rudolph die Architekturfakultät an der Yale University in New Haven, Connecticut, und entwarf auch den Neubau der Fakultät für Kunst und Architektur der Yale University (1958–1964), dessen neun nutzbare Stockwerksflächen um einen großen Zentralraum organisiert sind. Die eigenständige Entwicklung der Fassade lässt das Gebäude kleiner erscheinen als es ist. Die Ambivalenz dieser Architektur zeigt sich in der gleichzeitig geplanten riesigen, fast bedrohlichen Parkgarage in der Temple Street in New Haven (1960–1962). 1965 ging Rudolph nach New York und widmete sich vordringlich seinem eigenen Büro. Mit terrassenartigen Komplexen umgab er beim State Service Center im Bostoner Regierungszentrum (1967–1972) einen öffentlichen Innenhof. In der Folgezeit standen städtebauliche Projekte und die Arbeit an Modulsystemen im Vordergrund seiner Arbeit. Rudolph konnte in seinem Spätwerk noch verschiedene große Projekte in Asien realisieren. 1980–1987 entstand das Wohnhochhaus Colonnade Condomiums in Singapur, bei dem vorgefertigte Einheiten, die Rudolph die „Ziegel des 20. Jahrhunderts" nannte, in eine Rahmenstruktur eingehängt werden sollten. In der Ausführung wurde allerdings konventionell mit Ortbeton gearbeitet. Weitere bedeutende Arbeiten in Asien sind das Concourse Building in Singapur (1979–1992) und das Dharmala Building in Jakarta, Indonesien (1982–1988).

Rural Studio

Das Rural Studio wurde Anfang der neunziger
Jahre von Samuel Mockbee (1944–2001) an der
Auburn University in Alabama gegründet. Es
wandte sich gegen eine Tendenz der Oberfläch-
lichkeit in der Architektur. Mockbee vertrat einen sozialen Ansatz, die Lebensbedingungen
der armen Bevölkerung mit seiner Architektur
zu verbessern. Die Projekte entstanden in Zusammenarbeit mit Studenten. Diese entwarfen
und bauten die Häuser unter Mockbees Anlei-
tung. Die Häuser passen sich trotz innovativer
Formen und Elemente in die Umgebung ein.
Es wird vorhandenes kostengünstiges, oftmals
recyceltes Material aus Spenden, darunter auch
außergewöhnliche Baustoffe wie Flaschen,
Reifen und Pappe, verwendet. Ein ausgefallenes
Studentenwohnheim schuf Mockbee zusammen mit seinen Studenten in Newbern, Alabama (1997–2001). Ein großer Unterstand bietet
Platz für neun kleine Häuser für 18 Studenten.
Die Fülle von Ideen zeigt sich hier in der Aus-
wahl der Materialien: Druckplatten, Verkehrs-
schilder, Eisenbahnschienen werden wieder

verwendet. Das „Cardboard Pod" (1997–2001),
ein Studentenhaus aus Altpapierballen, die mit
Wachs imprägniert wurden, wird seit der Ausführung auf Beständigkeit geprüft. Die Sanitär-
anlage ist mit Autonummernschildern verkleidet. Bei dem Mason's Bend Community Center
in Alabama (1999–2000) wurde ein Freiluft-
Versammlungsraum geschaffen, der gleichzeitig
als Kapelle genutzt werden kann. Das große
Dach über der flachen Umfassungsmauer liegt
auf einer Holzkonstruktion. Es besteht aus Alu-
miniumblech und Auto-Windschutzscheiben,
die auf Metallstreben verschraubt wurden.
Es bietet sowohl Sonnenschutz und gute Belüftung als auch eine zeitgemäße Gestaltung.
Bei diesem Projekt handelt es sich um eine Ab-
schlussarbeit von vier Studenten. Die Antioch-
Baptisten-Kirche in Perry County, Alabama
(2001–2002), wurde zu 80 Prozent aus dem
Material des abgerissenen Altbaus erstellt.
Die Arbeit des Rural Studio geht nach dem Tod
Mockbees in seinem Sinne weiter, die Rolle
des Leiters übernahm Andrew Freear.

Saarinen Eero

▼ War Memorial Center,
Milwaukee, 1953–1959

► Trans World Airlines Terminal,
John F. Kennedy International
Airport, New York, 1956–1962

Der gebürtige Finne Eero Saarinen (1910–1961) war 1923 mit seiner Familie nach Amerika gekommen. 1929 begann er ein Bildhauerstudium an der Pariser Académie de la Grande Chaumière, 1930–1934 studierte er an der Yale University in New Haven, Connecticut, Architektur. Danach arbeitete er im Architekturbüro seines Vaters Eliel Saarinen in Ann Arbor und wurde 1941 neben J. Robert Swanson dessen Partner. 1950 eröffnete er unter dem Namen Eero Saarinen and Associates ein eigenes Büro in Birmingham, Michigan. Eine erste wichtige Anerkennung war der Wettbewerbsgewinn für das Jefferson National Expansion Memorial in St. Louis (1947). Der 192 m hohe, mit Edelstahl verkleidete Para-

belbogen aus Beton wurde allerdings erst 1968, nach Saarinens Tod, verwirklicht. Neben klaren Stahl- und Glaskuben wie beim General Motors Technical Center in Warren, Michigan (1948–1956), faszinierten Saarinen expressive Formen, die in der Lage waren, eine Skyline zu prägen. So erhielt das Kresge Auditorium am Institute of Technology in Cambridge, Massachusetts (1950–1955), eine Dachkonstruktion aus Betonschalen in Form eines sphärisch gewölbten Dreiecks und die Institutskapelle einen Zylinder aus Backstein. Bei der Eishockeyhalle der Yale University, dem David S. Ingalls Hockey Rink in New Haven, Connecticut (1953–1959), fand Saarinen neue Wege im Hallenbau: Der Firstbogen der Halle

führt über den beiden Auflagepunkten weiter und endet auf der Eingangsseite in einer vom Bildhauer Oliver Andrews gestalteten Leuchte. Von ihm führen gespannte Kabel zu zwei Randbögen und tragen die beiden Dachflächen. Das dominierende Schalentragwerk des Trans World Airlines Terminal des John F. Kennedy International Airport in New York (1956–1962) umschließt einen komplexen zentralen Bereich. Brücken führen zu den Satelliten, von denen der Zugang zu den Flugzeugen erfolgt. In der vogelgleichen Außenwirkung beweist der Bau eine allegorische Poesie, die ihresgleichen sucht. Ganz anders hingegen die Lösung beim Dulles International Airport in Chantilly, Virginia (1958–1962), mit seinem Hängedach. Der stützenfreie und vollständig verglaste öffentliche Bereich hinter der monumental wirkenden Reihe schräg gestellter Pfeiler ruht auf einem größeren Sockelgeschoss, das sich unter der Fahrzeuganfahrt erstreckt. Neben der Trennung der Fahr-

gastströme für ankommenden und abgehenden Verkehr wurde der Transport der Fluggäste zu den Maschinen neu gelöst, indem sogenannte „Mobile Lounges" die Passagiere zu den Flugzeugen befördern. Während das Verwaltungszentrum für John Deere & Company in Moline, Illinois (1957–1963), in solider, technischer Funktionalität mit seiner Fassade aus patiniertem Stahl und der symmetrischen Anlage den Bezug zur – durchweg gestalteten – Landschaft sucht, stellen die Ezra Stiles and S.F.B. Morse Colleges der Yale University in New Haven, Connecticut (1958–1962), trotz der Grünzonen ein Modell urbaner, mediterraner Anlagen dar, wozu die Natursteinfassaden und die fast pittoresk geformten Baublöcke beitragen. Nach Saarinens Tod sorgten seine Mitarbeiter Kevin Roche und John Dinkeloo für die Fertigstellung der begonnenen Arbeiten und führten das Büro bis 1966 unter seinem Namen in Hamden, Connecticut, weiter.

◄ Ezra Stiles and S.F.B. Morse Colleges der Yale University, New Haven, 1958–1962

▼ Jefferson National Expansion Memorial, St. Louis, 1947–1968

Saarinen Eliel

„Beim Gestalten eines Objekts soll man dieses immer in seinem nächstgrößeren Kontext betrachten – einen Stuhl in einem Raum, einen Raum in einem Haus, ein Haus in einer Umgebung, eine Umgebung in einem Stadtplan."

Eliel Saarinen (1873–1950) studierte Malerei an der Universität in Helsinki (1893–1897), parallel dazu betrieb er ein Studium der Architektur am Polytechnischen Institut. 1896–1923 war er als freier Architekt in Helsinki tätig. In den Jahren bis 1905 arbeitete er in einer Partnerschaft mit Hermann Gesellius und Armas Lindgren. Zusammen bauten sie das Atelierhaus Hvitträsk in Kirkkonummi bei Helsinki (1902–1903), in dem sie bis 1904 auch zusammen lebten. Saarinen bekannte sich mit seinen frühen Werken zu einem national-romantischen Stil, der sich in Finnland unter dem Einfluss der Arts-and-Crafts-Bewegung und der Wiener Sezession zu etablieren begann. 1904 gewann er den Wettbewerb für den Hauptbahnhof von Helsinki. Mit dem Entwurf, der vielfach verändert erst 1911–1919 realisiert wurde, wandte er sich einer funktionelleren Bauweise zu. Die kühn gegliederten Mauerwerksmassen des Bahnhofs schließen mit Bogendächern ab. In der Hauptfassade wird das Rund des Daches zum dominierenden Gestaltungselement. Von 1910–1915 entwickelte er den städtebaulichen Plan von Munkkiniemi-Haaga, der sich durch eine durchgängig begrünte Blockbauweise auszeichnete. Sein Entwurf für den Chicago

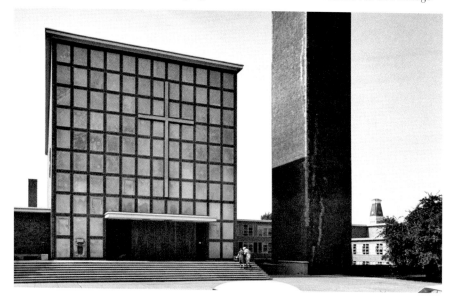

Tribune Tower (1922) brachte ihm neben einem zweiten Platz auch breite Anerkennung in den USA ein. Die Gestaltung des Wolkenkratzers nahm historische Elemente auf, ohne dabei einem überbordenden Historismus zu verfallen. 1923 siedelte Saarinen in die USA über, wo er zunächst ein eigenes Büro in Evanston, Illinois, und in Ann Arbor, Michigan, betrieb. Im selben Jahr wurde er von George und Ellen Scripps Booth als Architekt für den gesamten Komplex der neu gegründeten Cranbrook Academy of Art in Bloomfield Hills, Michigan, verpflichtet. Die verschiedenen Bauten entstanden in den Jahren 1926–1943. Saarinen kooperierte dabei mit seiner Frau Louise Gesellius sowie mit dem schwedischen Bildhauer Carl Milles. Ab 1937 arbeitete er mit seinem Sohn Eero Saarinen zusammen, von 1941–1947 gehörte auch J. Robert Swanson der Arbeitsgemeinschaft an. Saarinen lehrte seit 1924 an der University of Michigan.

Safdie Moshe

„Habitat 67" für die Expo
in Montreal, 1967

Der gebürtige Israeli Moshe Safdie (*1938)
lernte bei Louis Isidore Kahn. Seit 1964 lebt er
in Montreal, Kanada, wo er 1967 für die Expo
in Montreal seinen bekannten Wohnblock
„Habitat 67" errichtete: 158 kantige, vorgefertigte Wohncontainer sind kreuz und quer ge-
stapelt und türmen sich zu einem hohen Berg
auf. Die Flachdächer dienen dem jeweiligen
Nachbarn als Balkon, weiteres Merkmal sind
die unterschiedlich großen, teils über Eck verlaufenden Fenster. Des Weiteren realisierte
Safdie das Yeshivat Porat Yosef Rabbinical College in Jerusalem (1971–1979) und das dortige

Mamilla- Projekt (1972). Beide Projekte entwickeln die traditionellen Bauformen der
Region weiter. Die Salt Lake City Library, Utah
(1999–2003), wurde großzügig mit weiteren
öffentlichen Funktionen gekoppelt. So findet
sich hinter dem fünfstöckigen Gebäude,
das auf dreieckigem Grundriss errichtet wurde, eine Parkanlage. Eine der drei Fassaden
ist in einem Schwung weitergeführt und leitet
den Besucher in den Park. Safdie veröffentlichte unter anderem „Beyond Habitat" (1970),
„For Everyone a Garden" (1974) und „Form
and Purpose" (1982).

Sakakura Junzo

*„Die Funktion findet klaren
Ausdruck in der äußeren Form."*

Rundfunkstation der Präfektur
Iwate, Morioka, Japan, 1964

Der japanische Architekt Junzo Sakakura (1904–1968) wurde in Hashima bei Gifu geboren. Nach Beendigung seines Studiums an der Kunstfakultät der Kaiserlichen Universität in Tokio wechselte er 1927 zur Architektur über und wirkte ab 1929 als Assistent und Mitarbeiter von Le Corbusier in Paris. 1937 eröffnete er ein eigenes Büro und gründete 1940 das J.S. Architectural Institute. Mit dem japanischen Pavillon auf der Pariser Weltausstellung (1937) erzielte er internationale Beachtung. 1951 entwarf er das Institut Franco-Japonais in Tokio und das Museum für Moderne Kunst in Kamakura. Bei Letzterem handelt es sich um einen atriumähnlichen Bau, der in seinem Innenhof Raum für Skulpturen schafft und sich zu einem Teich öffnet. Das Museum steht auf dünnen Stahlstützen, die den Bau teilweise über die Wasseroberfläche hinausragen lassen. Eine kleine Treppe verbindet das Ausstellungsgebäude mit einem

Erweiterungsbau Sakakuras (1966), einer unverkleideten, rostroten Stahlkonstruktion. Große verglaste Flächen erhellen die Räume und vermitteln den optischen Übergang zwischen Architektur und Gartenanlage mit Teich. Mit der Bauausführung von Le Corbusiers Entwurf für das Nationalmuseum für westliche Kunst, Taito-Ku in Tokio (1959), blieb er seinem namhaften Kollegen verbunden. Sakakura entwarf zahlreiche Warenhäuser, Verwaltungsgebäude und Einfamilienhäuser, widmete sich aber auch der Gestaltung von Möbeln. Seine frühen Entwürfe zeichnen sich durch die Verwendung von Sichtbeton aus, während er später auch synthetische Materialien benutzte. Er gehört neben Kunio Mayekawa und Kenzo Tange zu den herausragenden Nachkriegsarchitekten, die durch die Verbindung von westlichen und einheimischen Bautraditionen wichtige Impulse für die Architektur in Japan vermittelten.

SANAA

„Wir sind Minimalisten, aber wir sind nicht rigide. Das Wichtigste ist uns, dass die Menschen die Räume genießen, die wir entwerfen."

▼ Glaspavillon des Toledo Museum of Art, Toledo, Ohio, 2000–2006

► Zollverein School of Management and Design in Essen, 2002–2006

Kazuyo Sejima (*1956) studierte an der Japan Women's University. Sie arbeitete zunächst für Toyo Ito, bevor sie 1987 ein eigenes Büro führte. Ryue Nishizawa (*1966) studierte an der Yokohama National University. Zusammen mit Sejima gründete er 1995 SANAA und betreibt seit 1997 zudem ein eigenes Büro. Das O-Museum in Lida, Japan (1995–1999), war der erste gemeinsame Auftrag. Das Kanazawa Museum of Contemporary Art of the XXI Century, Ishikawa, Japan (1999–2004), wurde auf rundem Grundriss gebaut. Einige der 44 unterschiedlich dimensionierten Räume stoßen durch die Decke und variieren den Raum in der Höhe. Für die Zollverein School of Management and Design in Essen, Deutschland (2002–2006), schuf SANAA einen Kubus aus Sichtbeton mit unregelmäßig eingeschnittenen Fenstern. Das multifunktionale Rolex Learning Center der EPFL in Lausanne, Schweiz (2005-2010) bildet eine zwei Hektar große, gewellte Gebäudestruktur ohne abgeschlossene Räume.

Sauerbruch Hutton

*„Architektur kann nur dann nachhaltig sein,
wenn sie die Sinne anspricht und anregt."*

GSW-Hauptverwaltung,
Berlin, 1995–1999

Nach einer Bauzeichnerlehre studierte Matthias
Sauerbruch (*1955) an der Hochschule der
Künste in Berlin und der Architectural Association in London. Er arbeitete mehrere Jahre im
Office for Metropolitan Architecture, OMA, in
London mit. 1987 eröffnete er ein Büro mit Sitz
in London und Berlin mit Louisa Hutton (*1957),
die ihr Studium an der Bristol University und
der Architectural Association absolviert hatte,
wo beide Ende der achtziger Jahre in der Lehre
tätig waren. Erwähnenswert sind zwei ihrer in
Berlin realisierten Projekte. Zum einen wurden
1998 die beiden Gebäude des Photonikzen-
trums fertiggestellt, bei denen Sauerbruch
Hutton Grundrisse ohne rechte Winkel schufen.
Die Jalousien hinter den geschwungenen Glas-
fassaden und die tragenden Stützen im Inneren
umfassen ein reiches Farbspektrum. Die geschwungene Hochhausscheibe der neuen GSW-
Hauptverwaltung (1995–1999), die sie direkt
neben das alte quadratische Gebäude stellten,
steht quer auf zwei dunklen Sockelgebäuden.
Die als Sonnenschutz dienenden Lochbleche in
roten, orangen und gelben Tönen bringen die
doppelte Glasfassade zum Leuchten. Die Experi-
mentelle Fabrik in Magdeburg (2001) beherbergt
das Zentrum für Produkt-, Verfahrens-, und Pro-
zessinnovation. Wie in eine bunte Decke ein-
geklappt wirkt der unregelmäßig geformte Bau.
Die Nord- und Südfassade sind verglast, die
bunt gestreifte Fassade besteht aus Aluminium-
blech mit Einbrennlackierung. Im Inneren setzt
sich das Farbkonzept fort. Bei dem Bau des
Umweltbundesamtes in Dessau (2001–2005)
sollten, der Nutzung entsprechend, Möglichkeiten des nachhaltigen Bauens veranschaulicht
werden. Als Bauplatz wurde ein altes Industrie-
quartier ausgewählt, das Gebäude liegt in einem
neu angelegten öffentlichen Park. Auf einem
organisch geformten Grundriss schlängelt sich
der Bau um einen großen überdachten Innenhof.
Die Fassaden sind mit vertäfelten Holzbändern
horizontal strukturiert. Bunte Farbflächenfelder
in gedeckten Farben trennen die Fenster vertikal.
Das neue Rathaus in Hennigsdorf (2002–2003)
wurde als Bindeglied zwischen dem historischen
Ort, einer neuen Mitte am Bahnhof und einem
kleinen Park konzipiert. Verglasungen im Erdgeschoss laden zur Nutzung des hier angesiedel-
ten Bürgerforums ein.

Scarpa Carlo

▼ Museo Castelvecchio in Verona, 1956–1964, mit Carlo Maschietto und Arrigo Rudi

▶ Grabmal der Familie Brion auf dem Friedhof von San Vito d'Altivole bei Treviso, Italien, 1969–1978, mit Carlo Maschietto und Guido Pietropoli

Carlo Scarpa (1906–1978) studierte bis 1926 an der Accademia di Belle Arti in Venedig und arbeitete daneben im Büro von Vincenzo Rinaldo, bevor er als Assistent am neu gegründeten Istituto Universitario di Architettura in Venedig bei Guido Cirilli angestellt war. Zu seinen ersten Arbeiten gehörte die Einrichtung des Glaskunstladens Maestri Vetrai Muranesi Cappellin & Co. in Florenz (1928). Über 30 Jahre lang hat Scarpa immer wieder als Gestalter für die Biennale in Venedig gearbeitet. Erwähnenswert sind unter anderem die Ausstattung der Paul-Klee-Ausstellung 1948 und der Pavillon für die Kunstbuchausstellung 1950. 1955–1961 verwirklichte er das Haus Veritti in Udine. Größere

Beachtung fanden die Umstrukturierung des Museo Correr (1953–1960) und der Ca' Foscari (1954–1956), beide in Venedig. Gleichzeitig richtete er zusammen mit Ignazio Gardella und Giovanni Michelucci die ersten sechs Säle der Uffizien in Florenz ein (1954–1956) und plante den Erweiterungsbau für das Canova-Museum in Possagno (1955–1957). Um eine möglichst wirkungsvolle Inszenierung der Skulpturen zu erreichen, erarbeitete Scarpa eine raffinierte Lichtführung mit ungewöhnlichen Fensterlösungen, Einschnitten und Lichtschächten. Danach stattete er in seiner Heimatstadt Venedig den Ausstellungs- und Verkaufsraum der Firma Olivetti aus (1957–1958). 1962 wurde er zum außerordentlichen Professor für Innenarchitektur ernannt. Zwei Jahre später wurde der Umbau des Museo Castelvecchio in Verona abgeschlossen (1956–1964), bei dem er nicht nur die eigenen Umbauten in Relation zum Bestand differenzierte, sondern auch die vorherige Umbauphase durch ein „Abschälen" von Dach- und Außenschichten inszenierte. Nach Reisen in die USA und Japan gestaltete er im Auftrag von Rino Brion eine Familiengrabstätte, die an den Friedhof in San Vito d'Altivole bei Treviso (1969–1978) angrenzt. Auf gut 2000 m² schuf Scarpa ein Gesamtkunstwerk mit Torbau, Kapelle, Grabmal und Meditations-Pavillon, umfasst von einer geneigten Mauer, die an eine Bastion erinnert. 1972 wurde er Leiter des Istituto Universitario di Architettura in Venedig, wo er bis 1977 unterrichtete. Seine letzte größere Arbeit, die Banca Popolare in Verona, begann er 1973 in Zusammenarbeit mit Arrigo Rudi, der den Bau 1981 beendete. Die Anerkennung als Architekt blieb Scarpa allerdings zeitlebens versagt.

Scharoun Hans

▼ Haus Schminke, Löbau,
1930–1933

▶ Wohnbauten in der Siedlung
Siemensstadt, Berlin, 1929–1931

Hans Scharoun (1893–1972) studierte 1912–1914 an der Technischen Hochschule in Berlin. Dort lernte er den Assistenten Paul Kruchen kennen, in dessen Architekturbüro Scharoun mitarbeiten konnte. Auf Veranlassung von Kruchen war er 1915–1918 beim Militärbaukommando zum Wiederaufbau Ostpreußens tätig und danach als stellvertretender Leiter im Bauberatungsamt in Insterburg. Schließlich übernahm er 1919–1925 als selbstständiger Architekt Kruchens dortiges Büro und führte die Siedlung Kamswyken (1920), „Die Bunte Reihe" genannt, aus. Daneben entstanden zahlreiche Wettbewerbsentwürfe, wie etwa für das Hochhaus Friedrichstraße in Berlin (1922). Scharoun war auch Mitglied der von Bruno Taut ins Leben gerufenen „Gläsernen Kette" und skizzierte – wie Taut – utopische Architekturfantasien. 1925–1932 unterrichtete er an der Staatlichen Akademie in Breslau und wurde 1926 Mitglied der Architektengruppe „Der Ring". An der Weißenhofsiedlung in Stuttgart war er 1926–1927 mit einem Einfamilienhaus beteiligt, das als einziges Gebäude geschwungene Formen zeigte und damit Scharouns eigenen Weg herausstellte, der sich 1928–1929 bei dem Wohnheim der Werkbundausstellung in Breslau noch deutlicher abzeichnete. Ein zentraler Gemeinschaftsbereich mit großer Halle verband auf annähernd s-förmigem Grundriss zwei Flügel mit Kleinwohnungen. In Berlin arbeitete er an einer Reihe von Wohnbauten und war auch für den Bebauungsplan der Siedlung Siemensstadt (1929–1931) verantwortlich. Durch die starke Auflockerung

und Differenzierung der Bauten unterschied sich die Siedlung wohltuend von formal strengeren Gegenbildern. Sein eigener Beitrag zu diesem Großprojekt waren Wohnhäuser am Jungfernheideweg und an der Mäckeritzstraße mit stark reliefartiger Ausbildung der Fassaden. Ab 1932 unterhielt er ein eigenes Büro in Berlin.

Zu seinen gelungensten Bauten gehören die eleganten Villen aus den dreißiger Jahren: das Haus Schminke in Löbau (1930–1933), das Haus Mattern in Potsdam (1932–1934), das Haus Baensch in Berlin-Spandau (1934–1935) sowie das Haus Moll in Berlin (1936–1937). Die hohen Anforderungen, die sich beim Entwurf des Hauses Schminke aus dem nach Norden abfallenden Grundstück, der bestehenden Gartenanlage und der angrenzenden Fabrik des Auftraggebers ergaben, löste Scharoun mit einem komplexen Grundriss, der sich aus drei im Winkel durchdringenden Gebäudekörpern des zweigeschossigen Stahlskelettbaus ergibt. Nach dem Krieg wurde Scharoun Leiter des Bau- und Wohnungswesens von Berlin und entwarf mit einer Gruppe von Architekten einen Wieder-aufbauplan, den sogenannten Kollektivplan (1946). Im selben Jahr übernahm er einen Lehrstuhl für Städtebau an der Technischen Universität in Berlin, den er bis 1958 behielt. Daneben leitete er 1947–1950 das Institut für Bauwesen der Deutschen Akademie der Wissenschaften Ostberlins. Seine Idee, in Schulgebäuden je nach Altersgruppe unterschiedliche gestalterische Präferenzen zu setzen, realisierte er beim Geschwister-Scholl-Gymnasium in Lünen (1955–1962). Parallel dazu entwickelte er eines seiner bedeutendsten Werke, die Philharmonie in Berlin (1956–1963). Um optimale Akustik auf allen Plätzen zu ermöglichen, gruppierte er terrassenartig ansteigende Zuhörerebenen dynamisch um das Orchesterpodium. Die Verkehrsflächen bilden mit dem Foyer eine fließende Raumlandschaft und überraschen mit Durchblicken und ungewöhnlichen Details. In den siebziger Jahren entstanden weitere markante Arbeiten wie das Stadttheater in Wolfsburg (1965–1973) und die von seinem Partner Edgar Wisniewski vollendete Staatsbibliothek Preußischer Kulturbesitz in Berlin (1964–1978).

◄ Apartmenthaus, Hohenzollerndamm, Berlin, 1929–1930   ▼ Philharmonie in Berlin, 1956–1963

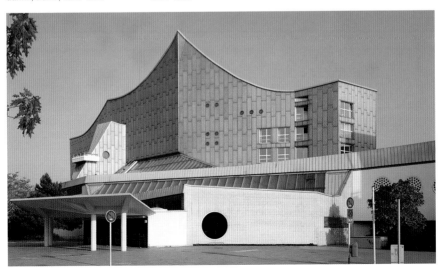

Schindler Rudolf Michael

▼ ▶ Haus Schindler/Chace,
West Hollywood, 1921–1922

Rudolf Michael Schindler (1887–1953) begann 1906 mit dem Studium an der Technischen Hochschule in Wien und legte dort 1911 sein Bauingenieurdiplom ab. Als Schüler von Otto Wagner an der Akademie der Bildenden Künste in Wien setzte er seine Ausbildung fort. 1913 war er Mitglied der freien Architekturschule von Adolf Loos. Daneben arbeitete er 1911–1914 im Büro von Hans Mayr und Theodor Mayer. Anschließend ging er nach Chicago, wo er bei der Firma Henry A. Ottenheimer, Stern und Reichert eine Anstellung als Zeichner fand. Ab 1917 arbeitete er für Frank Lloyd Wright, hauptsächlich am Projekt des Imperial Hotels in Tokio. Auf dessen Wunsch hin zog er 1920 nach Los Angeles, übernahm die Bauleitung für das Haus Barnsdall und eröffnete 1921 dort ein eigenes Büro. Hier lernte er auch die Arbeiten von Irving Gill kennen, der ihn mit seiner regional angepassten, klaren Formensprache stark beeinflusste. Bereits sein erster Bau, das Doppelhaus Schindler/Chace in West Hollywood, Kalifornien (1921–1922), stellt eine Zusammenfassung von Schindlers Gestaltungsprinzipien dar: wirtschaftliche Bauweise, Sichtbarkeit der Baumaterialien und der Konstruktion, Verbindung von Innen- und Außenraum über raumhohe Verglasung, geschützte Innenhöfe und offene Raumaufteilung

ohne abgetrennte Küche. Zu seinen ersten Aufträgen gehörten 1923 das Haus Lowes in Los Angeles, 1924 das Haus Packard in South Pasadena, Kalifornien, und die Feriensiedlung Pueblo Ribera Court in La Jolla, Kalifornien – eine Betonkonstruktion mit gleitender Schalung –, die 1923–1925 gebaut wurde. Eines seiner wichtigsten Wohnhäuser aus dieser Zeit war das Ferienhaus für Philip M. Lovell in Newport Beach, Kalifornien (1922–1926), das eine für Schindler ungewöhnliche Betonung des sichtbaren Tragwerks aus fünf Stahlbetonrahmen aufweist. Die großzügigen Glasflächen der Wohnräume von doppelter Stockwerkshöhe sind durch eine variierende, kleinteilige Sprossengliederung geschickt in ihrer Wirkung gebrochen. Zusammen mit Richard Neutra, den er seit 1912 kannte, gründete er 1926 die Arbeitsgemeinschaft „Architectural Group for Industry and Commerce" (AGIC). 1933 entwickelte er unter dem Titel

„Schindler Shelter" ein Konzept für vorfabrizierte Häuser aus armiertem Beton. In den folgenden Jahren baute er zahlreiche Wohnhäuser vor allem in Los Angeles: die Häuser Oliver (1933–1934) und Buck (1934), das Hanghaus für Ralph C. Walker (1935–1936), das Haus für Viktoria McAlmon (1935–1936) und das Haus Wilson (1935–1939). Alle waren verputzte Holzkonstruktionen. Dieses „Plaster Skin Design" war preisgünstiger als eine Betonkonstruktion und knüpfte an die traditionelle amerikanische Holzbauweise an. Schindler beschäftigte sich auch mit Mehrfamilienhäusern, wie dem Apartmentgebäude Bubeshko (1937–1938) und dem Apartmentgebäude Falk (1940). Darüber hinaus schrieb er auch viele Artikel, in denen er seine Auffassung von Architektur darlegte. Seine grundlegende Abhandlung „Space Architecture" wurde 1934 im „Dune Forum" und 1935 in der „Los Angeles Times" publiziert.

◄ ▼ Haus und Atelier Kallis,
Studio City, Kalifornien, 1946

Schneider-Esleben Paul

▼ Rolandschule, Düsseldorf, 1959–1961

▶ Haniel-Garage in Düsseldorf, 1949–1950, mit Egon Schneider

Paul Maximilian Heinrich Schneider von Esleben (1915–2005), genannt Schneider-Esleben, studierte in Darmstadt und Stuttgart und lehrte als Professor an der Kunstakademie in Hamburg. 1947–1948 arbeitete er bei Rudolf Schwarz. Bekannt wurde er durch die gemeinsam mit Egon Schneider gebaute, transparente Haniel-Garage in Düsseldorf, Deutschland (1949–1950), mit außen liegenden Rampen, die vom auskragenden Stahlbetontragwerk abgehängt sind. Der Glasbau war Deutschlands erstes Parkhaus nach dem Krieg. Für die im Zweiten Weltkrieg fast völlig zerstörte St.-Rochus-Kirche in Düsseldorf (1954–1955) schuf er ein neues Gebäude mit einer Betonkuppel aus drei parabelförmi-gen Betonschalen, die mit Kupfer verkleidet sind. Die Schalen sind durch aufsteigende Lichtbänder miteinander verbunden. Die Kuppel wird durch zwölf Betonsäulen getragen. Ein mit flachen Schalen gedeckter Umgang umfängt den zentralen Kuppelbau. Des Weiteren realisierte er unter anderem das 22-stöckige Mannesmann-Hochhaus (1951–1956), dessen Fertigteilfassade aus Glas sowie weißen und blauen Paneelen besteht, und die Commerzbank (1959–1962), beide in Düsseldorf.

*„Baukunst kommt
aus Überfluss."*

Für die Internationale Bauausstellung in Berlin 1957 entwarf er ein viergeschossiges Wohnhaus. Das Ordensgebäude der Jesuiten in München (1962–1965) umfasst außer Kapelle und Wohnräumen auch die Redaktionsräume der Zeitschrift „Stimmen der Zeit". Es zieht sich mit seinen kargen Sichtbetonfassaden auf eine betonte Schlichtheit zurück, steil aufragende Türme bestimmen das Erscheinungsbild und enthalten den Buchbestand des Ordens. Der Flughafen Köln/Bonn (1962–1970) wurde nach dem Prinzip der kurzen Wege in der Form eines freien Fünf-

ecks gebaut. Als einer der ersten sogenannten „Drive-in-Airports" in Europa war er um einen zentralen Parkplatz organisiert. Zum Flugfeld hin sollten vier Satelliten dezentrale Abfertigung direkt am Flugzeug gewährleisten. Allerdings wurden nur zwei dieser Satelliten gebaut. Jeder Satellit hatte sechs Abfertigungspositionen mit eigenem Check-in-Schalter, Warte- und Sicherheitsbereich. In gestalterischer Hinsicht wurde die Anlage durch umlaufende Betonbrüstungen geprägt, ein zentraler Turm im Parkplatz diente der Belüftung.

Seidler Harry

„Die Herausforderung liegt darin, kommerzielles Bauen zu signifikanter Architektur zu erhöhen. Dies war meine erste Chance, mit Nervi in Rom zu arbeiten. Er lehrte mich, wie man baut – das Errichten dauerte nur vier Arbeitstage je Geschoss, einschließlich der Fassade!"

▼ Haus Berman, Joadja, New South   ► Condominium Apartments,
Wales, Australien, 1996–2000   Acapulco, 1969–1970

Der gebürtige Wiener Harry Seidler (1923–2006) besuchte die University of Manitoba in Winnipeg (1941–1944) und studierte an der Harvard University in Cambridge, Massachusetts, bei Walter Gropius und Marcel Breuer (1945–1946). Anschließend arbeitete er bei Breuer in New York und bei Oscar Niemeyer in Rio de Janeiro. 1948 siedelte er nach Sydney über, wo er mit seinen Einfamilienhäusern und seiner durchgehend modernen Architektur neue Maßstäbe setzte. So errichtete er das Haus Fink in Newport, Australien (1949), und das Rose Seidler House in Sydney, Australien (1948–1950). Das weiße, rechteckige Gebäude mit großen Glasflächen erhebt sich über einem Fundament aus Naturstein und steht teils frei auf zierlichen Stützen. Eine geradlinige Rampe mit geschlossener Brüstung führt in den Garten. Des Weiteren verwirklichte Seidler mit Pier Luigi Nervi den Australia Square Tower in Sydney (1961–1967) auf rundem Grundriss, bei dem geschwungene und gerade Formen miteinander kontrastieren, die australische Botschaft in Paris (1973–1977) und das Riverside Centre in Brisbane (1983–1986). 1996–1999 entstand das Haus Berman in Joadja, Australien, das sich mit seinem wellenförmigen Dach und vor allem mit seinem Balkon weit über den Rand eines Felsens hinausbewegt. 1996–2001 entstand der Wohnpark Neue Donau, ein ambitioniertes Projekt des sozialen Wohnungsbaus in Wien mit Kino- und Entertainmentkomplex.

Sert Josep Lluís

▼ Studio für den Maler Joan Miró, ► Fondation Maeght, St.-Paul-
Palma de Mallorca, 1955   de-Vence, Frankreich, 1959–1964

Bis 1929 studierte Josep Lluís Sert (1902–1983) an der Escuela Superior de Arquitectura in Barcelona. Nach Mitarbeit bei Le Corbusier und Pierre Jeanneret in Paris gründete er 1931 ein Büro in Barcelona. 1937–1939 lebte er erneut in Paris, dann ging er nach Amerika. Sert war Verfechter einer rationalen, zeitgenössischen Architektur, die auf regionale Gegebenheiten einging. Er gründete 1930 die GATCPAC (Grup d'Artistes i Tècnics Catalans per al Progrés de l'Arquitectura Contemporànea, später GATEPAC) und 1931 die Zeitschrift „A. C. Documentos de Actividad Contemporànea". 1947–1956 war er Vorsitzender der CIAM. An der Yale University und als Dekan der Graduate School of Design der Harvard University (1953–1969) war er in der Lehre tätig. Sert beschäftigte sich viel mit Stadtplanung: Er war an dem Entwurf eines Plans für Barcelona (1933–1935) beteiligt und konzipierte auch Pläne für mehrere südamerikanische Städte (Lima, Havanna, Chimbote und andere) mit dem Ziel, die städtischen Lebensbedingungen zu verbessern. 1942 veröffentlichte er „Can Our Cities Survive?". Der Stahlrahmen des spanischen Pavillons für die Weltausstellung in Paris 1937 war großenteils mit Glas gefüllt und eine geschwungene Rampe führte zum Innenhof mit großem Sonnensegel. Im Gegensatz zu anderen, monumentalen Ausstellungsgebäuden wirkte dieser Pavillon leicht und offen. Die aus mehreren Galerien und Höfen bestehende Fondation Maeght in Saint-Paul-de-Vence (1959–1964) kombiniert geradlinige Fassadenabschnitte mit abgerundeten, teils schalenförmigen, teils viertelkreisförmigen Dachaufsätzen. Das Studentenwohnheim Peabody Terrace der Harvard University in Cambridge, Massachusetts (1963–1965), besteht aus drei Hochhäusern und mehreren niedrigen Gebäuden, die durch Brücken miteinander verbunden sind. Hier gelang es Sert, auf engem Raum eine wohnliche Architektur zu schaffen. Bei der Fondación Joan Miró in Barcelona bilden die ruhigen Flächen des Komplexes mit seinem begehbaren Dach den passenden Rahmen für die ausgestellten Kunstwerke; dennoch behält die Architektur ihre formale Eigenständigkeit, die hier kompakter und solider auftritt als in den früheren Arbeiten.

„Das Frustrierende an der Planungsarbeit ist, dass eine Stadt zu entwerfen viel länger dauert als ein Gebäude, und die Kontrolle ist sehr schwierig; manche Planelemente werden verwendet, andere missbraucht, und vieles wird verändert."

Silvestrin Claudio

Apartment Barker Mill, London,
1993

Nach einer Ausbildung bei A.G. Fronzoni in
Mailand und seinem anschließenden Studium
an der Architectural Association in London ließ
sich Claudio Silvestrin (*1954) in London nieder.
Seine individuellen Gebäude und Räume von
ruhiger Ausdruckskraft setzen auf die Wirkung
des schlichten Raumes. Über einen langen
Steinpfad gelangt man zum Eingang der Villa
Neuendorf auf Mallorca (1991), die in Zusammenarbeit mit John Pawson entstand. Sonne
und Mond werfen durch sparsame Öffnungen
präzise kalkulierte Lichtfiguren in die Räume.
Tische, Bänke und Boden wurden aus lokalem
Stein gefügt. In den neunziger Jahren realisierte
er außerdem die Innengestaltung des licht-
durchfluteten Apartments Barker Mill in London
(1993) mit kantigem Mobiliar und geschwungenen, deckenhohen Trennwänden aus glän-
zendem Glas und die Restaurierung des Restaurants Johan in Graz (1997), ein sandfarbenes,
von massiven Säulen getragenes historisches
Steingewölbe mit weit oben liegenden, quadratischen Fenstern und elegantem Interieur.
Weiter entwarf Silvestrin die Innenausstattung
aus Kalkstein für den Giorgio Armani Store in
London (2003) und die Bäckerei Princi in Mailand (2004). Durch Panoramascheiben in der
Backstube, offene Feuer und ein abgestimmtes
Farbkonzept kommt es zu einer Inszenierung
des Backvorgangs.

SITE Projects Inc.

„Diese Periode beginnt als Zeitalter der Information und entwickelt sich zum Zeitalter der Ökologie."

◄ James Wines

▼ „Indeterminate Facade", Houston, 1974, mit Maple-Jones Associates

James Wines (*1932) studierte an der Syracuse University in Chicago und arbeitete 1955–1968 als Bildhauer, bevor er mit Alison Sky (*1946) 1970 die multidisziplinäre Organisation SITE (Sculpture in the Environment) in New York gründete, der sich auch Michelle Stone (*1944) und Emilio Sousa (*1944) anschlossen. Ziel der Zusammenarbeit ist es, Kunst und Architektur zu jener Einheit zu verbinden, für die Wines den Begriff „De-architecture" geprägt hat. Seit 1975 ist Wines Professor an der New Jersey School of Architecture in New York. Für das Handelsunternehmen Best Products verfremdete die Gruppe mehrere Supermärkte, wie beim Gebäude des „Peeling Projects" in Richmond, Virginia (1972), bei dem sich die Ziegelfassade vom Untergrund ablöst, während die „Indeterminate Facade" des Houstoner Verkaufsraums (1974) abbröckelt und wie eine Ruine aussieht.

Beim „Notch Showroom" im Arden Fair Shopping Center in Sacramento, Kalifornien (1977), macht eine auf Schienen ausgefahrene Gebäudeecke Platz für den Eingang. Das Projekt „Highrise of Homes" (1981) sieht vor, Wohnhäuser inklusive Gartengrundstück platzsparend in einem Hochhausskelett unterzubringen. Anlässlich der Weltausstellung 1986 in Vancouver entwarf SITE eine 217 m lange, gewellte Straße, genannt „Highway '86", die an einem Ende ins Meer stürzt und am anderen in den Himmel ragt. 2004 entstand der Madison Square Kiosk Shake Shack in New York. Aktuell gehören Kriz Kizak, Denise M.C. Lee, Stomu Miyazaki, Sarah Stracey und Joshua Weinstein zum Kernteam von SITE.

Siza Vieira Álvaro

„Zwischen dem Natürlichen und dem von Menschen Geschaffenen muss es eine Distanz geben, aber ebenso einen Dialog."

▶ Galicisches Zentrum für moderne Kunst, Santiago de Compostela, 1988–1993

◀ Edificio Zaida, Granada, 2006

▶▶ Portugiesischer Pavillon für die Expo '98 in Lissabon, 1995–1998

Nach seinem Architekturstudium an der Akademie der Bildenden Künste in Porto zwischen 1949 und 1955 arbeitete Álvaro Siza Vieira (*1933) einige Jahre bei Fernando Távora (1955–1958), bevor er 1958 sein eigenes Büro gründete. Seit 1976 ist er Professor an der Schule für Architektur in Porto, im Rahmen von Gastprofessuren lehrte er unter anderem in der Schweiz, den USA und Kolumbien. Die Berücksichtigung bereits vorhandener Gegebenheiten wird bei seinem Anfang der sechziger Jahre erbauten Meeresschwimmbad in Leça da Palmeira, Portugal (1961–1966), deutlich. Die teilweise holzverkleidete Anlage aus Beton passt sich an eine bestehende Zementmauer an. Der Strand ist mit gewaltigen Felsblöcken durchsetzt, deren Form und Verlauf Siza bei der Gestaltung seiner Schwimmbecken einbezog. Größere von ihm verwirklichte Projekte sind die Architekturschule der Universität Porto, Portugal (1987–1993), die Universitätsbibliothek in Aveiro (1988–1995) und das Galicische Zentrum für moderne Kunst in Santiago de Compostela, Spanien (1988–1993). Dieser Bau aus hellen Granitblöcken mit glatten, nur durch vereinzelte Fenster durchbrochenen Fassaden harmonisiert mit den historischen Gebäuden der Nachbarschaft. Die Struktur des auf dreieckigem Grundriss errichteten Museums besteht aus zwei L-förmigen, sich überlagernden Volumina. Seit 1988 trägt Siza außerdem die Verantwortung für den Wiederaufbau des Lissaboner Stadtteils Chiado. Aus den neunziger Jahren stammen die Produktionshalle für die Firma Vitra in Weil am Rhein (1991–1994), ein schlichter Bau mit einer Fassade aus rotem Ziegelstein über einem hellen Granitsockel, das Boavista-Gebäude in Porto (1991–1998) und die Kirche Santa Maria in Marco de Canavezes, Portugal (1990–1996). Spektakulär gestaltete Siza den portugiesischen Pavillon für die Expo '98 in Lissabon (1995–1998). Dieser hat als auffälligstes Merkmal ein Dachsegel aus Beton, das zwischen dem Hauptgebäude aus Naturstein und einer massiven Stützkonstruktion an Stahlseilen aufgehängt ist. In Zusammenarbeit mit Eduardo Souto de Moura entstand der Pavillon für die Expo 2000 in Hannover und der Pavillon der Serpentine Gallery in London. An diesem experimentellen Bau war auch Cecil Balmond Arup beteiligt.

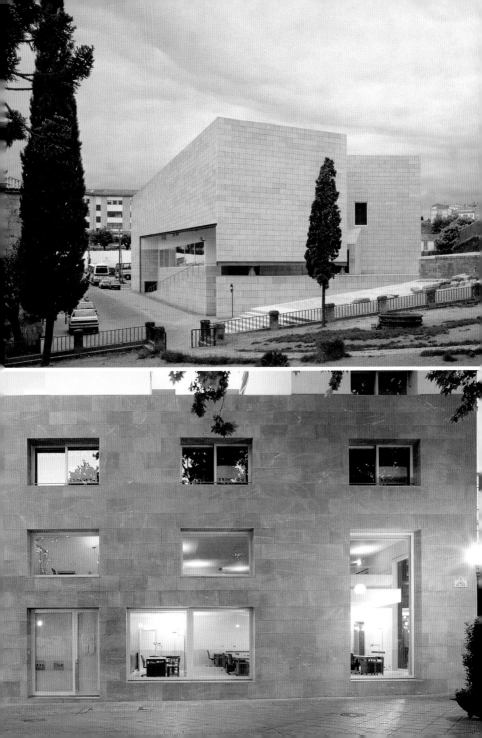

Skidmore, Owings & Merrill (SOM)

▼ Kirche der US Air Force
Academy in Colorado Springs,
1956–1962

► Beinecke Rare Book and
Manuscript Library, Yale University,
New Haven, 1963

Louis Skidmore (1897–1962) und Nathaniel
Owings (1903–1984) eröffneten 1936 ein Architekturbüro in Chicago, das bereits 1937 durch
eine Filiale in New York erweitert wurde. John
Merrill (1896–1975) wurde 1939 Teilhaber der
Firma, die in dieser Zeit an zahlreichen Pavillons
für die New Yorker Weltausstellung arbeitete.
Mit dem 21-stöckigen Verwaltungsgebäude
für die Lever Brothers Company in New York
(1951–1952), einer Hochhausscheibe auf flachem
Sockelbau, entstand ein neuer Prototyp des
innerstädtischen Geschäftsbaus. Das Bürogebäude der Connecticut General Life Insurance
Company in Bloomfield (1957) hingegen wurde
als kubischer, transparenter Flachbau in eine

parkartige Umgebung gestellt. Diese Bauform
verwendete SOM unter anderem auch für die
Upjohn Company in Kalamazoo, Michigan
(1961). Eine wesentliche Weiterentwicklung des
Skelettbaus war das Gebäude der Hauptverwaltung der Business Men's Assurance Co. of
America in Kansas City, Missouri (1963), mit her-
vorgehobenem Stahlkonstruktionsraster und
zurückgesetzter Glashaut. Daneben entwickelte
das Büro Skidmore, Owings & Merrill neue
Konstruktionsmethoden, beispielsweise die sogenannte „Rohrkonstruktion" von Fazlur Khan.
Die tragenden Teile eines Wolkenkratzers
wurden außen diagonal verstrebt, sodass bei
gleichen Kosten wesentlich größere Bauhöhen
erreicht werden konnten, beim John Hancock
Center in Chicago (1970) waren dies 340 m. Die
442 m des Chicagoer Sears Tower (1970–1974)
werden mit einem „Bündel" von neun verschieden hohen Schäften erreicht. Bemerkenswerte
Atriumbauten mit begrünten Dächern sind
das Fourth Financial Center in Wichita, Kansas
(1974), das zeitgleich entstandene First Wisconsin Plaza Building in Madison, Wisconsin,
sowie das 33 West Monroe Building in Chicago
(1982). Einen für extreme Klimabedingungen
geeigneten Wolkenkratzertyp entwickelte SOM
für die National Commercial Bank in Dschidda,
Saudi-Arabien (1982). Die glatte Fassade wird
nur von zwei Quadraten durchbrochen, die den
Blick auf üppige Vegetation freigeben. Als Zelt-
dachkonstruktion wurde dort der Hajj Terminal
des King Abdul Aziz International Airport

Dschidda, Saudi-Arabien realisiert (1982). Das AT&T-Gebäude in Chicago (1986–1989) folgt mit dem Rückgriff auf Zeichenhaft-Dekoratives den Trends der Postmoderne. In der Folgezeit wechselte – wie bei vielen Großbüros – die stilistische Orientierung der Projekte stark. Mit dem 421 m hohen Jin Mao Tower in Shanghai, China (1999), prägte SOM die Skyline der Stadt. Das Grand Hyatt Shanghai Hotel benutzt die Stockwerke 53 bis 87, von einem Atrium im 53. Stockwerk ist ein Blick in den Himmel möglich. Der International Terminal des Flughafens in San Francisco, Kalifornien (2001), stellt durch seine flügelförmige Dachform eine symbolische Verbindung zum Thema Fliegen her. Die für die Greenwich Academy Upper School in Connecticut (2002) entstandenen neuen Fakultätsgebäude fügen sich mit ihren Konstruktionen aus Holz und Glas in den Campus ein. Heute arbeiten 30 Partner in der Firma an acht Standorten weltweit.

> „Wir sagen dem Kunden von vornherein, dass ein Bauwerk unseren Erwartungen nach gewisse soziale Pflichten zu erfüllen und sich mit bestimmten Gesten seinem urbanen Umfeld zuzuwenden hat." *Edward Charles Bassett*

◄ Sears Tower, Chicago, 1970–1974

▲ Jin Mao Tower, Shanghai, 1999

Soleri Paolo

*„Ein echter Naturschutz ist nicht möglich auf einem
Planeten, der die Stadt leugnet, doch die Existenz der Stadt
ist von ökologischer Gesundheit abhängig."*

▼ Dome House in Cave Creek,   ► Keramikfabrik in Vietri
Arizona, 1949–1951   sul Mare, Italien, 1953–1954

Nach seinem Studium am Politecnico in Turin
ging Paolo Soleri (1919–2013) 1947 nach Amerika,
wo er bis 1948 bei Frank Lloyd Wright studierte.
Bevor er 1950 nach Italien zurückkehrte, errichtete er gemeinsam mit Mark Mills das Dome
House in Cave Creek, Arizona (1949–1951).
Eine Besonderheit des in den Boden eingelassenen Steinhauses ist eine Kuppel aus Glas und
Aluminium über dem Wohnbereich, die sich
teilweise öffnen lässt. In Italien entstand die
Keramikfabrik Ceramica Artistica Solimene in
Vietri sul Mare (1953–1954). 1955 siedelte er
endgültig nach Amerika über, wo er 1956 die

Cosanti Foundation in Scottsdale, Arizona, ins
Leben rief, um seine Vorstellungen von Architektur und Städtebau, die er in dem Begriff
„Arcology" (architecture and ecology) zusammenfasste, umzusetzen. 1969 wurde sein Werk
„Arcology: The City in the Image of Man" veröffentlicht. In der Wüste von Arizona war er seit
1970 mit der Verwirklichung der Musterstadt
Arcosanti beschäftigt, die eine sensible und
enge Verbindung zwischen Mensch, Architektur und Natur schaffen sollte. Die fantasievollen
Komplexe zum Arbeiten, Wohnen und Erholen
sind rohstoff- und energiesparend konzipiert.

Soriano Raphael

▼ Case Study House in Pacific
Palisades, Kalifornien, 1950

► Haus und Atelier für Julius
Shulman in Los Angeles, 1950

Raphael S. Soriano (1907–1988) wurde auf Rhodos geboren und ging 1924 nach Amerika. 1934 absolvierte er sein Studium der Architektur an der University of Southern California. Er arbeitete eine Zeit lang für Rudolf Schindler und Richard Neutra, bevor er sich 1936 in Los Angeles selbstständig machte. Im selben Jahr entstand das Haus Lipetz in Los Angeles, das als eines von drei Häusern für eine Präsentation auf der Pariser Weltausstellung von 1937 ausgewählt wurde. Das auffälligste Merkmal ist der vorgelagerte Musikraum mit einer durchgehenden, ein Oval bildenden Fensterfront. Das Haus Koosis in Los Angeles (1941) mit zweistöckiger Fassade zur Straßenseite baute Soriano als Holzrahmenkonstruktion. Über eine Treppe erreichte man den vorgelagerten Balkon und die Eingangstür. Nach hinten öffnete sich das Haus über voll verglaste Wände zum Garten. Nach dem Krieg verlegte sich Soriano fast ausschließlich auf Stahlrahmenbauweise. Unter anderem realisierte er ein Case Study House in Pacific Palisades, Kalifornien (1950), auf rechteckigem Grundriss mit deckenhoher Verglasung sowie das Haus und Atelier für Julius Shulman in Los Angeles (1950). Die Anordnung von Wohnteil, Atelier und Garage lässt unterschiedliche Hof- beziehungsweise Terrassensituationen entstehen, der Flur, der nur halbhoch zum Wohnraum abgetrennt ist, verjüngt sich nach hinten. 1953 zog Soriano mit seinem Büro in die Nähe von San Francisco. Neben vielen Einfamilienhäusern konnte er auch Ladengeschäfte, Schulen und Krankenhausbauten realisieren. Des Weiteren konzipierte er ein Versuchshaus zur Massenfertigung mit einem leichten Stahltragwerk und einem Dach aus profilierten Stahlplatten und Schiebeglastüren. Mit Joseph Eichler fand Soriano einen Förderer für seine Ideen. Er gab ihm 1955 den Auftrag zum Bau seines ersten Prototyps, dem Eichler House in Palo Alto. Das Haus wurde zunächst nicht verkauft, sondern der Öffentlichkeit zugänglich gemacht.

Sottsass Ettore

Villa auf Maui, Hawaii, 1995–1997

Der aus Österreich stammende Ettore Sottsass (1917–2007) absolvierte 1939 sein Architektur-studium am Politecnico von Turin. Er arbeitete zuerst bei Giuseppe Pagano (1896–1945), bevor er 1947 in Mailand sein eigenes Büro eröffnete. Neben seiner Tätigkeit als Architekt war er vor allem als Designer von Möbeln und Gebrauchsgegenständen tätig. 1956 war er für kurze Zeit in den USA im Büro von George Nelson beschäftigt. Als Designberater von Olivetti gestaltete er ab 1958 innovative Pro-dukte wie den Computer Elea 9003 (1959), die Reiseschreibmaschine „Valentine" (1969) und den Bürostuhl „Synthesis 45" (1973). Er gehörte zu den Verfechtern des Radical Design, das er 1981 durch die Gründung der Designgruppe Memphis wiederbeleben wollte. Der Mode-konzern Esprit richtete seine Verkaufsflächen mit Stücken aus der Memphis-Kollektion ein und prägte auf diese Weise prägnant seine Marke. Nach der Gründung von Sottsass Associati 1980 in Mailand entstanden Innen-einrichtungen für Fiorucci-Boutiquen (gemein-sam mit Michele de Lucchi), die Bar Zibibbo in Aldo Rossis Hotel Il Palazzo in Fukuoka, Japan (1988), und das Haus Wolf in Ridgeway, Colorado (1987–1988), ein zweistöckiges Haus mit Giebeldach und kantigen, aus der Fassade hervorspringenden Anbauten. Auch bei der Villa auf Maui, Hawaii (1995–1997), spielte der Architekt mit dem Zusammensetzen von un-terschiedlichen geometrischen Formen und Farben. Die Gestaltung erinnert an ein über-dimensioniertes Bauklötzchenspiel.

Souto de Moura
Edouardo

Haus in Moledo,
Portugal, 1991–1998

Während seines Studiums an der Escola Superior de Belas Artes in Porto war Eduardo Souto de Moura (*1952) für Alvaro Siza tätig. Sein eigenes Büro existiert seit 1980 in Porto, wo er 1981–1991 an der Universität in der Lehre tätig war. Klare architektonische Formen ohne überflüssiges Dekor und Räumlichkeiten, die von ihren kontrastreichen Materialien leben, kennzeichnen sein Werk. Zu Beginn seiner Tätigkeit entstanden der Markt in Braga, Portugal (1980–1984), und das dortige Marktcafé (1982–1984), das die übrig gebliebenen Mauern eines alten Gebäudes integriert. Zwei ineinander verschachtelte, kantige Gebäudekörper – einer aus Naturstein, der andere aus Beton und Glas – verbinden sich zur Casa Bom Jesus in Braga (1989–1994). Auch bei dem sensibel in die Landschaft eingefügten Haus in Moledo, Portugal (1991–1998), kombiniert er verschiedene Mate-

rialien wie Holz, Glas und Stein. Außerdem errichtete er ein zylinderförmiges Gebäude mit einem Auditorium und einer Kunstgalerie auf dem Gelände des Einkaufszentrums Silo Norte bei Porto (1998), um das sich vom Boden bis hinauf zum Dach eine Spirale windet. Gemeinsam mit Siza realisierte er den portugiesischen Pavillon für die Expo 2000 in Hannover. Die verblüffend schiefwinklig auskragenden Fensterflächen des Casa do Cinema in Porto (1998–2002) erklären sich aus den Sichtachsen, die zwischen die benachbarten Wohnblocks führen.

Speer Albert

Haupttribüne auf dem Reichs-
parteitagsgelände in Nürnberg,
1934–1937

Nach seinem Studium an den Technischen Hochschulen in München und Berlin arbeitete Albert Speer (1905–1981) bis 1931 als Assistent von Heinrich Tessenow in Berlin. 1932 erhielt Speer den Auftrag zum Umbau des Berliner Gauhauses der NSDAP. 1933 gestaltete er die Ministerwohnung von Joseph Goebbels und inszenierte die Berliner Feiern zum 1. Mai, die schon Elemente der späteren Parteitagsinszenierungen zeigten. Er wurde von Goebbels zum „Amtsleiter für die künstlerische Gestaltung der Großkundgebungen" ernannt, danach war sein Aufstieg im NS-Regime durch die Titel „Architekt des Führers", „Generalbauinspekteur für die Reichshauptstadt Berlin" und 1942 schließlich „Reichsminister für Bewaffnung und Munition" gekennzeichnet. Für die Reichsparteitage entwarf er das Zeppelinfeld in Nürnberg (1934–1937) mit Tribünen und Aufmarschflächen, in Berlin realisierte er die aus Stein und Marmor erbaute Neue Reichskanzlei (1938–1939). Unausgeführt blieb die geplante Nord-Süd-Achse durch Berlin mit Regierungsgebäuden zur Rechten und Linken, an deren einen Ende die von einer kolossalen Kuppel gekrönte Große Versammlungshalle stehen sollte. Im schriftlichen Werk entwickelte er abwegige Theorien, etwa eine Ruinentheorie zur Architektur des sogenannten Dritten Reichs, in der er selbst noch im Stadium der Zerstörung Bezüge zur antiken Architektur suchte. Der in seinen Bauten praktizierte, verunstaltete Neoklassizismus zeichnete sich nicht nur durch Maßlosigkeit aus, sondern auch durch die inszenatorische Einbeziehung der – gewöhnlich in Reih und Glied aufgestellten – Menschen. Über das SS-Unternehmen „Deutsche Erd- und Steinwerke" beschaffte Speer ab 1938 Baumaterial für seine gigantomanischen Pläne. Mindestens 40 000 Menschen starben allein in den von Speer eingerichteten Arbeitslagern Natzweiler und Flossenbürg für seine und Hitlers Bauideen. Nach dem Zweiten Weltkrieg war Speer bis 1966 als Kriegsverbrecher inhaftiert.

Stam Mart

Siedlung Hellerhof,
Frankfurt/Main, 1928–1932

Nach seinem Zeichenstudium in Amsterdam (1917–1919) arbeitete Mart Stam (1899–1986) zwischen 1919 und 1924 bei Marinus Jan Granpré Molière in Rotterdam, Max Taut und Hans Poelzig in Berlin sowie Karl Moser in Zürich. In der gemeinsam mit Hans Schmidt herausgegebenen Zeitschrift „ABC. Beiträge zum Bauen" veröffentlichte er neben Artikeln über Design, Architektur und Möbel Perspektivzeichnungen von funktionalistischen Gebäuden. Während seiner Tätigkeit im Büro von Johannes Andreas Brinkman und Leendert Cornelis van der Vlugt 1925–1928 war er an der Entstehung der Tabakfabrik Van Nelle in Rotterdam (1925–1930) beteiligt. Zeitgleich realisierte Stam auf Einladung Ludwig Mies van der Rohes eine straff gegliederte Reihenhausgruppe mit Flachdächern für die Weißenhofsiedlung in Stuttgart (1927). Sein dafür entworfener hinterbeinloser Stuhl aus Gasrohren und Fittings wies allerdings noch nicht die federnde Wirkung des Mies'schen Freischwingers auf. Aus der gleichen Zeit stammen die Siedlung Hellerhof in Frankfurt am Main (1928–1932) und ein dortiges Altersheim (1928–1930), ein weißer, zweigeschossiger Bau auf H-förmigem Grundriss mit großzügiger Verglasungen Süden, denn während die funktionalistischen Wohnbauten sonst Nord-Süd-Ausrichtung hatten, um den Sonneneinfall morgens und abends zu optimieren, plante Stam das Altersheim den anderen Nutzungsanforderungen angepasst. Gemeinsam mit Ernst May und anderen Architekten emigrierte Stam 1930 in die Sowjetunion, wo er als Stadtplaner tätig war und unter anderem einen Plan für Magnitogorsk konzipierte. Nachdem sich zeigte, dass in der Sowjetunion wenig Interesse an visonären Ideen bestand, kehrte Stam mit seiner Frau Lotte Stam-Beese 1934 zurück in die Niederlande. Zwischen 1939 und 1953 saß er den Schulen für Gestaltung in Amsterdam, Dresden und Ostberlin als Direktor vor, aus den fünfziger Jahren stammt etwa das Bürohaus Geillustreerde Pers in Amsterdam (1957–1959).

Starck Philippe

„Der Designer kann und soll an der Sinnsuche und am Aufbau einer zivilisierten Welt mitwirken."

▼ Delano Hotel, Miami, 1995

▶ Asahi-Brauerei, Tokio, 1990

Philippe Starck (*1949) besuchte die École Nissin de Camondo in Paris. Seine Karriere begann mit dem Entwurf von Möbeln und Inneneinrichtungen, unter anderem für französische Nachtclubs. Allein als künstlerischer Leiter des Ateliers Pierre Cardin produzierte er ab 1969 65 Möbelentwürfe. 1980 gründete er die Firma Starck Products. Elegante und ausgefallene, oftmals futuristische Interieurs gehörten zu seinen zahlreichen Aufträgen wie das Café Costes in Paris (1984). Neben seiner Tätigkeit als Designer arbeitet er auch als Architekt. In Japan konzipierte er das Gebäude Nani Nani in Tokio (1989) und die

Asahi-Brauerei in Tokio (1990), Architekturobjekte ohne Bezug zum Umfeld, die sich in ihren objekthaften Anspielungen selbst genug sind. Gemeinsam mit Alessandro Mendini und Coop Himmelb(l)au war er am Bau des Groninger Museums in den Niederlanden (1990–1994) beteiligt, für das er einen mit silbrigen Platten verkleideten Gebäudeflügel auf kreisförmigem Grundriss entwarf, der auf einem massiven Sockel mit Klinkerverkleidung platziert ist. Applizierte Vasen an der Fassade deuten auf die innen verwahrte Porzellansammlung hin. Ein großenteils verglastes Haus aus Holz in der Nähe

von Paris (1994), dessen Dach über die umlaufende Terrasse überkragt, baute Starck zunächst für sich selbst. Bei der Versandfirma 3 Suisses kann man einen Baukasten bestellen, der Konstruktionspläne und Bauteile für ein Modell des Hauses im Maßstab 1 : 50 enthält. Starck hat unzählige Luxusrestaurants, Designhotels und Boutiquen ausgestattet: 1995 gestaltete er die

Inneneinrichtung des Delano Hotel (1937 von B. Robert Swartburg) in Miami, Florida, 1999 das St. Martins Lane Hotel in London, 2001 die Mikli-Boutique Marunouchi in Tokio. In den obersten Stockwerken des Art-Déco-Kaufhauses in Paris von Frantz Jourdain und Henri Sauvage richtete er 2002 das Restaurant Kong ein. 2004 enstand das opulent eingerichtete Haus Baccarat in Paris.

Steiner Rudolf

Zweites Goetheanum,
Dornach, Schweiz, 1924-1928

Rudolf Steiner (1861–1925) begann 1879 sein Studium an der Technischen Hochschule in Wien. Von 1883 an beschäftigte er sich intensiv mit dem Studium von Goethes wissenschaftlichen Schriften. Für das Verständnis seiner Ästhetik ist die Schrift „Goethe als Vater einer neuen Ästhetik" von zentraler Bedeutung: Die Kunst habe die Aufgabe, die Kluft zwischen Physis und Metaphysis zu überwinden. Steiner trat 1902 der Theosophischen Gesellschaft bei und begann sich mit der konkreten Umsetzung seiner Ideen zu beschäftigen. 1907 entwarf er Säulenkapitelle, die später im ersten Goetheanum verwendet wurden. 1908 und 1909 entstand in Malsch ein Modell eines Rosenkreuzer-Tempels nach seinen Angaben. 1911–1913 leitete er die Planung des „Johannesbaus" in München, dessen Realisierung am Widerstand von Behörden und Kirchen scheiterte. 1913 gründete Steiner die Anthroposophische Gesellschaft. Die Goetheanumbauten, die in den folgenden Jahren in Dornach entstanden, sollten den Anthroposophen Räume für ihre Arbeit bieten. Anknüpfend an Goethes Vorstellungen von der Metamorphose der Pflanzen, versuchte Steiner im ersten Goetheanum (1913–1920) jenes dort geschilderte „innere Formschaffen der Natur" in Architektur umzusetzen. Er fertigte Zeichnungen und Modelle an, die von einem Architektenkollegium ausgeführt wurden. Auf einem Betonsockel erhob sich ein Holzbau mit zwei Kuppeln, der in erster Linie Geborgenheit vermitteln sollte. Wie in der Leibeshöhle der Mutter, die für Steiner das „Urhaus" darstellte, gab es keine rechten Winkel, im Inneren war alles gerundet. Das Dach aus vossischem norwegischem Schiefer wölbte

sich schützend über dem Bau. Für Anthroposophen, die sich in Dornach niederließen, gestaltete Steiner Wohnhäuser, wie das Haus Duldeck (1915–1916). Stilistisch nimmt es eine Mittelstellung zwischen dem ersten Goetheanum und dem zweiten ein. Es wirkt ein wenig überinszeniert. Dieser Eindruck entsteht vor allem durch das massige Dach, das an Gaudís Apartmenthäuser in Barcelona erinnert. War das erste Goetheanum noch stark dem Jugendstil verpflichtet, so war der zweite Bau, den Steiner 1923 entwarf, nachdem der erste Bau in Flammen aufgegangen war, ein Meisterwerk des Expressionismus. Steiner plante das zweite Goetheanum in Beton. Er verwies darauf, dass die äußere Form sich generell aus dem zu bearbeitenden Material ergeben sollte und forderte einen neuen Betonstil. Da Steiner vor der Fertigstellung (1924–1928) starb, wurde das zweite Goetheanum nach einem von ihm gefertigten Außenmodell gebaut. Monumentalität ist eines der Merkmale der außergewöhnlichen Architekturplastik. Gleichzeitig ist die Baumasse durch die Wölbungen der Sichtbetonflächen so detailliert durchgestaltet, dass mit dem Wechsel des Lichts immer neue Modellierungen zum Vorschein kommen. Steiner gilt als Begründer der Anthroposophischen Architektur. Sie ist in vielen Teilen der Welt in unterschiedlichen Formen verbreitet, doch immer den Grundgedanken Steiners verpflichtet, das heißt dem Verzicht auf rechte Winkel und stattdessen dem Einsatz von Rundungen, Vielecken und schrägen Ebenen sowie der Hervorhebung des handwerklichen Details. Ihrem Wesen nach ist die Anthroposophische Architektur dem organischen Bauen ähnlich.

Stirling James

„Die Kistenarchitektur hat mehr als alles andere die Städte nach dem Krieg zerstört."

Geschichtswissenschaftliche
Fakultät der Universität
Cambridge, England, 1964–1967

James Stirling (1926–1992) studierte 1945–1950 Architektur an der University of Liverpool. Danach besuchte er bis 1952 die School of Town Planning and Regional Research in London und war 1953–1956 als Assistent bei Lyons, Israel and Ellis tätig. Dort traf er auch mit James Gowan zusammen, mit dem er 1956 ein Büro eröffnete und die Ingenieursabteilung der University of Leicester (1959–1963) plante. Anfang der sechziger Jahre war er Gastdozent an der Yale University. Nach 1963 führte er sein Büro allein weiter. Wichtige Werke der folgenden Jahre waren die geschichtswissenschaftliche Abteilung der Universität in Cambridge (1964–1967), das gleichzeitig ausgeführte Studentenheim der Universität St. Andrews (1964–1968), das Projekt für die Hauptverwaltung Dorman Long in Middlesborough (1965), die um einen sechseckigen Hof gruppierte Queen's College in Oxford (1966–1971), die ziemlich unwirtliche Wohnanlage in Runcorn New Town (1967–1976) sowie das Ausbildungszentrum der Firma Olivetti in Haslemere (1969–1972), eine zweiflügelige Anlage aus pastellfarbenen, glasfaserverstärkten Kunststoffteilen mit verglastem Verbindungsbau. 1971 nahm Stirling Michael Wilford als Partner in sein Büro auf. Gemeinsam realisierten sie die Hauptverwaltung für die Firma Olivetti in Milton Keynes. Bei den sozialen Wohnungsbauten in Runcorn New Town, England (1972–1977), stellten die Architekten bunte Wohncontainer mit Kunststoffverkleidung und Bullaugenfenstern nebeneinander; die Fernheizrohre, von Metallgerüsten gestützt, wurden aus Kostengründen sichtbar in Dachhöhe angebracht. Mit der Erweiterung der Stuttgarter Staatsgalerie und dem Neubau des Kammertheaters der Württembergischen Staatstheater wurde 1977–1983 einer der mutigsten Kulturbauten Deutschlands errichtet. Der Neubau des Arthur M. Sackler Museum der Harvard University in Cambridge, Massachusetts (1979–1984), konnte an diesen Erfolg nicht anschließen. Nach einer zehnjährigen Phase, in der Stirling wie viele seiner britischen Kollegen ausschließlich im Ausland baute, erhielt er den Auftrag zur Erweiterung der Tate Gallery in London (1980–1986). Etwa zeitgleich entstanden das Performing Arts Centre der Cornell University in Ithaca, New York (1983–1988), und das Wissenschaftszentrum in Berlin (1979–1987). Der Komplex, bei dem sich lachsrosa und hellblaue Farbflächen an der Fassade abwechseln, besteht aus vier Gebäuden, die um einen zentralen Innenhof liegen und die Form eines Amphitheaters, einer Kirche, einer Festung und eines Campanile aufnehmen.

Stone Edward Durell

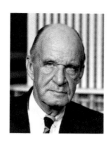

▼ Beckman Auditorium,
California Institute of Technology,
Pasadena, Kalifornien, 1962

► Museum of Modern Art
in New York, 1938–1939,
mit Philip L. Goodwin

Sein Studium absolvierte Edward Durell Stone (1902–1978) an der Harvard University und am Massachusetts Institute of Technology in Cambridge, Massachusetts. Vor der Gründung seines New Yorker Büros 1935 war er seit 1929 am Bau des Rockefeller Centers in New York von Raymond Hood und Wallace K. Harrison beteiligt. In den dreißiger Jahren entwarf Stone eine Reihe von Häusern im International Style mit weißen Putzfassaden, Glasbausteinerkern und Flachdächern ohne Überhang. Das mit Philip L. Goodwin errichtete Museum of Modern Art in New York (1938–1939) gilt als der erste öffentliche Bau im International Style in den USA. Mit den dünnen, ausgreifenden Dächern des Hauses Goodyear in Old Westbury, New York (1938), und dem offenen Grundriss des Hauses Thurnauer in Englewood, New Jersey (1949), zeichnen sich spezifisch amerikanische Baulösungen ab. Bei dem Gebäude der Stuart Pharmaceutical Company in Pasadena, Kalifornien (1956), und der amerikanischen Botschaft in Neu-Delhi, Indien (1956–1958), verwendete Stone großflächige „Grills", die fortan zu einem seiner Markenzeichen wurden, als vertikale Raumabtrennung. Zu Stones Werk zählen weiter der amerikanische Pavillon für die Weltausstellung in Brüssel (1957–1958) und das Beckman Auditorium des California Institute of Technology in Pasadena, Kalifornien (1962). In den sechziger Jahren wurden die Gebäude zunehmend von Rundbögen und Säulen durchsetzt, wie etwa bei der Waite Phillips Hall der University of Southern California in Los Angeles (1966–1968). Mit dieser neoklassizistischen Ästhetik kritisierte Stone die gläsernen Bauten, die in der Nachfolge Mies van der Rohes entstanden, als angeblich zeit- und charakterlos.

„Es gibt zu viel Konformität in der zeitgenössischen Architektur. Ich stelle mir Architektur gern als individuellen kreativen Ausdruck vor; meine Arbeit bereitet mir mehr Freude, wenn ich meinen eigenen Überzeugungen folgen kann, als wenn ich mich einem von anderen Architekten umrissenen Dogma beuge."

TAC
(The Architects
Collaborative)

▼ Von unten im Uhrzeigersinn:
Walter Gropius, Robert McMillan,
Benjamin Thompson, Louis
McMillan, John Harkness,
Arthur Niggli

▶ Johns-Manville Headquarters
in Jefferson County, Colorado,
1973–1976

1945 gründete Walter Gropius die Firma TAC
(The Architects Collaborative) in Cambridge,
Massachusetts. Die bis 1996 existierende
Architektengemeinschaft bestand zunächst aus
Jean Bodman Fletcher, Norman Fletcher, John

Harkness, Sarah Harkness, Benjamin Thompson und Louis Mc Millen. Mit seiner modernen
Architektur erhielt das Büro nicht nur in Amerika, sondern auch international zahlreiche
Aufträge. Zum Frühwerk gehört das im International Style errichtete Graduate Center der
Harvard University in Cambridge, Massachusetts (1948–1950), bestehend aus sieben Wohnheimen und dem Harkness Commons Building,
der Mensa des Universitätsgeländes. Das kubische Gebäude mit Flachdach steht teils frei
auf Stützen und hat horizontale Fensterbänder.
Im Rahmen internationaler Aufträge entstanden die amerikanische Botschaft in Athen
(1956–1961) und Gebäude für die Universität
von Bagdad, Irak (ab 1957). Das Anita Tuvin
Schlecter Auditorium in Carlyle, Pennsylvania
(1971), besitzt einen zentralsymmetrisch organisierten Innenraum mit flexiblen Schiebe-
trennwänden. In den siebziger Jahren realisierte
TAC die Johns-Manville Headquarters in Jefferson County, Colorado (1973–1976). Die zwei
lang gestreckten, flachen Bürogebäude liegen
am Fuß der Rocky Mountains. Eine Brücke
verbindet die mit Aluminium verkleideten Baukörper, die teils auf Stützen ruhen und stark
horizontal gegliedert sind.

Takamatsu Shin

▼ Geschäftszentrum Kirin Plaza,
Osaka, 1985-1987

► Gebetshalle Seirei,
Kawanishi, Japan, 1996-1998

Shin Takamatsu (*1948) studierte an der Universität in Kyoto und eröffnete 1975 dort sein Büro. Er war an der Technischen Universität Kyoto und an der Osaka University of Arts in der Lehre tätig. In den achtziger Jahren errichtete Takamatsu die Bürogebäude Origin I, II und III in Kyoto, Japan (1980-1986), und das Geschäftszentrum Kirin Plaza in Osaka, Japan (1985-1987). Seine aus den neunziger Jahren stammenden Bauten unterscheiden sich sowohl von seinen früheren Werken, die stark der Postmoderne verpflichtet sind, wie auch untereinander erheblich. Das Shoji Ueda Museum für Fotografie in Kishimoto, Japan (1993-1995), besteht aus vier kantigen Baukörpern mit reduzierten Fassaden aus Stahlbeton vor einer geschwungenen Wand. Außerdem entwarf Takamatsu das futuristische Meteor Plaza in Mihonoseki, Japan (1994-1995), und die achteckige, mit Holz und Glas verkleidete Gebetshalle Seirei in Kawanishi, Japan (1996-1998). 2001 entstand das Tianjin Museum in China, das seine Wirkung vor allem bei Nacht entfaltet, wenn es innen beleuchtet ist. Das Gebäude wurde auf einem sichelförmigen Grundriss erbaut. Die innere Seite ist vollständig verglast und öffnet sich zu einem runden Platz mit rundem Wasserbecken. 2000-2003 wurde das Nationaltheater in Okinawa, Japan, gebaut.

„Die Freude, die aus der physikalischen Existenz hervorgeht, ist imstande, auch unmittelbar körperliche Lust zu erzeugen."

Tange Kenzo

▼ Saint Mary's Cathedral, Tokio, 1962–1964

► Verwaltungsgebäude der Präfektur Kagawa in Takamatsu, Japan, 1956–1958

Kenzo Tange (1913–2005) studierte ab 1935 an der Universität von Tokio und wurde zu seinem Diplom 1938 mit dem Tatsuno-Preis ausgezeichnet. Praktische Erfahrung sammelte er im Büro von Kunio Mayekawa, einem ehemaligen Mitarbeiter Le Corbusiers. Nach dem Krieg war er als freischaffender Architekt tätig und unterrichtete ab 1946 an der Universität Tokio, wobei ihm eine inspirierende Verbindung von Lehrauftrag und Privatbüro gelang. 1949 gewann er den Wettbewerb für das Friedenszentrum in Hiroshima (1949–1956). Die flache, lange Halle des Gedenkmuseums ruht auf zurückgesetzten Betonpfeilern; die Glasfassade wird durch vertikale Betonstege und horizontale Lamellen gegliedert. 1951 wurde Tange eingeladen, dieses Projekt beim CIAM-Kongress „Das urbane Zentrum" zu präsentieren. Zahlreiche öffentliche Bauten folgten: die auf rechteckigem Grundriss errichtete Bibliothek für das Tsuda College in Tokio (1953–1954), das im selben Zeitraum erbaute dreigeschossige Rathaus von Shimizu, die Rathäuser von Kurayoshi (1956) und Tokio (1957) sowie das aus zwei Baukörpern kombinierte Verwaltungsgebäude der Präfektur Kagawa in Takamatsu (1956–1958). Typisch für viele Bauten Tanges ist die Dominanz horizontaler und vertikaler Strukturteile.

Daneben gestaltete er aber auch zahlreiche Bauten in freien Formen, etwa die Sportstätten für die Olympischen Spiele in Tokio 1961–1964. In der Komposition der beiden Stadionbauten ragen hohe, tragende Pfeiler auf, von denen die einerseits spiralförmig und andererseits zeltartig gewölbten Hängedächer in sanftem Schwung zum Rand der Arena auslaufen. Forschungsarbeit leistete Tange vor allem im Bereich der Stadtplanung. Bereits 1959 setzte er sich in seiner Dissertation mit der „Neuordnung der Stadt Tokio" auseinander und entwickelte 1960 ein Stadterweiterungsmodell über der Wasserfläche der Bucht. Das damit angesprochene Modell zellartiger Strukturen, die von verästelten Versorgungswegen erschlossen werden, fand auch beim Entwurf für das Yamanashi-Presse- und Rundfunkzentrum in Kofu Eingang (1964–1967). Mit seinen zwischen Betonzylindern eingehängten Baukörpern wurde es als flexible, wachstumsfähige Realisation der metabolistischen Schule angesehen. In späterer Zeit hatten seine Werke keine japanische Identität mehr und näherten sich immer mehr der international praktizierten Firmenarchitektur.

„Wir glauben schließlich, dass die Entwicklung dieses Prozesses der ‚Strukturierung' die grundlegende Aufgabe der städtebaulichen Arbeit ist."

◄ Yamanashi-Presse- und Rundfunkzentrum in Kofu, Japan, 1964–1967

▼ Verwaltungsgebäude der Präfektur Kagawa in Takamatsu, Japan, 1956–1958

Taniguchi Yoshio

▼ Shiseido Art Museum
Kakegawa, Japan, 1978

► Erweiterung des Museum
of Modern Art, New York,
2003–2004

Yoshio Taniguchi (*1937) studierte Maschinenbau an der Keio University in Tokio. Nach seinem
Abschluss 1960 ging er zum Architekturstudium
an die Harvard University, wo er 1964 seinen
Master machte. Bis 1972 arbeitete er dann für
Kenzo Tange. Das erste eigene Büro öffnete 1975
unter dem Namen Taniguchi, Takamiya and Associates, 1979 wurde Taniguchi and Associates
gegründet. Das Shiseido Art Museum in Kakegawa, Präfektur Shizuoka (1978), zeichnet sich
durch seine schlichten Formen aus, die diesen
Museumsbau zu einem Ort der Kontemplation
machen. Häufig arbeitet Taniguchi mit vorgelagerten Wasserflächen, auf denen sich die
Bauten spiegeln. So auch bei dem Ken Domon
Museum of Photography in Sakata, Präfektur
Yamagata (1983). Die Räume des Museums liegen
teilweise unterirdisch, um die Fotosammlung
vor natürlichem Licht zu schützen. Die Galerie
der Horyuji-Schätze des Tokyo National Museum, Japan (1999), steht mit ihren klaren Formen
im Gegensatz zum Trubel der Stadt. Ihre beiden
Funktionen, Bewahren und Präsentieren, werden in zwei sehr gegensätzlichen Gebäudeteilen
verkörpert. Während das Archiv hinter einer
Steinmauer verborgen liegt, befinden sich die
hellen Ausstellungsräume hinter einer Glasfassade, die durch einen Stahlrahmen gestaltet wird
und sich zu einem flachen Wasserbecken hin
öffnet. Der Anbau des Museum of Modern Art in
New York (MoMA, 2003–2004) sollte nicht nur
weiteren Platz schaffen, sondern auch die vorhandenen Gebäude verbinden und in ein neues
Gesamtkonzept eingliedern. Das neue Peggy-
und-David-Rockefeller-Gebäude verdoppelt
fast das Volumen des MoMA. Auch hier wird
die Fassade durch einen Rahmen dominiert, der
den innenliegenden gläsernen Kubus von der
Straße abschirmt. Seit 1970 ist Taniguchi auch in
der Lehre tätig.

Taut Bruno

▸ Pavillon des Deutschen
Stahlwerkverbandes, Leipzig, 1913

▸▸ Siedlung „Onkel Toms Hütte",
Berlin-Zehlendorf, 1926–1931

Bruno Taut (1880–1938) besuchte bis 1901 die Baugewerkschule in Königsberg und war anschließend in verschiedenen Architekturbüros tätig, so 1902 bei Fabry in Wiesbaden, ein Jahr später bei Bruno Möhring in Berlin und 1904–1908 bei Theodor Fischer in Stuttgart. 1908 erhielt er seinen ersten Auftrag, ein Turbinenhaus in Wetter an der Ruhr. Mit Franz Hoffmann als Partner eröffnete er im Jahr darauf ein Architekturbüro, in dem später auch sein Bruder Max Taut arbeitete. 1909 bauten sie für die Firma Siemens ein Erholungsheim in Bad Harzburg. Als Berater der Deutschen Gartenstadtgesellschaft wurde Taut auch mit Plänen der Gartenvorstädte „Reform" in Magdeburg (1913–1921) und „Am Falkenberg" in Berlin-Grünau (1912–1915) beauftragt, die allerdings nur teilweise realisiert wurden. Bekannt wurde er vor allem mit zwei Ausstellungsbauten: Für die Leipziger Bauausstellung 1913 entstand der Pavillon des Deutschen Stahlwerkverbandes und des Verbandes Deutscher Brücken- und Eisenbahnfabriken, das sogenannte „Monument des Eisens", ein auf achteckigem Grundriss errichteter Stahlskelettbau mit vier nach oben teleskopartig verjüngten Gebäudestufen. Für die Kölner Werkbundausstellung 1914 entwarf Taut den Pavillon der Glasindustrie mit einer Kuppel aus farbigen, rhombenförmigen Glasfeldern. Nach dem Krieg veröffentlichte er expressionistische

Architekturutopien – „Alpine Architektur" (1918), „Die Stadtkrone" (1919) – und schrieb Artikel für die Zeitschrift „Frühlicht", deren Mitherausgeber er später wurde. Unter seiner Leitung wurde 1918 der Arbeitsrat für Kunst begründet und 1919 auch die „Gläserne Kette", ein Kreis von Künstlern und Architekten, deren Mitglieder über sogenannte Kettenbriefe miteinander kommunizierten. 1921–1923 war Taut Stadtbaumeister von Magdeburg und sorgte mit den von ihm initiierten bunten Fassadengestaltungen für lebhafte Diskussionen. Als Berater der gemeinnützigen Heimstätten-, Spar- und Bau-Aktiengesellschaft in Berlin beschäftigte er sich 1924–1932 mit Fragen des Massenwohnungsbaus. Zu seinen wichtigsten Arbeiten aus dieser Zeit gehören die hufeisenförmige Siedlung Britz in Berlin, die 1925–1930 gemeinsam mit Martin Wagner verwirklicht wurde, sowie die Waldsiedlung „Onkel Toms Hütte" in Berlin-Zehlendorf (1926–1931). 1926 wurde er Mitglied der Architektenvereinigung „Der Ring". 1927 nahm er an der Werkbundausstellung in Stuttgart teil und unterrichtete 1930–1932 als Professor an der Universität in Berlin-Charlottenburg. 1933 ging Taut nach Moskau und emigrierte schließlich nach Japan, wo er am Crafts Research Institute in Sendai tätig war. 1936 wurde er als Nachfolger von Hans Poelzig, der vor dem Antritt dieser Stelle verstorben war, Professor an der Kunstakademie in Istanbul.

„Wir sind der Meinung, dass die unmittelbare äußere Umgebung der Wohnung für die Wohnung selber von größter Bedeutung ist, den Wohnwert der Wohnung erhöhen und vermindern kann."

Teague Walter Dorwin

▼ Ausstellungspavillon der Firma National Cash Register Co. auf der Weltausstellung in New York, 1939, mit Ely Jacques Kahn

► Pavillon der Firma Ford auf der Weltausstellung „Century of Progress", Chicago, 1933

Im Anschluss an sein Studium an der Art Students League in New York 1903–1907 arbeitete Walter Dorwin Teague (1883–1960) zunächst bei einer Werbeagentur und als Illustrator, bevor er 1912 sein Atelier in New York eröffnete und als Buchdrucker und Grafikdesigner tätig wurde. 1926 gründete er Walter Dorwin Teague Associates und machte sich einen Namen als innovativer Industriedesigner. Er entwarf das stromlinienförmige Auto „Marmon" (1930), Kameras für Kodak und zahlreiche weitere Produkte wie Küchengegenstände, Lampen und Feuerzeuge. Bekannt wurde auch sein Klavier für Steinway und das runde, leuchtend blaue Radio „Bluebird" für Sparton (1934–1936). Zu seinen größeren Projekten gehören Tankstellen für Texaco, verschiedene Ausstellungsgebäude für Ford, so auf der Weltausstellung 1939 in New York, und die Innenausstattung des Flugzeugs Boeing 707. 1940 veröffentlichte er „Design This Day – The Technique of Order in The Machine Age". Mit Henry Dreyfuss und Raymond Loewy gründete er 1944 die American Society of Industrial Designers, der er als Präsident vorstand.

Terragni Giuseppe

▼ Casa del Fascio,
Como, Italien, 1932–1936

▶ Wohnkomplex Novocomum
in Como, Italien, 1927–1929

Nach dem Abschluss der Technischen Schule in Como studierte Giuseppe Terragni (1904–1943) am Mailänder Politecnico und eröffnete 1927 mit seinem Bruder Attilio ein Architekturbüro in Como. Neben Luigi Figini und Gino Pollini, Sebastiano Larco, Ubaldo Castagnoli, Guido Frette und Carlo Enrico Rava war er Mitbegründer der Gruppe 7, die sich zu einer zeitgemäßen rationalen italienischen Architektur bekannte. Im selben Jahr zeigte er auf der Biennale in Monza

seinen viel beachteten Entwurf für ein Gaswerk. Gegen den massiven Widerstand von Traditionalisten wie Marcello Piacentini setzte er die Realisierung des fünfstöckigen Wohnkomplexes Novocomum in Como, Italien (1927–1929), durch, dessen Strenge von einer konstruktivistischen Ecklösung durchbrochen wird. 1928 schloss er sich der Bewegung M.I.A.R. (Movimento Italiano per L'Architettura Razionale) an. Als Hauptwerk Terragnis gilt das Parteigebäude der Faschisten (Casa del Fascio) in Como (1932–1936): ein Quader aus weißem Marmor mit dramatischen Licht- und Schatteneffekten in den geometrischen Fassadenaufbrüchen. Für die I. Mailänder Triennale erstellte er in Zusammenarbeit mit anderen Architekten des M.I.A.R. 1933 das Haus für einen Künstler am See. 1934–1935 schuf er in Col d'Echele ein Denkmal im Auftrag von Margherita Sarfatti für ihren gefallenen Sohn, dessen formelhafte Prägnanz dem rationalistischen Geist entspricht. 1934–1937 baute er den Kindergarten Antonio Sant'Elia in Como, 1935–1937 die Villa Bianchi in Rebbio. Gemeinsam mit Pietro Lingeri schuf er die Casa Rustici in Mailand (1933–1936) und die Casa Lavezzari in Mailand (1934–1937). Mit Lingeri arbeitete er auch am Projekt des Danteums in Rom, dessen Räume den Kapiteln der „Commedia" entsprechen und vergleichbare Gefühle auslösen sollten. Eine weitere Casa del Fascio entwarf er mit Antonio Carminati 1938 für die Stadt Lissone. Das Haus Frigerio in Como (1939–1940) gilt als letzte bedeutende Arbeit Terragnis.

Testa Clorindo

Clorindo Testa (1923–2013) studierte an der Nationalen Universität in Buenos Aires und machte dort 1948 seinen Abschluss. Zusammen mit Santiago Sánchez Elía, Federico Peralta Ramos und Alfredo Agostini (SEPRA) baute er die Bank of London and South America in Buenos Aires, Argentinien (1959–1966). Sie stellt ein eindrückliches Beispiel für den Brutalismus dar. Die tragende Fassade aus Fertigbetonelementen mit runden Aussparungen mutet futuristisch an. Ein riesiges Eingangstor betont die Zugangssituation. Die oberen Ebenen sind vom Dach abgehängt, die unteren sind aufgeständert. Der Innenraum birgt eine große Wendeltreppe aus Beton. Ein auf menschliche Maßstäbe bezogener Ansatz findet sich erst in der Realisierung der Arbeitsplätze in den Büroetagen. Die Nationalbibliothek in Buenos Aires, Argentinien (1962–1995), die er mit Francisco Bullrich und Alicia Cazzaniga de Bullrich baute, hat eine sehr lange Baugeschichte. Der Wettbewerb fand 1962 statt. Die zögerliche Verwirklichung des Projektes ist zum Teil auf politische Umstände zurückzuführen. So verweist der Bau, der erst Mitte der neunziger Jahre fertiggestellt wurde, auf die Ästhetik der siebziger Jahre. Die expressive Bauskulptur steht wie ein Monument in dem sie umgebenden Park auf einem Sockel aus vier Säulen, sodass die Wege des Parks nicht abgeschnitten wurden. Das Magazin befindet sich unter der Erde. Die Leseräume liegen oberhalb der Baumwipfel. Der Strandpromenade „La Perla" in Mar del Plata, Argentinien (1985–1990), entstand in Zusammenarbeit mit Juan Genoud und Osvaldo Álvarez Rojas. Die einstöckige Strandbebauung aus Beton und Klinker bietet sanitäre Einrichtungen und Einkaufsmöglichkeiten und verbindet über Treppen und Terrassen die Strandpromenade mit dem Strand. Testas Bauten und Entwürfe und sein kompromissloser Einsatz von Sichtbeton haben das Architekturverständnis in Argentinien maßgeblich beeinflussen können. In späteren Jahren werden die Entwürfe kleinteiliger und farbiger. Das Bürogebäude des Colegio de Escribanos de la Capital Federal in Buenos Aires, Argentinien (1998), das er zusammen mit Juan Fontana und dem Sevi Studio entwarf, sucht optisch die Verbindung zu den Nachbargebäuden. Eine Kunstgalerie in Pinamar, Argentinien (1997–1998), löst sich schließlich in vermeintliche Einzelbauten auf.

Tezuka Architects

*„Architektur handelt vom Leben –
von der Qualität des Lebens."*

Takaharu Tezuka

▼ „House to Catch the Forest",   ▶ „Wall-less House",
Chino City, Japan, 2004   Tokio, 2001

Takaharu Tezuka (*1964) und Yui Tezuka (*1969) schlossen zunächst beide ein Studium der Architektur am Musashi Institute of Technology in Tokio ab. Takaharu Tezuka erwarb den Grad des Masters an der University of Pennsylvania, bevor er bei Richard Rogers eine Anstellung fand. Yui Tezuka studierte weiterführend an der Bartlett School of Architecture in London. Gemeinsam gründeten sie 1994 das Architekturbüro Tezuka Architects in Tokio. Beide sind in der Lehre tätig. Bei dem „Wall-less House" in Setagayaku, Tokio (2001), wird die gesamte Konstruktion von einem stabilen Kern und extrem dünnen Säulen getragen. Das Erdgeschoss kommt ganz ohne Wände aus und geht, schiebt man die Glaswände beiseite, direkt in den großen Garten über. Auf dem kleinen Grundstück in der dicht besiedelten Nachbarschaft optimiert das „Thin Wall Office" in Shibuyaku, Tokio (2004), die Flächenausnutzung durch die Verwendung von dünnen Wänden und der Nutzung der zulässigen Dachhöhe. 9 mm dicke Stahlpatten und schmale Säulen tragen die Konstruktion. Die gläsernen Fassaden der Vorder- und Rückseite geben Einblick in das Büroleben. Untergeschoss ebenso wie Bad und Küchenzeile bleiben aber nicht einsehbar. Das Engawa House in Adachiku, Tokio (2003), wurde als Ergänzungbau in den vorgelagerten Garten eines Einfamilienhauses gestellt. Die Fassade zum langen schmalen Hof und zum Haupthaus ist gänzlich verglast, sodass der Bau mithilfe der neun Glasschiebetüren zu einer 16 m langen überdachten Veranda umgewandelt werden kann. Wie ein Schaufenster sind alle Räume vom Hof offen einsehbar, selbst Bade- und Schlafzimmer. Ein schmales Fensterband, das sich über die ganze Länge der Rückseite erstreckt, garantiert ausreichend Licht bei Tage. Das „House to Catch the Forest" in Chino City in der Präfektur Nagano (2004) steht aufgeständert auf drei Sockeln in einem Pinienwald. Die spitz hochgezogene, verglaste Front des Ferienhauses bietet schöne Ausblicke in die umliegenden Baumwipfel. Das steil abfallende Dach verhindert, dass sich zu viel Schnee ansammelt.

Thorne Beverley

▼ Haus Nail, Atherton, ▶ Haus Sequoya, Oakland, 1957
Kalifornien, 1954

Beverley Thorne (*1924) schloss sein Studium der Architektur an der University of California in Berkeley, Kalifornien, 1950 ab. Es folgten eine Anstellung bei David S. Johnson und ein mehrjähriger Europaaufenthalt, bevor er sich 1954 unter dem Namen David Thorne selbstständig machte. Thorne verwendete bei vielen seiner Bauten Stahlrahmenkonstruktionen. Das Haus für Dave Brubeck in Oakland, Kalifornien (1954), plante Thorne für ein unwirtliches Grundstück an einem Felshang. Er schuf einen dreigeschossigen Bau, dessen Stahlkonstruktion teilweise im Felsen verankert wurde. Das Obergeschoss liegt auf Höhe der Baumwipfel und bietet mit seinen Glaswänden und Schiebefenstern Aussicht in alle Richtungen. Ein auskragender Obergeschossteil beherbergt das Schlafzimmer; das Mittelgeschoss öffnet sich zu einer großen Terrasse. Beim Haus Nail in Atherton, Kalifornien (1954), verließ Thorne die übliche Modulbauweise. Da der Bauherr vom Wohnzimmer in den alten Baumbestand schauen wollte, ließ der Architekt das Dach hier schräg aufragen. Darunter befindet sich der Autostellplatz. Das von Thorne entworfene Case Study House Nr. 26 in San Rafael, Kalifornien (1962–1963), mit einem Stahlskelett steht großenteils frei auf Stützen auf einem Hanggrundstück und kragt weit aus. Das Flachdach des Hauses dient als Parkplatz.

UNStudio

▼ Ben van Berkel   ▶ Bürogebäude „La Defense",
                                    Almere, Niederlande, 1999-2004

Ben van Berkel (*1957) studierte an der Rietveld Akademie in Amsterdam und anschließend an der Architectural Association in London, wo er 1987 sein Diplom erhielt. Bevor er 1988 gemeinsam mit Caroline Bos (*1959) UNStudio in Amsterdam gründete, arbeitete er für Santiago Calatrava in Zürich. 1994 dozierte er als Gastprofessor an der Columbia University in New York. Auf der Suche nach neuen Raumlösungen, die einerseits über das durch den Funktionalismus bekannte Repertoire an Lösungen hinausführen, andererseits aber auch die sinnliche, zeichenhafte Qualität haben, die heutzutage besonders von öffentlichen Bauten verlangt wird, greifen die Architekten von UNStudio auf mathematische Modelle zurück, die im computergestützten Design erforschbar geworden sind. So ist auch die Entwicklung ihres gebauten Werkes als Forschungsprojekt in die Gefilde des gefalteten, verwundenen und verschlungenen Raums zu lesen. 1992–1994 entstand das Haus Wilbrink in Amersfoort, Niederlande, dessen Dach so sanft zur Straße abfällt, dass es wie unterirdisch angelegt erscheint. Oben und unten, innen und außen werden vermischt und neu definiert. Mit der Erasmusbrücke in Rotterdam (1990–1996) erhielt die Stadt ein kraftvolles Wahrzeichen, das die neuen Stadtquartiere, die durch die Umnutzung von alten Hafenanlagen entstehen, an die Innenstadt anbindet. Das Konzept des Möbius-Haus in Het Gooi, Niederlande (1993–1998), ist das Möbiussche Band,

unterstrichen durch Materialkontraste wie die Kombination von massiven Betonflächen mit deckenhohen, getönten Fenstern. Bei der Gestaltung des NMR-Laborgebäudes der Universität in Utrecht, Niederlande (1997–2000), falteten die Architekten Sichtbetonflächen um den zentralen Laborbereich. Der große Büroblock „La Defense" in Almere, Niederlande, (1999–2004), erhielt durch gezielte Einschnitte Innenhöfe, deren Fassaden durch die Beschichtung mit einem farblich schillernden Filmmaterial zu einer immateriellen Vision des Baublocks führen. Höhepunkt des bisherigen Schaffens ist das neue Mercedes-Benz-Museum in Stuttgart (2001–2006), dessen verwundene Spiralen einen kontinuierlichen Weg durch das Gebäude ermöglichen.

*„Ich habe immer Angst davor,
dass ein zu künstlerischer Architekt
sehr akademisch wird.
Architekten können nicht nur
Künstler sein. Wir tragen eine
größere Verantwortung."* Ben van Berkel

Utzon Jørn

*„Das wahre innerste Wesen der Architektur lässt sich
mit dem Ursprung der Natur vergleichen, und etwas von
der Zwangsläufigkeit des Wachstums als Prinzip der Natur
sollte ein fundamentales Konzept der Architektur sein."*

▼ ▶ Oper von Sydney, 1957–1973

Jørn Utzon (1918–2008) absolvierte sein Studium an der Kunstakademie in Kopenhagen.
Bis zur Gründung seines Büros in Kopenhagen
1950 arbeitete er bei Paul Hedqvist in Stockholm, bei Alvar Aalto in Helsinki und sammelte
Eindrücke auf Reisen durch Europa, Nordafrika
und Amerika, wo er unter anderem Frank Lloyd
Wright besuchte. In den fünfziger Jahren errichtete Utzon sein eigenes Haus in Hellebæk,
Dänemark (1952), und die schlangenförmig
gruppierten Quader der Siedlung Kingohusene
in Helsingør, Dänemark (1956–1960). Die zur
Straße hin geschlossenen, flachen Einfamilienhäuser aus gelbem Ziegel öffnen sich zu den
von den Seitenflügeln eingeschlossenen Gartenhöfen. Zu seinem Werk zählen weiterhin die
Terrassenhäuser in Fredensborg, Dänemark
(1962–1963), und die Birkehoj-Häuser in Elsinore,
Dänemark (1963). Bei der Oper von Sydney
(1957–1973), die auf einer Halbinsel im Hafen
liegt, staffeln sich markante, muschelförmige
Betonschalen, die vollständig mit hellen Fliesen
bedeckt sind, über zwei Plattformen, unter
denen die Haupträume untergebracht sind. Das
Innere der Oper wurde teilweise abweichend
von den Plänen Utzons, der den Bau nur einige
Jahre beaufsichtigte, fertiggestellt. Außerdem
entwarf er die Bagsværd-Kirche in Kopenhagen
(1969–1976), einen abgetreppten Baukörper
mit verglasten, dreieckigen Dachaufsätzen,
der im Inneren eine stark bewegte Decken-
verschalung beherbergt. Das Haus Utzon in
Porto Petro, Mallorca (1971–1972), wiederum
präsentiert sich als Ensemble kleiner Einzelgebäude. Außerdem beschäftigte sich Utzon oft
mit dem Entwurf von Möbeln und Leuchten.

van de Velde Henry

*„Eine Linie ist eine Kraft, die ähnlich
wie alle elementaren Kräfte tätig ist …"*

▶ Kunstgewerbeschule in Weimar,   ◀ Werkbundtheater für die
1904–1911   Werkbundausstellung in Köln, 1914

Henry-Clément van de Velde (1863–1957) studierte 1880–1883 Malerei an der Académie
des Beaux-Arts in Antwerpen sowie 1884 und
1885 bei Corolus Duran in Paris. Er engagierte
sich bald in verschiedenen Künstlervereini-
gungen. So wirkte er 1887 an der Gründung von
„L'Art indépendant" mit und wurde 1889 Mitglied der Brüsseler Avantgardistengruppe „Les
XX". Das erste Gebäude, das van de Velde errichtete, war sein eigenes Wohnhaus, das Haus
Bloemenwerf in Uccle bei Brüssel (1895). Vom
Kunstsammler Samuel Bing erhielt er den Auftrag, für dessen Pariser Galerie „L'Art Nouveau"
vier Räume auszustatten, die 1897 anlässlich
der Kunstgewerbeausstellung in Dresden präsentiert wurden. Die kraftvollen, konstruktiven
Schwünge seiner Möbelentwürfe bildeten
einen der wesentlichsten Beiträge zum Jugendstil. 1899 eröffnete er in Berlin eine Zweigstelle
seiner 1898 ins Leben gerufenen Gesellschaft
„Henry van de Velde" zur Herstellung von Möbeln und anderen Gegenständen, die er jedoch
schon 1900 an Wilhelm Hirschwald, den Inha-
ber des Hohenzollern-Kunstgewerbehauses,
verkaufte. In Berlin entstandene Arbeiten sind
ferner der Tabakladen für die Habana Compagnie (1899) und der Frisiersalon Haby (1901). Im
Auftrag von Karl Ernst Osthaus übernahm er den

Innenausbau des Folkwang-Museums in Hagen
(1900–1902). 1901 wurde er als künstlerischer
Beirat an den Hof des Großherzogs Wilhelm
Ernst nach Weimar berufen und 1904 mit der
Errichtung der Kunstgewerbeschule (1904–1911)
beauftragt, die er bis 1914 leitete. Für die Kölner
Werkbundausstellung 1914 realisierte van de
Velde einen Theaterbau, der einen neuartigen,
amphitheaterähnlichen Bühnenraum erhielt.
Das Äußere wurde durch schwere Mauermassen
bestimmt. Für das Théâtre des Champs-Élysées
in Paris hatte er bereits 1910 und 1911 einen
Entwurf erarbeitet, doch die Ausführung wurde
schließlich Auguste Perret übertragen. Ab 1917
lebte er in der Schweiz. 1921 zog er nach Holland. Dort beriet er das Ehepaar Kröller-Müller
als Nachfolger von Hendrik Petrus Berlage und
begann mit ersten Entwurfszeichnungen für das
heutige Rijksmuseum Kröller-Müller in Otterlo,
Niederlande, das in vereinfachter Fassung 1937–
1954 gebaut wurde. Wieder in Brüssel, übernahm
er bis 1935 die Direktion des Institut Supérieure
d'Architecture et des Arts Décoratifs, gleichzeitig
unterrichtete er als Professor für Architektur an
der Universität in Gent (1925–1936). 1939 errich-
te er mit Victor Bourgeois und Léon Stijnen den
belgischen Pavillon für die Weltausstellung in New
York. Nach 1947 lebte er wieder in der Schweiz.

Venturi Robert &
Scott Brown Denise

▼ Haus Coxe-Hayden, Block
Island, Massachusetts, 1981

▶ Haus Brant, Greenwich,
Connecticut, 1970-1973

◀ Sitz des Institute of Scientific
Information, Philadelphia,
1970-1978

Nach dem Architekturstudium an der Princeton University, New Jersey, hielt sich Robert Venturi (*1925) 1954-1956 als Stipendiat der American Academy in Rom auf. Danach arbeitete er bis 1958 in den Architekturbüros von Eero Saarinen und Louis I. Kahn. Außerdem unterrichtete er als Professor an den Universitäten in Princeton und Yale. Von den frühen Arbeiten sind vor allem das Seniorenwohnheim „Guild House" in Philadelphia zu erwähnen, das er 1960-1963 gemeinsam mit den Architekten Cope und Lippincott erbaute, sowie das Haus für seine Mutter in Chestnut Hill, Philadelphia (1962-1964). Beide Gebäude wurden zu Ikonen der postmodernen Architektur. Von 1964 bis 1987 arbeitete er mit John Rauch als Partner zu-

sammen, später kamen Denise Scott Brown, Steven Izenour und David Vaugham hinzu. Zahlreiche Objekte wurden realisiert, so 1968-1973 das Humanities Building der State University of New York in Purchase, die Dixwell Fire Station in New Haven, Connecticut (1967-1974), das Haus Brant in Greenwich, Connecticut (1970-1973), der Franklin Court in Philadelphia (1972-1976), der Anbau an das Allen Memorial Art Museum in Oberlin, Ohio (1973-1976), das Institute of Scientific Information in Philadelphia (1970-1978) mit einer Fassade aus farbigen, mosaikartig belegten Mauerstreifen und die Gordon Wu Hall der Princeton University (1980-1983). Im Unterschied zu den stark zeichenhaften Fassaden seiner städtischen Projekte, die Venturis Bestimmung des „dekorierten Schuppens" folgen, zeigen seine Ferienhäuser, die er auf Nantucket Island, Block Island oder in Vail, Colorado, baute, landschaftsbezogene Holz- und Schindelflächen, in denen ungewöhnlich gesetzte Fensterausschnitte überraschende Raumsituationen schaffen. In den Publikationen „Complexity and Contradiction in Architecture" (1966), „Learning from Las Vegas" (1972), gemeinsam mit Denise Scott Brown und Steven Izenour, sowie „A View from the Campidoglio" (1985) mit Denise Scott Brown untermauerte Venturi seine Anschauung, dass auch modernes Bauen von historischen Bezügen lebe und die chaotische Alltagsarchitektur der „Strips" als konkurrierende Realität anzuerkennen habe.

Vilanova Artigas João

*„Ich bewundere die Dichter. Was sie mit zwei
Wörtern sagen, müssen wir mit Tausenden von
Ziegelsteinen zum Ausdruck bringen."*

▼ Schwimmbad in Jaú,
Brasilien, 1975

► Haus Czapski,
São Paulo, 1949

João Vilanova Artigas (1915–1985) studierte Architektur und Ingenieurwesen an der Escola Politécnica da USP in São Paulo. Noch während des Studiums sammelte er praktische Erfahrungen in verschiedenen Architekturbüros. 1937 machte er seinen Abschluss; anschließend arbeitete er für Gregori Warchavchik. Vilanova Artigas lehrte von 1941–1947 an der Universität São Paulo. 1948 war er Mitbegründer des neuen Architekturstudiengangs und reformierte das Studium in den sechziger Jahren grundlegend. Aus politischen Gründen wurde er 1969 jedoch zum Verlassen der Universität gezwungen.

1980 konnte er als Berater zurückkehren. Vilanova Artigas gilt als führender Architekt der Schule von São Paulo. Das Apartmenthaus Louveira am Praça Vilaboim in São Paulo (1946–1949) bildet mit zwei sieben- bzw. achtstöckigen Hochhausscheiben in der Mitte einen kleinen Platz aus. Der Raum unter den auf Pilotis über den Boden gehobenen Häuser wird als Parkplatz genutzt. Die Vorhangfassaden sind mit hölzernen Sonnenschutzlamellen versehen. Das eigene Wohnhaus in São Paulo (1949) spricht eine weitaus persönlichere Formensprache, gekennzeichnet durch Präzision und Klarheit in der Verwendung von Beton und Glas. Das Dach strebt schräg in den Himmel und umrahmt die großen Fensterflächen. Über der Terrasse aufgeständert befand sich ursprünglich das Büro des Architekten. Anfang der sechziger Jahre entstanden zwei Schulen in São Paulo in Zusammenarbeit mit Carlos Cascaldi, eine in Guarulhos, die andere in Itanhaém. Die Schule in Itanhaém markiert den Beginn von Vilanova Artigas Brutalismusphase, ablesbar an den trapezförmigen Betonrahmen, die an der Stirnseite einen halben Meter über das Dach hinausragen. Die Schule in Guarulhos ist innen und außen mit einem Farbkonzept in den Primärfarben gestaltet. Der Einsatz von Farbe zusammen mit expressiven Konstruktionselementen der weiträumigen Bauten durchziehen das Werk des Architekten. In der Spätphase konnte Vilanova Artigas eine Reihe von öffentlichen Bauten, vom Schwimmbad bis zum Kunstmuseum, realisieren.

◄ Apartmenthaus Louveira,
São Paulo, 1946–1949

▼ Institut für Architektur-
und Stadtplanung,
São Paulo University, 1961,
mit Carlos Cascaldi

► Tennisclub Anhembi,
São Paulo, 1961,
mit Carlos Cascaldi

▼ Haus des Architekten,
São Paulo, 1949

Villanueva Carlos Raúl

▼ Olympiastadion, Caracas,
1949–1950

► Schule Gran Colombia,
Caracas, 1939–1942

◄ Rektorat der Universität
von Venezuela, Caracas, 1952–1953

Carlos Raúl Villanueva (1900–1975) studierte an der École des Beaux-Arts in Paris, anschließend gründete er 1929 ein Büro in Caracas. Er gehörte zu den Mitbegründern der Architekturfakultät der Universität von Venezuela in Caracas, an der er seit 1944 in der Lehre tätig war. Seine Architektur verbindet Ideen des International Style mit südamerikanischen Traditionen, wobei regionalen Anforderungen wie etwa den klimatischen Bedingungen eine große Bedeutung zukam. Zu seinem Werk zählen die Stierkampfarena in Maracay, Venezuela (1931), das Olympiastadion (1949–1950) und die Universitätsstadt (1944–1970), beide in Caracas, Venezuela. Die Gebäude sind aus Stahlbeton errichtet, Gitter, Jalousien und gewölbte Auskragungen schützen vor der Sonne. Bei der Farbgestaltung des Universitätsgeländes arbeitete Villanueva eng mit den Künstlern Alexander Calder und Fernand Léger

zusammen, die er aus seiner Studienzeit in Paris kannte. Calder entwarf unter anderem frei hängende Platten zur Verbesserung der Akustik für die Aula Magna. Das Universitätsstadion besteht aus einer durch kammartig verlaufende Träger elegant aufgelockerten Stahlbetonschale. Zusammen mit Ricardo de Sola Ricardo und Arthur Erickson baute er den Pavillon Venezuelas auf der Expo '67 in Montreal, Kanada, der aus drei farbig gestalteten Würfeln bestand. 1970–1972 entstand das letzte Werk Villanuevas, das Jesús-Soto-Museum in Bolívar, Venezuela. Die dazugehörigen sechs Blöcke mit den Ausstellungsräumen, Verwaltung und Cafeteria sind locker um einen Hof gruppiert und werden durch flache Galerien verbunden. Die Bauten sind teilweise mit verstellbaren, vertikalen Sonnenblenden versehen, die Licht- und Schattenspiele zulassen.

Voysey Charles Francis Annesley

▼ Moorcrag, Gillhead,
England, 1898–1899

▶ Broadleys House, Lake
Windermere, England, 1898–1899

◀ The Pastures,
Rutland, England, 1901

Nachdem Charles Francis Annesley Voysey (1857–1941) in den Londoner Büros von J.P. Seddon und George Devey praktische Erfahrung gesammelt hatte, gründete er 1882 sein eigenes Büro. Obwohl er stark von der Arts-and-Crafts-Bewegung beeinflusst war, verfolgte er einen eigenen, weniger rückwärtsgewandten und mehr am Funktionalen denn am Ornamentalen orientierten Stil. Sein Interesse galt neben dem Bau von Häusern auch der Innenausstattung, deren Schlichtheit durch die von Voysey bevorzugten, unlackierten Holzoberflächen noch akzentuiert wird. Sein Wunsch war, dass alles bis hin zur Zahnbürste – von der es aber keinen Entwurf seitens Voyseys gibt – vom Architekten gestaltet

wird. Außerdem entwarf er Möbel, Textilien für Alexander Morton & Co. und Tapeten für Essex & Co. Sein umfangreiches Werk umfasst überwiegend Landhäuser, häufig mit Schiefer-, hohen Sattel- und Walmdächern, rauen Putzflächen und Fensterbändern. Die mit der Industrialisierung reich gewordenen Teile der Mittelschicht wünschten sich ein komfortables Landhaus, wie es früher nur der Adel besessen hatte, sie bildeten die Klientel, und Voysey entwarf die passenden Formen für ihren Lebensstil. 1893 entstand das Perrycroft House für J.W. Wilson bei Malvern, England, 1896 das Greyfriars House in Surrey, England. Annesley Lodge in Hampstead bei London (1895–1897) entstand für Voyseys Vater. Das auf L-förmigem Grundriss errichtete Haus weist die gleichen schräg anlaufenden Wandvorsprünge auf wie das Perrycroft House, verzichtet aber auf dessen romantische Details wie Turm und Rundfenster. Das mit weiß gestrichenem Kiesel verputzte Broadleys House am Lake Windermere, England (1898–1899), entstand für Arthur Currer Briggs, der mit seinen Wochenendgästen per Schiff über den See anreiste. Drei rund gebaute Erker an der Westseite, großflächig mit horizontalen Sprossenfenstern verglast, bieten Panoramablicke und öffnen die 60 cm starken Mauerwände. Zur gleichen Zeit entwarf Voysey das Landhaus Moorcrag für J.W. Buckley, dessen klarer, fast rechteckiger Grundriss durch eine elaborierte Dachlandschaft überdeckt wird. 1899 baute sich Voysey mit The Orchard in Chorleywood, England, selbst ein Landhaus, das alle seine Entwicklungen zusammenfasste.

Wachsmann Konrad

Fertighaus im „General
Panel System", 1942–1947,
mit Walter Gropius

Der gelernte Zimmermann und Schreiner
Konrad Wachsmann (1901–1980) besuchte
1923–1924 die Akademie der Bildenden Künste
in Dresden. Anschließend war er Schüler bei
Hans Poelzig an der Preußischen Akademie
der Künste in Berlin. Wachsmann beschäftigte
sich früh mit der Vorfertigung von Bauteilen:
Als Chefarchitekt von Christoph & Unmack,
einer Firma für Holzfertigbau in Niesky, realisierte er ein Lungensanatorium in Spremberg (1927)
und das Sommerhaus von Albert Einstein in
Caputh (1928–1929). Auf einem gemauerten,
flachen Sockel erhebt sich das zweistöckige,
mit vorfabrizierten Holzplanken verkleidete
Fachwerkhaus. Über eine rechtwinklige Treppe
gelangt man auf die von Stützen getragene,
sich seitlich an das Haus anschließende Terrasse. Einsteins Haus war für Wachsmann der
Start in die Selbstständigkeit. Nach einem längeren Romaufenthalt zwischen 1932 und 1938
emigrierte Wachsmann 1941 nach Amerika,
wo er verschiedene Baukastensysteme ent-

wickelte. Zunächst entstand zwischen 1942
und 1943 das gemeinsam mit Walter Gropius
konzipierte „General Panel System", bei dem
Wandtafeln in kurzer Zeit von ungelernten
Kräften ohne Werkzeuge zusammengefügt
werden konnten. Ab 1944 entwickelte er eine
ganze Fabrik inklusive Maschinenpark zur
Umsetzung industrieller Massenfertigung von
Häusern. Es wurden von der „General Panel
Corporation" aber nicht mehr als 200 Häuser
insgesamt hergestellt, und die Firma musste
mangels Wirtschaftlichkeit schließen. Anschließend entwarf er die „Mobilar-Structure"
(1945) für die Flugzeughallen der Atlas Aircraft
Corporation. Die Konstruktion von Raum-
tragwerken, die aus Stahlrohren und Knoten-
elementen gebildet werden, bestimmte die
späten theoretischen Arbeiten Wachsmanns.
1949 nahm Wachsmann eine Lehrtätigkeit
am Institute of Design des Illinois Institute of
Technology in Chicago auf und nach 1964 an
der University of Southern California.

Wagner Martin

Während seines Studiums an den Technischen Hochschulen in Berlin und Dresden war Martin Wagner (1885–1957) zwischen 1905 und 1910 Mitarbeiter bei Hermann Muthesius. 1917 trat er mit einer Denkschrift für die staatliche Organisation des Wohnungsbaus ein und richtete sein Hauptaugenmerk auf den Siedlungsbau mit dem Ziel, trostlose Mietskasernen durch begrünte Kommunen abzulösen, in denen sich Mieter wohlfühlten. 1918–1920 fungierte er als Stadtbaurat von Schöneberg, zwischen 1926 und 1933 von ganz Berlin. 1929 gab er gemeinsam mit Adolf Behne die Zeitschrift „Das neue Berlin" heraus. Zusammen mit Bruno Taut errichtete er die Siedlung Lindenhof in Berlin-Schöneberg (1918–1920) und die Siedlung Britz in Berlin

(1925–1930). Zentrum ist ein hufeisenförmig um einen Teich angeordneter, weißer Wohnblock. An der Rückseite schließen sich Reihenhäuser mit roten und blauen Fassaden an, die die Form einer Raute bilden. Die Häuser grenzen sich deutlich gegen eine benachbarte, im konservativen Stil erbaute Siedlung ab. Weiter war Wagner neben anderen Architekten an der Entstehung der Siedlung „Onkel Toms Hütte" in Berlin (1926–1931) und des Strandbads Wannsee in Berlin (1929–1930) beteiligt, mit Hans Poelzig verwirklichte er das „Haus des Rundfunks" auf dem Berliner Messegelände (1929–1930). In der NS-Zeit emigrierte er zunächst in die Türkei, dann nach Amerika und lehrte an der Harvard University in Cambridge, Massachusetts, Stadtplanung.

Wagner Otto

▼ ▶ Kirche St. Leopold am Steinhof,
Wien, 1902–1907

Ab 1857 studierte Otto Koloman Wagner (1841–1918) am Polytechnikum in Wien, besuchte 1860 und 1861 die Königliche Bauakademie in Berlin und setzte seine Ausbildung an der Wiener Akademie der Bildenden Künste fort, bevor er im Atelier Ludwig von Försters arbeitete. Sein eigenes Haus in Wien (1886) erinnert in der symmetrischen Anordnung, den Säulen und der Treppenanlage an Palladio. Mit ihren flexiblen Raumtrennwänden und Glasfußböden war die Österreichische Länderbank in Wien (1882–1884) weit innovativer als die Fassade vermuten ließ. 1893 gewann Wagner den Wettbewerb für die städtebauliche Neuordnung der Stadt Wien. Nachdem er 1894 zum Wiener Oberbaurat berufen worden war, gehörten der Bau der Stadtbahn und die Regulierung der

Donau zu seinen wichtigsten Arbeitsfeldern. Bis zur Fertigstellung der Stadtbahn 1901 wurden 34 Stationen, zahlreiche Brücken und Viadukte verwirklicht. 1894 wurde Wagner Professor für Architektur an der Wiener Akademie der Bildenden Künste. Ein Jahr später veröffentlichte er seine Antrittsvorlesung unter dem Titel „Moderne Architektur". 1898 stellte Wagner die Miethäuser an der Linken Wienzeile fertig; die Nummer 40 wurde wegen der dekorativen Fassadengestaltung als „Majolikahaus" berühmt, bedeutender ist jedoch die überlegte Grundrissgestaltung und die moderne Ausstattung aller Wohnungen mit Bädern. Wagners eigene Stadtwohnung überraschte die Zeitgenossen mit seiner gläsernen Badewanne. 1899 trat er der Künstlervereinigung der Wiener Secession bei. Mit dem Depeschenbüro der „Zeit" entwarf er 1902 ein kompromisslos modernes Werk. Das 1903–1912 ausgeführte Postsparkassenamt in Wien überträgt seine Gedanken in den großen Maßstab. Beginnend mit der Fassade aus Marmorplatten, die durch regelmäßig gesetzte, sichtbare Bolzen gehalten sind, bis zum Höhepunkt, zu der großen, glasüberwölbten Schalterhalle, gehorcht die Gestaltung völlig den funktionalen Notwendigkeiten. Die Kirche St. Leopold am Steinhof in Wien (1902–1907) mit ihrer beeindruckenden Kuppel – verkleidet mit ursprünglich vergoldeten Kupferplatten – diente als Anstaltskirche der Niederösterreichischen Landes-Heil- und Pflegeanstalten. Von den Bauten der letzten Schaffensphase sind vor allem die Wiener Mietshäuser der Neustiftgasse (1909–1911) und Döblergasse (1912) und die zweite Villa Wagner (1912–1913) zu nennen.

◀ ▼ Österreichische Postsparkasse,
Wien, 1903–1912

▶ ▼ Villa Wagner II, Wien,
1912–1913

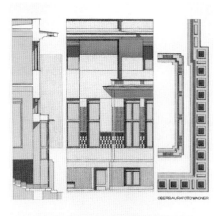

Werkbund

Der Deutsche Werkbund wurde 1907 von zwölf Künstlern, darunter Peter Behrens, Josef Hoffmann, Hermann Muthesius, Richard Riemerschmid, und zwölf Firmen gegründet. Ziel war „die Veredelung der gewerblichen Arbeit", worunter alle Produkte von Kunst, Handwerk und Industrie bis hin zum Städtebau verstanden wurden. Zur Propagierung der Ideen dienten anfangs Jahrbücher, dann zunehmend auch Ausstellungen. Die erste in Köln 1914 umfasste über 50 Bauten, wobei aber nur die von Walter Gropius, Bruno Taut und Henry van de Velde bemerkenswert waren, andere pflegten eher einen betulichen Neoklassizismus. Als Hermann Muthesius in einem Referat über die weitere Werkbundarbeit die Typisie-rung zum Hauptanliegen machte, entstand der sogenannte Werkbundstreit, in dem vor allem Henry van de Velde die künstlerisch orientierte Gegenposition einnahm. 1913 gründeten sich sowohl der Schweizerische als auch der Österreichische Werkbund. Durch den Ersten Weltkrieg 1914–1918 verlor die Industrie ihre Rolle im Deutschen Werkbund, ihm wurde jetzt eher eine geistige als wirtschaftliche Funktion zugeordnet. Mit der Ausstellung „Form ohne Ornament" (1924) gelang wieder eine weiter beachtete Unternehmung. Unter der Leitung von Mies van der Rohe fand die Ausstellung „Die Wohnung" 1927 in Stuttgart statt, die mit der Weißenhofsiedlung Häuser von Le Corbusier, J.J.P. Oud und Mart Stam und anderen präsen-

tierte. Gemeinsames Thema war die Industrialisierung des Wohnungsbaus. In der folgenden Zeit gab es weitere Bauausstellungen auch in den Nachbarländern, die den Gedanken auf verschiedene Art verfolgten, so in Brünn (1928), Breslau (1929) oder Wien (1932). Die Wohnhäuser der Wohnsiedlung des Tschechischen Werkbunds „Baba" in Prag (1932) wurden als Besonderheit für konkrete Bauherren errichtet. Die Werkbundsiedlung Neubühl (1932) zeichnete sich durch eine besonders durchdachte Gesamtanlage aus, in der auch zahlreiche Wohnungstypen vorgestellt wurden. Nach dem Zweiten Weltkrieg wurde 1949 eine Ausstellung in Köln ausgerichtet, die sich mit dem Wiederaufbau beschäftigte. Auf ihr wurde auch die von Max Bill ausgerichtete Zusammenstellung „Die gute Form" gezeigt, ein Begriff, der die weitere Arbeit auf den Punkt brachte. Zehn Jahre später rückten aber schon neue Probleme wie Zersiedlung und Umweltzerstörung in den Vordergrund.

> „Der Niedergang der Qualität in der gewerblichen Produktion hat zum großen Teil seine Ursache in der Unerfahrenheit und Unwissenheit des Publikums in technischer Beziehung. Daneben werden, wie das bisher schon geschehen ist, gewerbliche Ausstellungen dafür zu sorgen haben, dass dem Publikum fortlaufend die besten Erzeugnisse in ansprechender Form vorgeführt werden." *Denkschrift des Werkbunds 1907*

▼ Felix Augenfeld, Karl Hofmann, Espressobar, Werkbundausstellung in Wien, 1930

► André Lurçat, Reihenhäuser auf der Werkbundausstellung in Wien, 1932

Williams Amancio

„Ich habe nicht viele meiner Entwürfe gebaut, aber andere werden das tun."

„Haus über dem Bach", Mar del
Plata, Argentinien, 1943–1945

Amancio Williams (1913–1989) studierte an der Architekturfakultät der Universität von Buenos Aires, wo er 1941 sein Diplom erwarb. Nur wenige seiner vielen Projekte wurden verwirklicht. Als Verfechter der modernen Architektur vertrat er Argentinien im CIAM. Das Haus für den Komponisten Alberto Williams, seinen Vater, in Mar del Plata, Argentinien (1943–1945), ist wie eine Brücke konzipiert. Ein weiter Betonbogen, der sich über einen Bach spannt, trägt den flachen einstöckigen Riegel. Das durchgehende Fensterband hebt die horizontale Ausrichtung des ungewöhnlichen Hauses hervor. Auf dem Dach befindet sich eine begehbare Terrasse. Le Corbusier, für den er später das Haus Curutchet in La Plata, Argentinien (1950–1951), ausführte, widmete Williams 1947 eine Ausstellung in Paris. Spektakulär war sein Entwurf eines Gebäudes für kulturelle Veranstaltungen (1942–1953). In seiner Präsentation platzierte Williams das im Querschnitt ellipsenförmige silberne Modell in einer Art Mondlandschaft und erhielt dafür 1958 die Goldmedaille der Brüsseler Weltausstellung. Seit 1961 war Williams Mitglied der argentinischen National Academy of Fine Arts. 1963 plante er am Río de la Plata in Buenos Aires, Argentinien, ein Denkmal für seinen verstorbenen Vater, das aber erst im Jahr 2000 gebaut wurde. Das auf einer Stütze scheinbar weich flatternde Dachelement fand danach auch Eingang in den Ausstellungspavillon der Firma Bunge und Born, den er für die Landesausstellung 1966 in Buenos Aires baute.

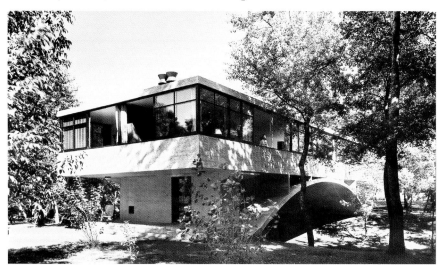

Williams Owen

*„Ziel des Industriebauers sollte daher Zweckdienlich-
keit und Kostenoptimierung bei völliger Flexibilität für
Neuplanungen und Modifizierungen sein."*

Gebäude der Zeitung „Daily
Express", London, 1929–1931

Der gelernte Bauingenieur Owen Williams
(1890–1969) sammelte nach seiner Ausbildung
Erfahrung bei der Indented Bar and Concrete
Engineering Company und der Trussed Concrete
Steel Company, zwei amerikanischen Firmen,
die sich mit Stahlbetonkonstruktionen befassten.
Während des Ersten Weltkriegs entwickelte er
Schiffe aus Beton für das englische Marineminis-
terium, anschließend gründete er die Williams
Concrete Structures Ltd. Aus der Firma, die
mehrere Industriegebäude mithilfe vorgefertig-
ter Betonteile errichtete, ging bald ein bera-
tendes Ingenieurbüro hervor, das auch architektonische Aufgaben übernahm. Sein erster
großer Auftrag als Architekt war das Dorchester
Hotel in London (1929–1930), ein mehrstöcki-
ger Betonbau, dessen einzelne Flügel in verschiedene Richtungen weisen. Das Daily-Express-
Gebäude in London (1929–1931) präsentiert sich
mit einer glatten Vorhangfassade und abgerundeten Ecken in kompromissloser Moderne –
ein Entwurf, der für das Daily-Express-Gebäude
in Manchester (1935–1939) fast unverändert
wiederverwendet wurde. Im Inneren verblüfft
der Londoner Bau mit einer fantasievollen Ausstattung im Stil des Art Déco. Mit der Boots
Packed Wets Goods Factory in Beeston, Großbritannien (1930–1932), entstand eine Ikone der
funktionalistischen Architektur. Williams gab
hier die frühe Idee einer durchgehenden Vorhangfassade auf, ließ stattdessen die Betonge-
schossebenen außen sichtbar auskragen und
setzte die Glasfüllungen mit 10 cm Rücksprung
dazwischen. Die zentrale, mehrstöckige Ver-
packungshalle führte den Produktionsfluss zur
Auslieferung zusammen und erinnert an amerikanische Vorbilder. Weitere realisierte Projekte

waren die Sainsburys Factory and Warehouse
in London (1931–1933) und der Empire Pool
in Wembley, Großbritannien (1933–1934).
Der Dollis Hill Synagogue (1936–1938) lag der
Gedanke zugrunde, im Sichtbeton flache,
dünne Wandscheiben zu erstellen, die in ras-
terförmiger Anordnung von Fenstern durchbrochen werden. Diese sind aus der Form des
siebenarmigen Leuchters oder des Davidsterns
abgeleitet. Mangelnde Exaktheit in der Schalung führte zu einem unebenen Bild und ver-
stimmte die Auftraggeber nachhaltig, vor allem
aber zeigten sich bei einer solchen Bauaufgabe
die Grenzen rationalistischer Gestaltung. In
der Nachkriegszeit arbeitete Williams vor allem
am Ausbau des Autobahnnetzes.

Williams Tod & Tsien Billie

Haus für William Tarlo in
Sagaponack, New York, 1978

Nach seinem Studium an der Princeton University in New Jersey arbeitete Tod Williams (*1943) bei Richard Meier. 1974 entstand sein Büro in New York, das er seit 1986 gemeinsam mit Billie Tsien (*1949) unterhält, die ihr Studium an der Yale University und der UCLA absolvierte und währenddessen als Malerin und Grafikerin tätig war. Zahlreiche Lehraufträge, unter anderem in Harvard und Yale, folgten bei beiden. Aus der Zeit vor der gemeinsamen Bürogründung stammt das von Williams entworfene Haus Tarlo in Sagaponack, New York (1978). Das Haus aus Holz und Glas besteht aus drei an Größe zunehmenden, kantigen Gebäudekörpern. Es liegt gedreht zu einer Nordwand, die den Wind abhält, die Fenster auf der Südseite werden durch eine Blende geschützt. Zusammen realisierten Williams und Tsien die Feinberg Hall in Prince-ton, New Jersey (1986), den Umbau des Museum of Fine Arts in Phoenix, Arizona (1992–1996), und das komplexe Neurosciences Institute in San Diego, Kalifornien (1993–1995), das aus Betonplatten, Marmor, Edelstahl und Verbundglas besteht. In New York City entstand das Museum of American Folk Art (1999–2001) an der 53rd Street direkt neben dem Museum of Modern Art. Das achtstöckige Gebäude tritt hier durch seine unregelmäßige Metallfassade auffällig hervor.

„Was immer wir entwerfen, es muss nützlich sein und zugleich seine Nutzung transzendieren. Es muss in Zeit, Ort und Kundenbedürfnissen verwurzelt sein und doch Zeit, Ort und Kundenbedürfnisse transzendieren."

Wittgenstein Ludwig

Haus Stonborough-Wittgenstein
in Wien, 1926–1928,
mit Paul Engelmann

Sein an der Technischen Hochschule in Berlin-Charlottenburg begonnenes Maschinenbaustudium setzte Ludwig Wittgenstein (1889–1951) an der Universität Manchester fort. Ab 1912 studierte er mathematische Logik in Cambridge, außerdem interessierte er sich sehr für Philosophie und Architektur und war mit Adolf Loos befreundet. Das Hauptkriterium für gute Architektur bestand für ihn in kompromissloser Einfachheit und Klarheit. Obwohl er keine Ausbildung zum Architekten besaß, entwarf und realisierte Wittgenstein zwei Häuser: sein eigenes Haus in Skjolden, Norwegen (1914), und gemeinsam mit Paul Engelmann, einem Schüler von Adolf Loos, ein Haus für seine Schwester Margarethe Stonborough-Wittgenstein in Wien (1926–1928). Außerdem arbeitete der im Baufach erfahrenere Jacques Grog an den Ausführungsplänen. Der Beitrag Engelmanns ist unklar, zuerst von Margarethe beauftragt, wurde er zunehmend von Wittgenstein verdrängt; das ausgeführte Haus zeigt wenig Verwandtschaft zu Engelmanns anderen Arbeiten. Es besteht aus mehreren kantigen Baukörpern mit flachen Dächern und hellgrauen, nüchternen Fassaden, die gleichmäßig von hohen Fenstern mit schmalen Stahlrahmen durchbrochen werden. Ein seitlich angefügter Block wird von einem gläsernen Pultdach bedeckt. Das Innere wird von einem Spiel mit Symmetrie und Asymmetrie beherrscht, wobei die überlegten und sorgsam konstruierten Details den schlichten Formen zu Reichtum verhelfen. Die Grundrissentwicklung entspricht den Vorstellungen der aristokratischen Bewohner und folgt nicht den modernen Ideen des Raumplans oder des offenen Grundrisses. Der Wert des Hauses liegt vielmehr in der stringenten Reduktion und handwerklichen Perfektion, in der simple technische Objekte wie eine Gartentürklinke zu noblen Details umgeformt werden. Die Metalltüren des Erdgeschosses haben keine Beschlagschilder, die Griffe stecken direkt in Bohrungen der Türplatte, auch das Schlüsselloch ist direkt eingefeilt. Das Türdrückerpaar ist auf Innen- und Außenseite unterschiedlich geformt. In den Obergeschossen wurde Parkettboden verwendet, im Erdgeschoss und Treppenhaus wurde dunkler Kunststein gewählt. Die Wände sind zum großen Teil mit stucco lustro versehen.

661

Wright Frank Lloyd

▼ Eigenes Haus und Studio in
Oak Park, Illinois, mit Erweiterung
von 1895

► Imperial Hotel, Tokio,
1915–1922

Frank Lloyd Wright (1867–1959) absolvierte
1885–1887 eine Ausbildung als Ingenieur an der
University of Wisconsin in Madison und arbeitete gleichzeitig bei D. Conover. Ab 1887 war
Wright im Büro von Joseph L. Silsbee in Chicago,
später bei Adler und Sullivan, wo er vor allem
an Wohnhäusern arbeitete und bald eigene Aufträge bearbeitete. 1893 eröffnete er ein eigenes
Büro. Mit dem Haus Winslow in River Forest,
Illinois (1893–1894), nahm die Reihe der sogenannten Prärieháuser ihren Anfang. Mit dem
kräftigen Kamin, dem flachen Dach und der

ausgeprägten Horizontalität der Fassadenauf-
teilung stellte das Haus eine so radikale Abkehr
vom gewohnten Gesicht des Vorstadthauses
dar, dass sich seinerzeit die Nachbarn aufregten.
Im Artikel „A Home in a Prairie Town" in der
Zeitschrift „Ladies' Home Journal" stellte er 1900
die Merkmale in Zusammenhang mit der Weite
der Prärie und präsentierte einen Grundstücks-
plan, in dem die Gebäude in Viererblocks so
angeordnet waren, dass alle Anwohner möglichst viel Freiraum hatten. Typische Präriehäuser sind das Haus Willitts in Highland Park,

Illinois (1902–1903), und das Haus Martin in Buffalo, New York (1904). Dort errichtete er auch ein voll klimatisiertes Bürohaus, das Verwaltungsgebäude der Firma Larkin (1903–1905), ein „Fels aus Ziegeln" mit offenen Galeriegeschossen um eine hohe zentrale Halle; möbliert mit Tischen und Stühlen aus Stahlblech in einem einzigen Großraumbüro. Der Stahlbetonbau des Unity Temple in Oak Park, Illinois (1905–1907), wirkt von außen abweisend, zeigt jedoch im Inneren durch eine geschickte, gefilterte Lichtführung der Oberlichter eine überaus freundliche Stimmung. Meisterleistungen der Präriehäuser waren das Haus Robie in Chicago (1908–1909) sowie das Haus Coonley in Riverside, Illinois (1907–1908). 1909 verließ Frank Lloyd Wright seine Familie und reiste nach Europa, wo er mit einer Ausstellung seiner Arbeiten in Berlin (1910) und der Publikation „Ausgeführte Arbeiten und

Entwürfe von Frank Lloyd Wright" zu einem wichtigen Impulsgeber der europäischen Architektur wurde. Wieder in Amerika, beginnt er 1911 mit dem Bau seines Hauses und Studios „Taliesin" in Spring Green, Wisconsin, das im Lauf der Jahre dreimal abbrannte und von Wright immer wieder aufgebaut wurde. 1915–1922 realisierte er mit Antonin Raymond unter Anwendung eines erdbebensicheren Konstruktionsprinzips das Imperial Hotel in Tokio. Wuchtig und geschlossen, mit Rückgriffen auf ornamentale Motive der Maya-Kultur wurde das Haus Barnsdall („Hollyhock House") in Los Angeles (1917–1920) ausgeführt. Die von Wright entwickelten, vorfabrizierten Betonbausteine – „textile blocks" – setzte er dann am Haus Millard in Pasadena und am Haus Ennis in Los Angeles ein, Kalifornien (beide 1923–1924). Die – meist grafisch gestalteten – Blöcke wurden mit Baustahl verbunden und mit Beton vergossen. In einer auftragsarmen Phase fasste er seine Ideen zur Stadtplanung unter dem Titel „Broadacre City" (1934) zusammen, dem Modell einer Flächenstadt, bewohnt von automobilisierten Menschen. Zu seinen genialsten Arbeiten ist das Haus Kaufmann („Fallingwater") in Pennsylvania (1935–1939) zu rechnen, das auf einem Felsen direkt über einem Wasserfall gebaut wurde. Mit dem Haus Willey in Minneapolis, Minnesota (1934–1935) ging Wright neue Wege, die schließlich zum „Usonian House" führten, einem kostengünstigen flachen Einzelhaus, das er in zahlreichen Variationen ausführte. Usonia war Wrights persönliches Synonym für Amerika. Ab 1937 baute Wright an einer Dependance des Studios in Wisconsin, das den Namen „Taliesin West" erhielt und in Scottsdale, Arizona, lag, um den strengen Wintern in Wisconsin zu entgehen. Hinfort bewegte sich zweimal im Jahr ein Treck aus Fahrzeugen von einem zum anderen Stützpunkt. Für das Chemieunternehmen S.C. Johnson & Son schuf er 1936–1939 in Racine, Wisconsin, einen nach außen geschlossenen Verwaltungsbau mit pilzförmigen Stahlbetonstützen im Inneren. Statt Fenster verwendete Wright parallel versetzte Glasröhren zur Belichtung. 1943–1950 entstand ein angrenzender Laborturm mit gleichartiger Glashülle, bei dem jedes zweite Stockwerk als kreisförmige Platte zwischen den konturgebenden Etagen lag. Danach errichtete er mit dem Price Tower in Bartlesville, Oklahoma (1952–1956), sein einziges Hochhaus. Die Idee eines spiralförmig organisierten Gebäudes hatte Wright schon öfters anzuwenden versucht, beim Solomon R. Guggenheim Museum in New York (1943–1959) konnte er sie verwirklichen. Wenn auch die nach außen geneigten und abfallenden Wände nicht bei allen Künstlern Gefallen fanden, gab es doch nun einen völlig neuartigen, offenen Museumsraum, der einer modernen Kunst wahrhaft ebenbürtig war. In vergleichbarer Weise bildete eine auf Dreiecken basierende Großform die Grundidee der durchscheinenden Beth-Sholom-Synagoge in Philadelphia (1958–1959). Wright hat über 800 Bauten entworfen und in zahlreichen Artikeln und Büchern seine Thesen einer organischen Baukunst in einem demokratischen Amerika formuliert, so in der Zeitschrift „Architectural Record" unter dem Titel „In the Cause of Architecture" sowie den Publikationen „When Democracy Builds" (1945), „The Future of Architecture" (1953) und „The Living City" (1958).

▼ Taliesin West, Scottsdale, Arizona, 1937–1959

► „Fallingwater", Haus Kaufmann, Mill Run, Pennsylvania, 1935–1939

◄ Forschungsturm der Firma S.C.
Johnson & Son Company in
Racine, Wisconsin, 1943–1950

▲ Solomon R. Guggenheim
Museum, New York, 1943–1959

Wright Lloyd

▼ Haus Lombardi, Palos Verdes,   ► Haus Samuel-Novarro,
Kalifornien, 1965   Los Angeles, 1928

1907–1909 studierte Frank Lloyd Wright Jr. (1890–1978) Ingenieurswesen und Landwirtschaft an der University of Wisconsin in Madison. Anschließend war er Zeichner bei Olmsted and Olmsted, 1912–1913 bei Irving Gill in San Diego, 1916 erfolgte die Gründung seines eigenen Büros in Los Angeles. Gleichzeitig arbeitete er als Landschaftsarchitekt im Büro seines Vaters Frank Lloyd Wright, zunächst in Chicago, ab 1919 in Los Angeles. Der überwiegende Teil seines umfangreichen Werks entstand in Südkalifornien und seine Architektur orientiert sich an regionalen Gegebenheiten und an dem, was er bei seinem Vater gelernt hat. Für den Fotografen John Sowden baute er 1926 ein Haus mit Betonblocksteinen als inszenierte, romantische Partykulisse, deren Höhepunkt ein Innenhof darstellt, den man erst nach einem Aufstieg durch ein dunkles Treppenhaus dramatisch wirkungsvoll erreicht. Teile der hellen Betonfassade des Hauses Samuel-Novarro in Los Angeles

(1928) sind mit Kupferplatten verkleidet, die das Motiv einer Pfeilspitze aufweisen. Einen Kontrast zu den würfelförmigen und kantigen Gebäudeteilen von unterschiedlicher Höhe und Größe bildet die zum Eingang hinaufführende gebogene Treppe. Die Wayfarer's Chapel in Palos Verdes, Kalifornien (1946–1951), ist eine innige Symbiose zwischen Architektur und Natur. Das Dreieck als dominierende geometrische Form bestimmt auch das Dach aus sich abwechselnden verglasten und lichtundurchlässigen Dreiecken. Die aus Glas bestehenden Wände lassen den Eindruck entstehen, in der Natur zu sitzen. Das Haus Bowler in Palos Verdes (1963) mit umlaufender Terrasse besteht aus Beton, Naturstein und blauem, gewelltem Fiberglas. An einen lang gestreckten, schmalen Gebäudeteil schließt sich ein kompakterer Teil mit einem außergewöhnlichen zu einigen Seiten abfallenden, zu anderen Seiten aufsteigenden Dach an.

Wurster William Wilson

Haus Coleman, San Francisco,
1957–1962

William Wilson Wurster (1895–1973) studierte bis
1919 an der University of California in Berkeley
Architektur, zwischenzeitlich auch Schiffsbau.
1923 bis 1926 war er Mitarbeiter im Büro Delano
and Aldrich in New York, anschließend eröffnete
er ein eigenes Büro in San Francisco. Theodore
Bernardi und Donn Emmons kamen 1945/1946
als Partner hinzu. 1944 bis 1950 war Wurster am
Massachusetts Institute of Technology Dekan
der Schule für Architektur und Planung, anschließend Dekan der Architekturfakultät und
der Fakultät für Umweltdesign der University
of California in Berkeley (1950–1963). Er lehnte
den International Style als zu dogmatisch ab.
Seine moderne Architektur war an die Gegebenheiten der Küstenregion um San Francisco angepasst und definierte weitgehend den sogenannten Bay Region Style, der durch ein gewisses
Understatement gekennzeichnet ist. Typische
Merkmale sind überhängende Dächer und ein
Rahmenwerk aus Holz. Wurster errichtete das
Gregory Farmhouse in Santa Cruz, Kalifornien
(1927–1928), und das Strandhaus Clark in Aptos,
Kalifornien (1937). Klare Formen dominieren
bei diesem Haus mit seiner glatten, vertikal
gesetzten Holzverschalung. Wurster gab möglichst vielen Räumen eine Tür nach außen
und schuf Terrassen und Höfe, die in die innere
Grundrissentwicklung einbezogen waren,
wie etwa beim Haus Saxton Pope II in Orinda,
Kalifornien (1939–1940). Wohlkalkulierte Ausblicke auf die umgebende Landschaft taten
ein Übriges, um die Häuser auf natürliche Weise
einzubinden. Mit Theodore Bernardi entwarf er
das Case Study House Nr. 3 in West Los Angeles
(1945–1949), ein einstöckiges Haus mit einem
teilweise verglasten Flachdach. Wohn- und
Schlafbereich befinden sich in zwei separaten,
miteinander verbundenen Gebäudeteilen. Aus
den fünfziger Jahren stammt das Haus George
Pope in Madera, Kalifornien (1956), mit Satteldach, das zum Schutz vor der sengenden Sonne
und Hitze aus Luftziegeln erbaut ist. Eine von
Stützen getragene, überdachte Veranda umgibt
das gesamte Haus. Neben Wohnhäusern gab
es auch größere Bauaufgaben, wie etwa das
amerikanische Konsulatsgebäude in Hongkong
(1957–1963) und die First Unitarian Church in
Berkeley, Kalifornien (1962).

*„Architektur ist kein Selbstzweck.
Architektur ist für das Leben,
das Vergnügen, die Arbeit und für
die Menschen da. Sie ist der
Bildrahmen, nicht das Bild."*

Yamasaki Minoru

▼ Lambert St. Louis Airport Terminal Building, 1953–1956, mit George
Hellmuth und Joseph Leinweber

▶ Century City Plaza Hotel,
Los Angeles, 1962–1966

▶▶ World Trade Center, New York,
1968–1974, mit Emery Roth & Sons

Im Anschluss an sein Studium an der University
of Washington in Seattle (1930–1934) besuchte
Minoru Yamasaki (1912–1987) für ein Jahr die
New York University. Er war für mehrere Architekturbüros tätig, unter anderem für Harrison,
Fouilhoux & Abramovitz und Raymond Loewy.
Als die Stadtverwaltung von St. Louis, Missouri,
bei ihrem Versuch, ein Manhattan am Missis-
sippi zu errichten, ein ganzes Viertel Altbauten
durch Wohnhochhäuser ersetzen wollte, bekam er den Planungsauftrag. 33 gleichförmige,
elfstöckige Bauten mit 2870 Sozialwohnungen
bildeten die Siedlung Pruitt-Igoe (1950–1956),
die zuerst zur Igoe-Hälfte mit weißen und zur
Pruitt-Hälfte mit schwarzen Bewohnern bezogen
werden sollte; allerdings war die weiße Hälfte
nicht zum Einzug zu bewegen. Die Gebäude

wurden unter anderem mit Aufzügen ausgestattet, die nur in jedem dritten Stockwerk hielten.
Dort befanden sich breite Flure, die der sozialen
Begegnung dienen sollten. Von ihnen führten
dunkle Treppenhäuser zu den Geschossen darüber und darunter. Die so entstandene Unüber-
sichtlichkeit und damit Unsicherheit in den
halböffentlichen Räumen führte neben anderen
unglücklichen Umständen zu einem totalen
Scheitern des Siedlungsprojektes. Aufgrund der
hohen Kriminalitätsrate innerhalb der Siedlung
wurde sie 1972 abgerissen. Gemeinsam mit
George Hellmuth und Joseph Leinweber entwarf
Yamasaki auch das St. Louis Airport Terminal
Building (1953–1956) mit einer Gewölbedecke
aus Beton. Weitere wichtige Bauten waren das
Century City Plaza Hotel in Los Angeles (1962–
1966), das Pacific Science Center in Seattle
(1961–1964) und der Flughafen von Dhahran in
Saudi-Arabien (1959–1962). Die Zwillingstürme
des World Trade Center in New York (1968–1974),
mit ihren 110 Stockwerken damals das höchste
Gebäude der Welt, bildeten mit der vorgelagerten Plaza eine Einheit. Den horizontalen Ab-
stand der senkrecht laufenden Fassadenprofile
setzte Yamasaki so eng an, dass trotz der raum-
hohen Glasscheiben auch in den obersten
Stockwerken kein Gefühl der Unsicherheit auf-
kam. Um im Eingangsbereich die nötigen Durch-
gangsbreiten zu bieten, liefen hier jeweils drei
dieser Profile zu einer Stütze zusammen und
bildeten so eine neugotische Figur, die viel zur
spezifischen Eleganz der Türme beitrug. Da sie
de facto gar kein „Welthandelszentrum", sondern
normale Bürogebäude mit einer Vielzahl von
Nutzern waren, erklärt vielleicht ihr ästhetisch
begründeter Mythos den Umstand, dass sie Ziel
des Terroranschlags vom 11.9.2001 wurden.

Zabludovsky Abraham

▼ Guanajuato State Auditorium,
Guanajuato, Mexiko, 1991

► Haus und Atelier Zabludovsky,
Mexiko-Stadt, 1993

Abraham Zabludovsky (1924–2003) studierte an der Universidad Nacional Autónoma de México. Bevor er 1950 sein eigenes Büro eröffnete, arbeitete er bei Mario Pani. Mit Teodoro González de León baute er 1975 das El Colegio de México in Ajusco. Das weitläufige moderne Campusgebäude verwendet die lokale traditionelle Idee des Patio. Die geometrisch angelegten Gebäudeflügel haben drei Etagen, die so übereinandergelagert wurden, dass weitläufige Terrassen und Laubengänge entstehen. Zusammen mit dem dazwischenliegenden Innenhof haben diese offenen Räume eine zentrale kommunikative Funktion. Bei dem Emilio Rabasa City Theater in Tuxtla Gutiérrez, Chiapas (1979), behandelte Zabludovsky die verwendeten Betonelemente wie Teile einer riesigen Skulptur. Wie bei den meisten seiner Bauten spielt er hier mit geometrischen Formen und ihrer Verschachtelung. Ein monumental angelegter Eingangsbereich wird von einer massiven Betonplatte gebildet, die mit einer Ecke weit über die breit angelegte Treppe hervorkragt. Nur hier öffnet sich der Baukörper dem Besucher mit einer Glaswand. 1981 entstand das Rufino Tamayo Museum in Mexiko-Stadt. Der Bau erschließt sich über einen vorgelagerten Platz, der als Freilichtskulpturenpark fungiert. Massive Betonwände, die sich wie riesige Balken ineinanderschieben bilden den Museumskomplex. Die Hauptniederlassung der Multibanco Mercantil de México, Mexiko-Stadt (1982), spielt ebenfalls mit der Verbindung von öffentlichem und privatem Raum; ein 10 m hoher Portikus, der den Haupteingang markiert, wurde nach der Fertigstellung zu einem häufig genutzten Stadtraum. Der Beton als Baustoff wurde zu Zabludovskys Markenzeichen. Durch unterschiedliche Beimischungen wie etwa Marmorgries und Strukturierungen variierte er ihn, so entwickelte er vor allem die handwerklich extensive Methode, die Oberfläche mit einem Meißel ganzflächig abzuschlagen, um eine einheitliche Struktur zu schaffen.

Zehrfuss Bernard

UNESCO-Gebäude in Paris,
1952–1958, mit Marcel Breuer
und Pier Luigi Nervi

Bernard Henri Zehrfuss (1911–1996) studierte an der École des Beaux-Arts in Paris. Anschließend war er bis 1948 im Protektorat Tunesien als Architekt der französischen Regierung tätig und realisierte dort öffentliche Gebäude und Wohnhäuser. Nach seiner Rückkehr arbeitete er mit Jean Prouvé und Jean Drieu-La-Rochelle an der Druckerei Mame in Tours (1950–1952) sowie der Automobilfabrik von Renault in Flins, Frankreich (1950–1952). Mit Pier Luigi Nervi und Marcel Breuer errichtete er das UNESCO-Gebäude in Paris (1952–1958), dessen Grundriss in Form eines Ypsilon eine komplexe Bauaufgabe geschickt an den städtebaulichen Rahmen anpasst und dennoch formelle Eigenständigkeit behauptet. Etwa zeitgleich entstand das Centre National des Industries et Techniques in Paris (1953–1958) mit Robert Camelot und Jean de Mailly. Die weit gespannte, bogenförmige Dach-

konstruktion ruht auf drei Punkten und umschreibt die Gebäudeform, Vorhangfassaden aus Glas und Stahl füllen die Schnittflächen der Großform. Das von Zehrfuss entworfene Archäologische Museum in Lyon-Fourvière, Frankreich (1972–1975), befindet sich zum großen Teil unter der Erde, ebenso wie ein Erweiterungsbau der UNESCO in Paris (1965–1978), dessen zwei Bürogeschosse sich aus Respekt vor dem Ursprungsbau unter einer Rasenfläche verstecken. Sechs eingeschnittene, tief liegende Innenhöfe sorgen für die Belichtung.

Zévaco Jean-François

Tankstelle in Marrakesch, 1958

Jean-François Zévaco (1916–2003) studierte an der École de Beaux-Arts in Paris, wo er 1945 sein Diplom erhielt. Anschließend arbeitete er im Büro von Eugène Beaudouin. 1947 gründete er das erste eigene Büro in Agadir, Marokko. Bis 1954 unterhielt er eine Partnerschaft mit Paul Messina. 1949 entstand mit der Villa Craig ihr erstes Haus. Das Farbschema des modernen Baus umfasste grauen Sandstein, gelbe Sonnenschutzlamellen, grüne und orange Sichtschutzelemente und eine rote Haustür und fiel so im traditionell weiß getünchten Umfeld aus dem Rahmen. Die Villa Sami Suissa in Casablanca, Marokko (1947–1949), war gleichzeitig ein Skandal und ein großer Erfolg. Moderne und traditionelle Elemente werden, wie bei dem runden, mit Mosaikfliesen ausgelegten Pool des Hauses, miteinander kombiniert. Zusammen mit Dominique Basciano baute Zévaco ein Clubhaus am Flugplatz Tit Mellil, Marokko (1951–1953). Der geschwungene Baukörper ist auf auf konischen Piloti aufgeständert. Für seine stark skulpturalen Bauten verwendet Zévaco gern Sichtbeton, wobei auskragende Schattenspender die klaren Grundformen brechen. Seine architektonischen Landschaften werden mit landestypischen Pflanzen kombiniert. Weiterhin konnte er zwei Schulen für die Mission Culturelle Française in Casablanca (1960–1963) realisieren. Bei der Villa Zniber in Rabat, Marokko (1970), ist das Bauvolumen in zahlreiche kleine Fragmente zerlegt, die nur technisch, aber nicht in einer großen Geste vom Dach zusammengehalten werden. Unregelmäßig geformte terrakottafarbene Sichtbetonwände scheinen wie in den weitenteils verglasten Flachbau hineingeschoben. Die fensterlosen Bibliothekswände bestehen aus auf die Kante gestellten pyramidenförmigen Elementen.

Zumthor Peter

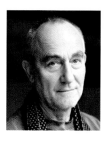

„Ich versuche, etwas so ganz, so vollständig und so einfach wie möglich zu machen, im Hinblick auf das künftige Leben des Baus oder die kommende Nutzung des Gebäudes."

▼ ► Kapelle Sogn Benedetg in
Sumvitg, Schweiz, 1987–1989

Im Anschluss an sein Studium der Innenarchitektur an der Schule für Gestaltung in Basel (1963–1966) besuchte Peter Zumthor (*1943) das New Yorker Pratt Institute, wo er Architektur und Design studierte. Vor der Gründung seines Büros in Haldenstein 1979 arbeitete er im Kanton Graubünden als Denkmalpfleger. 1996 lehrte er als Professor an der Architekturakademie der Università della Svizzera Italiana in Mendrisio. Zu seinem Werk zählen eine Schule in Churwalden, Schweiz (1979–1983), Schutzbauten für römische Funde in Chur, Schweiz (1985–1986), das Atelier Zumthor in

Haldenstein, Schweiz (1985–1986), und die Kapelle Sogn Benedetg in Sumvitg, Schweiz (1987–1989). Der Grundriss dieser Holzkapelle mit flachem Dach erinnert durch ein spitz zulaufendes und ein abgerundetes Ende an ein Auge. Das klar strukturierte Innere besteht ebenfalls aus Holz, durch ein umlaufendes verglastes Band unterhalb des Daches fällt Tageslicht herein. Aus den neunziger Jahren stammt das in den Berg gebaute Thermalbad in Vals, Schweiz (1990–1996), eine Betonkonstruktion mit einer Verblendung aus waagerecht geschichtetem regionalem Stein mit begrüntem Flachdach. Raffiniert ist das Spiel mit natürlichem und farbigem Licht im Inneren des Bades, in dem sich von dem ringförmigen Zentralraum aus die vielen Meditations- und Umkleidezellen erschließen. Dieses Spiel von Enge und Weite, von Ruhe und Aktivität kollidiert leider mit der Massennutzung des Betreibers. Des Weiteren entstanden die Siedlung Spittelhof in Biel-Benken, Schweiz (1989–1996), und das Kunsthaus in Bregenz, Österreich (1990–1997). Der quaderförmige Bau wird im Inneren durch Sichtbetonflächen, von außen durch eine vorgesetzte Fassade aus einander überlappenden Mattglastafeln bestimmt. Schemenhaft erscheinen die inneren Strukturen durch diese transluzente Hülle. Für die Expo 2000 in Hannover errichtete Zumthor den Pavillon der Schweiz, der als zeiträumliches Gesamtkunstwerk funktionierte: Eine Partitur steuerte die Bewegungen und Aktionen von Musikern während der zwölfstündigen Öffnungszeit. Lichtprojektionen von Text auf die raumbildenden Stapel aus Lärchenholz stellten den thematischen Horizont dar.

◄ Thermalbad in Vals,
Schweiz, 1990-1996

▲ Kunsthaus in Bregenz,
1990-1997

REGISTER

BILD-NACHWEIS

Burnham Archives, Daniel H. Burnham Collection: 16 o.l.; Foto J. W. Taylor: 127; Ryerson and Burnham Archives, Kaufmann and Fabry Co.: 390 u.
Atelier Jean Nouvel, Foto Jean-Loup Sieff: 480 o.
© Austrian Frederick and Lillian Kiesler Private Foundation: 338 u., 339
Photograph © 2007 by the Morley Baer Photography Trust, Santa Fe: 71
Barclay & Crousse: Foto Jean Pierre Crousse: 52 u., 53; Foto C. Watmough: 52 o.
© 2007 Barragan Foundation, Schweiz/ProLitteris, Zürich, Schweiz: Foto Ursula Bernath: 56; Foto Armando Salas Portugal: 57
© Gert von Bassewitz, Hamburg: 582 u.
© Foto Bastin & Evrard, Brüssel: 292
Bauhaus-Archiv Berlin: 244 o., 298, 438 o., 608; Foto Louis Held: 637 o.; Foto Lucia Moholy: 244 u.; Foto Musche, Dessau: 247
© bednorz-photo.de: 61
Anthony Belluschi, Foto Nancy Rica Schiff: 70 o.
Bibliothèque nationale de France: 46 o., 215 o., 320 o., 320 u.
© Maria Ida Biggi, Venedig: 546 u.
Bildarchiv Foto Marburg: 62, 65 u., 68, 69, 86 u., 290 u., 637 u.
Bildarchiv Österreichische Nationalbibliothek Wien: 192 o., 258 o., 290 o., 656; Foto Lucca Chmel: 259, 374 o., 516, 602, 661 o.
bpk/Bildarchiv Preußischer Kulturbesitz, Berlin: 16 o.r., 34 u., 46 u., 137, 431 u., 460 o., 530 u., 598 o., 636, 655 o.; Foto Karl Kolb: 598 u.; Foto Friedrich Seidensticker: 183; Foto Felicitas Timpe: 74; Foto Benno Wundshammer: 182 o.; Foto Ingrid von Kruse: 286
bpk/Kunstbibliothek, SMB: 34 o., 278 u., 279, 428 o., 655 u.
Ricardo Bofill: 82 o., 83
© Nicolas Borel, Paris: 523 u.
Mario Botta, Foto Marco d'Anna: 90 o.; Foto Pino Musi: 90 u.
Immo Boyken, Konstanz: 278 o.
Bridgeman Images/Clement Guillaume: 355

© Mark A. Brown, Tokio: 340 u.
Burton Holmes Historical Collection: 663
California State Polytechnic University, Pomona: Foto B. Willoughby: 170 o.; Foto Lawrence S. Williams: 472 u.
Canadian Centre for Architecture, Montreal: 427
Enrico Cano, Como: 508 u.
Ghitta Carell: 390 o.
© Foto Lluís Casals: 132 u., 133, 580 u.
Stefano Castiglioni: 118 o.
© Arxiu Català-Roca: 132 o., 154 u.
© Centre des monuments nationaux, Paris: Foto Frères Séeberger: 28 u.
© Centre National d'Art et de Culture Georges Pompidou – Bibliothèque Kandinsky, Paris: 60, 168 u., 418 u., 444 o., 444 u., 581; Fonds Jean Prouvé: 528 o., 529 o., 529 u.
Centro de Documentação do MAM/RJ: 533 o., 533 u.
Per concessione del Centro Giuseppe Terragni: 624 o., 625
Bettina Cetto, Cancún: 119 o.
© Martin Charles, Isleworth: 646 u.
Chicago History Museum: 280; Foto Hedrich-Blessing: 19, 327 u., 336 o.l., 336 o.r., 336 u., 337 o., 337 u., 672 u.
David Chipperfield Architects, Foto Nick Knight: 128
Marie Clérin, Ivry sur Seine: 506 o.
© Phillip Colla: 505
Collectie Centraal Museum, Utrecht: 536 u., 537
Collection of The New-York Historical Society: 228 u., 229; Foto Irving Browning: 29, 289; Foto H. Cotterel: 303
Collegi D'Arquitectes de Catalunya, Arxiu Barcelona: 88 o., 89, 324 o.; Foto F. Català-Roca: 88 u.
Columbia University, Avery Architectural and Fine Arts Library, Foto Joseph Molitor: 55
Conway Library, Courtauld Institute of Art, London: 104 u., 364 u., 365
Cooper-Hewitt, National Design Museum, Smithsonian Institution, Gift of Mme. Hector Guimard: 250 o.
© Foto Thomas Johnson/Sygma/ CORBIS: 302 o.

Cornell University Library, A.D. White Photographs, Rare & Manuscript Collections: 16 u.
Charles Mark Correa: 140 u., 141 o., 141 u.
Cosanti Foundation: 592 o., 593
© Grey Crawford, Santa Fe: 596 u.
Raymond David Crites: 144 o.
© Jérôme Darblay, Paris: 31
© Richard Davies, London: 191
„De Stijl", Leiden, 1917: 150 o.
© Michel Denancé, Paris: 509, 511, 528 u.
© Jan Derwig, Amsterdam: 73, 99 o., 99 u.
„Deutsche Kunst und Dekoration", München 1908: 66 o.
Deutsches Architekturmuseum, Frankfurt am Main: 210 u., 596 o., 599 o., 599 u.
© digitalbank.es: 154 o.
Diller + Scofidio: 152 o., 153 u.
„domus", Mailand: 21 u.; Foto Crimella: 186 u.; Foto Cresta: 208; 1939: 518 u.; 1948: 445 o.; 1950: 445 u.; 1958: Foto Gasparini: 521 o.
Balkrishna Doshi: 156 o., 156 u.; Foto Yatin Pandya: 157 o., 157 u.
© 2007 Eames Office LLC: 160 o.
Gustave Eiffel, „La Tour de Trois Cents Mètres", Paris, 1900: 168 o., 169
English Heritage/National Monuments Record: 430; Foto L. Furbank: 295
© Hans-Geog Esch, Hennef-Stadt Blankenberg: 226 u.
Courtesy The Estate of R. Buckminster Fuller: 206 u., 207
Ezra Stoller © Esto: 12 u., 13, 194, 195, 262 u., 263, 264/265, 423, 442, 549, 550/551, 613, 614, 665, 666, 667
© Scott Frances/Esto: 424
© Jeff Goldberg/Esto: 95
© Wolfgang Hoyt/Esto: 105, 589
© Roberto Schezen/Esto: 332 o., 403, 453
© Luca Vignelli/Esto: 220 o.
Estudio Rafael Moneo: 447 o.
ETH Eidgenössische Technische Hochschule Zürich, gta-archiv: 580 o.
© Foto Fernando Alda/fabpics: 585 u.
© Foto Ortmeyer/fab-pics: 254 u.

© Foto Th. Ott/fab-pics: 227
© FG+SG fotografia de arquitectura: 585 o.
© Johanna Fiegl, Wien: 275, 277
Fondation Le Corbusier, Paris: 300/301, 376 o., 474 o.
Foster + Partners: © Foto Nigel Young: 188 u., 189
© Ferran Freixa, Barcelona: 566 u.
Fundação Vilanova Artigas: 640 o., 641, 642 u., 643 o.
Fundación Villanueva, Foto Paolo Gasparini: 644 o., 644 u., 645 o., 645 u.
Massimiliano Fuksas Architecture: Foto Katsuake Furudate: 204 u.
© Yukio Futagawa: 541 u.
Future Systems: 210 o.
Gabinetto Disegni e Stampe del Dipartimento di Storia delle Arti dell'Università di Pisa: 212 u.
Aurelio Galfetti, Lugano: 462
Ignazio Gardella Archive, Mailand: 214 o.
Philippe Garner, London: 235 o.
© Klaus-Peter Gast, Berlin: 332 u.
Gemeentearchief Rotterdam: 96 o.
Von Gerkan, Marg & Partner: Foto Ute-Karen Seggelke: 226 o.l., 226 o.r.
© Foto Eliot Elisofon/Time Life Pictures/Getty Images: 232 u.
© Foto Cambridge Jones/Getty Images: 188 o.
© Foto Lisa Larsen/Time Life Pictures/Getty Images: 262 o.l.
© Foto Nina Leen/Time Life Pictures/Getty Images: 104 o., 224 u.
© Foto John Loengard/Time Life Pictures/Getty Images: 502 o., 558 u.
© Foto Ralph Morse/Time Life Pictures/Getty Images: 262 o.r.
© J. Paul Getty Trust. Used with permission. Research Library at the Getty Research Institute: 399
© J. Paul Getty Trust. Julius Shulman Photography Archive, Research Library at the Getty Research Institute: 14 o., 15, 20 u., 70 u., 100 u., 101, 102/103, 115, 144 u., 145, 146/147, 160 u., 161, 162/163, 171, 196 o., 197, 198, 199 o., 199 u., 231, 233, 236 u., 237, 238 u., 239, 249, 318 u., 319, 322 u., 323, 328 u., 331 o., 333, 335, 343, 350 o., 351,

368 o., 368 u., 369, 370 o., 370 u., 371, 372, 373 o., 373 u., 383, 384 u., 385, 400 o., 400 u., 467, 468 o., 468 u., 470, 471, 472 o., 473, 476/477, 478, 496 u., 500 u., 502 u., 503, 504, 548 u., 572 u., 579, 588 u., 592 u., 594 o., 594 u., 595, 606 u., 626 o., 627, 664, 668 u., 673
Michael Graves, Foto Bill Phelps: 234 o.
Herbert Greene: 236 o.
© Moshe Gross, Haifa: 266 u.
© Pedro Guerrero, Tucson: 662 o.
© Reto Guntli: 358 u.
Gwathmey Siegel & Associates: 252 o.l., 252 o.r.
Zaha Hadid: 149; © Foto Steve Double: 254 o.
fritz haller bauen und forschen gmbh: 260 o., 260 u., 261
© Estate of Phillippe Halsman: 606 o.
© Ole Haupt: 634 o.
Zvi Hecker: 266 o.
© Hedrich Blessing Photographers: 591
Jim Heimann Collection, Los Angeles: 32/33
Donald Hensman: 100 o.
Hentrich, Petschnigg & Partner: Foto Manfred Hanisch: 296 u.; Foto Arno Wrubel: 297
Herzog & de Meuron, Foto Tobias Madörin: 270 o.l., 270 o.r.
© Hester + Hardaway Photographers, Fayetteville: 510 u.
Hiroyuki Hirai, Tokyo: 48 u., 49, 50 o., 50 u., 51
HistoCom GmbH, Industriearchiv, Frankfurt am Main: 181
Historisches Archiv, Stadt Köln: 538 u.
Historisches Museum, Frankfurt am Main: 173
© Angelo Hornak, London: 276
Hungarian Museum of Architecture, Budapest: 446 o., 446 u.
© Hunterian Art Gallery, University of Glasgow, Mackintosh Collection, Glasgow, Foto Mark Fiennes: 415
© Hertha Hurnaus, Wien: 363
© Timothy Hursley, Little Rock: 110, 148, 176 u., 216 u., 218, 219, 220 u., 222, 234 u., 271, 285, 356, 443, 452 u., 463, 497, 498/499, 501,

526 u., 552, 553, 557, 560 u., 590, 600 u., 617, 676 u., 677
„Der Industriebau", Leipzig, 1911: 66 u.
„Innendekoration: mein Heim, mein Stolz", Darmstadt, 1902: 67, 412 u.
Institut Amatller D'Art Hispànic/ Arxiu Mas: 35, 217
Institut français d'architecture: 507 o.
Institut Mathildenhöhe Darmstadt: 486 o.
Instituto Bo Bardi: 78
© The Interior Archive: Foto Fritz von der Schulenburg: 10
© Yasuhiro Ishimoto, Tokyo: 305
Toyo Ito & Associates: 306
© Andrea Jemolo: 425
Philip Johnson/Alan Ritchie Architects: 314 o.
Bernard Judge: 322 o.
Junta Constructora del Templo Experiatori de la Sagrada Familia, Barcelona: 216 o.
Albert Kahn Associates, Inc.: 326 o.
© János Kalmár: 374 u., 652 o., 652 u.
© Irmel Kamp-Bandau: 466 u.
© Christian Kandzia, Esslingen: 65 o.
Ray Kappe: 334 o.
© Katsuhisa Kida, Tokio: 545, 628 u., 629
Kikutake Architects: Foto Kindai Kenchicku: 340 o.
Killingsworth Presentations, Foto Cam Killingsworth: 342
© Klaus Kinold, München: 84 u., 130 u., 165, 313, 330, 388 u., 389, 513, 515, 576
Waro Kishi + K. Associates: 344
© Annette Kisling, Berlin: 565
Toshiharu Kitajima, Chiba-Ken: 616 u.
Mathias Klotz Arquitectos: 348 o.
© Toshiyuki Kobayashi, Yamanashi: 611
Pierre Koenig Estate, Los Angeles, Foto Richard Fish: 350 u.
© Nelson Kon, São Paulo: 79, 80/81, 143, 433, 435, 640 u., 642 o., 643 u.
© Kongelige Bibliotek København: 312 o.; Foto Jesper Hølm: 76 o.
© Balthazar Korab Ltd., Troy: 554 u., 555, 556
Krefelder Kunstmuseen, Museum Haus Lange, Foto Volker Döhne: 438 u.

© Michael Krüger, Berlin: 267
Kultur/wiku: Foto Max Göllner:
  172 u.
Kengo Kuma & Associates: 358 o.
Kunstakademiets-Bibliotek
  København: 308 u., 309, 312 u.,
  366 o., 366 u., 367, 479; Foto
  Jørgen Strüwing: 310, 311
Kisho Kurokawa Architects &
  Associates: 437; Foto Hisayoshi
  Akutsu: 360 o.
Kuzma Archive: 362 o., 362 u.
© Marc Lacroix, Antibes: 679 o.,
  679 u.
© Ian Lambot, Wiltshire: 190
© Landesmedienzentrum Baden-
  Württemberg: 428 u.
© Bob Lautman: 451
Legorreta + Legorreta: 384 o.
© Studio Daniel Libeskind: 392
Courtesy of the Library of Congress:
  Prints and Photographs Division:
  106 u., 387; Foto August Loeffler:
  107; Historic American Buildings
  Survey, Historic American
  Engineering Record: 17; 662 u.;
  Collection/Photo Gottscho-
  Schleisner: 288 o.; G. Eric and
  Edith Matson Photograph
  Collection: 431 o.
© Jannes Linders, Rotterdam: 97
Foto © MAK, Wien: 274 o.
Maki and Associates: 416 o.; Foto
  Toshihiko Kitajima: 416 u., 417
© Duccio Malagamba: 272
M. Mannen, Foto B. Nyberg: 388 o.
Maurizio Marcato: 204 o., 205
© Christopher Marsden,
  Huddersfield: 112 o.
© Cristiano Mascaro: 474 u.
© Mitsuo Matsuoka, Tokyo: 26
© Norman Mc Grath, New York:
  252 u., 253 o., 253 u., 314 u., 525,
  540 u., 660 u.
Paulo Mendes da Rocha Arquitetos
  Associados: 434; Foto Ana Ottoni:
  432 o.
Mercedes-Benz Heritage Infor-
  mation Center, Stuttgart: 377
„Moderne Bauformen", Stuttgart,
  1925: 182 c.
„Moderne Städtebilder I. Neu-
  bauten in Brüssel", Berlin, 1900:
  291
Bruno Möhring, "Architektonische
  Charakterbilder", 1900–1901: 250 u.

© Michael Moran, New York: 152 u.
William Morgan Architects: 450 o.;
  Foto Wade Swicord: 450 u.
André Morin, Ivry sur Seine: 506 u.
Morphosis Architects: 452 o.
José Moscardi: 432 u.
Eric Owen Moss Architects: 456 o.
© Osamu Murai, Tokyo: 341, 612 u.
Musée de la Publicité, Paris: 28 o.
Musée des Arts Décoratifs, Paris:
  376 u., 426 u.; Foto Marc Vaux: 419
Musée gallo-romain de Lyon,
  Département du Rhône: 678 o.
Musei Civici di Como: 492 o.
Museo Casa Estudio Diego Rivera
  y Frida Kahlo, Foto Kipp Ross: 484 o.
Museum für Gestaltung Zürich: 414
Museum of Finnish Architecture:
  394 o., 512 o., 512 u., 558 o.; Foto
  Heikki Havas: 394 u.; Foto Pertti
  Ingervo: 8; Foto Roos: 395
The Museum of Modern and
  Contemporary Art of Trento and
  Rovereto: 186 o.
Museum of the City of New York:
  Foto Gottscho-Schleisner: 288 u.
Ulrich Müther Archiv, Binz: 457 o.,
  457 u.
© Nacása & Partners Inc., Tokyo:
  495, 610 u.
National Library of Australia: Foto
  Jorma Pohjanpalo: 240 o.; Foto
  Wolfgang Sievers: 241, 635
National Portrait Gallery, London:
  131 o., 294 o., 659 o.; Foto Elliott &
  Fry: 174 o.
National Technical Museum, Prag:
  130 o., 202 o.
The National Trust Photo Library:
  ©NTPL/Charlie Waite: 411 u.
Nederlands Fotomuseum:
  © Bernard F. Eilers: 347 o.
Netherlands Architecture Institute,
  Rotterdam (NAI): 72, 96 u., 158 u.,
  346 o., 346 u., 347 u., 490 o., 490
  u., 536 o.
© Photography Juergen Nogai,
  Santa Monica: 113, 334 u.
© Juergen Nogai, Santa Monica +
  Julius Shulman, Los Angeles: 221
© Tomio Ohashi, Tokyo: 360 u., 361
© Anthony Oliver, Kent: 413, 454 u.,
  455
© Aleksandra Pawloff, Wien: 138 o.
John Pawson, Foto Christoph
  Kicherer: 494 o.

© Richard Payne: 315, 316, 317
Pei Cobb Freed & Partners, Foto
  Ingbet Gruttner: 496 o.
Cesar Pelli and Associates, Foto
  Peter Freed: 500 o.
Renzo Piano Building Workshop,
  Foto Stephano Goldberg: 508 o.;
  Foto Ishida Shunji: 510 o.
© Alberto Piovano, Mailand: 348 u.,
  349
Gustav Adolf Platz, „Die Baukunst
  der neuesten Zeit", Berlin, 1927:
  182 u., 619, 650 u., 654 u.
Paolo Portoghesi: 522 u.; Foto
  Moreno Maggi: 522 o.
Atelier Christian de Portzamparc:
  Foto Francesca Mantovani: 523 o.
Antoine Predock Architect, Foto
  Tim Rummelhoff: 526 o.
Bart Prince: 527 o., 527 u.
„Progressive Architecture",
  New York, 1962: 232 o.
© Marvin Rand, Venedig: 116/117
© Tuca Reines, São Paulo: 475
Raj Rewal Associates: 534 o., 534 u.
Rheinisches Bildarchiv Köln:
  Foto Werner Mantz: 538 o.;
  Foto Hugo Schmölz: 87
Rudy Ricciotti: 535 o.
RIBA Library Drawings Collection,
  London: 38, 41
RIBA Library Photographs Collec-
  tion, London, Architectural Press
  Archive: 410 u.
RIBA Library Photographs Collec-
  tion, London: 92 o., 124, 131 u., 134,
  135, 140 o., 174 u., 175, 178 u., 201 o.,
  202 u., 203, 209, 214 u., 228 o.,
  235 u., 248 o., 281, 283, 299, 302 u.,
  308 o., 364 o., 375, 386 o., 396 u.,
  406 o., 406 u., 407, 410 o., 454 o.,
  464 u., 465 u., 488, 489, 507 u.,
  519, 539, 542 u., 559 u., 566 o., 604,
  646 o., 647 o., 647 u., 678 u.; Foto
  Chevojon: 321; Foto Keith Collie:
  287, 547; Foto Dell & Wainwright:
  125 o., 125 u., 201 u.; Foto John Do-
  nat: 542 u.; Foto Rod Dorling: 211;
  Foto Janet Hall: 39, 411 o., 605; Foto
  Roy Hermann Kantorowich: 420 u.;
  Foto Wurts Brothers: 607
© Christian Richters, Münster: 23,
  64 u., 91, 129, 223, 257, 270 u., 273,
  357, 483 u., 544, 633, 682, 683
Cervin Robinson, New York: 639 o.
Courtesy of Kevin Roche John

Dinkeloo and Associates: 540 o., 541 u.
© Roger-Viollet, Paris: 36, 200 u., 379; Foto Branger: 200 o.
© Steve Rosenthal: 329
© Paolo Rosselli, Mailand: 109, 111
© Philippe Ruault, Nantes: 480 u., 481, 535 b.
Moshe Safdie & Associates Inc., Foto Michal Ronnen Safdie: 560 o.
Foto © Eiichiro Sakata: 304 o.
© San Diego Historical Society: 230 o., 230 u.
SANAA: 562 u.
© Jordi Sarrà, Barcelona: 122/123, 325
Alberto Sartoris, „Encyclopédie de l'Architecture Nouvelle. Ordre et climat méditerranéens", Mailand, 1957: 492 u., 493, 659 u.
Alberto Sartoris, „Gli Elementi dell' Architettura Funzionale", Mailand, 1941: 464 u.
Sauerbruch Hutton Architects, Foto Erik-Jan Ouwerkerk: 564
Photo SCALA, Florenz: 439
© Nancy Rica Schiff: 54
Jason Schmidt: 520
Joachim Schumacher: 573, 574, 575
Schusev State Museum of Architecture, Moscow: 426 o.
© Simon Scott, West Vancouver: 176 o., 177
Seaver Center for Western History Research, Los Angeles County Museum of Natural History: 30
Harry Seidler & Associates, Foto Harry Seidler: 94, 378, 465 o., 578 o.
Shigeru Ban Architects: 48 o.
Shinkenchiku-sha: 25, 307, 436, 532 u., 614
Eric Sierins, Milsons Point: 578 u.
Claudio Silvestrin Architects: Foto M. Mazza: 582 o.
SITE Environmental Design: 583 o., 583 u.
Álvaro Siza: 586/587
Skidmore, Owings & Merrill: 588 o.
© Margherita Spiluttini, Wien: 215 u., 256, 274 u., 304 u., 402 u., 484 u., 486 u., 603, 651, 657, 661 u.
Sprengel Museum Hannover: Foto Michael Herling/Aline Gwose: 398 u.
„Staatliches Bauhaus Weimar: 1919–1923", Weimar, 1923: 63

Philippe Starck/Presse Starck: 601; Foto Marie Françoise Prybys: 600 o.
Stiftung Archiv Akademie der Künste, Berlin: 296 o.l., 296 o.r., 408 o.l., 408 o.r., 461, 530 o., 531, 618, 620/621, 648 o., 649 o.; Foto Fritz Eschen: 568 o.; Foto Arthur Köster: 246, 408 u., 409, 568 u., 569, 570, 649 u.; © Werkbund-archiv: 460 u.; Foto Dick Whittington: 648 u.
Streekarchief Gooi en Vechtstreek, Hilversum: 158 o.
© Tim Street-Porter, Los Angeles: 469, 669
Ray Stubblebine: 40
Studio Chevojon, Paris: 47
Südwestdeutsches Archiv für Architektur und Ingenieurbau: Foto Wolfgang Roth: 164 o.; Foto Eberhard Troeger: 164 u., 166/167
© Hisao Suzuki: 155, 345, 447 u.
The Swedish Museum of Architecture: 192 u.; Foto Okänd: 42 o., 193; Foto C. G. Rosenberg: 43, 268; Foto Smith: 269; Foto Sune Sundahl: 178 u.
Syracuse University Library, Special Collections Research Center: 386 u.
Shin Takamatsu Architect & Associates: 610 o.
Tange Associates: 612 o.
Taniguchi Associates: 616 o.
Walter Dorwin Teague Associates: 622 o.
Clorindo Testa: 626 o.
Tezuka Architects: 628 o.
Beverly Thorne: 630 o., 630 b., 631
© Rauno Träskelin: 12 u.
Trobe Picture Collection: Foto Lyle Fowler: 240 u.
Judith Turner, New York: 121
United States General Services Administration: Foto Hedrich-Blessing: 459
University of California, Berkeley, The Bancroft Library, Bernardi & Emmons Collection: Foto Moss: 670, 671
University of California Los Angeles, Charles E. Young Research Library Department of Special Collections: S. Charles Lee Papers: 382 o., 382 u.; A.Q. Jones Papers: 318 o.

University of California Santa Barbara, University Art Museum, Architecture & Design Collection: 14 o., 196 u., 572 o.
University of Southern California, San Marino, Huntington Library, Art Collections and Botanical Gardens: 238 o.
University of the Witwatersrand Archives, South Africa: 420 o.
UNStudio, Foto V. Bennet: 632
© V&A Images, London: 398 o.
© Rafael Vargas, Barcelona: 494 u.
Venturi Scott Brown and Associates, Inc.: 638 o., 638 u., 639 u.
Otto Wagner, „Einige Skizzen, Projekte und ausgeführte Bauwerke", Vol. 4, Wien, 1922: 653 o.
© Paul Warchol, New York: 255
© Beat Widmer: 153 o.
© Wien Museum: 653 o.
Todd Williams Billie Tsien and Associates: 660 o.
Mithat Yenen, Ankara: 86 o.
© Zoom Inc.: Foto Satoshi Asakawa: 359
Abraham Zabludovsky family, Foto Daisy Asher: 676 o.

100 Contemporary
Architects

100 Contemporary
Houses

100 Interiors Around
the World

1000 Chairs

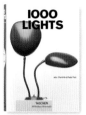
1000 Lights

Industrial Design A-Z

Decorative Art 50s

Decorative Art 60s

Decorative Art 70s

Design of the
20th Century

Modern Architecture
A-Z

**Bookworm's delight:
never bore, always excite!**

TASCHEN
Bibliotheca Universalis

Scandinavian Design

Small Architecture

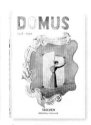
domus 1930s

domus 1940s

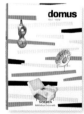
domus 1950s

domus 1960s

The Grand Tour

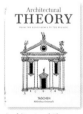
Architectural Theory

Braun/Hogenberg.
Cities of the World

Byrne. Six Books
of Euclid

Piranesi.
Complete Etchings

The World
of Ornament

Racinet.
The Costume History

Fashion. A History from
18th–20th Century

100 Contemporary
Fashion Designers

20th Century Fashion

20th Century
Photography

A History of
Photography

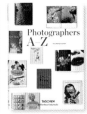

Photographers A–Z

André de Dienes.
Marilyn Monroe

Bodoni. Manual of
Typography

Logo Design

Funk & Soul Covers

Jazz Covers

1000 Record Covers

Steinweiss

100 Illustrators

Illustration Now!
Portraits

Modern Art

Chinese Propaganda
Posters

Film Posters of the
Russian Avant-Garde

1000 Tattoos

1000 Pin-Up Girls

Mid-Century Ads

20th Century
Classic Cars

20th Century
Travel

IMPRESSUM

TASCHEN ARBEITET KLIMANEUTRAL.
Unseren jährlichen Ausstoß an Kohlenstoff-dioxid kompensieren wir mit Emissionszerti-fikaten des Instituto Terra, einem Regenwald-aufforstungsprogramm im brasilianischen Minas Gerais, gegründet von Lélia und Sebastião Salgado. Mehr über diese öko-logische Partnerschaft erfahren Sie unter: www.taschen.com/zerocarbon
Inspiration: grenzenlos. CO_2-Bilanz: null.

Stets gut informiert sein: Fordern Sie bitte unser Magazin an unter www.taschen.com/magazine, folgen Sie uns auf Twitter, Instagram und Facebook oder schreiben Sie an contact@taschen.com.

Projektmanagement: Jascha Kempe
Artdirection: Birgit Eichwede
Satz: Marcus Steinwasser
Übersetzungen: Alessandra Cacace, Ursula Fethke, Annette Wiethüchter
Produktion: Tina Ciborowius

Printed in China
ISBN 978-3-8365-5628-6